交通银行史

第一卷

《交通银行史》编委会

商务印书馆
The Commercial Press
创于1897

图书在版编目(CIP)数据

交通银行史/《交通银行史》编委会编著. —北京：
商务印书馆,2014
ISBN 978-7-100-10898-0

Ⅰ.①交… Ⅱ.①交… Ⅲ.①交通银行—银行
史—中国 Ⅳ.①F832.33

中国版本图书馆 CIP 数据核字(2014)第 273190 号

交通银行史(全四卷)

《交通银行史》编委会 编著

商 务 印 书 馆 出 版
(北京王府井大街36号 邮政编码100710)
商 务 印 书 馆 发 行
山东临沂新华印刷物流集团
有 限 责 任 公 司 印 刷
ISBN 978-7-100-10898-0

2015 年 4 月第 1 版 开本 787×1092 1/16
2015 年 4 月第 1 次印刷 印张 102.75
定价: 320.00 元

《交通银行史》编委会

主 编

牛锡明

副主编

彭 纯　　宋曙光

编 委

郭宏伟　　章义和　　陈　江

沈明智　　章建伟　　黄庭钧

周恩静　　顾晓光　　杨国柱

杨德钧　　顾　琰

顾 问

周兴文　　赵　宽　　洪葭管

葛剑雄　　祝君波　　郝相君

张继凤　　茅子良

序

洪葭管

　　摆在读者面前的这部四卷本近 200 万字、堪称中国银行史学界空前巨著的《交通银行史》,有多种理由值得我们关注、重视和钦佩。从中国金融史学视角讲,坊间虽已有作为统编教材的《中国金融史》和涵盖面广的六卷本《中国金融通史》流传,但这样深入细致地研究一家大型银行且拥有大量有价值第一手资料的专著,仍是金融学术界、银行类金融企业、广大社会各界和金融院校师生们参考检索和阅读的需要。

　　大家都知道"百年交行"的名声远播海内外,2008 年时已为其百年诞辰作了庆祝和多项纪念活动,现在这部《交通银行史》写的是 1908—1958 年,恰为百年之半 50 年,整整半个世纪。这 50 年跨越四个政权:清政府末期、北洋政府时期、国民政府时期和新中国人民政府初期,可说是涉及近现代和当代。从民国史研究角度讲,这 50 年涵盖了 1912—1949 年整个民国历史。这 50 年间,风云变幻、政局变动、人事更迭,历经两次世界大战,经济金融受剧烈影响但有其自身的发展、演变,个中情况之纷繁复杂,业务、机构、人事变迁之迅速,特别是那些关键事件、关键人事的变迁,读者粗看一遍确实难以洞察底细。为帮助读者理解和提高阅读兴趣,我们借用一些篇幅,对 50 年历史作必要的阐释和轮廓的介绍。

一、以"筹款赎路"为由设立交行,创办时强调"俱遵商务规矩,尽除官场习气"

　　从清朝末年到民国初年,是西方列强掠取在中国的铁路建筑权的高潮时期,它们在 1895—1914 年间共取得 50 项铁路的修筑权和贷款权,1898 年中国铁路公司向比国合股公司所借 11250 万法郎的京汉铁路借款便是其中的一项。据合同所订条件，比国铁路公司享有行车后的管理调度权、财务监督权、优先代购材料权，并可收取 20% 的盈利。1903 年起，全国各地爆发收回利权（铁路修筑权）运动，清政府的邮传部遂乘机奏呈清朝政府提前还清这笔借款，收回路权。但清政府在短期内无法筹集这笔赎路巨款，还得向英国汇丰银行和法国东方汇理银行借英金 500 万镑；同时发行"赎路公债"1000 万元。要把所有这些借到新债、偿还旧债连同利息等合计达 22740 万法郎的款项收支和各项手续办理妥当，就得有一个中国自己的银行为之提供服务，这就是清政府在已有一个户部（大清）银行之外再办一个交通银行的缘由。

邮传部（即后来的交通部）在呈报清廷的奏折及奏定章程中强调新成立的交通银行是"纯用商业银行性质"，由邮传部"附股设立"，"资本构成为官股四成、商股六成"。这样，成立后有助于利便交通，振兴轮、路、电、邮四政。这家新银行，"一切经营，悉照各国普通商业银行办法"，同时参考已成立的中国通商银行、四川浚川源银行和浙江（铁路）兴业银行的各项规则。还特别阐明，这家新银行与中央银行性质截然不同。这一点是很关键的，因为清廷已批准于 1905 年成立了户部（大清）银行，如果新成立的银行也是中央银行性质，那就重复了，清廷就不会批准。邮传部的奏折还解释，政府出资作为官股办银行，不会像一般行政费用支出那样一去不回，而是有回报的，也就是它的利润会有一定比例上交给政府。还有，现在轮、路、电、邮各局存在外国银行的存款可以改存新银行，国际汇兑业务亦可由其试办，这些对振兴实业、挽回利权都有裨益。邮传部制定的开办交行的方针，十分注意要避免银行办成衙门，所以"办事规划尤以按照商业、力除官场习气为第一要务"。在奏准交通银行总协理人选时，亦以此为主要选择标准，所以以"精明干练，长于理财，于银行事宜讲求有素，经验尤深的"李经楚为总理，以"会计精能，商情允洽，曾创办四川浚川源官商银行"的周克昌为协理。邮传部多处提到要避免官气，多熟悉商情，照商业习惯办银行的见解，无疑是很必要的，这一点也与交行成立后的命运、前途有密切关系。官的习气重了，商人必不与之往来，业务开展必然受阻，营业不会发达，盈利也就无从谈起。

照上述方针，开业之初，交行的业务局面逐步打开，进展相当顺利，新开设各地分支行也陆续增加，所吸收的存款到 1909 年底余额为 1384 万两（合银元 1771 万元），虽不如大清银行的 4381 万两，但已大大超过开办最早的中国通商银行存款 200 万两。1910 年底各银行的存款余额，大清银行上升至 5401 万两，交通银行亦几乎以同一速度上升至 2370 万两,说明开业后三年中,虽受橡皮股票风潮之冲击,损失严重,但交行业务拓展有一个平稳推进的良好开头,从而为今后的生存奠定了基础。

二、梁士诒掌权,交行为北洋政府大量垫款

梁士诒,广东三水人,清末进士,曾任翰林院编修、国史馆协修,交行成立时,任铁路总局局长,邮传部派他兼任交通银行帮理。帮理主要是负责交行总理与邮传部之间的联络事宜,握有实权,盛宣怀任邮传部尚书时受排挤而辞职。民国成立后,他受袁世凯赏识,任总统府的秘书长,成为袁世凯的心腹。袁世凯以总统命令赋予交通银行与中国银行同样的国家银行性质,分理部分国库,发行钞券。他任命梁士诒以总统府秘书长身份兼任交通银行总理。从此,交通银行成为袁世凯的外府。梁士诒一生好胜,认为自己有弄钱的办法,便以筹措帝制费用自任,交行为袁世凯称帝的"大典筹备处"垫付各项费用即达 2000 万元之巨。交通银行发行钞票额 1914 年底还只有 893 万元,1915 年底洪宪登极前夕,就猛增至 3729 万元。这一年的年底,为北洋政府垫款,中国银行为 1204 万元,而交通银行远远高于中行,达 3420 万两,合银元 4750 万元,占当时交行全部放款的 94%,占全部存款的 72%。后来交行修行史者不得不说:"本行平日所放之款,公家几占十成之八九。"一家银行的放款百分之八九十为政府垫款,它的资金运营风险之大、呆账之巨也就可想而知。果然,袁世凯称帝止于 1916 年 3 月 22 日,四月间交行就尝到为政府垫付巨款的苦果,它的北京、上海、天津等处分行的存户纷纷提取存款,有的分行已发生挤兑。而交行库存空虚,难于应付提存、挤兑,诡计多端的梁士诒就想出由北洋政府发出中国、交通两银行于 1916 年 5 月 12 日起停止兑现付现的命令,这便酿成中国近代金融史上的一次大风潮。对北洋政府这一停兑命令,上海中国银行因自身准备充足,同时联络同业争取支持,拒不执行,获得成功,一时声誉大振,有钱的人和工商企业对它信任倍增,所吸收的存款迅速增加,它发行的钞票不仅在长江中下游广泛流通,甚至远达四川,业务的新局面从此打开。相比之下,上海交通银行执行这一命令停兑,实际等于停业,直到 1917 年 4 月 30 日利用"西原借款"交行名下借到的 500 万元,才宣布恢复兑现(即复业)。在北方,不论是交行还是中行的钞票均未兑现,中、交两行的钞票在市面上只能折扣行使,有时一元京钞实值只有八角七角,最低至五角,由于行市有上落,还成为商人投机的筹码。这些京钞几年后才通过政府发行公债或用定期存单折扣优惠等办法陆续收回。

这时交行内部空虚,资不抵负的窘况相当严重,1921年11月又发生第二次停兑风潮。当时交行全行发行钞票约4000万元,而现金准备仅500余万元。北京、天津两分行共发行钞票1053万元,而现金准备仅有40余万元。帝制失败后,梁士诒受通缉,交行总理由曾任交通总长的亲日派人物曹汝霖担任。梁士诒不久利用政治势力东山再起,1918年又以商股大股东身份任交行董事会会长。1921年12月,在奉系军阀的支持下,他还一度任北洋政府的内阁总理。次年在第一次直奉战争中奉系战败,他又一次逃亡海外。这时交行南方股东在上海成立商股股东联合会,推举名人张謇为会长。梁士诒逃亡海外后,股东联合会就推举正在南通办实业的张謇任交行总理,交行上海分行经理钱永铭任交行协理。

综上所述,1912—1921年的十年间,基本上是交通系盘踞交行时期,银行变成党派政治的工具,自无良好经营管理可言。这样一个颇具规模、分支机构众多的大型银行,竟被弄得千疮百孔,深陷亏损严重、债务累累的窘境,这就是违背开业时所强调的"尽除官场习气"行训的必然结果。

三、张謇、钱永铭主持交行,具有向现代化银行转变的倾向

张謇决定担任交行总理时曾发电致有关方面,历述交行种种困难情况,最后结语是:"人害机关,非机关害人也。"交行被梁士诒弄得如此窘困,他与钱永铭代表商股股东利益接任交行总协理,就得花大力气加以整顿和进行变革。

从1922年6月至1925年5月近三年时间中,张謇、钱永铭主持交行行务虽然时间短暂,但取得相当大的成就。张、钱两人上台后,以"培植元气,巩固基础"为号召,首先改革发行制度,实行发行独立,发行准备公开。其次是改进放款办法,清理政府旧欠。同时精简机构,节省开支。全国原有60多个行处缩减为39个,开支便由1921年的250余万元减至1923年的120余万元,节省了一半,损益方面由1921年、1922年两年连续亏损转变为1923年、1924年两年各盈余50余万元。同期存款余额则由1922年的5100万元增加至1924年7200万元。

张、钱整顿交行取得相当成就,并非只是一般人事更动后取得的绩效,实是具有江浙资产阶级势力取代北方官僚政治势力的意义。交行成立以来一直存在商股与官股之间的利益矛盾冲突,双方力量互有消长,这一次则是由商股取得优势的体现。张謇是极具社会声望、在南方办纱厂办垦殖的实业家,钱永铭曾任上海银行公会副会

长,更是与李铭、张嘉璈、陈光甫、徐新六等齐名的上海银行家群体中的代表性人物。想要从一向由北方新旧交通系当权的政治人物手中接过交行的经营管理大权,并非易事。这场较量的结果实际上是南方江浙资产阶级资本力量战胜了北洋政府政治势力。尽管 1925 年 6 月梁士诒又依仗段祺瑞的支持重掌交行总理大权,但时间短暂,次年 6 月北伐即开始,北洋政府垮台,梁士诒再次被通缉,再也不可能东山再起了。此后的交行总经理人选,将由上海银行家群体中的另两位人物胡祖同和唐寿民相继担任。所以可以说,张謇、钱永铭 1923—1925 年间主持交行行务,实具有使交行循着现代化银行方向转变的意义。

四、胡祖同任总经理期间交行业务有了正规发展

随着北洋政府的垮台,梁士诒受通缉,北方交通系势力再也无法掌控交行大权,1928 年 11 月国民政府颁布《交通银行条例》,修改章程,交行总管理处南迁上海,资本额定 1000 万元,实收 871.51 万元。由于原交通部股份多已售给上海金融界,官股股份只有 178 万元,仅占 20.4%,而商股有 693.51 万元,占 79.6%。商股势力大增,故改组后的董事长、总经理、常务董事五人,均系江浙资产阶级代表人物。其中总经理胡祖同,曾留学英国就读伯明翰大学获商科硕士,回国后先任浙江政法专门学校教授,1921 年到交行上海分行任副经理,后升任经理,当时交行总经理这一职位的角逐十分激烈,他有学识、经验,成为各方面均能认同的人选。这五名常务董事中,南京国民政府财政部派的官股董事没有一个,可见当时官方的控制还是宽松的。在尚未成为官僚资本四大银行之前的这段时间,交行的管理权力可以说是掌握在上海银行家群体的成员手里,它的经营管理也就能循着民族资本主义的准绳,向正规经营银行业务的方向发展。

虽然按照条例规定,交行应是发展全国实业的专业银行,但实际上是按照商业银行的方式经营业务,只不过受政府委托可发行实业机关的债票和经理公司债票而已。它可以收受各项存款,从事各类放款,办理信托业务,仍可以发行兑换券(银行钞票)。20 世纪 20 年代末、30 年代初中国经济发展的环境,使得那些规模较大、信誉较好的银行,有较大的发展空间,吸收存款也是逐年增加。交行这时已摆脱北洋政府时期那种困境,经营效率提高,管理力求科学,注重放款户的征信,特别是在开展银行票据承兑和贴现业务方面有突出表现。在为社会公共服务和联系工商各业方面也颇有

建树。胡祖同本人长期任上海银行公会执行委员和常务委员、上海公共租界工部局华董，这也有助于交行影响面的扩大。全行吸收的存款余额 1926 年为 7118 万元，占全部华商银行存款总余额的 7.6%，到 1934 年存款余额已增至 29320 万元，增长411.9%，占全体华商银行存款余额的 9.8%，如不计央行，它居第二位，仅次于中国银行，超过其他所有商业银行，包括著名的"南三行"和"北四行"。

1933 年交行又有一次大改组，即卢学溥不再任交行董事长；胡祖同不再任交行总经理，而去担任中央银行新设立的国库局局长，但仍为交行常务董事。改组后的交行董事长为胡笔江，总经理为唐寿民。此时，前者为中南银行总经理，后者为国华银行总经理，都是相当规模的大型商业银行，尤其中南银行是著名的"北四行"支柱，北四行联合准备库发行的钞票即是中南银行的钞票。胡笔江曾任交通银行北京分行经理，唐寿民曾任上海商业储蓄银行汉口分行经理，这两人与胡祖同一样都是上海银行家群体的成员。胡祖同任交行总经理，业务发展，经营情况良好，为什么还要作这一变动呢？上海金融界对此有种种猜测，后来《中央银行史料》出版，该书收录有当时财政部长宋子文辞兼中央银行总裁时，给副总裁陈行转给胡笔江的一封密电，才知道胡、唐两人与宋子文关系密切，是宋子文在上海金融界的亲信。这封电报说：

> 陈副总裁鉴：可密，译转胡笔江兄鉴：弟辞中央银行总裁职，与财政金融有益无损，一切仍照原定计划进行，请转告寿民、孟嘉（胡祖同字孟嘉）两兄为祷。弟子文。歌。

这封 3 月 5 日从南京发到上海的密电，到 4 月交通银行改组，财政部指派和指定新的董事长、总经理人选时就真相大白。密电中所说"原定计划"，即是交通银行的改组。从这封电报还可深一层推测的是，1935 年蒋介石、宋子文要把中国银行、交通银行两大银行攫取到手由政府直接管理、控制的密谋，在 1933 年时已经有所酝酿并且策划成熟了。

五、成为发行法币的银行之一：地位骤变，身价倍增

1935 年是南京国民政府实施金融垄断的一年。这一年政府发行金融公债一亿元，分别注资中央、中国、交通三银行，中央银行增资 5000 万元，中国银行增资 2000

万元(后改为 1500 万元),交行增资 1000 万元。3 月中国银行改组,主持中国银行行务多年的总经理张嘉璈被逼辞职,由总经理制改为董事长制,已辞去财政部长的宋子文这时出任中国银行的董事长,而以老迈的宋汉章任总经理。当时交行因 1933 年 4 月已经过改组,董事长、总经理人选仍由胡笔江、唐寿民担任不作更动。因此张嘉璈感慨地说,这次中、交两行变动显然有人事关系。南京政府加强交行董事会构成中官股董事人数之举,因避开 1935 年金融界对中行改组反应强烈而延迟至 1937 年 4 月才实现。这一次派出的官股董事有 9 名之多,他们是:宋子文(国民政府经济委员会常委、中央银行常务理事、中国银行董事长)、王儒堂(即王正廷,曾任外交部长)、席德懋(中央银行业务局局长)、沈叔玉(邮政储金汇业局局长)、宋子良(宋子文之弟、国货银行总经理)、李承翼、杨啸天(即杨虎)、陈行(中央银行副总裁)、徐新六(浙江兴业银行总经理)。有这样强大的官股董事阵容,虽非孔、宋家族直接任董事长、总经理,也足够左右董事会的决策和控制交通银行的全局了。

这一年最重要的金融垄断措施是 11 月间实行的币制改革:推行法币,实行纸币政策,停止白银流通,银元由中央银行收兑。过去那种持银行发行的兑换券可向银行兑取现银的旧制度废止了,这就为货币当局无限制地发行纸币留下了空间。照财政部布告规定,"以中央、中国、交通三银行所发行之钞票为法币,所有完粮纳税及一切公私款项之收付,概以法币为限","为使法币对外汇价按照目前价格稳定起见,应由中央、中国、交通三银行无限制买卖外汇"。有了这两条,交通银行的地位大不一样,它已经可以与中央、中国两大银行并列,同样发行纸币,买卖外汇,被世人称为"中、中、交"三大法币发行银行了。

有了这样巨大的货币发行权,又接管了原有发行权的商业银行如浙江兴业银行、中国实业银行等停止发行后的有关事务,今后某些商业银行领用法币要同它订立合同,日常资金运用调剂比没有发行权的商业银行自然优越得多。由此存款容易吸收,放款规模较有伸缩余地,外汇资金开始有较多积累。发行虽需提供发行准备,而且按照约定的比例,在为财政部提供垫款时,交行要承担 20% 的份额,但究竟成本轻、获益大,全行利润也就增厚。它在业务方针中甚至提出"发行业务是它的生命线",为此成立发行部,全力以赴,发展发行业务。

全面抗日战争爆发后,交行在西南、西北增设分支机构,也显示它在金融上支持抗战。它在战前原来只有在陕西省设有 6 个机构,到 1941 年已在四川、广西等 9 个省和重庆市设立了 57 个分支机构。当时在全民抗战的局面下,为了发展工农业生产,疏导物资交流,繁荣后方经济,增强抗战的物质力量,有步骤地增设分支行,以活跃金融,促进法币进入后方市场,自是很有必要。

由于经营外汇业务,并利用资金调度的方便,它也积累了几百万美元的外汇资金。到了 1939 年 3 月,为了稳定法币的对外汇价,成立中英货币平准汇兑基金。该基金总额为 1000 万英镑,中英双方协商订立合同,英国两银行承购半数,由英政府担保,中国两银行亦承购半数。按照合同规定,英国方面由汇丰银行出资 300 万镑,麦加利银行出资 200 万镑,中国方面由中国银行出资 325 万镑,交通银行出资 175 万镑。交通银行战时已有外汇资金力量参与这一有利于稳定法币、增强抗战力量的基金活动,并侧身于几大银行之列,亦算是对抗战做出一份贡献。

抗战初期,中国和交通两银行的总处主要负责人,因处理业务方便均在香港办公,1938 年 8 月交通银行董事长胡笔江和官股董事徐新六奉行政院副院长、财政部长兼中央银行总裁孔祥熙电召,由香港搭机去重庆,途中遭日本军用机袭击,机堕人亡。交行董事长的继任人选,结果选中了钱永铭。这时钱永铭是四行储蓄会的协理,交通银行的一般董事,从手续上讲先要补选为常务董事,再由财政部指派为董事长。他到了重庆的第二年,国民政府成立中、中、交、农四行联合总处,这个四联总处由中国农民银行理事长蒋介石自己任理事会主席,中央银行总裁孔祥熙、中国银行董事长宋子文、交通银行董事长钱永铭均为常务理事。钱永铭进入政府金融最高决策层,又使交行的地位进一步提高。交行总经理唐寿民则滞留香港,太平洋战争爆发日军占领香港,他被拘禁,然后遣返上海,日本占领军和汪伪政府命其在上海筹组成立伪交通银行,任董事长兼总经理。重庆那边交通银行总经理一职始终空缺,直到 1942 年才由 CC 系人物赵棣华来担任。

六、恶性通货膨胀日益严重下交行业务经营的垄断性与投机性

1942 年 7 月,中、中、交、农四家银行重新进行业务分工。中央银行的主要业务为:集中钞票发行,统筹外汇收付,代理国库,汇解军政款项,调剂金融市场。交行的主要业务为:办理工矿交通等生产事业之贷款与投资,办理国内工商业汇款,公司债及公司股票之经募及承受,办理仓库及运输业务,办理储蓄信托业务。此后钞票由中央银行一家发行,外汇由央行统筹收付,这自然是一国中央银行发展中的必由之路。

但在旧中国,抗日战争还在进行,政府就采取断然措施,把金融权力进一步集中到中央银行,则是深化国家垄断资本主义,扶助官僚资本企业的一个重要步骤。

发行结束,有关发行事宜移交到央行时,交行已经发行的钞票累计发行额为42亿元,约占中、中、交、农四行总发行额249亿元的六分之一。从1942年7月起,钞票由央行一家发行后,恶性通货膨胀便加剧发展,钞票发行大增,物价飞涨。中国、交通两银行由于停止发行,加以军政机关存款不能吸收,资金来源骤然缺了一大块,自然感到周转困难,需要央行予以接济,有的大额放款承办后不得不向央行转抵押,有的票据贴现业务承做后要向央行重贴现。在本币资金受到重大压力外,中国、交通银行还要把外汇资金移存央行。双方经讨价还价,中行移存央行的外汇,有美金4088.9万美元,英金568.2万镑;交行移存的美金为865.8万美元。这自然会影响交行本外币资金的统筹运用,影响海外分支行业务的开展和侨汇的吸收。

由于四行重新分工后,央行垄断势力大增,交行所受影响较大,再加上1941年12月太平洋战争爆发,大后方几无可与海外联系的港口,内地资源告竭,物品匮乏,通货膨胀进一步加剧,交行吸收存款的增幅也大为下降,占四行存款合计余额的比重,亦由1941年的14.72%,下降为1942年的仅6.96%。1943年回升到占13.32%,1944年占11.01%,1945年再降为8.78%。

当然,在战时通货膨胀情况下,四行的存款和放款余额所占比重,均远比商业银行为大。1944年时全部银行业存款,四行占90.7%,商业银行(包括省银行)仅占9.3%;放款,四行占78.2%,商业银行(包括省银行)仅占21.8%。交行按照四联总处的部署,放款应以辅助实业,尤为纺织、交通运输和面粉工业为主。到后期,四联总处又规定,工矿、贸易、公用事业的贷款和投资额在100万以上的,均由四联总处理事会核定,再分别交由中国银行或交通银行承做。对大型企业的放款理应由发展全国实业的交行多予承做,但它的资金来源有限,只能维持较低水平。但与商业银行相比,却仍占压倒性优势。以1944年为例,交行的存款额在四行中所占比重虽下降为11%,但绝对额却与全部商业银行(包括省银行)的存款额相埒。交行一家存款额为92.96亿元,而全部商业银行(包括省银行)的存款额也不过98.03亿元。这也说明在通胀下商业银行吸收存款更不容易,而交行仍有相当大的份额可以吸收,显示了它的业务经营的垄断性。

自从1942年5月赵棣华任交行副总经理兼代总经理(1944年3月聘定为总经

理)后,交行的上层实际有三方面势力并存,一是代表老银行家、被称为"社会贤达"的董事长钱永铭;二是CC纱系的赵棣华,他于1935年11月即被选为国民党第五届候补中央执行委员,1942年2月任第三战区经济委员会主任委员;三是代表孔、宋家族势力的常务董事宋子良。正由于三种势力并存,有些事情如以集体名义侵占公款、营私舞弊等事,就较有顾忌。1944年蒋介石下手令要财政部长俞鸿钧查明四行二局行员低价认购美金储蓄券事,俞鸿钧派员一查,原来四行二局用各种手法让行员(当然最占便宜的是高级行员)低价认购美金储蓄券和美金公债的事,三行二局均有,唯独交行一家没有。

抗战胜利后,作为国家银行之一的交通银行代表政府接管的敌伪银行包括:日本在华的住友银行、上海银行和汉口银行,它当然也应接管在上海的伪交通银行。作为重庆来的胜利者,交通银行气势很盛,一面撤销在西南西北地区的分支行,一面大力在沿海许多城市恢复战前的分支机构,还增设一批新的机构,这些分支行的经理,在当地都很活跃。赵棣华当然更是活跃。1947年南京举行的全国银行联合会选举主席时,第一次选出的就是交行总经理赵棣华。后来大家反映,这样太对不起参加竞选的上海银行公会老会长李铭了,于是有人出来进行协商,结果是赵棣华"谦辞",重新选举李铭为主席,赵棣华为副主席。

这时金融大局势不容乐观,通货膨胀并没随着抗战的胜利而停止。1946年3月行政院院长宋子文经蒋介石主持的最高国防委员会会议通过,决定开放外汇市场,外汇汇率由20元合一美元调整为2020元合一美元,同时在市场明抛暗售黄金。然而由于战后生产恢复缓慢,出口不能增加,进口却由于汇率高估,大量外货尤其是美货涌入,这一开放局面仅维持几个月,外汇消耗百分之五六十,黄金抛售了大部分,到了1947年2月,终于发生黄金风潮,于是政府又发出所谓"经济紧急处分令",禁止黄金买卖,实行外汇管制。面对这样严峻的金融形势,"四行二局一库(中央合作金库)"这一庞大金融垄断势力束手无策。不过大局管不了,各自的小局还是各显神通,谋生财之道。交行的资金不放给有关企业增加生产,却通过信托部去购买政府债券,从事证券投机。其指导思想是,商业投机和囤积物质,既比放款方便,又有大利可图。交行利用它独资设立的蜀余公司,从四川大量收购桐油,经上海出口牟利;还与宋家的孚中公司合作,以平价外汇进口大批美国制造的吉普车,获利倍蓰。

随着国民党军队在战场上的节节败退，恶性通货膨胀愈演愈烈，物价飞涨如脱缰野马，生产严重萎缩，财政赤字惊人，法币终于宣告崩溃。1948 年 8 月另发金圆券，规定以 300 万元法币合一元金圆券，时评称为"法币发行面额加大 300 万倍的大钞"。这一没有发行准备、缺乏经济条件和物质基础的新币，仍继续无限制地膨胀，几个月后又告崩溃。蒋介石掀起的全面内战至此败局已定，国民政府、行政院等机关南逃广州，蒋介石被迫下野，但仍暗中控制军队和特务。交行总部所在地上海于 1949 年 5 月 27 日解放，解放前夕，"四行二局一库"的主要负责人纷纷逃离上海。交行董事长钱永铭、总经理赵棣华事先把交行外汇资金抽调到菲律宾交行收存，然后离开上海，钱永铭去香港隐居，赵棣华去台湾做官。

七、人民政府成立后交行的新生

上海解放后，军管会接管官僚资本四行两局一库，鉴于中国、交通两行有大量商股的存在和它们在国外还有分支行等历史渊源，人民政府对其进行整顿改造后，中行成为外汇专业银行，交行成为长期信用银行。中国银行于 6 月间即在上海复业，交行亦于 11 月 1 日在上海复业。不久，中国银行的总管理处于 12 月间迁往北京，交行总管理处亦在 1950 年 1 月间迁往北京，开始谱写自己的新篇章。

综观交行在这 50 年中，它的资本构成、组织结构和业务经营不断变化，有时在近代化进程中趱趋，有时在官与商、专业与综合经营之间彷徨，最终成为国家垄断资本金融机构的一员，但又因为有大量商股的存在，经过人民政府给予整顿改造转而成为新民主主义金融体系的一个成员。阐述它这一段长达 50 年的经历，也有助于加深对它在新时期改革开放大潮中终于成为公开上市的股份制商业银行的理解。

大家知道，从中国银行 1912 年成立后，由于规模、经营权限及与政府的渊源，人们习惯于把中国、交通两家银行连在一起，并称"中、交"。交行虽没有像 1935 年前中国银行那样以经营管理优良而著称，也没有像私营的上海商业储蓄银行那样处处在业务上出新招而闻名，但交行毕竟规模大、历史久、人才荟萃，因此在各个时期总有一些措施、决策、决定、办法等称得上合乎近代金融业的要求，特别是 1986 年"重组交行"带来的声势与鞭策有助于银行现代化进程的推进。

　　这部《交通银行史》亦可归入中国近现代企业史的范畴,只是比一般企业更具垄断性和政治色彩,这正好为研究民国史学者提供更多更有史料价值的第一手资料。而从企业文化及现代企业治理制度这一标尺来衡量,交行的文化底蕴、经营特色、社会影响和可供挖掘的历史智慧诸方面,无疑具有社会的、历史的价值和意义。岁月如梭,经过一代又一代交行人的努力,交行自不会有愧于位居中国乃至世界第一流大型商业银行的前列,拥有经营和管理第一流银行的坚定信心和超凡能力。

2014 年 6 月

目 录

前　言

　　中国是世界上最早发明纸币的国家,钱庄、票号之类的传统金融机构亦堪称源远流长,然而近现代意义上的新式银行在中国的发端却只有百余年的历史。限于特殊的政治、经济和社会条件,中国的现代银行业不仅起步晚,而且走的是一条与西方银行业迥然不同的发展道路。西方现代银行业是伴随着工业化进程、在实业资本发展到一定程度的基础上诞生和发展起来的。中国新式银行的萌生不是建立在实业资本高度发达的基础上,而是在外国资本大肆进入中国,对中国社会经济带来巨大冲击的背景下,出于政府缓解财政困境的需求,以及中国社会在外来冲击下为求顺势应变而诞生的。因此,中国银行业从诞生之日起,虽然担负着发展民族金融的责任,但自身发展的步履却异常艰辛。一方面中国银行业自产生就受到纷至沓来的外资银行和盘根错节的旧式钱庄的挤压,只能在夹缝中缓慢前行;另一方面中国银行业起步之初的先天条件不足,使其与频繁更迭的国家政权形成复杂联系,不得不受各届政府的控制,而银行业的自身规律又要求尽可能摆脱官方的直接干预,处境的尴尬纠结造成了发展历程的蹒跚踟蹰。近代中国社会经济发展的特殊性,决定了中国的民族金融业在艰难中萌生、在曲折中前行、在跌宕起伏中完成其向现代银行的蜕变。研究和认识中国银行业产生的复杂背景和发展的独特路径,从中汲取经验教训,对于正在全面深化改革,融入国际经济金融一体化进程中的中国金融业,无疑具有重要的意义。

　　交通银行是近代中国成立最早并存续至今的商业银行之一。其百年跋涉既有独具特色的演进轨迹,更经历了诸多银行的共同遭遇。可以说,交通银行是中国银行业形成和发展的典型样本和清晰缩影,研究和认识交通银行的历史对于知晓和理解近代以来中国银行业的历史演变与更新具有极为重要的意义。

交通银行百余年的历程,每一次选择,每一段经历,都与中国社会经济的巨大变革紧密地联系在一起,阶段明显,特色鲜明,虽频遭困顿和曲折,但百年的命脉不曾中断。若从总部驻地、组织架构、经营特色等为考察视角,交通银行迄今可分为六个发展阶段。

从1908年3月4日的正式开业到1928年10月的总管理处南迁,为交通银行发展史上的第一阶段。这一时期的显著特征是,实行总协理制,总管理处设在北京,确立股份制经营,获得国家银行的地位。

1927年南京国民政府成立后,积极推进国家资本主义的经济政策,逐渐建立起政府垄断的金融体制,并有步骤地干预国家的金融建设。交通银行南迁上海后,努力走现代商业银行之路,虽有一段自由发展的美好时光,但在国民政府的金融统制之下,经过两次改组,特别是1933年的改组,交通银行再一次由商业银行向国家银行转变。这是交通银行发展的第二阶段。

第三阶段从1937年7月抗日战争全面爆发至1949年5月底被上海军事管制委员会接管。这一时期的最大特点是,交通银行的各个方面都深受战争的影响。尽管时局艰难,交通银行仍坚守使命,发展实业,为西部工业的发展提供资金保障,还直接投资了一批实业。

第四阶段是1949年6月到1958年12月。中华人民共和国建立后,交通银行总部重回北京。作为国家金融体系的重要组成部分,交通银行贯彻执行国家政策,努力配合国家建设,积极调整业务方针,提高业务质量,完善管理制度,形成独特的经营风格。随着社会主义改造的完成,交通银行也出色地完成了辅助新中国建立统一财政体制的历史使命。

第五阶段是1958年12月至1986年底,这是交通银行发展史上的特殊时期。1958年12月15日,国务院正式批准财政部关于交通银行的机构性质和管理分工问题的报告,明确交通银行是一家"行政性质的业务机构";从1958年起,交通银行人员经费,统一列入各级财政行政管理人员经费支出款项下开支。财政部将农林水利地方企业财务司的地方财务处并入交通银行总管理处,加挂财政部地方财务司的牌子。各省、自治区、直辖市财政厅局的企业财务管理部门也与交行所属分行合并。经过一番调整,交通银行的国内业务算是基本停止了,但交通银行的名义没有取消,海外行依然存在,特别是香港分行不仅继续运营,且总资产还逐年增加,1986 年达到 224 亿港元,在中国银行港澳管理处统一管理的 13 家中资银行中,资产最为雄厚,对东南亚地区颇有影响。

1987 年初至今为交通银行发展的第六阶段。1986 年 7 月 24 日,国务院下发《关于重新组建交通银行的通知》,次年 4 月 1 日,重组后的交通银行正式对外营业,总管理处由京迁沪。此时的交通银行作为建国后第一家全国性股份制商业银行,承担起中国金融改革试验田的重任,实现了多项“第一”:第一家资本来源和产权形式实行股份制的银行;第一家按市场原则和成本效益原则设置机构的银行;第一家打破金融行业业务范围垄断,将竞争机制引入金融领域的银行;第一家引进资产负债比例管理,并以此规范业务运作,防范经营风险的银行;第一家建立双向选择的新型银企关系的银行;第一家可以从事银行、保险、证券业务的综合性商业银行等。上述诸多“第一”所具有的标杆性示范作用,大大推进了中国的金融改革。在实现统一法人体制后,交通银行先后完成了财务重组、引进外资、公开上市的深化股份制改革三大步骤,并适时提出了“走国际化、综合化道路,建设以财富管理为特色的一流公众持股银行集团”的战略目标。

明史达理,鉴古知今,《交通银行史》的编撰,其宗旨即在于厘清历史事实,系统阐述交通银行的历史,为交通银行乃至整个中国银行业的进一步发展,提供有益的借鉴。历史的尊严是客观。为了保持这种客观,适度的距离是必要的。经过与各方面的反复讨论和磋商,我们决定以重组之前的交通银行为叙述范围,分四卷展现交通银行在晚清、民国北京政府、南京国民政府以及人民共和国初期的风雨历程。为方便读者对交通银行成立、发展、变化的过程有一个大致认识,现将交通银行重组之前的发展状况和经营特点作一概述。

一

鸦片战争以后,中国开始半殖民地化,中国新式银行业并未与资本主义工商业同步产生,且远远落后于在华开办的外资银行。1897 年,中国第一家自办银行——中国通商银行——成立,此时距英国丽如银行在上海设立分行已有半个世纪之遥。自此之后至清朝灭亡,次第设立的华资银行共有 24 家。

对于新式银行的创办在清末形成一波高潮的原因,学术界虽有多种看法,但有三点是大家都认同的：一是外资银行所获高额利润及其引进的营利性观念为促进中国银行业萌生的首要动力。二是洋务企业因经费紧张而颇显萎靡，洋务人物不得不寻求新的资金来源，他们受外资银行高效融资的启发，试图模仿借鉴。三是清政府受困于日益窘迫的财政状况，希望借助于新式银行，以便印制钞票，调剂和汇解官款，以此缓解财政危机。

除了上述原因，交通银行的诞生还受另一种因素的刺激，即路权的争夺。甲午之败，使西方列强获得在中国直接投资开办企业的特权。为输出资本，列强加紧对中国铁路修筑权、借款权、投资权的争夺，并借以控制铁路沿线的丰富资源，攫取廉价原料，从而巩固已有的经济特权，扩大新的势力范围。西方列强的行径，激起了中国民众的强烈反抗。全国各地保障路权的斗争风潮此起彼落，连绵不断。清政府迫于民众的强大压力，又看到"凡百生利，莫如铁路之速"，批准了洋务派重臣、邮传部尚书陈璧创办交通银行的奏请，意图借交通银行进行募债赎路，并经管轮船、铁路、电报、邮政收支，办理国外汇兑，辅助统一币制。

经过短短两个月的筹备，交通银行于 1908 年 3 月 4 日创立，当日为清朝光绪三十四年二月初二。俗谚称："二月二，龙抬头，大仓满，小仓流。"这一开业之日的精心选择，寄托了人们对交通银行未来的期待与憧憬。果不其然，交通银行刚一登场即令人惊喜，不仅成功经办了募债赎回京汉铁路之事，还开创了中国新式银行的三个之"最"：最早创办的股份制商业银行，最早在海外设立分支机构，最早发钞行之一、且连续发钞时间最长。①

然而，创业阶段的交通银行虽然有过迅速的扩展与开拓，但更多的却是坎坷与磨难。中国银行业发展中所面临的诸多矛盾，交通银行在草创之初也一一遭遇。交通银行是由邮传部奏请清廷批准而创设的官商合办银行，作为股份制公司，官四商六的股本构成注定其与官方有着密切的联系，其发展进程也必然伴随着官商之间的矛盾与纷争。在清末和民国初期的三十余年中，交通银行既借助政府的支持拓展经营范围，获得国家银行的部分职权，如发行钞券、分理金库等等，却又被迫滥发纸币，频垫巨款，为政府财政所"绑架"。"政府财政困难，以高利向银行通融借款，在北京政府时代，几成为财政调度之最重要手段"，"此种巨额银行借垫款，一方因无确实担保，

---

① 交通银行于 1909 年开始发行钞券，1942 年接受国民政府指令，终止发行业务，持续发钞共 33 年。

足以动摇银行信用之基础;一方因优惠高利,足以引导银行资金于歧途,对整个金融事业前途,影响甚大".[1] 与政府关系密切,对短期内的业务开展或有一定益处,但时间稍长,弊端便显现出来,1916 年和 1921 年交通银行先后两次遭遇停兑、挤兑,致使信用重挫,险遭没顶之灾。

然而,先天不足的发展环境并未阻滞交通银行的奋力前行,商业化的要求和民族金融的因素在交通银行艰难而坎坷的发展进程中顽强萌发。屡经劫难,痛定思痛,1922 年夏,交通银行在商股股东的积极努力下,扩大了商股的比重,加强了股东会、董事会的职权,借以疏离与政府的关系,期望迈向现代银行正常的自主发展之路。与此同时,交通银行致力于内部的制度创设,重视引进吸收国外银行先进的经营理念和管理制度,按照现代商业银行的运作模式调整营业方针,相继修订并实行了一系列符合现代银行特点的规章制度。其中,召开行务会议,集思广益,民主决策;采用西式簿记,建立新式的会计制度等,颇具开创之功,实际效用亦佳。在加强和改善内部管理方面,交通银行所实施的诸多推陈出新的举措,不仅有利于摆脱政府的控制干预所造成的困窘,以促进自身的发展,而且在中国近代金融史上也具有重要的示范作用。

二

"民十(1921 年)以后,政局益乱,军阀割据截留中央税收,外债内债之募集俱感困难,罗掘俱穷,财源枯竭";[2]"政府所发行之公债,在初无不指定基金,利息优厚。境过情迁,往往基金流用,本息无着,银行中之资力薄弱者,遂因之停搁,甚或破产者有之。……其他,若库券,若短期借款,若垫款,为政府所牵累者,几于无法可以解脱".[3] 基于这样的背景,在张謇、钱新之等人的主持下,交通银行开始了一系列的商业化经营改革。

首先,减少官股,增加商股。1921 年实收官股 150 万两,占股本总额的 34.42% ,"截至十七年(1928 年)十一月,国民政府新颁条例之前,旧交通部股份余额实为七千八百股,计七十八万元,商股股本计六百九十三万五千一百五十元,共计已收股本银

---

① 交通银行总管理处编印:《各国银行制度》,1943 年,第 364 页。
② 金城银行总管理处:《金城银行创立二十周年纪念刊》,内部编印,1937 年,第 99 页。
③ 贾士毅:《国债与金融》(第 1 编),商务印书馆,1930 年,第 26 页。

元七百七十一万五千一百五十元"。① 即此时的官股仅占全部实收股本的 9.88%。

其次,调整组织架构。按 1914 年《交通银行则例》的规定,交通银行设董事 5—11 人,由股东总会在 200 股以上的股东中选出,呈报财政部及交通部存案,任期 4 年,期满可再选再任。管理机构设总理 1 人,协理 1 人,帮理 1 人。总理和协理由股东总会分别在 400 股以上和 300 股以上的股东中选出,呈报交通部转咨财政部存案,任期 5 年,期满可再选再任。帮理则以路政局局长充任,由交通部委派。从上述规定看,交通银行的高级管理层基本受制于政府,人员的任期虽有规定,但实际情况随着政府的更替而变化。商业化改革之后,按照 1925 年修订的则例,交通银行除设立董事 5—11 人,增设监事 3—5 人。董事、监事都在 200 股以上的股东中选出,呈报财政部及交通部立案。董事任期 4 年,监事任期 2 年,期满可以连举连任。在随后制定的总管理处章程、监事章程及办事细则中,强调总理代表交行并主持行务,遇有重要事项得与董事会议协商解决;监事对股东负责,监察一切业务,检察各项账目,遇有重要事务,可以请求召开行务总会。依照这些规定,交通银行高级管理层的构成和作为主要取决于银行自身因素,如此可在较大程度上避免政府的无端干涉。

第三,业务重心转向工商各业。1914 年的则例曾规定,交通银行必须将营业的计算报告书呈报财政部和交通部,如有违背则例之处,财政部予以制止。这样的规定显然影响着交通银行业务的独立开展。商业化改革之后,按 1925 年的自订章程,交行的业务只需在董事会的指导下就可自由发展,"本银行各种办事规则及关于全体行员之禁约,由总协理拟订,提交董事会议决",②由此在业务经营上基本实现商业化。经过数年努力,交通银行的资本实力得以明显增强,信用稳固,对同业的影响力也逐渐加大。尽管 1925 年再次遭遇剧烈的人事变动,梁士诒逼迫张謇辞职后再任总理,但商业化的经营方略并未受到太大影响。

1927 年 4 月,蒋介石在南京建立政权,中华民国进入南京国民政府时期。许多学者的实证研究表明,1927 年至 1936 年是中国经济快速增长的十年,"中国经济的发展尽管稍落后于同时代日本的发展,但也获得了巨大的进步","中国经济的动力足够强大以至于在政府无能、内部动乱、外部威胁的情况下也能获得加速发展"。③

---

① 交通银行总行、中国第二历史档案馆合编:《交通银行史料》第一卷,中国金融出版社,1995 年,第 7 页。
② 《交通银行史料》第一卷,第 206 页。
③ [美]托马斯·罗斯基著,唐巧天等译:《战前中国经济的增长》,浙江大学出版社,2009 年,第 336—338 页。

金融业的迅速发展无疑是中国经济跃进的引擎之一。这一时期,国民政府正致力于构建国家金融体系。国民政府建立后,清末以来困扰政府的财政问题并无明显改观,相反,频繁的国内战争更扩大了政府的财政赤字。为了解决军政费用问题,在增发债券之外,加强对金融系统的控制,进而建立垄断的国家金融体系,被视为有效的方法。正是如此,在这段时间内,国民政府通过建立和调整机构,制定和完善法律法规,初步确立了金融业的法制化管理;而"废两改元"和法币政策的推进,也为持续半个世纪的币制改革画上了句号。至此,以中央银行为首的国家银行与地方官办银行的体系基本建立,并由此确立了国家资本对银行与金融业的支配和垄断。

这一时期,交通银行的发展与国民政府金融秩序的建立形成了密切的互动关系。

首先,交通银行落实了国民政府的改组要求,贯彻《交通银行条例》,调整了股本结构、组织框架和高层人事,并将总管理处从北平迁到上海。

其次,辅助国民政府创建中央银行。中央银行成立于1928年11月1日,在此之前,曾有将交通银行与中国银行合并组建中央银行,或将中国银行改组为中央银行的动议,但均未成为事实。中央银行成立之初,根基不牢,信誉未立,交通银行在满足政府资金需求等方面,给予强有力的支持。经过五六年的发展,至1934年,中央银行的实力仍难与交通银行比肩,还是需要交通银行的配合和帮助。可以说,国民政府欲实现对金融系统的控制,推行统一的中央银行制度,若无交通银行的扶翼,恐难达到既定的目标。所以,当时的交通银行与中国银行一道依然充当着国家银行的角色。

第三,协助国民政府平息公债风潮和整理公债,阻止白银外流,积极参与币制改革。在公债风潮、白银风潮两次重大事件中,交通银行主动担起责任,在平定外汇市场、扶持上海工商业、救济和清理上海钱业、援助地方市场、恢复债市的过程中,发挥了中流砥柱的作用,协助政府最终走出泥淖,稳定了金融市场,为实施法币改革奠定了基础。1935年国民政府实施法币政策,交通银行作为发行银行之一,享受无限制买卖外汇的特权。为了配合政府统一全国币制,交通银行殚精竭虑,积极奔走于中央和地方,调解各方矛盾,费尽周折,并与外资银行斗智斗勇,担当为国民政府折冲御辱的角色,促使法币政策顺利推行。

随着统治权的日益巩固,国民政府加快了金融统制的步伐,尤其是在"废两改元"获得成功后,政府在金融上的控制力大大增强。1933年,国民政府对交通银行的高层人事做出调整,迫令卢学溥、胡祖同退位,改派宋子文的亲信胡笔江、唐寿民出任董事长和总经理。此时，官股在交通银行股份中所占比重不大，董事会中官方代表也不多，国民政府通过"遥控"胡、唐等核心人物，影响交通银行的方针举措。1935年6月，国民政府再次打着"改组"的旗号，以救济"金融恐慌"为借口，强行加入债券充作股份，使官股在总股份中的占比提高至60%，确立了"官六商四"的股本结构，掌握了交通银行的控制权。与此同时，在胡、唐等人主持下，重新修订《交通银行条例》，使银行的经营方向依循政府的意愿，管理机构也做出相应的调整，总管理处改为总行，由单纯的管理机构转化为经营与管理并重的业务机构，并撤消发行总库和上海分行，建立总行发行部和业务部。经此变革，权力更加集中于总行，政府也借此加强了对交行的控制。

就1927年至1936年的十年看，以1933年为断，交通银行的命运和发展轨迹再次发生很大改变。1933年之前，交通银行虽遭遇前所未有的压力和挑战，如东北地区的各分支行在日本侵略者的铁蹄下，业务经营举步维艰，生存环境极为恶劣，关内各行在总管理处南迁后也面临转型的矛盾与困惑，但总经理胡祖同延续1922年以来的商业化发展方略，担起"发展全国实业"的使命，各项业务都能按照市场的需求，沿着正常化的路径向前发展，经营效率有所提高，治理结构趋于优化。随着实力的增强，交通银行在同业中的良性影响力也逐渐扩大。典型的事例是，作为交通银行的代表，总经理胡祖同在上海银行公会第二届委员会中担任委员（1927年12月至1929年3月），在第三届委员会中则成为常务委员（1929年3月至1931年9月），并出任上海市银行同业公会第一届执行委员会常务委员（1931年10月至1933年9月）。然而，上述发展态势因国民政府的金融统制政策而发生重大变化。经过1933年至1935年的改组，交通银行的身份再次由商业银行转化为国家银行。

在国民政府金融统制政策的羁绊下，如何继续走商业化银行的发展之路，现实的难题使交通银行陷于摇摆和彷徨。权衡之后，交行选择了折中调和、两相兼顾的策略，既靠拢并依托政府，又不过分依赖政府，尽可能遵循现代商业银行的发展规律。唐寿民等人确立了"整旧营新"的发展理念，并据此提出储蓄独立、发行独立、选贤任能、提升行员道德、限制经费开支等五点规划，力图突破瓶颈，谋求长远发展。1936年的"白银风潮"过后，各业呈现复苏气象，唐寿民再度更新理念，将行务分为停止、改善和进行三种情况，分别提出要求：应停者，行之以渐；应改者，逐步实施；进行者，知难而进。在这一理念的指导下，全行上下奋发进取，审时度势，以辅助实业、平衡都市与内地为原则,实施开发西北、经营江北、发展闽粤的发展战略,增设分支机构,逐步完善营业线网,扩展营业范围,形成海洋系、江北系、江南系、浙江系、长江系、西北系等六大业务区域,并对人事管理制度进行大刀阔斧的改革,建立较为完善的人才培养和行员任用机制。

在此基础上,交通银行努力开拓业务,在经理国库、政府债券、外汇、承兑汇票、投资及信托业等方面都有较大进展。在协助中央银行经理国库方面,仅江苏一省,即在十几个县代理金库,这对充实资金力量、扩大存汇业务,都起了巨大作用。在经理政府债券方面,截至1936年,交通银行经理收付的政府债券共有28种,政府债券所占投资比例直线攀升。在外汇业务方面,采取"人弃我取,人取我与"的经营策略对外币和期货实施保值与增值,同时经营标金买卖,不断扩大外汇积累。仅1936年,交通银行就积累美金近2000万元,黄金22万余两,英镑80万镑。在承兑汇票业务方面,交通银行自1930年底开办这项业务,率先颁布《办理押汇凭信及承兑贴现业务规则》,开创了中国银行界近代化经营意识的先河。1935年,受"白银风潮"的冲击,交通银行积极奔走和筹划,促成上海银行票据承兑所的建立,不仅有效缓解了金融恐慌局面,还改变了中国银行业传统的经营模式,标志着近代中国贴现市场的雏形已破土而出。在国民政府的特许下,交通银行还努力开展投资业务,并视之为银行业未来的发展趋势。根据当时的实际情况,交通银行划定了直接投资参办、认购股票、没收抵押、债权转股权四种特种投资方式,投资领域涵盖银行业、保险业、纺织业、采矿业、交通业、电气业、实业公司、商品贸易、运销业等众多行业。至1936年底,交通银行除投资中南、大陆等银行,其余所投资的企事业共计33家,皆属关系国计民生的大型工矿、金融企业及公用事业。

三

1937年7月到1945年8月,中国经历着日本侵略者造成的深重灾难。八年抗战结束后,胜利的喜悦转瞬即逝,中华大地又陷入连年的内战。战火纷飞之下,中国经济发展的常轨景象发生改变。一方面,十多年的战争使得刚刚蹒跚起步的民族工商业遭受重创,银行业陷入困境,中国经济在整体上再次跌入深渊;另一方面,"由于外来经济势力暂时撤退,战时物资的缺乏与需要的相对增加,以及通货膨胀政策下的战时景气,使工商业又在经济落后的广大区域获得发展"。① 随着产业的恢复和发展,银行业的活力也逐渐加强。战争打断了银行业的正常发展历程,客观上却使其分布区域趋向广大和均衡。交通银行在这十几年中的发展,也经历了这个过程。在战火的笼罩下,交通银行总行及分支机构几经辗转流徙,勉力承担发展实业的时代重任,全行上下积极贯彻战时金融政策,大力支援后方生产建设,为全民抗战做出了重要贡献。抗战胜利后,在国民政府的统一部署下,交通银行迅即投身恢复建设之中,并注重内部的重新规划与合理调整,各项业务呈现出良好的发展态势。但是随着内战的爆发,所有宏大的远景规划皆化为泡影。这一时期,国民政府进一步加强对交通银行的干预,于是,谋求生存、保全行基,成为交通银行的工作重心,经营业务陷入既想有所作为,又力不从心的境地。

1937 年 8 月 13 日,日本侵略者攻占上海,交通银行总行奉财政部命令又改为总管理处,恢复上海分行建制。总管理处撤往汉口,业务中心及主管人员则迁至香港。武汉失守后,总管理处再迁往重庆。随着东部营业中心的丧失与管理机构的西迁,交通银行在大后方的西南、西北地区,大力构建金融网络,截至 1945 年 4 月 30 日,总管理处下辖 159 个分支机构,几乎遍布沦陷区之外的主要地区,维持着比较完整的管理体制。

"国难"并没有减缓国民政府金融统制的步伐。上海失陷后,为适应战时需要,国民政府成立中央银行、中国银行、交通银行、农民银行四行联合办事总处(以下简称"四联总处"),负责办理战时各项特种业务。交通银行的自主经营权逐渐丧失。1939 年 9 月,四联总处由原先的联络性机构改组为非常时期的最高金融决策机构,对外加强金融垄断,对内提升中央银行的权力和地位,中国、交通两行的地位进一步被削弱。太平洋战争爆发后,国统区形势恶化,出现"无限制的通货膨胀和无限制的物价高涨"状况。自 1942 年 7 月 1 日起,货币发行权由中央银行独掌,交通银行历时 33 年之久的货币发行权至此取消。经政府增资,交通银行的资本总额达到 6000 万元,其中官股 5400 万元,占比高达 90%。与此同时,国民政府还推行四行专业化,交通银行被指定为"发展全国实业"的专业银行,主要业务包括工矿、交通及生产事业的贷款与投资,国内工商业汇款、公司债及公司股票的经募或承受,仓库与运输业务,

---

① 陈真、姚洛编:《中国近代工业史资料》第一辑,生活·读书·新知三联书店,1957 年,第 772 页。

储蓄与信托业务等。四联总处又成立联合放款处,引导中国、交通、农民三行的贷款投向,要求中、中、交、农四行完全承担战时生产局的资金供给。在总额为 100 亿的贷款中,交通银行承贷了 40 亿,为各行之冠。

面对异常艰难的局势,交通银行努力调整战略方针。一方面,全力协助政府稳定金融市场,支持全民抗战。战争爆发后,交通银行针对市场的恐慌和挤兑风潮,积极参与联合贴放委员会,提供资金,帮助同业度过危机。上海"孤岛"时期,又以租界为依托,坚持营业,通过四行的协调,与外商银行合作,承担起国家银行的职责,经办钞券运输等要务,并积极参与制定汇率政策,大力开拓外汇业务,为稳定法币币值,维护战时金融体制做出贡献。同时,又积极配合国民政府,联合同业,查堵日寇制造的假币,阻止其扰乱内地金融市场,粉碎了敌方"货币战"的阴谋。另一方面,还积极扶助实业,致力后方建设。交通银行大力扶持农产、工矿、贸易调整委员会,为企业投注巨额资金,协助沿海工厂搬迁内地。为改变西部地区工业基础薄弱的现状,交行又在昆明成立设计处,统一筹划后方建设,竭力吸收资金,扶助后方工、农、矿、交通等行业的建设与发展,在保障战时物资供应、增强抗战实力方面做出卓著贡献,同时也为战后社会经济的恢复与发展奠定了基础。

抗战胜利后,交通银行获得短暂的喘息机会,积极投身于战后的恢复与重建,着手制定新的发展规划,取得良好的经济与社会效益。

其一,恢复与重构营业网络。抗战结束后,交通银行制定裁撤西部、增设中部、恢复东部的方略,部署营业网络的恢复、重建工作。至 1946 年底,交通银行下属的各类营业机构共 223 个,当年新增机构 86 处,增长幅度列"四行六局"中的第二位,仅次于农民银行,适时扭转了战时营业网点西部稠密、中部稀疏、东部完全空白的局面,基本满足了战后的营业需求,为拓展业务创造了条件。

其二,清理与接收日伪银行。交通银行的行产在战争中遭受重大损失,或遭日军侵占,或被转入敌伪控制下的伪交通银行,或被其他日本机构劫掠。抗战结束后,交通银行为追讨行产,成立上海伪交通银行清理处,统一负责伪交通银行的清理工作。清理处克服重重阻碍,于 1946 年底基本完成清理工作。同时,交通银行按照财政部"金融复员紧急措施方案",接收日本住友银行、劝业银行、正金银行等敌伪金融机构,经过审慎、全面的审查,悉数索回被日资银行侵夺的各外资银行的重要资产和文件,赢得良好口碑。

其三,支持实业的恢复与发展。战后,国内经济复苏缓慢,企业生存艰难。辗转迁移的原东部地区企业,损失惨重,原沦陷区的企业更是岌岌可危。西部地区的企业则因军需订单骤减,物价暴跌,也陷入持续恶化的境地。交通银行竭力支持国民政府实施西部紧急工贷办法,至 1945 年底,发放紧急工贷 11 亿余元,1946 年又贷出 5200 余万元,缓解了西部企业的资金困窘。为了恢复东部地区的建设,交通银行重点扶持与公路、铁路、轮船等交通设施相关的实业工程,与城市重建相关的电力、自来水等公用事业,以及与民众生活密切相关的纺织、食品、化工、矿业等生产部门,为东部地区的重新崛起做出重要的贡献。

其四,继续推进信托、外汇业务。交通银行因战事而受阻的信托业务,至 1946 年出现转机。信托存款余额较上年增加 158.6 亿余元;资金结构也出现历史性变化,抗战时期活期信托资金占绝对多数,此时定期资金数额已远高于活期存款,突破了 100 亿元大关。交通银行还参与建设长期资本市场,认购上海证券交易所的股份,协助将证券交易导入正轨,此外,还大力建构仓库网,所建仓库分布于上海、南京、汉口、长沙等交通枢纽地区。外汇业务一度也颇有起色。1946 年 2 月,国民政府开放外汇市场,交通银行重新掌握本行外汇业务的决定权,3 月,又成为政府指定的 27 家经营外汇银行之一。

正当交通银行踌躇满志、重振旗鼓之时,内战骤然爆发,所有的美好愿景都付诸东流。1946 年 6 月,交通银行总管理处由重庆迁回上海,所面临的已是无法扭转的困局。国民政府大量增发法币,100 元面值的法币几同废纸。1948 年 8 月又改发金圆券,结果更加剧了通货膨胀。尤为致命的是,在金圆券发行后的两个多月,国民政府取消了金圆券的发行限额。一时间,金圆券发行犹如脱缰的野马,一路飙升,国家财政金融体系趋于崩溃。

当时,国民政府不断加大对交通银行的干预,进一步削弱其人事和经营的自主权,将交通银行绑上驶向深渊的战车。激烈动荡的社会环境大大增加了交通银行揽存的难度,致使资金结构出现严重的失衡。表面的存款数额迅捷上升,实际的价值却不断缩水;军政存款居高不下,工商存款一路下滑;活期存款比重走高,定期存款比重低下。随着战局的变化,越来越多的分支机构留在日益扩大的解放区中,汇款业务也因网点的失联和资金调拨的困难逐渐停滞。

虽然窘迫困顿,独力难支,交通银行仍未放弃肩负的职责,在放款计划的总额中有 80% 用于工矿、交通实业,并优先扶植民生日用必需的纺织、粮食工业以及汽车配件、酸碱、水泥等工业。不过,在此非常时期,交通银行不得不从维护行基着想,力求降低放款风险,确保本金安全,多做活期贷款,减少定期贷款,并加强实业调查,以利通盘考虑。投放的资金也逐渐游离于直接生产领域,主要通过信托部经营证券交易,买卖政府债券,并通过投资若干实业公司,尽量争取有所盈利。

即便在硝烟弥漫的战争年代,交行仍不遗余力地开拓业务,并有计划地修订各项规章制度,致力于内部管理的改进与完善。与此同时,还十分注重对行员进行各种形式的业务培训,关心员工的生活疾苦,推出了不少优抚政策。正是这些措施,交通银行培养并凝聚了一大批爱国爱行、熟谙业务的金融人才,为迈进新时代奠定了坚实的基础。

四

1949 年 5 月 27 日,历时 15 天的上海战役结束,在民众的热烈欢呼声中,人民解放军进入上海,上海市军事管制委员会成立。次日,上海市人民政府成立。同一日,兼任军管会主任和市长的陈毅任命储伟修为军事代表,进驻交通银行总管理处,执行军事监督及办理一切接管事宜。这一日,历史掀开了新的一页,交通银行踏上了新的征程。

经过战争重创的中华大地,满目疮痍,百废待兴。十年间,全国人民在中国共产党的领导下,使国民经济得以恢复,改变了旧中国一穷二白的落后面貌,社会主义工业化初绽笑颜,中国的金融体制也经历了两次重大变革。1952 年建立了以中国人民银行为领导的独立自主的金融体系和金融制度,中国人民银行同时具有中央银行和商业银行的双重职能,既行使货币发行、经理国库和金融管理等中央银行职能,又从事信贷、储蓄、结算、外汇等商业银行业务,并在金融业中具有高度的垄断性。① 这种情况的形成是基于建国初期的宏观经济形势、国家职能定位以及对经典作家金融制度设计的理解等因素的综合作用。在战争刚刚结束,国民经济亟待恢复的情况下,这种金融制度的高效性能是有目共睹的。自 1952 年底开始,伴随着金融市场、金融体系、金融管理体制的计划性特征日益强化,我国的金融运作也走向计划化和集中化。

---

① 李志辉:《中国银行业的发展与变迁》,格致出版社、上海人民出版社,2008 年,第 10 页。

私营银钱业完成社会主义改造后组建的公私合营银行于 1955 年并入中国人民银行储蓄部,中国农业银行组建不久即被裁撤,在交通银行基础上成立的中国人民建设银行一开始就处在"非银行化"的地位。① 在国家大规模经济建设的凯歌声中,中国人民银行的"大一统"格局终告形成,集中统一的银行体制和信用制度开始运作。在这个过程中,交通银行服从中国人民银行接管,接受社会主义改造,积极投身国民经济恢复和国家经济建设,迅速成为服务于人民建设事业的社会主义国家金融机构。

(一)新时期职能的确立与践行

建国初期的经济存在着五种经济成分,即社会主义的国营经济、合作社经济、国家资本主义经济、个体经济和资本主义经济,与此相适应,新中国的金融机构也存在五种经济成分:社会主义性质的国家银行、国家资本主义性质的公私合营银行、资本主义性质的私营行庄、半社会主义性质的信用合作社以及建立在个体经济基础上的农村作用互助组织。② 中国人民银行作为领导和管理全国金融业的国家银行,在边解放、边接管、边建行、边办业务的过程中不断成长和壮大。③

按照《中国人民政治协商会议共同纲领》中关于没收官僚资本、实行全盘接收转归国家所有的规定,自天津、北平解放开始,各地交通银行的接管工作随着中国人民解放军的胜利脚步而次第展开。自 1949 年 5 月 28 日开始,交通银行总管理处和上海分行的接管工作由中共上海市委和军管会统一领导,华东财政经济委员会金融处具体负责。交通银行服从人民政府的接管,全体员工保护资财、账册、档案,协助做好接管工作。在接管工作顺利结束后,清理工作立即展开,成立"上海交通银行债权债务清理处",对债权债务进行清理,在"划分系统、制定计划、明确步骤、扎实推进"方针的指导下,清理工作进展很快。随后进行的是整编工作。总管理处及上海分行的原有员工精简一半以上,人员安置根据工作需要及本人能力,分别按照留用、调用、参加学习及动员退职等作妥善处理。

经过接管、清理及整编改组,交通银行总处和上海分行于 1949 年 11 月 1 日同时复业。所有国民政府期间的旧账账目及未了事宜,均移转清理处接收,继续进行清理。复业初期,交通银行的储蓄、信托业务转交中国人民银行办理,其他存放款业务、

① 赵学军:《中国金融业发展研究(1949—1957 年)》,福建人民出版社,2008 年,第 104 页。
② 叶世昌、潘连贵:《中国古近代金融史》,复旦大学出版社,2008 年,第 426 页。
③ 中国人民银行:《中国人民银行六十年(1948—2008)》,中国金融出版社,2008 年,第 44 页。

仓库业务等则照旧进行,业务重点是公营工矿、交通、航运事业及船舶打捞修理等方面的贷款。

1950年和1951年,中国人民银行先后召开两届全国金融会议,确定交通银行是中国人民银行领导下的经办工矿、交通公用事业的长期信用专业银行,是国家金融体系中的重要组成部分,主要承办国家基本建设投资拨款业务与公私合营企业公股的清理与管理工作,并负责建立长期资金市场。新生的交通银行采取总行、分行、支行三级制,总行的下属行处接受交行总管理处及当地中国人民银行的双重领导。交通银行的基本职能、任务与管理体制正式确立后,开始履行新的角色,执行新的任务。

1951年2月,交通银行开始办理基本建设投资拨款业务,由此开创了中国银行史上由专业银行办理国家基本建设投资业务的先例。交通银行学习苏联经验,先试点再推广,制定相关办法与条例,针对实际工作中出现的各类问题,实行严格计划审查,强化预付款监督,加大现场检查力度等措施,提高了国家建设资金的使用效益。

1950年10月,中央财政经济委员会发布决定,公私合营企业中凡旧时各行局投资的公股,其股权属于中央人民政府财政部。公股的清理与股权的管理,责成交通银行统一办理。交行随即制定合理的方案,有条不紊地推进公股清理工作。清理工作于1953年基本结束,交通银行又转入以管理为主的阶段,负责监管相关企业的财务工作。为此,交通银行不断完善规章制度,积极进行财务的调研与审核,消除产品积压、成本过高等不良现象,将合营企业的生产活动逐步纳入国家计划范围,大大增强了国家对合营企业的控制力。1956年,随着公私合营高潮的到来,交通银行又积极配合政府,监督私股股东的定息发放,促进了定息制的推广。

这一时期,交通银行的另一任务是建立长期资金市场,涉及组织投资公司、建立证券市场、办理长期贷款等。1950年8月,由交通银行发起并参与筹办的北京市兴业投资股份有限公司成立,成为新中国第一家公私合营的投资公司。随后,天津、上海、重庆等地也相继筹建投资公司。此外,交通银行还代理企业发行公司债,并制订办法规范公司债的募集工作。交通银行试办的长期贷款,面向地方公营企业以及关乎国计民生的私营企业,也有利于国民经济的恢复与发展。1952年5月,交通银行划归中央财政部领导,建立长期资金市场的任务随之结束。

(二)与政府机关的密切关系

1956年公私合营高潮到来之际,为应对繁重的工作任务,经财政部要求和中央政府批准,交通银行的机构和人员在短时间内得到迅速扩充,从 800 人猛增至 5000 人,可为时不久,交通银行又走向全面收缩。这样一种奇特现象的出现,根本原因在于建国以后交通银行与中央政府财政部门之间所形成的特殊关系。

经解放以来的接管和改造,交通银行已成为中国共产党和中央政府领导下的服务于新中国经济建设事业的新型银行。复业之初,交通银行受中国人民银行领导,其储蓄、信托之类的门市业务已转交人民银行办理。自 1950 年开始,交通银行相继承担的主要任务都由中央政府财政部门指派。1952 年 3 月,中共中央正式决定,将交通银行划归财政部领导。在财政部下发的通知中明确规定了这种隶属关系:交通银行"为本部直属机构,受部长领导,对部长直接行文";"所发生的日常事务,均由本部办公厅联系办理";"人事待遇、编制等事项由本部人事处主管"。① 1953 年 2 月,财政部又专门下达《关于对交通银行工作加强领导的指示》,强调在大规模开展经济建设、基本建设的过程中,各级财政部门应对各级交通银行的工作加强领导,"使其成为财政部门监督执行预算的有力机构,充分发挥其对国家基本建设做到拨款要及时,监督使用要合理,从而能起其实施财政监督的职能,以使该行在国家大规模经济建设中起到应有作用。"② 由此可见,交通银行复业以来一个明显的趋势是,其原先具有的商业银行属性逐渐淡化和消退,越来越近似政府财政机关属下的具有行政事业性质的具体操作部门,包括其专业人员,也从市场经济条件下的银行从业人员,转化为国家机关干部。

不过,因其历史渊源,交通银行始终具有官商合办、公私合营的性质,这一点在解放以后仍得到中共中央和中央政府的确认。1954 年,交行第一次股东大会上通过的《交通银行章程》即明文规定:"本章程参照《公私合营工业企业暂行条例》的有关规定订定";"交通银行是股份有限公司,股东对本行的债务负有限责任。"因此,政府部门对交行的领导在形式上仍遵照相关的规则。

首先,政府通过股本比例的调整,使公股占有绝对优势的地位。1954 年的交行章程确定,股本总额为 1800 亿元,每股为人民币 30 万元,在 60 万股股本中,国有股为 52 万股,占总股本的 86.7%,私股为 8 万股,占总股本的 13.3%。③ 显然,在股东

---

① 交通银行总行、中国第二历史档案馆合编:《交通银行史料》第二卷,中国金融出版社,2000 年,第 237 页。
② 《交通银行史料》第二卷,第 244—245 页。
③ 同上,第 168 页。

大会上,唯有公股股东才有真正的发言权和决定权。

其次,政府通过法定的董事会和监察人会实施具体的领导。在交行董事会 25 名董事中,公股董事 13 名,皆由财政部指派;所设 7 名常务董事中,董事长也由财政部指派。监察人会共 9 名监察人,其中 5 名监察人,包括 1 名首席监察人,也由财政部指派。①

此外,政府还通过《交通银行章程》在制度上规定,"重要事项经董事会议审议和协商后,应当报请中华人民共和国财政部核准";"董事长可以召集董事、监察人联席会议,董事、监察人联席会议所协商的事项,应当报请中华人民共和国财政部核准"。②

1953 年,我国进入计划经济发展时期,经济建设工作主要依靠政府的行政指令推行。与之相应,金融管理领域也呈现行政化、集权化的趋向,这在政府对交通银行指派的业务工作中得到鲜明的体现。《交通银行章程》的"业务"项中明确规定,交通银行受政府委托办理的各项事务为:"(一)执行有关公私合营企业财务监督的事务;(二)统一管理公私合营企业中是公股、代管股和指定的公私合营企业的再投资股的股权;(三)办理国家对公私合营企业的增资拨款和对私营企业实行公私合营的投资拨款;(四)办理国家在公私合营企业中应得的股息红利和其他款项的收解事务;(五)办理其他有关银行业务的受托事项。"交通银行自营的各项业务为:"(一)办理国家财政机关所指定的贷款业务;(二)办理公私合营企业再投资的股息红利代收业务;(三)办理公私合营企业中代管股份的股息红利专户存储业务;(四)办理公私合营企业的盈余存款业务;(五)办理公私合营企业的公积金存款业务;(六)办理公私合营企业的折旧基金存款业务;(七)办理公私合营企业的多余流动资金存款业务;(八)办理私营企业或者私人委托代理的投资业务。"③根据上述业务范围,可以清楚地看到,无论是国家委托的,还是交通银行自营的业务,几乎都是社会主义改造过程中直接的或间接的"政府行为",而非"市场行为"。所以说,交通银行虽然名义上仍是公私合营的股份有限公司,但从本质属性上看,其与国家全额拨款组建的行政事业单位,或国营公有企业,已无多大差别。

---

① 《交通银行史料》第二卷,第 170 页。
② 同上,第 171、172 页。
③ 同上,第 169 页。

1954 年,中国人民建设银行在交通银行的基础上成立后,承接了原先由交通银行办理的基本建设投资拨款工作,此后的交通银行专门负责对公私合营企业的财务监督工作,其与财政部的"直属"关系也愈加凸显。在其后的工作中,交通银行的业务范围和具体操作,都由财政部确定和调整。总管理处完全按照财政部的指令向下部署工作,各地分支行也在总处的引导下全力配合甚至融入当地财政部门的工作,包括交通银行独立建制后机构设置和人员编制的扩充,也必须结合当地实际情况,报请当地人民委员会批准。①

交通银行与政府财政部门形成特殊的关系,并成为"政府行为"的具体执行部门后,实际上也将自己的命运与政府的政策、方针紧密地联系在一起,政府的意愿决定了交通银行的升降起伏。当政府的政策急需执行时,其机构和人员就会迅速扩充;一旦指定的任务完成,或政策、方针出现重大变化时,其机构和人员又会全面收缩,甚至是否应该存在,也成为问题。

（三）内地业务的终止与香港分行的延续

随着社会主义计划体制的建立和大规模经济建设的到来,交通银行原先承担的各项任务渐次完成。1954 年 10 月,交通银行承办的基本建设投资拨款业务划归中国人民建设银行办理,交行专营公私合营企业的公股清理与财务监管业务。1957年,公私合营大体完成后,全国大一统的财政体制基本建立,公私合营企业的财务监管工作开始归属地方财政部门管理。1958 年,交通银行受命停办大陆地区的各项业务,但对外仍保留总管理处的名义。

大陆业务停办后,交通银行在香港地区的分支机构仍继续营业。香港分行自1950 年 1 月响应中央政府号召,接受交行总管理处领导后,走上新的发展之路。1958年至 1986 年近三十年间,港行始终保持商业银行的方针策略和业务范围,延续了交通银行的历史声誉和经营特色,辅助中央政府应对复杂多变的国际局势,在服务香港、服务国家对外贸易、积累外汇资金等方面做出了重要贡献,并充分发挥对外窗口的作用,展现了良好的国家形象。

如前所述,从 1953 年起,我国的经济体制发生重大变革,"多种经济成分并存的经济结构已经基本上转变为单一的公有制经济。正是在这样的基础上,形成了高度

---

① 《交通银行史料》第二卷,第 430 页。

集中的计划经济体制"。① 在计划经济体制之下,国家几乎作为唯一的产权形式控制着社会资源的分配,财政高度集中,统收统支,财政分配范围很大,银行贷款范围缩小。财政不仅包括了生产领域以外的再分配,而且直接引申到生产领域,包括国家预算、国家银行信贷和国营企业财务管理。② 这样一种制度格局对于资本稀缺而又急需增长的发展中国家而言,无疑有它的合理性。但是,资源的国家配置机制在有力推动经济恢复和发展的同时,也会造成极大的效率损失,且资源配置的低率随着生产规模的扩大而愈加明显。正是由于这种经济体制所表现的"大政府、弱社会","大财政、小金融",造成中国经济社会发展的诸多不足,构成 1978 年之后改革开放和社会主义市场经济逐步确立的逻辑起点。因此,1986 年 7 月交通银行的重新组建,便是历史的选择,是银行回到本质上来的重要体现。

交通银行几度俯仰,数次转型,曾历困境,更有辉煌。其兴衰起伏,始终与国家、民族的命运紧紧相连,其成长壮大,始终与社会、经济的进步息息相关。所以说,交通银行前半个世纪的历程不仅见证了中国金融业的发展,也折射出中国社会的现代化进程。

本次付梓出版的《交通银行史》共分四卷,上起 1908 年交通银行创立,下迄 1958 年暂停大陆地区业务。书中记录了交通银行半个世纪栉风沐雨、艰苦创业的征程,揭示了中国近现代社会经济和民族金融业的沧桑嬗变。在述说交通银行振兴民族经济、发展国家金融、繁荣祖国建设的巨大贡献时,也彰显了交行深厚的文化底蕴和浓郁的人文气息。目前,中国社会正处于经济转型的关键时期,金融改革已进入深水区,国内的金融贸易正面临严峻的全球化考验,交通银行也遇到各种压力和挑战,本书的问世对认清当下改革形势,推动金融业的创新发展,应当有所裨益。我们有理由相信,有着悠长历史、深厚传统、敢于尝试、甘于奉献的交通银行,今后的发展道路必将越来越宽广。

① 苏星:《新中国经济史》,中共中央党校出版社,1999 年,第 250 页。
② 杜恂诚:《上海金融的制度、功能与变迁》,上海人民出版社,2002 年,第 459—460 页。

第一章
交通银行的创立、资本构成和组织架构

　　鸦片战争后中国国门洞开,自给自足的自然经济逐渐解体,外国资本的入侵与民族资本主义的迅速发展促进了国内市场的扩大和商业的繁盛。在这样的形势下,钱庄、票号等传统金融机构已不能适应时代的要求。大量外资银行涌入并控制中国的金融命脉,促使国人开始自办银行。随着中国银行业的逐渐兴起,银行法规的建设也迫在眉睫。为此,清政府颁布了一系列的银行法规,对新设银行的规范建设起了积极作用。适值国内利权回收浪潮迭起,京汉铁路成为赎路焦点。为筹集资金,清政府邮传部以赎回京汉铁路路权为契机,提议创办交通银行。1907 年 12 月,交通银行筹建序幕正式拉开,从行址选定、图记使用到机构设定,三个月之内次第展开。1908 年 3 月 4 日,以北京总行开业为标志,交通银行承载着"收回轮、路、电、邮经营权,振兴民族经济"的使命,正式登上中国经济金融的大舞台。

第一节　交通银行创立的背景

一、中国银行业的艰难起步

　　银行作为一种信用中介机构,是货币经济发展到一定阶段的产物。早期银行的

萌芽,起源于文艺复兴时期的意大利。① 从 16 世纪末开始,银行逐渐由意大利普及至欧洲其他国家。随着欧洲社会经济的发展,银行主要经营的业务由货币兑换逐渐扩展为划拨款项、发放贷款等。进入 17 世纪后,随着工业革命的推进,资本主义生产方式在社会中具有越来越重要的地位,对货币资本的需要也变得更加迫切,而高利贷性质的早期银行显然已难以承担这一使命。在这样的情况下,1694 年在英国政府帮助下成立的英格兰银行,成为历史上第一家资本主义股份制的商业银行,标志着资本主义现代银行制度开始形成。继英格兰银行之后,欧洲各资本主义国家相继开办现代新式银行。现代银行对资本主义的发展起着巨大的推动作用,而其本身也在资本主义的跃进中不断壮大,在社会经济生活中的地位日益显著。

鸦片战争前,中国传统的金融机构主要有钱庄、银号、账局、票号等。钱庄起源于明末,最初是兑换纹银和铜钱的机构,后来拓展了存放款业务,采取独立经营制,其服务对象主要为本地商人,因而钱庄最初的活动范围仅限于一个城市及其附近地区。票号亦称“票庄”,又称为“划汇庄”或“汇兑庄”,大约出现于清代道光年间,主要业务为银钱的埠际划汇,收取若干汇费,从中获利。票号起初汇划的对象主要是商人,便于他们赴外地采买货物,进而为清政府汇划军饷、地方税款、捐纳汇兑、筹集经费等。因汇兑的需要,票号实行总分号制。分号多在国内,个别的还设到国外。票号的开设以山西人最早,也以山西人的经营最有特色,因此人们一提“票号”,便呼之为“山西票号”。

鸦片战争后,中国国门洞开,外资银行伴随列强的侵略涌入中国。道光二十五年(1845)在广州和香港设立分行的丽如银行是最早在华创立的外资银行。其后,汇隆银行、麦加利银行、有利银行、法兰西银行等相继在中国设立分行。同治四年(1865)成立的汇丰银行,是第一家将总行设在中国境内的外资银行。到 19 世纪 60 年代中后期,外资银行在中国已站稳脚跟。中日甲午战争后,外国资本主义对中国的侵略步步加紧,在中国通商银行创立(1897)之前,在华外资银行已有 20 多家。

外资银行通过对中国金融的控制,垄断了中国的国际汇兑业务,掌控了中国经济

---

① 银行一词的英文为“Bank”,是由意大利文“Banca”(长凳)演变而来的。据传最初的银行家是一些祖居在意大利北部伦巴第的犹太人。他们为躲避战乱迁移至英伦三岛,以兑换、保管贵重物品等为业。在市场上他们各人一长凳,据以经营货币兑换等业务。倘若经营中遇到周转不灵而无力支付债务时,便会招致债主们的群起攻击,长凳被捣碎,其信用亦告丧失。英文“Bankruptcy”(破产)即源于此。

的命脉。大量的政治性贷款不仅控制清政府的财政，还成为列强对中国进行经济侵略、政治干预的重要手段。不过，外资银行在中国的大量兴办传入了先进的现代金融理念，客观上为中国传统金融业的转型作了示范，外资银行中的中国雇员则成为中国首批了解和熟悉现代银行业务的人士，因此，客观上对中国本土银行业的兴起具有重要的促进作用。外国银行的刺激，本国金融机构功能的缺失，以及贸易和财政的客观需要，都使得国人日益深刻地认识到现代银行之于国家和社会的重要意义。

随着外资银行在中国市场上的扩张，银行这一金融工具渐为国人所接受，尤其是其调控金融的巨大作用

中国通商银行旧照

及所获得的丰厚利润，是中国传统的金融机构无法比拟的。这就促使一些有识之士为创办中国自己的银行而积极奔走。太平天国后期主要领导人之一的洪仁玕，在1859年的《资政新篇》中就提出"兴银行"的设想；1860年，容闳也曾向洪仁玕等人提出七条建议，其中第五条就是创立银行制度及厘定度量衡标准。光绪二年（1876），广东巨商唐廷枢与福建巡抚丁日昌两人拟在华南设立一家资本200万两的银行，专门为海外贸易和远洋航运服务，《申报》对此作了详细报道，并以此为例，号召国人自办银行，以促进贸易的长远发展。① 光绪十八年（1892），郑观应撰文疾呼："洋务之兴莫要于商务，商务之本莫切于银行。"他将银行奉作"百业之总枢"，认为中国若自设银行，则有"聚通国之财，收通国之利"等十大便利。② 甲午战争以前，李鸿章、马建忠

---

① 《创设中国银行续信》，《申报》1876年4月3日。
② 《郑观应集》，上海人民出版社，1982年，第679页。

等人曾有过试办银行的活动,容闳甚至建议清廷仿照美国章法开办国家银行。但是,因种种缘故,国人自办银行的主张久久没有变成现实。

甲午战争后,国内创办本土银行的基本条件业已成熟。首先,本国资本主义的工业、商业、交通运输业都有了一定程度的发展。一般而言,银行借贷资本的主要来源是从产业资本中游离出来的货币资本。旧式的产业,规模狭小,技术落后,内部积累少,旧式的金融组织尚能满足其需求。近代产业则不同,其活动与发展既能游离出可充作银行存款的货币资本,同时也需要银行在资金方面予以调剂,这对银行业的产生起到一定的催化作用。尽管本国资本企业数量少,规模小,财力弱,影响有限,但这种作用的存在是历史的事实。其次,外国资本主义加紧经济侵略的刺激。甲午战争后,帝国主义对中国的经济侵略转向以资本输出为主,但商品输出的额度仍继续增长,商品货币流通范围的扩大和金融市场的出现,旧式金融机构已不敷需要。另一方面,外国银行在华攫取高额利润的现实也诱发出中国人自己兴办银行的渴望。第三,清政府财政困难加剧,企望通过兴办银行来解决支出的窘迫。

光绪二十二年(1896)九月,在张之洞等封疆大吏的支持下,督办铁路大臣盛宣怀奏请清廷创办银行。他指出,"西人聚举国之财为通商惠工之本,综其枢纽,皆在银行",而通商开埠以来,国人不晓银行事务,终被各国银行牟取暴利,故为今之计,当"合天下之商力,以办天下之银行,但使华行多获一份之利,即从洋行收回一分之权",而眼下兴办铁路,正需要专设银行,以免被外资侵入。[1] 他的这个奏议经清廷批准后,中国通商银行便于次年四月二十六日(1897年5月27日)成立,总行设在上海。[2] 通商银行创办时股本500万两,先收半数,于1898年收足。盛宣怀任总办的轮船招商局和电报局分别投资80万两和20万两,占实收资本的40%;盛宣怀名下,包括他本人和代其他大官僚如李鸿章等的投资73万两,南洋华侨巨商张振勋投资10万两,北洋大臣王文韶和宁波商帮代表人物严信厚各投资5万两。以上几笔总数已近200万两,约占当时实收资本的80%。[3] 当时中国尚无银行法令及成规可循,故通商银行的组织机构设置及营业规则,均参照外商银行成例办理。设总董9人,以严滢

---

① 盛宣怀:《请设银行片》,《愚斋存稿》卷一,载沈云龙主编:《近代中国史料丛刊续编》第13辑,文海出版社,1975年,第14页。

② 中国通商银行的英文行名初为The Imperial Bank of China,1912年改为Commercial Bank of China。

③ 中国人民银行上海市分行金融研究室编:《中国第一家银行》,中国社会科学出版社,1982年,第10页。

为驻行办事总董。在总行和重要口岸的分行雇用洋人为大班，借以融通中外金融。[①]中国通商银行的设立，标志着中国金融业在从传统金融向新式金融发展的道路上迈出了根本性的一步。

在中国通商银行设立前，清政府就有官员力主设立官银行，试图以整理币制、推行纸币的方法来解决清政府因巨额赔款而导致的严重财政赤字。光绪三十年（1904），户部奏定《试办银行章程》，次年成立户部银行。这是中国最早的官商合办银行。该行额定股本约 400 万两，分为 4 万股，户部认股半数，其余招私人入股。户部银行总行设在北京，并在天津、上海、汉口等地设分行。其业务除承办银铜铸币、发行纸币、代理部库等特权外，还办理一般银行业务，兼有中央银行和商业银行性质。光绪三十四年（1908），清政府对户部银行增资到 1000 万两，并改称为"大清银行"。

光绪三十二年（1906），信成商业储蓄银行在上海南市大东门成立，这是中国第一家私人经营的新式商业银行。次年，信义银行设立于镇江，有上海、汉口、北京、长沙、湘潭、芜湖、宜昌、扬州等十几个分行。同年，浙江铁路公司因浙江省民众自筹铁路股款的需要，设立浙江铁路兴业银行，后改称浙江兴业银行，总行设在杭州，后迁上海，这是一家比较典型的民族资本银行。光绪三十四年（1908），四明商业储蓄银行于上海设立，这是宁波商人集资创办的商业银行。此外，省地方银行也开始发展。光绪三十一年（1905）九月，四川省浚川源银行成立，该行是清末成立最早的省地方银行。之后，广西、浙江、直隶、福建等省的地方银行相继成立。

随着国家银行、地方银行、商业银行、专业银行的次第设立，中国近代银行体系初现雏形，同业之间的竞争日益加剧，许多地方官银行、官钱局、官银号和商办银行未经政府审批而自行开设，并滥发纸币，严重扰乱了国家经济秩序。这种情形迫使清政府不得不强化对银行业的管理。光绪三十二年（1906）农工商部成立后，规定商业银行成立时需向农工商部申请注册，登记备案。光绪三十三年（1907），度支部奏称，"近年风气开通，官立、私立各项银行日益增多，亟需颁布则例，俾营业者有所遵循，臣部职司管理，亦可有所依据，借收画一整齐之效"，[②]开始了清政府对中国银行业的规范建设。光绪三十四年正月十六日（1908 年 2 月 17 日），度支部奏准公布中国第一部

---

①　《中国第一家银行》，第 12 页。
②　《度支部奏定四种银行则例》，《申报》1908 年 3 月 7 日。

银行法,即《银行通行则例》16条。① 同年六月十六日(7月14日),奏准公布《度支部银行注册章程》8条。光绪三十五年(1909),度支部又公布了中国第一部纸票管理法——《通用银钱票暂行章程》20条,并于次年颁布《奏定币制则例》24条。这些法律在一定程度上促进了中国近代银行业的规范发展,发挥了政府对金融市场的监管作用,成为中国近代金融制度变迁的历史起点,标志着清末银行业发展开始进入法律性程序,走上了规范化的道路。

虽然中国银行业的发展先天不足,在外资银行和国内保守落后势力的夹缝间艰难生存,但是作为适应经济社会发展的新兴金融机构,中国银行业在诞生后即取得快速发展,逐渐在中国金融界崭露头角。交通银行正是在这样的历史背景下应运而生。

二、西方列强对中国铁路路权的控制

铁路是工业革命的产物,工业革命不仅为铁路的诞生提供了技术支持,更重要的是工业革命带来了社会经济飞速发展,为交通事业的发展提供了更加广阔的空间。铁路运输以其快捷便利、装载量大、单位成本低等优势,在工业革命后相当长一段时期内成为交通业的龙头,修筑铁路成为最热门、最时髦的事。1825年,世界上第一条铁路——斯托克顿—达灵顿铁路正式开业运营,成为近代铁路运输业的开端。随后,英、美等主要资本主义国家皆兴起修筑铁路的热潮,为其社会经济的发展提供了强有力的支持。

鸦片战争后,英、法等国即谋划在中国修筑铁路,并从19世纪60年代起屡次向清政府提出请求,但均遭到拒绝。甲午战争的失败,充分暴露了清朝国力的虚弱,也使中国的国际地位进一步下降,这就极大地刺激了西方列强的扩张欲望。他们在中国掀起划分势力范围、抢占租借地的狂潮。为了将租借地、本土、附属国、殖民地与势力范围连接起来,以便进一步渗透牟利,列强不断在各自的势力范围内施压,迫使清政府同意其直接投资修筑铁路。这些铁路由列强修筑和经营,既是列强资本输出的重要形式,也是列强侵华的有力手段。这一时期,列强在华直接修筑的铁路主要有:沙俄在东北修筑的中东铁路,德国在山东修筑的胶济铁路,法国在云南修筑的滇越铁

---

① 学术界仅将《银行通行则例》视为中国第一部银行法,据上所引《度支部奏定四种银行则例》,度支部同时拟定的银行则例共有4种,除《银行通行则例》外,尚有《大清银行则例》24条,《殖业银行则例》34条,《储蓄银行则例》13条。

路,英国在河南修筑的道清铁路,日本在台湾续修的台湾铁路等。另外还有龙州铁路、胶济铁路南线、济南至山东西界铁路、广州湾铁路、清华至泽州铁路、广澳铁路等,皆为列强已经获得路权但未修筑或未完成的铁路。

通过修筑铁路这一方式,列强在中国获得大量优惠与特权。如沙俄在东北修筑的中东铁路,加上南满支线及其他九条支线,全长2595.5公里,造价2.5亿多卢布,由华俄道胜银行组织东省铁路公司承办。虽然沙俄让清政府出资500万两入股华俄道胜银行,使得中东铁路的修筑颇有中俄合办的意味,但是在该行董事会中,中国并无席位。反而是沙俄使用中东铁路,在中国享有多种优惠:经中东铁路出入俄境的货物,减免关税三分之一;由中东铁路运往中国内地的货物,仅纳子口半税,[①]免收厘金;运送邮件免费;中东铁路的营运收入,清政府不征税等。更重要的是,沙俄通过修建和经营中东铁路,攫取了许多特权,如沿路的土地占用权、司法民政权、驻兵权、采煤权、水运权、伐木权,等等。[②]

甲午战争的惨败,迫使清政府开始积极寻求自强之路。鉴于铁路在社会经济发展中的重要作用,清政府开始重视铁路建设,但一时难以聚集巨量的筑路资金,民间资本的筹措也相当困难,只得举借外债来修筑铁路。于是,列强纷纷向清政府发放贷款,展开对华贷款的竞争,期望牟取更大、更多的利益。经过激烈争夺,各列强俱有收获,如芦汉铁路汉保段由比利时国的公司贷款,沪宁铁路、广九铁路广深段由英国的公司贷款,正太铁路由法国的公司贷款修筑,津浦铁路借的是德国人和英国人的钱款,至于吉长铁路修筑所需的钱款则由日本的公司贷给。从甲午战后到1899年底,清廷的筑路借债共10笔,总额为5257万两。自1900年到1911年,清廷筑路借债21笔,总计28000万两。[③] 这些外债主要用于粤汉、沪宁、汴洛、道清、津浦、京汉、广九、沪杭甬、川汉等铁路。

---

① 子口税为19世纪中叶至20世纪30年代进口洋货运销中国内地及自内地运送土货至通商口岸出口时所交纳的抵代通过税的一种税款。当时以海关所在口岸为"母口",内地常关、厘卡所在地为"子口"。1858年中英《天津条约》第28款规定,英商贩运洋货入内地销售和自内地运土货出口,所经内地各卡,倘愿一次缴纳,以免各卡重征,土货可在首经子口上税,洋货可在母口完纳,所征若干,综算货价为率,每百两征银二两五钱。此为子口税。同年中英《通商章程》第7款又规定:子口税率定为进出口税率之半,故称子口半税。1861年清政府和各国公使会商,各国商人缘能享受英商的同样特权。子口半税制有利于列强推销洋货和搜刮中国土产。

② 李占才:《中国铁路史(1876—1949)》,汕头大学出版社,1994年,第78页。

③ 曹均伟:《近代中国利用外资》,上海社会科学院出版社,1991年,第142—145页。

　　列强通过筑路贷款,一方面获取暴利,另一方面还利用与清政府的不对等关系,控制了铁路的路权。按照当时国际上的通常做法,以行车收入作为抵押即可获得筑路的借款。可是中国要取得借款,则需以日后建成之路的行车收入、铁路本身及一切路产作为抵押。在铁路修筑期间,对华贷款的外国公司即为铁路的承建者,这使得列强实现了资本输出、劳务技术输出、产品输出的"三位一体",而清政府则无法按照国际上通行的招标方法选择自己满意的公司,对贷款公司也难以实行严格的监督。此外,清政府引进外资修筑铁路,虽始终坚持只借外债、不招洋股,以免洋人成为股东而控制铁路,但在借款期内,由贷款公司代为经营的规定,实际上使得债权人获取了既享有股东之权,又不承担股东之责的便利。列强借此手段,不仅攫取了巨额投资利润,还得到了进一步宰制中国的权益。

三、国人自主意识的增强与收回利权运动

　　在西方列强的步步侵噬下,国人的民族意识得以激发。特别是甲午战争中国惨败于东邻日本,极大震撼了中国民众。梁启超指出:"吾国四千余年大梦之唤醒,实自甲午战败割台、偿二百兆以后始也。"①面对民族危亡,国人普遍意识到中华民族要屹立于世界民族之林,必须"师夷长技以制夷",必须发展自己的民族经济实力。光绪二十一年(1895)国内民族资本总额为2421.4万元,到1911年增加到13200多万元,增长了330.9%。② 光绪二十九年(1903),清政府以设立商部为契机,拉开了振兴工商实业的帷幕,全国各个层面振兴工商业的呼声此起彼伏。

　　国人自主意识的增强,在收回利权运动中得到具体表现。收回利权运动涉及面很广,主要是铁路和矿权,此外还有关税权、邮政权、治外法权等等。清政府借外资修铁路、开矿产,并附带转让铁路管理权、矿山开采权、内河航运权等经济主权的做法,引起国人的强烈不满。他们清楚地认识到,这是民族主权的丧失,长此以往,中国的经济命脉必被西方列强掌控,中国的政治和社会也将处处受制于外在势力。与绅商关系密切的《外交报》曾刊载《论瓜分变相》一文,列举西方各国侵夺中国种种利权的事实之后感慨:数年之后,"虽欲自办一事而不能矣",③强烈呼吁国人起来抗议,努力

① 梁启超:《戊戌政变记》,广西师范大学出版社,2010年,第3页。
② 李新主编:《中华民国史》第一编,中华书局,1981年,第50页。
③ 《外交报》第100号,1904年2月。

改变这一状况。《大公报》著文提出："宁使矿产为民私有，必不使一金溪、一块煤落于外人之手。"①

光绪三十年（1904），湖南、湖北、广东三省绅商要求收回粤汉铁路主权，从此拉开了收回利权运动的序幕。由于清政府的积极交涉和三省官绅的坚持，最后美国终于同意中国将粤汉铁路权收回。此后，在矿权回收方面，黑龙江从沙俄手中收回中国呼兰府汤源县都鲁河砂金矿、呼伦贝尔境内吉拉林河砂金矿，山东从德国收回枣庄煤矿，安徽从英、日两国收回铜官山矿权，四川从英国收回北江厅矿权，云南从法国收回澄江等七府矿权，山西人民反对英国福公司掠夺矿权的斗争也取得了胜利。在路权回收方面，则涉及德、英两国公司原订的津镇铁路，英国公司原订的沪宁、苏杭甬、广九等铁路，以及法、比公司承筑的京汉铁路等。在清政府和地方官民的共同努力下，或将路权赎回，或将原订筑路合同条文加以修改，收回一部分利权。此一阶段的收回利权运动取得了显著成效，其中通过设立交通银行赎回京汉铁路是最为成功的案例，也为利权回收开辟了一条新的途径。

四、邮传部奏设交通银行

（一）邮传部的设立

在邮传部设立以前，清朝的交通行政没有最高的专辖机关，船政、路政、电政、邮政等各有所属，少有关联。如船政，轮船招商局属于北洋大臣，内地商船属于工部；邮政属于总税务司；路、电两项虽有特派大臣督办，却没有设立专门机构。这样的散乱状况严重制约着我国交通事业的发展，早就引起有识之士的关注，如陈炽撰文指出：甲午之败实由于制度之失，政府应尽快采取措施，"立商部以开利源，设铁路部以主持全局"。② 更有戴鸿慈等官员提出："自轮船、铁路、电报盛行，而交通行政浸以繁多，各国殆无不特设专部以领之者"，应仿照日本等国，"特设一交通部"。③ 光绪三十二年（1906）七月，载泽等五大臣出洋考察各国政事后，清廷加快了政府机构改革。五大臣在草拟的《阁部院官制草案》中提议设立交通部，"轮电交通邮递络绎，非设专部

---

① 《论商部宣赞成绅商开矿》，《大公报》1904 年 12 月 23 日。
② 陈炽：《急修铁路说》，载沈云龙主编：《近代中国史料丛刊三编》第 29 辑，文海出版社，1987 年，第 10 页。
③ 故宫博物馆明清档案部编：《清末筹备立宪档案史料》，中华书局，1979 年，第 372—373 页。

则运转不灵,故变工部为交通部,以次于农工商部"。① 九月二十日(11月6日)清廷谕令:"轮船、铁路、电线、邮政应设专司,著名为邮传部,原拟各部院衙门执掌事宜及员司各缺,仍著各该堂官自行核议,悉心妥筹,会同军机大臣奏明办理。"② 邮传部的设立,结束了我国交通行政一向没有最高专辖机关的历史,轮、路、电、邮四政被总汇到一起,亦有利于交通事业全面而系统地开展。

邮传部的设立是清政府内部利益的一次重大调整。在邮传部设立之前,清朝的铁路和邮政事业,基本上为盛宣怀所把持。盛宣怀(1844—1916),字杏荪,别号愚斋,晚年自号止叟,江苏武进县人,是清末洋务派的重要人物之一。出生于世代官宦之家,其父盛康与晚清重臣李鸿章私交甚笃。同治五年(1866),中秀才。此后乡试三考未中,遂绝意科举,转而致力于"有用之学"。③ 同治九年,经人引荐,入李鸿章幕府,协助李筹办洋务,历任山东登莱青兵备道兼烟台东海关监督、天津海关道兼津海关监督、宗人府府丞、工部左侍郎、邮传部右侍郎、邮传部尚书等职,备受赏识。他先后创办了中国第一家轮船航运企业——轮船招商局,中国第一家电讯企业——天津电报局,中国第一所工科大学——北洋大学堂,中国第一家近代银行——中国通商银行,中国第一家钢铁联合企业——汉冶萍煤铁厂矿公司以及督办修建了中国第一条南北干线铁路——芦汉铁路。此外,还倡议成立了中国红十字会,并创办了中国第一个民办图书馆——上海图书馆(后名"愚斋图书馆")。

邮传部设立后,盛宣怀所控制的铁路总公司归并到铁路总局,与轮船招商局、电报局等一起受邮传部管辖。随着对交通四政管理方面的深入,邮传部日渐掌握了清政府重要的经济来源,在政府财政中发挥着越来越大的作用,而原本握有全国财政大权的度支部,其每年收入仅为邮传部的五分之一。因此,邮传部当时号为"利薮",其中路政更是财利的聚集之处,铁路收入占邮传部的95%以上。④ 据1909年任邮传部《交通官报》编辑的张嘉璈回忆:"时邮传部系新政机关,规模宏大,经费充足,一切趋新。"⑤

---

① 《考察政治馆厘定阁部院官制节略清单》(1906年10月—11月),中国第二历史档案馆编:《中华民国史档案资料汇编》第1辑,江苏人民出版社,1979年,第90页。
② 李锦藻撰:《清朝续文献通考》第四册,上海:商务印书馆,1936年,第1037页。
③ 李然:《中国第一位大学校长——盛宣怀》,《人物春秋》2009年第6期。
④ 贾熟村:《北洋军阀时期的交通系》,河南人民出版社,1993年,第1—2页。
⑤ 姚崧龄:《张公权先生年谱初稿(上)》,台北传记文学出版社,1982年,第14页。

邮传部成立后，其成员以此为平台，以交通四政为依托，逐渐形成一个志趣相投的派别。他们具有先进的经济思想和金融理念，对铁路的整顿以及银行的建设，都有着浓厚的兴趣。这个派别给晚清的政治带来了较大的影响，对交通银行的创设也起了十分重要的作用，其中的重要人物便是梁士诒和陈璧。

梁士诒（1869—1933），字翼夫，号燕孙，广东三水人，光绪二十年（1894）进士，授翰林院编修。梁士诒进入交通界，得力于唐绍仪和袁世凯的援引。唐绍仪和梁士诒俱为粤籍，唐早年结识袁世凯，入北洋幕府，后在任职天津海关道时，向袁世凯推荐了梁士诒。梁以才学很快获得袁世凯的信重，任北洋总书局总办，《袁世凯兵书》多出其手。光绪三十年（1904）秋，清廷委任唐绍仪为议藏约全权大臣，唐绍仪奏调梁士诒出任参赞协助。次年，唐绍仪任京汉、沪宁铁路大臣，梁士诒因出使印度办理外交有功而被任命为铁路总文案，开始涉足交通领域。此时，唐绍仪与盛宣怀为全国铁路、电报的掌控大权而争斗正酣，梁士诒助唐绍仪力排盛宣怀于交通事业之外。邮传部设立后，袁世凯的幕僚张百熙为首任尚书，唐绍仪任左侍郎。梁士诒辅佐唐绍仪督办京汉、沪宁、道清、正太、汴洛五路事宜。光绪三十三年（1907），邮传部奏请于部内设立五路提调处，并奏调梁士诒为提调兼充各路督办，叶恭绰以佥事为承政厅厅长。这一奏请获得了清廷的批准。梁士诒虽只是五路提调，却手握实权，筹借路款、签订合同以及施工、行车、人事验收等事宜，皆由他掌理。待陈璧任邮传部尚书，梁士诒更获重用，五路提调处改称为邮传部铁路总局，专管各路借款与行政，梁士诒任总局局长。

陈璧之所以对梁士诒委以重任，在于其本身也是一位趋新式的人物。陈璧（1852—1928），字玉苍、佩苍，福建闽县人。光绪三年（1877）进士，曾任湖北乡试正考官、凤池书院主讲，是福州苍霞精舍的倡立者。历任监察御史、给事中、园寝工程监督、顺天府尹、商部左侍郎、户部右侍郎、度支部右侍郎等职，光绪三十三年五月补授邮传部尚书。任职邮传部是陈璧仕宦生涯的巅峰。在邮传部存在的五年多时间里，尚书（后改称大臣、正首领）一职如走马灯似的频繁换人，其中比较重要的有张百熙、岑春煊、陈璧、徐世昌、唐绍仪、盛宣怀等。以上诸人，除陈璧外，都是清末政坛上炙手可热的人物。同他们相比，陈璧的名气虽然小得多，却是在邮传部尚书这个职位上任职时间最长、政绩最为突出的一位。为邮传部立规创制，规划全国铁路的布局；主持京汉铁路的收回，为国家挽回部分利权；提拔一批铁路管理人才，为我国的铁路事业培养了一批骨干;支持商办铁路,为民族资本的发展提供了一定的有利条件。这是陈璧在邮传部尚书任上最为出彩的四项政绩。① 当时在陈璧周围,有梁士诒、叶恭绰、龙建章等一批才俊之士,中国铁路史上许多著名人物都是陈璧一手提拔的。这些人除倾心于中国铁路建设,都热心于创办银行。如叶恭绰就认为,"兴业全恃母财,中国今日奇穷,办理各事实无若干之资本,最善之策惟有筹设银行"。②

陈　璧

(二)邮传部设立交通银行以赎回路权的构想

20 世纪初,中国的政府和社会对设立银行的需求非常迫切。从内部因素看,贸易的扩大、财政的窘迫以及货币的改革都需要这一新型的金融辅助工具。可是,当时中国的银行业刚刚起步,虽然中国通商银行和户部银行这种全国性银行或国家银行已经成立,但是它们资本薄弱,开展的业务也很有限。同时,随着新政中官制改革的进行,中央各部门的利益重新进行调整和分配,形成了具有重要经济实力的邮传部。

① 苏生文:《陈璧与中国铁路》,《福建论坛》2007 年第 3 期。
② 叶恭绰:《整理四政条陈》,见沈云龙主编:《近代中国史料丛刊》第 16 辑,文海出版社,1966 年,第 267—268 页。

由于邮传部管辖交通四政,经费收支巨大,且其内部又逐渐形成一个具有先进金融思想的派别,这些都为交通银行在邮传部的设立打下了基础。从外部因素看,当时外国银行还掌握着中国的金融命脉,直接涉及邮传部所辖的方面有二:一是铁路、邮电的借款均由外国银行分别存储,操纵由人;二是国外汇款中国不能自为划汇,全由汇丰银行、华俄道胜银行、华比银行等外国银行办理。这对日常开支庞大的邮传部来说既亏损颇大,也非常不便。于是,在内外因素的合力影响之下,邮传部诸人萌生出设立新式银行的迫切愿望,而京汉铁路的赎回问题直接促使这一愿望变成现实。[①]

京汉铁路,原称芦汉铁路,[②]是由晚清洋务派重要代表人物张之洞于光绪十五年(1889)初提议修筑的。光绪二十二年(1896),张之洞与王文韶联名上奏清廷,拟请设立铁路总公司,并由盛宣怀主持,负责建造这条纵贯中原、沟通南北的铁路干线。随后,铁路总公司在上海成立,旋在天津和汉口设立分局,具体承办这条铁路的修建。在政府财政日绌的情况下,筹办铁路的最大困难便是资金问题。在盛宣怀明确借洋债不招洋股的原则之后,[③]西方国家纷纷向盛宣怀示好,以图获得芦汉铁路的借款权。经过慎重考虑和多方面的权衡,盛宣怀选择代表俄国、法国、比利时三国金融资本的比国银公司作为借款对象。与比国银公司的借款谈判一波三折,谈了一年多才签下借款合同,其中却多有不公平之处,如合同规定借款总额为450万英镑,年息5厘,按九折交付。借款谈判初议之时,比利时方承诺为年息四厘,没有折扣,可最终的合同却是五厘九扣,当时的欧洲金融市场正常情况是年息二三厘,五厘的年息显然过高,九扣则意味着中国所借450万英镑,实际收到仅为405万英镑。再如合同规定在光绪三十三年七月二十四日(1907年9月1日)以前,清政府不得将借款全数还清,而借款没有全数清偿之前,由比国银公司派员监督铁路修筑、经营铁路营业;筑路所需材料,除汉阳铁厂提供一部分外,皆由比国银公司承办;铁路经营若有盈余,比国银

---

①　张启祥:《交通银行研究(1907—1928)》,复旦大学博士论文,2006 年,第 18—19 页。

②　京汉铁路原称芦(卢)汉铁路,系指从卢沟桥到汉口的南北铁路干线。1900 年底,为便利北京城内通车,将卢汉铁路卢保段自卢沟桥经西便门,延长到前门。1901 年 3 月 16 日竣工通车,由此卢沟铁路便改称为京汉铁路。

③　在这个问题上,盛宣怀的态度非常明确,他说借洋债与招洋股大不相同,借款自造,债是洋债,路是华路,以路利偿还利息,没有什么不便。若是招洋股,列强初则借路攘利,终必因路割地,后患无穷。参见夏东元:《盛宣怀传》,四川人民出版社,1988 年,第 220 页。

公司还要分享二成利益,因而该公司在经营上往往因陋就简,以图增加非分所得。①

正因为借款合同中存在着诸多的利权危害,更由于清廷担心这条南北大动脉的沿途站点成为外商租借地,"设有外交军事变化,必至感受束缚",②再加上全国利权收回运动所带来的压力,清政府赎回京汉铁路的态度日趋坚决。

邮传部设立后,赎回京汉铁路理所当然成为该部的主要任务。光绪三十三年(1907)五六月间,清廷商议筹款赎回京汉铁路问题,要求陈璧将此事交由五路提调梁士诒负责办理。据《三水梁燕孙先生年谱》记载,梁士诒接手后,认为此事关系重大,担心朝廷意志不坚影响赎路的进行,便与陈璧反复研讨,最终决定先由陈璧上奏两宫,详细分析借款合同的弊害,以获取两宫皇太后的支持,防止内外机关的阻挠。③

京汉铁路赎回工作的关键问题还是资金。京汉铁路的借款总额,加上提前还款的酬金和利息,是一笔数额巨大的款项,依靠内外债苟延残喘的清政府根本无此财力。是时,俄国在日俄战争中溃败,在华势力有所减弱,而英国势力对京汉铁路沿线的渗透逐渐加强。正是在这样的背景下,清政府取得俄、法两国的默契,经过邮传部多次集议之后,决定在1908年年底之前还清京汉铁路的借款,以免比国银公司借辞延宕而节外生枝。至于款项的筹集,邮传部认为应尽快设立专门银行作为赎回京汉铁路款项的总汇机构,办理一切赎路收支事宜。

(三)邮传部奏设交通银行

光绪三十三年十一月初四日(1907年12月8日),在五路提调处提调梁士诒建议下,邮传部尚书陈璧上奏清廷,提议设立交通银行。奏折写道:"臣部所管轮、路、电、邮四政,总以振兴实业,挽回利权为宗旨。即如借款所办各路存放款项,向由分储,各立界限,此盈彼绌,不能互相挹注。且由欧汇华,由华汇欧,又不能自为汇划,而镑亏之折耗,犹其显者也。京外各商埠银行合群竞进,度支部虽设银行,势力尚难悉敌,自应联合官商,广设银行,以为中央银行之助。"概而言之,奏折所论设立交通银行的理由大致是如下四点:

---

① 陈璧云:"京汉借款之受损益有三:一为比公司管理行车,我国虽有稽查之权,惟既委外人调度,既非完全自有;二为比公司匀二成余利,该公司复希冀多分余利,往往工程用款推归造路成本项下开支,致多争论;三是以路抵押,本利一日未清,即一日受其牵掣。凡此皆为损失权利之本,构料用次之。"见《密陈近日筹赎京汉铁路情形折》,载沈云龙主编:《近代中国史料丛刊》第10辑,第748页。

② 凤冈及门弟子编:《三水梁燕孙先生年谱》(上册),载《民国丛书》第二编(85),上海书店,1990年,第60页。

③ 《三水梁燕孙先生年谱》(上册),第61页。

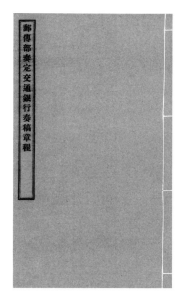
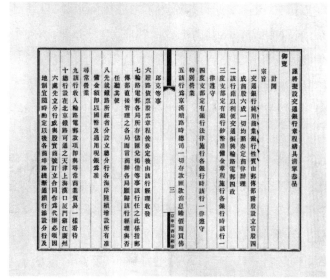

光绪三十三年（1907）邮传部奏颁《交通银行章程》

其一，设立交通银行的主要目的是募债赎路。"现拟赎回京汉铁路，需款尤巨，议办债票股票，必须有总汇之区专司出纳。"①在向朝廷频繁的建言中，陈璧反复强调赎回京汉铁路最有效的募债方法有三种：一是借洋款，二是招华股，三是募国债。眼下最重要的是要设立专门的办事机关来操作，尤其是招华股和募国债两项，不便由邮传部直接办理，必须设银行"专司出纳"，所以陈璧说，邮传部奏请设立交通银行，"多为赎回京汉铁路之故"。②

其二，设立交通银行是为了方便经营四政收支。邮传部经管轮、路、电、邮四政，收支频繁，存借款数额巨大。往昔交通四政的收支均由以汇丰银行为代表的外资银行以及各省官私银号办理，操纵由人，十分不便，为此设立交通银行，凡邮传部直接管理的轮、路、电、邮各局款项统归交通银行经营，③以利便交通，振兴四政。

---

① 《交通银行史料》第一卷，第 7 页。

② 《设立交通银行之用意》，《盛京时报》1908 年 1 月 18 日。

③ 梁士诒云："借款所办各路，依合同规定，存放款项，向由外国银行分储，汇款亦由外国银行汇划，损失颇多，故建议于陈公，奏请设立交通银行。"见《三水梁燕孙先生年谱》（上册），第 65 页；叶恭绰也持相同意见，称"交通银行就是因为赎回京汉铁路而产生的"，其原因之一就是"比国管理该路之时，该路进出的一切金银款项和每天行车进款等等，都是存在外国银行的。赎回之后，难道还把一切款项都交给外国银行吗？"见《清末赎回京汉铁路的经过》，载《文史资料选辑》合订本第一卷，中国文史出版社，1999 年，第 129 页。

其三,设立交通银行是为了自办国际汇兑,以达到利不外溢的目的。鸦片战争以来,国门被迫打开,国内汇兑由钱庄、票号办理,国外汇款却不能自为汇划,全由汇丰、华俄道胜等外国银行办理,英镑、法郎的汇价耗损为数巨大。设立交通银行亦为自办国际汇兑起见,消息镑价,预买法郎,并在外省市乃至外国设立分行,①"联络海外华侨",②以期利不外溢。

其四,设立交通银行以辅助统一币制。有清一代实行银钱并行的货币制度,白银的使用十分普遍。白银多被铸为元宝形、锞子形等使用,以银两计量。这类银质货币无一定重量,无统一形制,无统一成色,无统一铸行,无统一的管理部门,各地所行的称量标准又不一致,交易、授受白银时,须验成色、称重量、做计算,时起争执,十分不便。另外,外国银元如墨西哥鹰洋的流入,更使得使用者倍感烦难。清廷为统一币制,于光绪三十三年(1907)七月颁布《新币分量成色章程》,至宣统二年(1910)四月颁定币制条例,规定银元为国币,铸币权全归中央。③ 交通银行的设立,通过经营交通四政收支以及一般商业银行的业务,推行国币,成为统一币制的一大助力。④

在奏设交通银行时,邮传部不仅详尽列举创立交通银行的重要性,还注意到策略的运用。在呈报清廷的奏折及奏定章程中,邮传部强调交通银行是"纯用商业银行性质","一切经营,悉照各国普通商业银行办法",⑤同时参考已成立的中国通商银行、四川浚川源银行和浙江兴业银行的各项规则,还特别阐明这一即将成立的银行"以为中央银行之助","与中央银行并行不悖"。⑥清廷于光绪三十一年(1905)已批准成立户部银行,如果新建的银行也是执行中央银行功能的话,则会因设置重复而难以获得批准。邮传部的奏折还解释,政府出资作为官股办银行,"外足以收各国银行之利权,内足以厚中央银行之努力,是轮、路、电、邮实受交通便利之益,而交通利便固不仅轮、路、电、邮实受其益已也"。⑦如此申说,既能减轻来自户部等机关的阻力,也可给财政拮据的清朝政府带来了某种希冀。

因京汉铁路的赎路时间紧迫,加之英国频繁与比利时财团接洽,清政府很快批准

---

① 《交通银行史料》第一卷,第 173 页。
②⑥ 同上,第 7 页。
③ 当时,中国是银本位国家,大宗交易用银两,小额买卖行用银元。银行的兑换券只是银币的标识,每张钞票上都印有"凭票即付"的字样。
④⑦ 《交通银行史料》第一卷,第 8 页。
⑤ 同上,第 172 页。

设立交通银行,并同意邮传部对交通银行主要领导人的举荐。于是,一系列筹建工作得以陆续展开,交通银行以一种高姿态进入人们眼帘。

第二节　交通银行的诞生

一、交通银行的筹组和北京总行的开业

交通银行的筹组基本上是以邮传部为依托而逐步展开的。事实上,在清廷批准设立交通银行之前,交通银行的筹组已经悄然启动。光绪三十三年(1907)七月,梁士诒秘接赎路事务后,与尚书陈璧数度榷商,已有设立交通银行之意。在陈璧的支持下,梁士诒仿照西方各国普通商业银行章程,并参照国内已设立的各家银行经营规则,草拟交通银行章程38条。光绪三十三年十一月初四(1907年12月8日),陈璧将这一章程附入《拟设交通银行折》内,一并上奏清廷,旋获清廷批准。鉴于创办银行事务繁杂,陈璧调署邮传部右参议、四川建昌道李经楚和山西候补道周克昌来京,主持具体的筹备工作,并奏派李经楚为交通银行总理,周克昌为协理。[①]

李经楚(1867—1913),字仲衡,号佑三,安徽合肥人,李鸿章兄李瀚章之次子。曾为参赞官赴比利时、法国等国考察,回国后任京师大学堂提调并兼办大学堂工程处。光绪二十九年(1903),随商部尚书载振参加日本大阪博览会。后历任徐州河务兵备道、福建兴泉永道、邮传部右参议、四川建昌道等职。[②] 李经楚才学广博,融通中古,精通政务,办事干练,曾协助周馥办理南洋银行,又与席志前合资创办义善源票号,任总司理,有支店27家遍布全国。正是因为长于理财,兼有办理银行事务经验,李经楚颇得陈璧赏识。

周克昌(1874—1947),字峻青,山西平定人。自山西大学堂毕业后历任陕西补用知县、山西候补道。光绪三十一年(1905)创办四川浚川源官银行,颇有成效。陈璧称其"会计精能,商情允洽"。[③]

---

① 《交通银行史料》第一卷,第8页。
② 秦国经主编:《清代官员履历档案全编》第8册,华东师范大学出版社,1997年,第48页。
③ 《交通银行史料》第一卷,第108—109页。

李经楚

　　光绪三十三年十一月初八日(1907年12月12日),梁士诒被奏派为交通银行帮理,邮传部右丞、左参议蔡乃煌为交通银行总稽查。① 至此,交通银行的高层人员基本确定。筹组工作随之正式启动。

　　交通银行的筹设事务初由邮传部邮政司负责办理。邮政司先租定北京正阳门外西河沿的一处房屋作为筹备的临时用房。此时,李经楚和周克昌二人尚未就职,梁士诒则以交通银行帮理的身份到此视事,"斟酌情形,妥为筹划",②拟定《交通银行奏定章程》。十一月十八日(12月22日),邮传部裁撤铁路提调处,于署内另设铁路总局,梁士诒任局长,专管借款及各路行政事宜,而交通银行初期的存款,便主要来自他所掌握的各条铁路。③ 可以说,交通银行的筹组和初期运营基本上是在梁士诒的主持之下进行的。

　　光绪三十三年十一月三十日(1908年1月3日),邮政司将其所租赁的房屋移交给交通银行。自十二月初二日(1月5日)起,交通银行筹备人员每日在该处依照银行的作息时间办公理事。几日后,奉邮传部之命镌刻的图章送达。该图章为铜质长方形,文曰"交通银行",篆体阳文,于光绪三十四年正月十二日(1908年2月13日)

---

① 《奏派交通银行总稽查等差片》,载沈云龙主编:《近代中国史料丛刊》第14辑,第167—168页。
② 《三水梁燕孙先生年谱》(上册),第66页。
③ 同上,第66、120页。

正式启用。而户部颁发给交通银行的执照则被称为"邮传部交通银行"。①

同时，邮传部认为，各国银行簿记及管理办法均为专门知识，"交通银行开张伊迩，作事谋始必须咨议采择，以臻妥善"，②便于光绪三十三年十二月及次年正月，先后札派王建祖、陆梦熊、张鸿藻等人担任交通银行咨议，会同处理交通银行的开办事宜和簿记管理。③

光绪三十四年二月初二日（1908年3月4日），经过短期的紧张筹备，北京行以部分官股为营业资金，暂时就租定的正阳门外西河沿处先行开业，以袁鉴

邮传部颁铸的交通银行图记

任总办。④同月二十七日（3月29日），又购买正阳门内西交民巷的一块地皮，作为建造总行的基址。⑤当时的北京行就是总行，"实为营业机构，与其他分行同"⑥，因此北京行的开业即为总行的开始运营，意味着交通银行的正式成立。后来交通银行在庆祝该行成立20周年、30周年的时候，均将农历二月初二日视为行庆纪念日。根据《交通银行奏定章程》，总行内特设总管理处，派总理一人、协理一人，专管总、分行事。李经楚、周克昌分别为交通银行第一任总理和协理。

1912年初，经董事会会议决定，交通银行的行名英文译称Bank Of Communications。不过，在民国年间很多英文函件中，有不少人将交通银行直接音译为"The Chiao Tung Bank"。⑦1927年，交通银行董事会议决行旗的式样，并通函各分支

---

① 《交通银行史料》第一卷，第9页。
② 《邮传部致交通银行函》（光绪三十四年正月二十八日收到），中国第二历史档案馆藏，档号398－3472。
③ 交通银行行史修纂室：《交通银行行史清稿》（以下简称《行史清稿》）第7册，第54—55页，中国第二历史档案馆藏，档号398（2）－693。1936年，胡笔江总纂《交通银行三十年史》初稿完毕，未及定稿而抗战爆发。1948年9月，交行成立行史修纂室，修订辑补行史旧稿，送审稿易名为《交通银行行史清稿》，未出版。
④ 《行史清稿》第7册，第51页，中国第二历史档案馆藏，档号398（2）－693。
⑤ 《请拨镶红旗官地建盖交通银行折》，沈云龙主编：《近代中国史料丛刊》第14辑，第205—206页。
⑥ 《交通银行史料》第一卷，第91页。
⑦ 《外交部收英领衔公使照会一件》（1914年3月16日），台北"中央研究院"近代史研究所档案，档号03－21－006－02－000。

行、办事处,在交通银行纪念日和召开股东总会时,须将行旗与国旗交叉悬挂于会场。1931年,董事会议定交通银行的行徽式样,因交通银行为国民政府特许的发展全国实业银行,故以交通实业为行徽图案,并通函各地分支行、办事处一律行用。①

二、国内分支行的扩展与海外机构的试办

（一）津、沪、汉、粤行的次第开办

自北京总行开业后,交通银行分支机构的开办提上日程。因商股尚未筹集,资金缺乏,总管理处决定以官股资金先就铁路可通且商业发达的天津、上海、汉口、广州四地设立分行。在筹建北京总行期间,邮传部就已奏派曾任内阁中书的刘坦为天津分行总办,分部郎中李厚祐为上海分行总办,湖南候补道刘选青为汉口分行总办,②并札派诸人分赴各地筹划各分行的开办事宜。③

因天津距总行最近,天津分行的筹备工作先行展开。光绪三十四年(1908),总管理处拟以曾国藻为津行经理,管谦和为副理。两人先后赴津,协助总办刘坦料理开办事宜。三月初九(4月9日),邮传部批准总管理处的任职安排,曾国藻、管谦和成为天津分行的第一任经理、副理。④ 三月十二日(4月12日),天津分行在天津北马路隆重开张。

与此同时,上海分行的筹建也在有条不紊地进行。光绪三十四年二月十二日(1908年3月14日),总管理处拟以倪思九为沪行经理,王光奎为副理。次日,获邮传部批准。两人随之赴沪,与沪行总办李厚祐共同筹划沪行的开办事宜。一个半月后,上海分行先在后马路乾记街寓所试营业。⑤ 五月二十日(6月18日),上海分行在黄埔滩(与通商银行斜对门)正式开张。

---

① 《交通银行史料》第一卷,第9页。
② 《行史清稿》第7册,第51—52页,中国第二历史档案馆藏,档号398(2)-693。
③ 邮传部批呈:《批准倪思九等承充上海分行经理副理并验还银票》(光绪三十四年二月十三日),交通银行博物馆藏资料W-73-75。
④ 邮传部批呈:《批准曾国藻充天津分行经理管谦和副理》(光绪三十四年三月初九日),交通银行博物馆藏资料W-77-81。
⑤ 交通银行总管理处呈:《交通银行应设上海分行》(光绪三十四年五月二十日),交通银行博物馆藏资料353-356。

邮传部颁发天津、上海、汉口、广东四分行公章的札件

汉口分行设于有九省通衢之称的武汉,在总办刘选青的主持之下,筹建工作的进展也很顺利。四月二十八日(1908年5月27日),在汉口小关帝庙前街正式开业,萧宏昭出任经理。八月初六日(9月1日),刘选青病重,李颐代理总办事务。一月之后,邮传部正式下文,以江苏候补道卢洪昶接任总办一职。[①]

广东离京遥远,广东分行的开办稍为迟缓。邮传部虽然决定开办粤行,总办一职却未得合适人选。[②] 四月二十九日(5月28日),邮传部奏派广东候补知府陈炳煌为总办,[③]负责筹建粤行。后又因广州"系属繁盛之区",邮传部特委协理周克昌赴粤,联络官商,主持粤行筹备大局。[④] 六月初二(6月30日),粤行于广州濠畔街开张。[⑤]

① 《遴选接充汉口交通分行总办折》,载沈云龙主编:《近代中国史料丛刊》第14辑,第363页。

② 《议决设立粤省交通银行》,《申报》1908年3月28日。

③ 《派充交通银行总分行总办片》,载沈云龙主编:《近代中国史料丛刊》第14辑,第251页。

④ 《粤省交通银行开办之先声》,《申报》1908年5月4日。

⑤ 交通银行总管理处呈:《为呈报事案查交通银行应设广东分行》(光绪三十四年六月初八日),交通银行博物馆藏资料331－333。

至此,北京总行及津、沪、汉、粤四大分行皆成功开办,经过短时期的运营,成效显著,各界佳评如潮。在此有利的形势下,交通银行继续在国内各地大张旗鼓地开设分支机构。

据《交通银行奏定章程》,交通银行可在铁路通达之处设立分行,或在各商埠试办分号、坐庄、汇兑所,或与殷实商号订立合同,成立代办处。这些分支机构不分等次,无不直隶于总管理处。光绪三十四年(1908)八月,石家庄分所设立。次年三月,漯河、周家口试办分号先后开办。至宣统元年(1909)夏,"各行渐获盈余,商股因以踊跃",①张家口、营口、开封、长春等试办分行、分号相继开设。宣统二年,交通银行赢利增加,达到69万库平两,②便继续在南京、奉天、济南、汕头、厦门、铁岭等试办分行、分号。宣统三年(1911)二月,又设立无锡、烟台等分号。

据统计,自光绪三十四年至清宣统三年,在不到四年的时间里,交通银行先后开张的营业机关共有21处,其景象虽不及大清银行恢弘,却远胜于中国通商银行。③

表1-1-1　交通银行国内分支机构统计表(1908—1911年)

名　称	开设时间	开设地点	总办	经、副理
北京分行	光绪三十四年二月初二	北京正阳门外西河沿	袁　鉴	袁鉴兼任经理
天津分行	光绪三十四年三月十二日	天津北马路	刘　坦	曾国藻任经理、管谦和任副理
上海分行	光绪三十四年四月初三开市	黄埔滩(先于后马路乾记街开市)	李厚祐	倪思九任经理、王光奎任副理
汉口分行	光绪三十四年四月二十八日	汉口小关帝庙前街	刘选青	萧宏昭任经理
广东分行	光绪三十四年六月初二日	广州濠畔街	陈炳煌	
石家庄分所	光绪三十四年八月			
漯河试办分号	宣统元年三月			
周家口试办分号	宣统元年三月			

---

① 《交通银行史料》第一卷,第35页。

② 苏全有:《清末邮传部研究》,中华书局,2005年,第74页。"库平"为清朝征收赋税时出纳银两所使用的衡量标准,康熙年间订立;1908年,清朝度支部拟订统一度量制度,又规定以"库平"为权衡标准,折合公制,一库平两为37.301克。

③ 张国辉:《中国金融通史》第二卷,中国金融出版社,2003年,第326页。

（续表）

名　称	开设时间	开设地点	总办	经、副理
张家口试办分行	宣统元年八月十三日	下堡		
营口试办分行	宣统元年九月十二日	老爷庙		
开封试办分行	宣统元年十月初三日	河道街		
长春分号	宣统元年十一月初八日			
汕头试办分行	宣统二年二月			
济南试办分号	宣统二年三月十三日			
奉天分号	宣统二年三月			
南京试办分号	宣统二年四月二十八日			
周村分庄	宣统二年五月初八日			
厦门试办分行	宣统二年五月			
铁岭试办分号	宣统二年九月			
无锡分号	宣统三年二月			
烟台分号	宣统三年二月			

资料来源：《交通银行史料》第一卷，第1622—1625页；《行史清稿》第7册，第51—99页，中国第二历史档案馆藏，档号398（2）-693。

（二）国内分支机构的调整

与分支机构迅速发展的同时，交通银行对分支机构的调整逐渐展开，特别是对北京总行与天津分行的隶属关系进行了调整。由于京、津相距咫尺，以天津分行改归总行兼理，"不惟节省费用，又以统一事权，实于业务商情两有裨益"，宣统元年三月初九（1909年4月28日），总管理处决定天津分行总办刘坦"饬令销差，另候委用"。①在此期间，交通银行还着意对各地分支机构进行整顿。据《交通银行奏定章程》，"总行、分行均定派总办一人，酌派副办一人，专理一行事务"，"系有办事全权"，由于总办与经理的职能重合，经营中多有不便，因此总管理处适时调整，于宣统三年裁撤所有各分行的总办一职。当时报章对此亦有所关注，指出交通银行"拟将各分行清查行情，若商业不甚兴旺，即将该分行裁并"，并"拟派员往汉口、上海等处清查各行情

① 《裁撤天津交通银行总办片》，载沈云龙主编：《近代中国史料丛刊》第14辑，第1299页。

况"。①

（三）海外分支行的试办

光绪三十四年六月初一（1908 年 6 月 29 日），即沪行渐成规模、粤行开业在即之时，日本长崎商务总会请求交通银行在长崎设立分行，以方便商务。总管理处将此事交由沪行总办李平书"就近酌核"，②后因种种原因，长崎分行的开办没有成功。在粤行总办陈炳煌赴差之际，总管理处嘱托："广东省城密迩香港，时有汇划款项，一俟粤行设立后，应即审度情形，先就香港设立支行，以次推及南洋各埠，以便汇兑。"③所以，当粤行业务渐入正轨，陈炳煌便着手香港、安南（今越南）等分支机构的筹设。光绪三十四年十一月十六日（1908 年 12 月 9 日），陈炳煌函电总管理处，报告香港、安南两处分号的筹备工作大体完备。总管理处回复两处分号可适时开业。二十日（12 月 13 日），香港分号在中环大马路祥安银号二楼开市，聘梁礼门为代理。梁礼门到任前暂由祥安银号司事冯燕猷兼司。同年十二月（1909 年 1 月），安南西贡代办处开市，由万顺安号代办。④ 香港分号和西贡代办处的款项、账目以及一切执事员工"概归粤行综理核与"。⑤此后，以粤行为基点，交通银行继续在南洋增设分支机构。宣统元年十二月初八（1910 年 1 月 18 日），星加坡（即新加坡）分号开业，分理为罗卓甫，1912 年改称分行，由广东分行经理梁士訏（梁士诒胞弟）兼任经理。⑥宣统二年六月二十三日（1910 年 7 月 29 日），应缅甸中华商务总会所请，并经粤行调查明晰后，仰光分行开业，隶属于粤行，"俾与新嘉坡一气联络，以挽回利权而维商务"。⑦

交通银行的一系列举动开创了我国银行在国外设立分支机构的先河。此前，中国的金融机构仅有山西票号在日本、韩国开设过分号，就银行开设海外分支机构来说，交通银行是中国第一家，先前成立的中国通商银行、大清银行等均未做到这一点。⑧

---

① 《京师近事》，《申报》1909 年 5 月 11 日。
② 《长崎商务总会禀请设分行》（光绪三十四年七月初一日），交通银行博物馆藏资料 342－344。
③⑤ 《香港分号开业》（光绪三十四年十二月初二日），交通银行博物馆藏资料 297－301。
④⑥ 《交通银行史料》第一卷，第 170 页。
⑦ 邮传部：《缅甸中华商务总会禀请仰光设立交通分行是否可设仰酌核呈复》（光绪三十四年二月十三日），交通银行博物馆藏资料 488－491。
⑧ 张启祥：《交通银行研究（1907—1928）》，第 25 页。

表1-1-2　交通银行海外分支机构开设统计表(1908—1911年)

名　称	开设时间	开设地点	备　注
香港分号	光绪三十四年十一月二十日	香港中环大马路祥安银号二楼	隶属于广东分行,由梁礼门代理
西贡代办处	光绪三十四年十二月		由万顺安号代办
星加坡分号	宣统元年十二月初八日		罗卓甫为分理
仰光分号	宣统二年六月二十三日		

　　资料来源:《交通银行史料》第一卷,第1622—1625页;《行史清稿》第7册,第140—141页,中国第二历史档案馆藏,档号398(2)-693。

　　交通银行海内外分支机构之所以发展如此迅速,与邮传部有着很大的关系。交行成立之初,邮传部两任尚书陈璧和徐世昌都十分重视其业务运作,积极推动向海外扩展。在交通银行开业之前,陈璧就认为海外华人的所有汇兑由外国银行办理,"殊有不便",极力表示交通银行开业后,于南洋华侨最多的地方设立分行,"以便旅居外洋华人之汇兑"。[1] 光绪三十四年九月二十一日(1908年10月15日),邮传部"责成各督抚仿照奏定银行章程,于重要之区择地建筑,选派官员召集商股,设立交通分银行"。[2] 同年十月二十九(1908

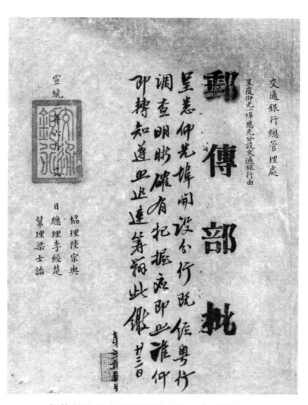

邮传部批准交通银行设立仰光分行批文

———————

[1]　《交通银行之分行》,《盛京时报》1908年2月22日。
[2]　《通咨广设交通分银行》,《申报》1908年10月15日。

年 11 月 22 日），邮传部计划在澳美两洲设立交通银行支行，其中"华盛顿、墨西哥、纽约、旧金山、古巴、新金山等处之支行，拟与上海支行联络办理汇兑事宜。其在新加坡、槟榔屿、爪哇、暹罗、缅甸、西贡、河内、顺化者，则与广东支行互相联络。又厦门、台湾、吕宋、东京、横滨、香港等处，拟先派经理人代理，嗣后再设分行"。① 这一宏伟计划虽未能实现，但其将交通银行的发展目标定位到一个国际性大银行的高度，对于交通银行以后的发展不无裨益。徐世昌继任邮传部尚书后，秉承前任尚书陈璧的一贯做法，"即以扩充交通银行为急务"，并"续招股本银一千万两，以为提倡各路之用，并拟在南北各省择地推设分行各一处，俾资周转"。② 这种前后政策的连贯性，犹如锦上添花，给交通银行的发展带来了很大的便利。

三、创办之初的压力与困难

交通银行创办之初，虽在规模上有比较迅速的扩展，但实质性的发展并不顺利，各个方面的压力使其一度处境维艰。

（一）邮传部奏设交通银行获准后，农工商部援例要求设立储蓄银行。甲午战争后，国人"渐知商业为富强之本，朝野上下，汲汲以此为务"③，政府仿效西方各国，成立商部，拟定商法，以方便国人的经营。光绪三十二年（1906）七月，载泽等五大臣出洋考察回国后，清廷实施政府机构的调整，在随后数月中，巡警部改为民政部，户部改为度支部，刑部改为法部，兵部改为陆军部，商部则改为农工商部。光绪三十四年正月初二日（1908 年 2 月 2 日），即在交通银行筹备开业之际，"农工商部议援邮部交通银行例，设立储蓄银行折稿已拟定，不日具奏，请旨饬立"。④ 由于多重因素的影响，农工商部的奏折"经度支部咨驳未果"。数日后，农工商部再次专折具奏，坚持认为，"邮传部既设立交通银行，则本部储蓄银行自应一体设立"，"以期振新实业"。⑤ 银行的设立对于各部的利益大有好处，故农工商部坚持设立储蓄银行。虽然最终未获批准，当时的舆论却对交通银行颇为不利。

---

① 《邮部推广交通银行》，《申报》1908 年 11 月 22 日。

② 《邮传部议决扩展交通银行》，《盛京时报》1908 年 9 月 14 日。

③ 《中国最近五年间实业调查记》，《国风报》第 1 年第 1 号（1910 年 2 月）。

④ 《电六》，《申报》1908 年 2 月 5 日。

⑤ 《农工商部决议奏设储蓄银行》，《申报》1908 年 2 月 10 日。

（二）交通银行设立不久，便有与大清银行合并之议。宣统元年（1909），朝廷有官员认为"交通银行与政体不合"，应该归并于大清银行。对此，邮传部坚决反对："查度支部奏定厘订各种银行则例，明定大清银行为中央银行，交通银行为殖业银行，权限极为明晰，泰西商业繁盛，银行林立，譬如植木必须枝叶扶梳，方足卫其根本，是以殖业银行愈多，则中央银行愈形便利，现在创办伊始，惟虑其规模简陋，绝无相仿。"①次年七月十二日（1910 年 8 月 16 日），又有官员条陈度支部，指称"邮传部所设之交通银行，妨碍中央财政，且银行系营业性质，该部派左丞为总理亦不相宜"，要求将交通银行"收归度支部，并入大清银行经理"。② 宣统三年三月十七日（1911 年 4 月 15 日），度支部大臣载泽又以整顿财政为名，提议"将大清、交通两银行合而为一，改名中央银行"，③然而，终因辛亥之变，清廷被推翻而没有执行。

（三）盛宣怀对交通银行的压制。宣统二年十二月初六日（1911 年 1 月 6 日），署理邮传部尚书唐绍仪"称病解职"，④盛宣怀继任尚书，执掌邮传部大权。此时，交通银行正受橡皮股票风潮的波及，情境极为凶险。可是，在盛宣怀的主持下，作为交通银行的最大股东，邮传部对交通银行所遇险情不仅只言未提匡救之策，反而不断施压。宣统三年（1911）正月，盛宣怀奏撤梁士诒铁路总局局长的职务和交通银行帮理的差使，⑤时人以为是盛宣怀的报复泄愤之举。⑥这一行为对于处在危难时刻的交通银行，犹如雪上加霜，于是，对交通银行的各种质疑言论纷至沓来。五月初二日（1911 年 6 月 8 日）《申报》刊文："日来市面上对于交通银行有种种之不信任之意，竟将存款取出，不闻有将款存入者，甚至交通银行之钞票亦不敢使用。论者全归咎于交通银行前总办李经楚，不知李所亏空犹有抵押物，其风潮本已久熄，而其谣言所由，实起于管理交通银行某大臣。某自到部以来，不惟无将交通银行整顿之心，且每对人言交通银行靠不住，甚至将邮部所存交通银行之款，尽数提交自己所开设之中国通商银行

---

① 《本部奏议复都察院代奏张光照条陈交通事宜折》，沈云龙主编：《近代中国史料丛刊三编》第 27 辑，第 11—12 页。
② 《条请归并交通银行》，《申报》1910 年 8 月 16 日。
③ 《中央银行将出现矣》，《申报》1911 年 4 月 15 日。
④⑥　沈云龙：《徐世昌评传》，传记文学出版社，1979 年，第 126 页。
⑤ 《交旨》，《申报》1911 年 2 月 28 日。

用。是外间谣言四起,其实交通银行赀本尚厚,稍事整顿,其地位便甚稳固云。"[1]其中所谓"管理交通银行某大臣"、"自己所开设之中国通商银行",显然是指盛宣怀。更有甚者,盛宣怀将邮传部原本由交通银行经理的款项交由中国通商银行办理,并将超过百万两库平银的交通银行存款转移到其名下的中国通商银行,这种做法无疑陷交通银行于绝境。

表1-1-3 辛亥革命前后邮传部在中国通商银行的收付记录　　　　单位:库平两

日　　期	摘　　要	收　方	付　方	余　额
1911 年 3 月 23 日	汉口交通银行解入		175015	
	北京交通银行解入		232980	
1911 年 5 月 9 日	邮传部转来		99856.17	
1911 年 5 月 18 日	交通银行解入		733200	
1911 年 5 月 31 日	交通银行解入		200000	
1911 年 6 月 17 日	付交通银行	500000		
1911 年 6 月 27 日	付交通银行	258728.02		
1911 年 8 月 14 日	付交通银行	100000		
1911 年 9 月 22 日	付交通银行	200000		存 382323.15

资料来源:《中国第一家银行》,第 134—135 页。

第三节　交通银行的性质与资本构成

一、交通银行的性质定位

交通银行的性质,应从其奏定章程的条文和交通银行的实际运作两方面来判断。光绪三十三年十一月初四日(1907 年 12 月 8 日),邮传部奏颁《交通银行奏定章程》。章程共 38 条,分宗旨、特别营业、寻常营业、权限、股章五项。"宗旨"第一项就明确规定:"交通银行纯用商业银行性质,由邮传部附股设立,官股四成,商股六成,一切均

---

[1] 《交通银行不稳固之谣言》,《申报》1911 年 6 月 8 日。

照奏定商律办理。"这一规定与邮传部《拟设交通银行折》中的表述是一致的:"一切经营悉照各国普通商业银行办法,兼采奏准之中国通商银行、四川浚川源银行及咨准之浙江铁路兴业银行各规则,与中央银行性质截然不同。"结合章程第 29 条:"该行照有限公司办法,股份以外不再向股东添取银钱,即有亏欠,与股东无涉。"以及第 32 条之规定:"该行既为官商合办有限公司,则官股、商股本无歧异,所有未经限满以前,股本银两不能随时提用,亦不得借词挪借。"①可以看出邮传部将交通银行定性为官商合办的股份有限公司,即商业银行,而非国家银行。

邮传部奏颁《交通银行章程》两个月后,即光绪三十四年正月十六日(1908 年 2 月 17 日),度支部颁布了《银行通行则例》。这是我国第一部银行法。② 正文 15 条,加上附则,共 16 条,其中将交通银行定性为商业性质的股份有限公司,属殖业银行。所谓殖业银行,《银行通行则例》第 1 条明确指出,"为股份有限公司,以放款于工业农业为宗旨,其资本总额至少须二十万两以上","殖业银行为农工所倚赖,东西各国实业之进步悉由于此,现时农业银行尚未成立,而关于路工之邮传部交通银行及浙江铁路之兴业银行,皆殖业银行也"。③ 其时,交通银行正在筹组之中,总行尚未开业,"以放款于工业农业为宗旨"尚属纸上谈兵,即谈不上是真正的殖业银行,只能说是度支部对交通银行性质的一种定位。

邮传部奏颁的《交通银行章程》与度支部颁布的《银行通行则例》,虽然都将交通银行明确定性为商业银行,但其中内涵并不完全一致。交通银行本为赎路募债而设,其主要任务之一便是为赎回京汉铁路服务,《拟设交通银行折》及所附章程中规定交通银行是以"利便交通,振兴轮、路、电、邮四政"为宗旨,在赎路时"总司一切存款、汇款,消息镑价,预买佛郎克等事",并负责赎路债票、股票的发放事宜,以及"轮、路、电、邮各局所存储汇兑揭借等"。此外,交通银行还专理"存放款项,买卖荒金荒银,汇兑划拨公司款项,折收未满期票,及代人收存紧要物件",其余未及详定的职能范畴,均照中外商业银行章程办理。④ 这些条文说明交通银行除了经办轮、路、电、邮四政,还是一个集储蓄、汇兑、划拨多种功能于一身的商业银行,既可以说是实业银行,

---

① 《交通银行史料》第一卷,第 172、173、175、176 页。
② 黄鉴晖:《中国银行业史》,山西经济出版社,1994 年,第 100 页。
③ 《度支部奏厘定各银行则例折》,《东方杂志》第 5 卷第 5 期(1908 年 6 月),第 56、63 页。
④ 《交通银行史料》第一卷,第 172、173 页。

也可以说是储蓄银行①。

实际上，邮传部对于交通银行的性质认定存在着模棱两可之处。据上文可以看出，交通银行是"特设银行"与一般商业银行的混合体，属官商合办，业务开展并不仅限于交通事业，还承揽着各种银票业务。② 本来交通银行允许印刷"通行银纸"和"市面习惯通用平色各种银票及各项票据"，唯独不得印刷"国币纸票"。③ 但是，交通银行不久就打破了这一规定，取得了事实上的国币发行权。同时，交通银行由于经理交通四政款项，实际上代理了部分金库。对于交通银行性质的模糊之处，当时就有不少人发表看法，如薛大可在《论交通银行之责任》一文中便指责交通银行在业务经营上的本末倒置。既然是国家专为交通事业而设立的特别银行，理应"仅得经营其专注之事"，可是今日交通银行所经营的业务"大有异于此原则者，章程中虽有以振兴交通事业为宗旨之语，而其所定营业事项则仅曰发行通用银纸，曰放资于普通商业，曰经理部款收支，而于交通银行主要责任之营业反未一及"。因此，他认为"今日之所谓交通银行，不过部中之一银库，私人经营之一商业银行也，于交通事业无与也"。④

交通银行的性质定位之所以出现上述诸多含糊或矛盾之处，主要基于以下几点原因。首先，清政府有关银行的法制建设刚刚起步，法令条文不完备，未有令行禁止的威慑性。其次，交通银行既为邮传部的利益体现，在国家财政实力薄弱而依赖于彼的情况下，其营业范围不免有所越线。第三，当时大清银行势力单薄，无法胜任国家银行的职责，需要其他银行从旁扶助。实际上，邮传部也一直在强调交通银行对于大清银行的辅助作用，并重视两者性质的区别，《拟设交通银行折》就以此切入，认为"京外各商埠外国银行合群竞进，度支部虽设银行，势力尚难悉敌，自应联合官商广设银行以为中央银行之助"，而交通银行之设立，兼有"外足以收各国银行之利权，内足以厚中央银行之势力"的双重效用。⑤

概括地说，交通银行既非邮传部所称纯粹商业性质的官商合办有限公司，又非度支部所规定的放款于工农的殖业银行，而是一个政府特许下的兼有国家银行、殖业银

---

① 张启祥：《交通银行研究（1907—1928）》，第 28 页。
② 中国近代金融史编写组：《中国近代金融史》，中国金融出版社，1985 年，第 106 页。
③ 《拟设交通银行折》，沈云龙主编：《近代中国史料丛刊》第 10 辑，第 669 页。
④ 薛大可：《论交通银行之责任》，载沈云龙主编：《近代中国史料丛刊三编》第 27 辑，第 3—4 页。
⑤ 《拟设交通银行折》，载沈云龙主编：《近代中国史料丛刊》第 10 辑，第 663—665 页。

行、储蓄银行性质的综合性金融机构。正因为如此,交通银行所承担的任务与一般银行多有不同,[1]这为其日后与大清银行并驾齐驱,成为事实上的国家银行提供了可能。

二、开业初期的股本构成

交通银行初期的股本是按照"商六官四"的比例来筹集的。陈璧首先在《拟设交通银行折》中提议交通银行"股本银五百万两,招募商股六成,先由臣部认股四成,以应开办之用",随后又在奏请的交通银行章程中进一步说明:"该行先备资本银五百万两,分为五万股,每股库平足银一百两,由邮传部筹款认购两万股,其余三万股无论官绅商民人等均准购买。俟贸易扩充之时再行陆续添招五万股,随时由办事人及大股东等议定呈准施行。"同时,为防止外国势力渗透,奏定章程规定,"惟购买此项股份券者,必须书明姓名、籍贯注册,以本国人为断,外国人不得购买",即便是股东转让股份,"亦不得转售及抵押与外国暨入外国籍之人"。[2]

交通银行的股本正息,官、商股均年息六厘,半年结算一次,年终结账一次。先分官息,如有余利,除去公积金、花红外,按入股先后均分。当时的集股方法,由邮传部认股四成,招募商股六成。交通银行所发股票,由总理、协理、帮理签名盖章,再送邮传部钤盖部印,另附息折。商股股票日期一概填写光绪三十四年十二月十五日,股息即从次日起算,股款的缴付虽然有迟有早,但均于收款之日核算清讫。

交通银行募集商股的消息发布后,民众踊跃认购,挂号股份达 20 万股以上。邮传部紧急奏请增添股本 500 万两,仍依照官四商六的比例进行筹集。光绪三十四年九月十五日(1908 年 10 月 9 日),交通银行开始收款,半数收取,商股股份共 6 万股,合计收银 300 万两。[3]

交通银行股本的商股筹集虽然顺利足额,但官股款项的收缴却拖延很久。截至清宣统二年四月二十五日(1909 年 5 月 24 日)才如数收齐。官股 4 万股,合计库平银 200 万两,由邮传部铁路总局陆续拨交,不足之数再由邮传部存款项下补付足额。

---

[1]　《行史清稿》明列交通银行有四大任务:一是交通上的任务,二是财政上的任务,三是实业上的任务,四是金融上的任务。

[2]　《拟设交通银行折》,载沈云龙主编:《近代中国史料丛刊》第 10 辑,第 664、673 页。

[3]　《交通银行史料》第一卷,第 16—18 页。

从交通银行开办直到辛亥年年底,由铁路总局先后8次拨款,共计银158万两,尚有42万两未交足。[①] 辛亥革命后,民国政府成立,邮传部改为交通部,因无款可支,拟不再增拨,但交通银行认为官股200万两早已公之于世,如果突然变更额度,不但要引起商股股东的猜疑,而且会影响交通银行的社会信用。交通部不得已于民国元年十一月从沪行存款内拨银30万两、在汉行存款内拨银12万两列入股本账中。至此,官股才勉强如数收齐。[②]

三、商股认购踊跃及额定资本的增加

北京总行及津、沪、汉、粤四大分行设立后,积极展开招股工作,原定的三万商股开始在北京、天津、上海、汉口、广州等大城市募集。各地商民争先认股,异常踊跃,挂号股份短期内就超过20万股。因此,交通银行决定增加股额,续添股本。光绪三十四年六月初八日(1908年7月6日),交通银行总理李经楚呈文邮传部:"遵即登报限期招股三百万两,期内报认,踊跃异常,现在招股已经截止,综计挂号认股之数,逾额一倍有余,探询群情,佥有折收一半之憾,查章程本有续招之条,群情又以少得为憾",并"奏请扩充资本,先后并招,并奏请改股章为部三商七,以惬商情而大营业"。[③] 与此同时,邮传部尚书陈璧了解到大清银行正在增资,将股份从400万两扩充为1000万两。正是由于这两重因素,陈璧决定将交通银行的额定资本从500万两扩充为1000万两,先收半数,即实收资本500万两,以减少两家银行在资本上的差距。[④] 为此,陈璧奏请朝廷准允交通银行"并归十万股,臣部前后认购四万股,商匀六万股",以此来"惬商情而厚资本"。[⑤] 此折于光绪三十四年六月十九日(1908年7月17日)获准后,认股者又蜂拥而至,由此可见交通银行股票的受欢迎程度之高。

交通银行商股认购踊跃有多方面的原因。首先,得益于大清银行的良好示范。大清银行的股本受益分为官息和红利,股东的收益即"官息加红利,第一次和第二次高达周息三分(即年率30%)",比一般存款利率要高出许多。[⑥] 而交通银行的商股

---

① 《交通银行史料》第一卷,第17页。

② 交通银行总行:《交通银行简史》,1988年内部印行,第2页。

③ 《交通银行史料》第一卷,第18页。

④ 张国辉:《中国金融通史》第二卷,第325—326页。

⑤ 《交通银行股本拟请先后并招片》,载沈云龙主编:《近代中国史料丛刊》第10辑,第737页。

⑥ 孔祥贤:《大清银行行史》,南京大学出版社,1991年,第107页。

发行,多参照大清银行作法,于是无论官绅商民,皆对其股票追捧如潮。其次,邮传部附股加入的带动作用。由于独揽交通四政大权,掌握了清政府重要的经济来源,邮传部富裕阔绰。交通银行股份的四成由邮传部认购,被视作是丰厚股息的强力保证,时人皆以为"邮部设立交通银行利可操券",①纷纷附股。第三,交通银行执事人员的影响。李经楚、周克昌、梁士诒、叶恭绰、任振采、施肇曾、汪子刚等人都持有交通银行股票,多者一二千股,少者也有五六百股,以其在金融界之威望,为交通银行股票的信誉度添色不少。第四,舆论的导向。早在交通银行成立之前,《申报》就预见:"此次邮传部所设交通银行,实为挽回利源起见,现拟先设总银行,后于电报、铁路、轮船所到之处逐渐遍设分行,各该电报等局所有进款,即逐日解交银行以资周转,其势力范围非度支部银行所能同时并论者也。"②这几重因素的综合作用,促成交通银行股票的认购额度很快超出计划额度的数倍。

接下来,交通银行的招股工作出现了一些波折。光绪三十四年五月二十一日(1908年6月19日),邮传部决定收回电报商股,并规定以后电报全由官办。这一决定不仅引起了电报商股股东的强烈不满,而且"各省官商合办公司大受影响",风潮大起。③ 由于官府失信,交通银行的招股工作一下子陷入困顿之中,商民认股观望不前,已经认股者对所认股份态度消极,甚至分文未缴。当时报刊对此颇为关注,指出交通银行股票因收回电股政策,使得"闻者有戒心,认股者引为殷鉴,故该行收股时,官商两界仅实交三十余万两,较之定额仅及二十分之一,较之挂号时认定之数止及百分之一耳"。④ 群情汹汹,就连与交行关系紧密的京津商人,也多在入股之后消极对待,"实为部员所不及料"。⑤ 由此可见邮传部收回电报商股对于交通银行招股的冲击之大。

宣统元年(1909)正月,清廷以"用款糜费,调员冒滥"的罪名,革除陈璧的邮传部尚书职位,此事导致各界商民对交通银行的前途愈发生疑。

面对招股波折,邮传部采取补救措施,决定以暂停接收官股余利的办法来刺激商

---

① 《何赞墀致云书函》(光绪三十四年),中国第二历史档案馆藏,档号398-3450。
② 《邮传部设立银行之势力》,《申报》1907年11月18日。
③ 《维持官家信用》,《大公报》1908年12月22号。
④ 《交通银行收股困难之原因》,马鸿谟编:《民呼、民吁、民立报选辑》,河南人民出版社,1982年,第112页。
⑤ 《邮传部奏设交通银行》,《申报》1908年9月18日。

股的招收,计划自宣统元年起至三年止,"官股只须按年交付官利,其官股应得余利本部一概不收,即悉数分摊各商股以资辅助"。邮传部认为这一办法虽然使本部门的利益受到损害,"而各股商得利较丰,营业复可借以推广"。① 此番调整果然见效,在不长的时间内,交通银行摆脱了招股困境,商股银两如数收齐。

第四节 开业初期的组织结构和人事制度

一、股东会、董事和监事

交通银行虽然是我国现有银行中最早实行股份有限公司制度的银行,但其早期的股份制既不完善,亦不规范。② 与之相应,交通银行初期的组织机构也欠周全,从机构建置到实际运作,处处体现出邮传部操控的痕迹。

(一)股东会

《交通银行奏定章程》将交通银行定性为"官商合办有限公司",并申明在农工商部所奏定的商律之内,"公司会议章程极为详细,凡该行未经详列者,一切均可查照该章程办理"。③ 按光绪二十九年(1903)颁布的《钦定大清商律》之公司律的规定,股东会分为股东寻常会议和股东特别会议两种,交通银行初设之际亦是如此。

股东寻常会议,一般由董事局召集,主席董事主持④。然而在民国之前,交通银行并没有设立董事局,股东寻常会议由总管理处出面负责。邮传部从一开始就宣称其为交通银行最大股东,可以选派总理和协理,并规定"总理、协理均听邮传部堂官命令",⑤所以交通银行初期的股东寻常会议,实际上是由邮传部负责召集和主持的。

奏定章程规定股东寻常会议的召开条件必须满足"三个一半",即股东到会人数必须达到股东总数的一半,到会股东所持有的股份必须达到股本全数的一半,到会执

---

① 转引自张启祥:《交通银行研究(1907—1928)》,第30页。
② 杭斯:《交行早期的股份制和与资本构成》,《新金融》1995年第8期。
③ 《交通银行史料》第一卷,第176页。
④ 伍廷芳等:《大清新编法典》,载沈云龙主编:《近代中国史料丛刊三编》第27辑,第11、19页。
⑤ 《交通银行史料》第一卷,第176页。

事人数必须达到执事总数的一半。股东寻常会议虽然可以议论"行中一切事务",但实际上,股东会议最主要的任务是选举董事和监事,"股东公举董事四人,为稽核总管理处事务人员","各行设监事二人,由股东公举,监察本行一切事务"。不过,担任董事和监事还有一个前提条件,即董事必须持股百数以上、监事必须持股四十以上,否则不能当选。选出的董事须先呈明邮传部,然后再行上任。① 公选的计票方法是,"凡股东之第一股得占一票,第二股以上,每二股占一票。每一股东无论占股若干,至多许投十票"。如果股东本人未能到会,可以派人代为投票,但在交通银行领取薪俸的职员不得代为投票,"其他职员代投票每人不得至十票以上,寻常人代投票不得至五十票以上",且须事先函告总管理处,并有保证人签字,方可投票。②

奏定章程规定每年的四月、十月,定期在京师召开股东会议,股东均得与会,由总管理处于 30 日前发函通知,告知会议的具体日期、地点和基本内容,并在各大新闻报刊上刊登会议讯息。③ 由于种种原因,在交通银行开业后的两年多时间里,股东会议并没有按时召开。直至宣统二年五月初一日(1910 年 6 月 7 日),第一届股东大会才在北京虎坊桥的湖广会馆举行。会议由李经楚总理主持,邮传部尚书徐世昌及左右侍郎出席会议,到会股东约千人。此次会议上,在徐世昌发表长篇勉励之辞后,李经楚对交通银行开业两年来的业绩进行了详细报告,重点介绍股本构成和运作、各分行和分庄的开设情况、总行和分行的账目结算等。会议选举陈炳镛、张志潜两位股东为董事,主要任务是"审查各项账目"。④

宣统三年四月初十(1911 年 5 月 8 日),第二届股东大会仍在湖广会馆召开,到会股东只有五十余人。由于橡皮股票风潮所引发的义善源亏欠事件,以及邮传部高层人事变动等因素的影响,这一次股东会议在红利派发问题上产生了较大争议。这次会议由新任总理周克昌主持,邮传部大臣盛宣怀到会。按照会议的原定程序,先选举董事,然后商议其他事务。可是当周克昌宣读股东意见书时,"即向股东提出停发红利之议,众股东群起反对,相持不下,致选举事宜未能于当日了毕"。在红利派发问题上,股东们与邮传部、交通银行的意见发生了严重分歧。邮传部及交通银行的意见

① 《交通银行史料》第一卷,第 176 页。
② 同上,第 177 页。
③ 同上,第 180—181 页。
④ 同上,第 35—36 页。

是此次股东会暂不分发红利,其中的原因是义善源亏欠甚多,对交通银行的冲击实在太大,退一步说,即便有红利可分,那也是待查账之后,先分官息,然后才分红利。可是,众股东对此并不认可,其理由有三:一是众股东已看到日前报纸刊发的消息,说近期向股东派发红利,现在宣布停发,乃失信之举;二是报纸刊发的消息所称红利,系根据宣统二年的年终结算,而此次邮传部所说的义善源亏欠之事,为宣统三年所发生,两者不应相混;三是义善源所交抵押之物,足敷亏欠有余,既相抵有余,则"红利自应分派"。在争论过程中,股东们的不满情绪很大,对盛宣怀在会议上的解释"纷纷议论"。会议的最后结果是交通银行方面答应于15日与邮传部商议稳妥办法,然后再登报声明。另据《行史清稿》,此次股东会议增选于守仁、张拔两人为董事,与前选董事共有4人,"会同部派稽查赴外审查账目"。①

此次派发红利之争,颇有社会影响,当时舆论认为交通银行股东的维权意识比大清银行的股东强。② 不过,既然邮传部掌握着总、协理选任之权,那么股东会议的职能发挥必然会受到很大的限制。

股东特别会议,顾名思义,是指应付特别事件和特别人事安排而举行的股东会议,须由持股在全数五分之一以上的股东提议召开,可以选举"监事到总、分行稽查一切款项"。③ 在交通银行的早期历史上,代表全体股东的这种特别会议并未召开过,只有"商股联合会"这种为应对艰难困境而由商股股东组织的特别机构。1911年武昌起义爆发,长江流域一带战火四起,以致"宁汉各行消息隔歧"。交通银行京、津商股股东因此在北京石桥召开会议,成立京津商股联合会,公推声望卓著、于财政素有研究的陆宗舆担任会长,并代表交通银行总理,积极与南方股东联络。④ 1912年1月8日,交通银行南方股东在张志潜董事的召集下,在上海成立临时股东联合会,推举张志潜、蒋邦彦为正、副会长,与京津股东联合会共策行务。民国元年前后,南、北两会呈部立案均由两会会长具名。不久,临时股东联合会在上海公举陆宗舆为交通银行总理,开交通银行股东公举总理之先例,此后交通银行总、协理皆由股东公举产生。

---

① 《行史清稿》第1册,第7—8页,中国第二历史档案馆藏,档号398(2)-687。
② 《交通银行史料》第一卷,第38页。
③ 同上,第180页。
④ 同上,第38页。

1914 年 4 月,商股股东联合会宣告解散。①

（二）董事和监事

奏定章程规定,交通银行设董事四人,由股东大会在持百股以上的股东中选举产生。董事任期 4 年,至期满时"至少退换一人",由股东大会商议而定。宣统元年奏颁的《交通银行用人章程》又有新的规定:"各行应由股东内公举董事四人,会议行事,稽查账目。如股东无合适之人,亦可另行延请。遇有市面交涉事件,均可邀请董事照商律公同核议。"②由此可见,交通银行的董事也可以不是该行的股东。董事开会时,由交通银行总理担任议长,负责主持会议,"如遇一事可否各半者,议长有判决之权",当总理有事不能主持会议,由协理代之。③ 可是,值得注意的是,交通银行开业后两年里,股东会从未召开过,遑论选举董事和设置董事会,直至宣统二年五月初一（1910 年 6 月 7 日）的第一次股东会议,方选举陈炳镛、张志潜二人为董事。由于董事会尚未成立,股东会规定这两位董事仅有审查各项账目之权。次年召开的第二次股东会议,增选于守仁、张拔二人为董事,其任务仍是"会同部派稽查赴外审查账目"。因此,时人又称呼交通银行董事为"查账董事"。④

既然奏定章程规定交通银行为有限公司,就应该遵守清廷颁布的《钦定大清商律》。《钦定大清商律》规定,公司开业之时,必须召集股东会,"由众股东公举董事数员,名为董事局",且董事人数"必须举成单数","各公司以董事局为纲领",公司总办"由董事局选派,如有不胜任及舞弊者,亦有董事局开出,其薪水酬劳等事项均有董事局酌定",且公司内无论大小事情,总办"悉宜秉于董事局",即公司之内董事局为决策机构,公司总办对董事局负责。⑤ 然而,在交通银行成立之初,无论是董事的选举和职限规定,还是各分行的总办任命或辖理范围,都由总管理处插手处理,并由传部以奏派行政长官的形式任命。即使对于分行总司账以下各员,邮传部也曾批示"务即遵照用人章程,详细注册,报部以凭查核"。⑥ 此外,《交通银行奏定章程》规定:"各

① 《交通银行史料》第一卷,第 1626—1627 页。

② 同上,第 187 页。

③ 同上,第 176、180 页。

④ 杭斯:《交行早期的股份制与资本构成》,《新金融》1995 年第 8 期,第 42 页。

⑤ 伍廷芳等:《大清新编法典》,载沈云龙主编:《近代中国史料丛刊三编》第 27 辑,第 14、16 页。

⑥ 《交通银行总管理处为广东分行开张致邮传部函》（光绪三十四年六月初八日）,中国第二历史档案馆藏,档号 398 - 3472。

省有分行之处,如有股东,亦可公举二三人与总管理处所派之人就本处情形商办各事,惟所议办者不得与总管理处议定章程相背。"①此处所言"二三人"之职责与董事大致相同。由此可见,交行董事局的权力实由邮传部所代行。

交通银行创办之初,监事一职并未设置。虽然在邮传部奏准的《交通银行奏定章程》中规定,"各行设监事二人,监察本行一切事务",由股东会就 40 股以上股东中选举,任期两年,②但是交通银行早期并未按照章程执行,监事之职直至 18 年后的 1925 年,才得以设立。

总之,清末交通银行的组织机构并未按照《交通银行奏定章程》而设置,而所谓"一切均照奏定商律办理"也多停留在纸面上。究其原因,一是清末国内银行法制不健全。交通银行成立之际的银行法规寥寥无几,虽然清廷后来陆续颁布一些相关法律,但其实效性因不符国情或执行不力而大打折扣,因此,交通银行在筹组和发展过程中缺乏严格周密的法律制约,便难免因袭钱庄、票号之旧习。二是邮传部的强力干预。交通银行总、协理皆由邮传部奏派;各分行总办由总、协理遴选。如此,邮传部就牢牢控制了交通银行总管理处及各分行的管理大权。迟来的股东会作用未显,董事会、监事更是议而未设,交通银行诸方面的权力统由邮传部实际把握。

二、总行和总管理处

早期的交通银行实行的是总管理处制,而非总行制。奏定章程规定,以北京分行为总行,行内特设总管理处。光绪三十四年二月初二日(1908 年 3 月 4 日)北京行的正式开业,标志着总行的建立,也意味着交通银行的诞生。当时,总行与其他分行一样,负有营业之责,而无管理其他分行之权,故总行只是虚设而已,与北京分行异名同体。总管理处设于总行(即北京分行)中,负有管理境内外总分行的责任,无兼营业务之责,实为交通银行的管理机关。1917 年 2 月,交通银行厘订组织大纲,规定总管理处执行总行职务,兼有营业之责,同时将北京行定为一等分行。但在实际运作中,总管理处并没有发挥总行的作用。1933 年,交通银行进行全行改组,总管理处改为总行,实行总行制,总行才名实相副。③

---

① 《交通银行史料》第一卷,第 181 页。
② 同上,第 176、180 页。
③ 同上,第 91 页。

交行设立初期,总管理处的机构设置主要依据《交通银行奏定章程》和稍后制定的《交通银行用人章程》。

首先,总管理处实行总协理制。按照章程规定,总管理处设总理1人,协理1人,专管总、分行事务。总理为总管理处最高负责人;协理则协助总理处理总、分行事务,为总理副手。总理、协理由交通银行的最大股东——邮传部奏派,任期年限没有规定。出任总理、协理之人,必须精通财政学,或有出国考察财政的经历,或办理银行颇著成效者。[①]

表1-1-4　清末交通银行历任总理、协理表

职别	姓名	选派年月	附　　注
总理	李经楚	清光绪三十三年十一月	邮传部奏派
总理	周克昌	清宣统三年三月	邮传部派
总理	袁　鉴	清宣统三年九月	邮传部派代办
总理	卢洪昶	清宣统三年九月	邮传部派代理未到任,是年十月部派董事于守仁代理,总管理处事务因公文未见代理总理字样,故未列表。
总理	陆宗舆	清宣统三年十一月	股东联合会公推,呈准邮传部派
协理	周克昌	清光绪三十三年十一月	邮传部奏派
协理	章邦直	清宣统元年五月	邮传部派
协理	陆宗舆	清宣统元年十二月	邮传部派

资料来源:《行史清稿》第7册,第3—4页,中国第二历史档案馆藏,档号398(2)-693。

总、协理之下,设有信电所、稽核所、物料所、汇划所等机构:(1)信电所,设有正、副主稿各1人,掌管总管理处内的文牍函电,并负责保管交通银行境内外各分支机构经理、副理等人的保单合同。信电所内尚设有公债处。(2)稽核所,设有正、副稽核各1人,负责管理各行账目,并负有规划交通银行经营业务之责,同时负有保管交通银行的股票以及重要单据的责任。民国二年(1913)改称为统账处。(3)物料所,设有正、副收发及采买各1人,专管总管理处内的账簿等用具的采购工作,也处理总管理处的杂项事务,兼管交通银行发行的钞券工作。(4)汇划所,设有正、副汇划各1人,专门负责邮传部各铁路局与交通银行之间的款项调拨。因此,汇划所的正、副汇

---

① 《交通银行史料》第一卷,第174页。

划由邮传部指派铁路总局的收支人员兼任。在上述之外,总管理处内的其他办事人员,统称为伙友。①

其次,总管理处设有帮理1人,由邮传部奏派管理铁路人员担任,负有沟通银行和铁路之责,使铁路款项收支互相关顾,不至有所牵掣。②帮理,即帮助总、协理综理全行事务。虽直接插手行务,但其身份是代表邮传部的,即以部的名义来帮办行务。交通银行经理四政款项,路局的收入是轮、电、邮三政收入的四五倍,所以帮理一职素以路局局长充任。

表1-1-5　清末交通银行历任帮理表

职别	姓名	任职年月	附注
帮理	梁士诒	清光绪三十三年十一月	邮传部奏派
帮理	巢凤冈	清宣统元年三月	邮传部奏派

资料来源:《行史清稿》第7册,第5页,中国第二历史档案馆藏,档号398(2)-693。

第三,总管理处复有总稽查一职。总稽查有时也称稽查。初由邮传部奏派,嗣后改由部派,专门负责稽查各行的营业运行情况,可随时"自检阅案卷、账簿单件,不须告之总、协、帮理"。③光绪三十三年十一月(1907年12月),邮传部奏派蔡乃煌为总稽查。不久,因蔡乃煌简放苏松太兵备道,便改派那晋充任总稽查。稽核处另有坐办一职,与稽查并存。宣统元年(1909)十二月,考察各埠分行归来的许士熊曾出任稽核处坐办,当时的总稽查由陆宗舆担任。

稽核,设于各分行之中,与总稽查、稽核处坐办不同。宣统元年十二月,邮传部曾裁撤上海分行总办,改派稽核;次年四月,又派江宁行稽核;宣统三年十一月,加派天津、营口、汴梁、济南、奉天、张家口等分行北路稽核。自宣统二年续派稽核以后,总稽查或稽查均未见续派。宣统三年,盛宣怀借清理义善源之际,对交通银行进行机构调整,裁撤总稽查,另派官商会同查账。④

---

① ② 《交通银行史料》第一卷,第92页。

③ 第一号《交通银行总管理处办事大纲》(局长拟)、《邮传部第三次统计表》(宣统元年,总务),邮传部档案全宗,第65号案卷,第2号,中国第一历史档案馆藏。

④ 《电六》,《申报》1911年3月1日。

表 1-1-6　清末交通银行所设总稽查、稽查、稽核处坐办及稽核人员

行　名	职　务	姓　名	到行年月	任职年月	附　注
总管理处	总稽查	蔡乃煌	光绪三十三年十一月	光绪三十三年十一月	清邮传部奏派,翌年简放苏松太兵备道。
	稽查	那晋	光绪三十四年三月	光绪三十四年三月	清邮传部奏派
	兼稽查	梁士诒	光绪三十四年三月	光绪三十四年三月	清邮传部奏派,由帮理兼充,旋辞职。
	稽查	陆宗舆		宣统元年五月	清邮传部札派,宣统元年十二月邮传部派充协理、仍兼总稽查事务,三年三月卸职。
	稽核处坐办	许士熊		宣统元年十二月	**清邮传部札派,同年七月部派考察各埠交通分行。**
	稽查	曹汝霖		宣统二年三月	清邮传部札派
上海分行	稽核	周承裕		宣统元年十二月	清邮传部札派
江宁分行	稽核	杨益年		宣统二年四月	清邮传部札派
津营济奉张各行	北路稽核	胡笔江	宣统二年	宣统二年十一月	清邮传部札派,由总管理处调查报告员调充。

资料来源:《行史清稿》第 7 册,第 56 页,中国第二历史档案馆藏,档号 398(2)-693。

第四,总管理处还有咨议一职。虽然《交通银行奏定章程》和《交通银行用人章程》中均无设置咨议的规定,但是在交通银行筹备期间,邮传部曾先后两次派充咨议 3 人。咨议的主要职责是"会同咨议开办事宜及簿记管理"。[①] 其设立主要是为了交行的筹组工作,因此交通银行开业以后,咨议一职未见续派。

第五,总办和管理。《交通银行用人章程》规定,总办和管理均为驻于所辖机构

---

① 《交通银行史料》第一卷,第 92 页。

的总管理处人员。① 设置这两个职位,是为了方便总管理处对各地分支机构的联系和监管。

1. 总办。根据《交通银行奏定章程》,总行、分行均派总办1人,酌派副办1人,专理总行或分行一行事务。② 总办的设立只限于北京总行、天津分行、上海分行、汉口分行及广东分行等五大分支机构。总办的选任要先后经过总管理处、邮传部和股东会三个机构的遴选。先由总管理处按照规定筛选出预备人员名单。章程规定,总办必须有财政学知识,有出国留学经历,或有办理银行的经验。总管理处将遴选出的预备人员名单呈送邮传部核定后,由股东会按照商律之规定选举出总办。但在交通银行开办之初,股东会议尚未召开,而总行、津、沪、汉、粤等分行的筹备在即,因此总办一职皆由最大股东邮传部奏派各省候补官员担任,后来又改为由交通银行呈准邮传部札派。

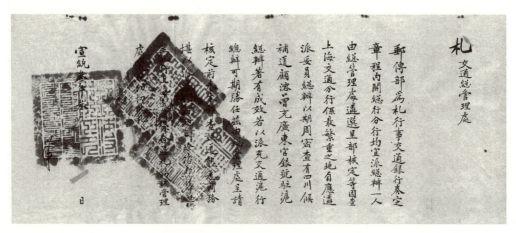

清政府准奏邮传部委派总办的人事札件

交通银行开业之后,总行和几大分行的总办职位屡经调整。清宣统元年(1909)三月,邮传部奏准天津分行裁撤总办,归北京总行兼理。同年十二月,邮传部札上海分行不再委派总办,原任总办即行销差。两年后,即宣统三年(1911)三月,仍奉部派。中华民国成立后,交通银行呈奉交通部批准各行总办出缺不再派员充任。由此可见,清末邮传部所派总办只限于最初所设的北京总行和天津、上海、汉口、广东四分

---

① 《交通银行史料》第一卷,第182页。
② 《拟设交通银行折》,载沈云龙主编《近代中国史料丛刊》第10辑,第670页。

行,而副办一职则自始至终未见委派。

表1-1-7　清末交通银行历任总办表

行名	职务	姓名	任职时间	附注
北京总行	兼总办	袁鉴	光绪三十四年正月	原为山东补用直隶州知州。邮传部奏派由北京总行经理兼任总办。清宣统三年,总理辞职,邮传部派其暂代办总理职务。民国元年10月,辞经理一职,仍充总办。同年12月,卸总办职。
天津分行	总办	刘坦	光绪三十四年正月	原为分省补用道。邮传部奏准派充天津分行总办。宣统元年三月,邮传部奏准裁撤天津分行总办,归总行兼理,原派该行总办刘坦另候任用。
上海分行	总办	李厚祐	光绪三十四年正月	原为分部郎中。邮传部派充其为上海分行总办。宣统元年十月,以兼办华商银行例,不能兼差,开缺。
汉口分行	总办	刘选青	光绪三十四年二月	原为湖南候补道。邮传部奏准派充为汉口分行总办。同年八月,病故。
广东分行	总办	陈炳煌	光绪三十四年四月	原为广东候补知府。邮传部奏准派充广东分行总办。民国元年6月,解职。
汉口分行	代理总办	李颐先	光绪三十四年八月	邮传部派代汉口分行总办,仍候遴选妥员奏准接充。
汉口分行	总办	卢洪昶	光绪三十四年九月	呈准邮传部派充汉口分行总办。宣统元年,又呈准派往汴梁试办分行。三年九月,部派代理总理未到任。
上海分行	总办	唐治尧	清宣统元年十月	呈准邮传部派充上海分行总办。宣统元年十二月,邮传部札上海分行毋庸派委总办,原任总办唐治尧即行销差。
上海分行	总办	顾溶	清宣统三年三月	原为四川候补道。邮传部札派上海分行总办。宣统三年九月因病辞职。
上海分行	暂兼总办	巢凤冈	清宣统三年九月	呈准邮传部由帮理兼任。
上海分行	暂办沪行事务	卢洪昶	清宣统三年九月	呈准邮传部派充暂代沪行总办。民国元年12月,呈准交通部各行总办出缺,不再派人接充。

资料来源:《行史清稿》第7册,第51—52页,中国第二历史档案馆藏,档号398(2)-693。

2. 管理。《交通银行奏定章程》和《交通银行用人章程》中均无"管理"一职的设置,但在交通银行开业初期,为适应境内外分支机构发展的需要,邮传部曾为交通银行设置管理一职①,此职设于京、沪、汉、粤行之外的分行(津行除外)②。当时,交通银行增设的试办分行未按章程规定设有总办一职,只是由邮传部札派管理1人,管理一行或数行事务。宣统三年(1911)十一月,邮传部将天津分行的管理调回邮传部,此后未再另派,但在续设试办分行时,邮传部仍有委派。民国元年(1912)十二月,交通银行呈准交通部批准,各行管理一职出缺后,不再派人,管理一职至此而止。

表1-1-8 交通银行初期历任管理表

行　　名	职务	姓名	任职年月	附　　注
天津、营口、张家口三分行及长春分号	管理	章邦直	宣统元年十二月	邮传部札派,宣统二年二月部札准其开去张、营、长三行管理,仍管理天津行事务。
天津分行	管理	章邦直	宣统二年二月	宣统三年十一月调部,另行差委,嗣后毋庸另派总办及管理。
营口分行及奉天、长春二分号	管理	胡俊采	宣统二年二月	呈准邮传部派充。
营口分行及奉天、长春二分号	管理	孙用钊	宣统三年八月	呈准邮传部派充,宣统三年十二月部札另有差委。
营口分行及奉天、长春二分号	管理	姚　煜	宣统三年十二月	
兼充汉沪二行	管理	卢洪昶		由汉口分行总办兼任,呈准邮传部派充
天津分行	管理	张庆桂		呈准邮传部派充,民国元年12月本行呈交通部批准,各行总办、管理出缺,不再派人接充。

资料来源:《行史清稿》第7册,第53页,中国第二历史档案馆藏,档号398(2)-693。

三、分行和分号的组织

清末的交通银行处于初创时期,机构设置相对简单。当时交通银行在各地所设

---

① 《交通银行史料》第一卷,第92页。
② 宣统元年三月初九(1909年4月28日),津行归总行兼管。

营业机关,"其始皆分行也,不分等,亦无不直隶于总管理处"。① 其后,随着官商股款的到位和各地分支机构盈利的增加,资金渐及充足,分支机构逐渐增多,等级划分也逐渐形成。至民国肇始,交通银行在境内外所设的分支机构有分行、试办分行、分所、代办处、坐庄和分庄诸类。

(一)分行

开业初期,交通银行设有北京、天津、上海、汉口和广东五个分行。分行设有总办1人(属于总管理处人员),专理一行事务。此外,分行中最重要的职位是经理一职。各分行设经理1人,负责经理行中的一切事务。另设副理1人,负责协助经理处理行务。经理、副理均由总管理处的总理、协理与总办会商遴选而聘任。② 经理和副理的聘任标准,在《交通银行奏定章程》和《交通银行用人章程》中虽未见规定,但从邮传部对其所推荐的经理、副理的评语中可看出一二。如"查所选各员均属身家殷实,精于理财,与商务各有经验"。③ 由此可知,经理和副理的候选人不但要熟悉银行业务,而且家境必须殷实。总管理处对各分行经理和副理的选用实行押柜制度,即银行从业人员必须缴纳一定数量的押金,以防其携资遁逃。经理押柜银是1万两,保单银是5万两。副理的押柜银是5千两,保单银为2.5万两。对于这一规定,当时人就有批评,指责这一做法使许多具有真才实学却无力支付巨额保押费的金融人才被拒之门外。④

表1-1-9 交通银行延订各分行经、副理时的押柜保单格式

立保单 号今因

交通银行 行延订 君为 理,照章应有铺保,今本号情愿担保

银 两,倘后 君如有因私亏挪情事,有本号照所保之数认偿,所

具保单是实。

光绪 年 月 日立保单 号

资料来源:《交通银行史料》第一卷,第183页。

---

① 《交通银行史料》第一卷,第126页。
② 同上,第181页。
③ 《交通银行总管理处为奏派交通总分各行总办致邮传部函》(光绪三十四年四月二十九日),中国第二历史档案馆藏,档号398-3472。
④ 薛大可:《论交通银行之责任》,载沈云龙主编《近代中国史料丛刊三编》第27辑,第5页。

经理、副理之下设有总司账、总管库和总书信等人员。

1. 总司账。掌管一行之中的出入账目,职责相当重要,故由总管理处直接延请,但由经、副理调度。总司账之下设帮账、外司账,其中帮账为总司账的襄助,外司账则负责一行出入的外账。帮账和外司账皆由经理会同总办协商而选用。

2. 总管库。负责一行之中的内外库房。下设有库司账、管汇票、管柜房、管纸币、管金银币生银、管铜币和管单据等职位。

3. 总书信。负责一行的来往信电。下设有帮书信、抄写及外文翻译。

除此之外,分行之内还有跑街兼理外务、知客兼理杂务等职位。

表 1 - 1 - 10　清末交通银行各分行的内部职位设置

名　目	人数	职　司	备　注
经理	1	经理行中一切事务	归总管理处节制
副理	1	协理行中一切事务	归总管理处节制
总司账	1	管理行中出入账目	归总管理处延请,经理、副理调度。
帮账	2	帮管出入账目	归经理商同总办选用
外司账	1	管理行中出入外账	归经理商同总办选用
总管库	1	管理内外库房	归经理商同总办选用
库司账	1	管理库房出入账目	归经理商同总办选用
管汇票	1	管理买卖汇票	归经理商同总办选用
管柜房	1	管理柜房事务	归经理商同总办选用
管纸币	1	管理钞币出入	归经理商同总办选用
管金银币生银	1	管金银币生银出入	归经理商同总办选用
管铜币	1	管理铜币出入	归经理商同总办选用
管单据	1	管理紧要单据	归经理商同总办选用
总书信	1	管理各行各帮来往信电	归总管理处延订,经理、副理调度
帮书信	2	帮写各项书信	归经理商同总办选用
抄写	1	抄写一切书信等件	归经理商同总办选用
洋文翻译	1	管理洋商往来账目书信翻译等事	归经理商同总办选用
跑街兼理外务	3	管理署衙局所客帮往来生意	归经理商同总办选用
知客兼理杂务	2	管理课堂宾客往来收发信件等事	归经理商同总办选用

资料来源:《交通银行史料》第一卷,第 183—185 页。

（二）试办分行

在五大分行设立之后，交通银行陆续设立了一些试办分行，也称试办分号，除铁路可通之处外，逐渐扩大到商业繁盛之地。"光绪三十四年十二月，始设于香港；宣统元年，又设于开封、张家口、漯河、周家口、营口、长春、星加坡等地；宣统二年续设于南京、奉天、济南、汕头、厦门、仰光等地。"[①]如上所述，试办分行设管理 1 人，为总管理处人员，大抵是在分号筹设过程中代表总管理处行使职权。而试办分号的一切事务，则由分理承担。分理的押柜银是 5 千两，保单银为 2.5 万两。分理之下，设总司账、帮账、外司账，总管库兼库司、管汇票单据、管柜房、管现币纸币、总书信、帮书信、抄写及知客兼杂务各 1 人，跑街兼理外务 2 人。上述十二职位除总司账、总书信由总管理处负责选聘及调度外，其余十职由分行选用。

此外，为扩展机构，交通银行还设有分所、代办处、坐庄和分庄等机构。坐庄，亦称坐庄分号。与试办分行不同，它是由各分行在商业繁盛之地，"就近酌派伙友前往设立"，"只照各票号坐庄办理"，所有薪水、分红均由原派出分行支给。

至于分所、代办处、分庄和坐庄，交通银行初期设置很少，只有石家庄分所、越南西贡代办处、周村分庄、烟台分庄、无锡坐庄数家而已。[②]

由于国内银行业尚处于起步阶段，银行法制亦属草创时期，因此交通银行的机构设置颇显粗糙，不足之处甚多。尤其是总管理处与各分支机构的关系以及各分支机构之间的关系，《交通银行奏定章程》和随后制定的《交通银行用人章程》中皆无明确的规定；总分行号的机构设置也较随意而紊乱。尽管存在着众多的缺陷和不足，但是交通银行组织架构的设置大体完备，为民国时期的业务展开提供了基本条件。

四、行员的薪酬与奖惩

（一）行员薪酬

《交通银行奏定章程》因制定匆忙，对行员的薪金并未作出规定。随着京、津、沪、汉、粤等分行的次第开办，各行总办先后到差任事，行员薪金标准的制定愈显紧迫。光绪三十四年四月十五日（1908 年 5 月 14 日），总管理处初步制定了总理、协理

---

① 《行史清稿》第 7 册，第 90—91 页，中国第二历史档案馆藏，档号 398(2)-693。
② 《交通银行史料》第一卷，第 126—187 页。

的薪酬,帮理、稽查车马费以及各行总办的薪酬暂行标准。

表1-1-11 交通银行总理、协理、稽查、帮理及总办薪水一览表

名　目	金　额
总理一员	月支薪水银 400 两
协理一员	月支薪水银 300 两
稽查一员	车马公费银 200 两
帮理兼稽查一员	车马公费银 200 两
京行总办一员	月支薪水银 255 两
津、沪、汉、粤行总办各一员	月支薪水银 300 两

资料来源:《总分各行经理以下薪水》(光绪三十四年四月十五日),交通银行博物馆藏档案334—338。

上述标准仅在开办第一年实行,自宣统元年起,总管理处的高层管理人员比照大清银行的薪水等级标准发放,总、协理相当于大清银行的正、副监督,月薪为 500 两,较之前提高不少;各总办月薪为 300 两至 500 两。稽查一职与大清银行监理官大体相当,同为部派,只负考察之责,而无行政之权。交通银行的稽查原无薪金,只有车马公费,依大清银行标准,稽查不再领取车马公费,领月薪 100 两。[1]

1909 年,在邮传部核准的《交通银行用人章程》中,京、津、沪、汉、粤等行的经理、副理及各行员的薪金有了具体的数目规定,至于其他各地,则在设定的薪金限额内,因地制宜,自由调整。用人章程还规定,总行、分行经理以下的薪水,每月的月尾由账房支发,不能预支、借宕;各行员领取薪水时,必须在账房开出的薪水收条上签名画押。

表1-1-12 交通银行初期总分行行员薪水一览表

名　目	金　额
经理	月支薪水银 200 两
副理	月支薪水银 150 两
总司账	月支薪水银 50 两
帮账	月支薪水银 24 两

---

[1]　孔祥贤:《大清银行行史》,第 136 页。

（续表）

名　　目	金　　额
外司账	月支薪水银 36 两
总管库	月支薪水银 40 两
库司账	月支薪水银 30 两
管汇票	月支薪水银 36 两
管柜房	月支薪水银 24 两
管纸币	月支薪水银 24 两
管金银币生银	月支薪水银 24 两
管铜币	月支薪水银 24 两
管单据	月支薪水银 24 两
总书信	月支薪水银 50 两
帮书信	月支薪水银 36 两
抄写	月支薪水银 20 两
洋文翻译	月支薪水银 50 两
跑街兼理外务	月支薪水银 36 两
知客兼理杂务	月支薪水银 20 两
学徒	月支薪水银 10 两
各项夫役厨司	每月工银酌给

资料来源:《交通银行史料》第一卷,第184—185页。

至于试办分行,行员的薪酬一般要略低于总、分行的标准,但总管理处承诺在各试办分行卓有成效时,行员的薪金会逐渐增加。

表1-1-13　交通银行初期试办分行行员薪水一览表

名　　目	金　　额
试办分行分理	月支薪水银 100 两
总司账	月支薪水银 36 两
外司账	月支薪水银 30 两
帮账	月支薪水银 20 两

（续表）

名　　目	金　　额
总管库兼库账	月支薪水银 30 两
管汇票兼管单据	月支薪水银 26 两
管柜房	月支薪水银 20 两
管现币纸币	月支薪水银 20 两
总书信	月支薪水银 30 两
帮信	月支薪水银 20 两
抄写	月支薪水银 12 两
跑街兼外务	月支薪水银 30 两
知客兼杂务	月支薪水银 16 两
学徒	月支薪水银 5 两
各项夫役厨司	每月工银酌给

资料来源:《交通银行史料》第一卷,第 188—189 页。

以上为交通银行初期行员的每月薪金标准。除薪金之外,行员的收入还有花红。

由上述可知,总管理处因帮理一职为邮传部委派,俸银由政府发放,交通银行只能为其提供车马费用。总分行中高级行员与底层伙友之间的薪酬差别甚大。但与当时的同行业比较,交通银行伙友的薪酬与大清银行大致持平,且远远高于钱庄、票号。以学徒为例,当时钱庄的学徒只有工作满三年后,才能成为伙计,而学徒期间是没有工资的,只有微薄的鞋袜费。票号中"不吃股"的伙友按年给薪,学徒自 2 两起至 14 两止,即使是职员,一般也只有 20 两至 80 两。[①] 因此,相对而言,交行员工的收入算是优厚的。

（二）奖惩

《交通银行奏定章程》中对行员的奖励并无规定,续订章程则有两条:一是花红,每年提缴官息后所余之利润,分三成作为花红,其中一成归总管理处,作为总稽核、总理、协理、帮理及各行总办的花红;在另外的二成中,八厘归各行经理,五厘归副理,七

---

① 孔祥贤:《大清银行行史》,第 48、49、54 页。

厘归行内表现突出的行员。① 二是特殊奖励,若各行总办、经理、副理及股东中有"深明大义,实行关切维持救护之事者,准其据实禀请本部,奏请特别优奖以昭激劝"。② 用人章程中也有奖励的规定。一是对坚守岗位者予以奖励,如有办事勤劳毫无过失者,年终从丰分给花红,以资奖励。二是对资深有功者予以奖励,如"开创之始,曾著劳勚"者,退休以后可以分给公积利润,并酌情发放若干花红。若已亡故,则以之抚恤其家小。③

至于惩罚,续订章程及用人章程中皆有规定。续订章程有三条,一是非行中应办事情,管事人不得用本行银两及本行名义作各项贸易,不得以本行名义为人作保,违者立时辞退,并从重处罚;二是行员"不得将行中现存款项及贸易等一切情形"外泄,违者重罚;④三是凡行中人员,除特殊情况,不得托故不到,若有违背者,"轻则酌罚薪红,重则径行辞退"。⑤ 用人章程有两条,一是若有人私挪公款,收取贿赂,一经查出,即行辞退,并罚之以所涉金额的数十倍;⑥二是"如有亏空,将押柜保银抵补,倘系有意舞弊,情形过重者,尚须另行议罚"。⑦

五、总管理处高层的人事变迁

交通银行早期实行总协理制,总理、协理专管总分行事务。作为最大股东,邮传部选派总理、协理,并要求总、协理听从堂官命令。除了总、协理,邮传部还拣派铁路管理人员为帮理,专门协调路款收兑和银行业务。交通银行还设有稽查,专门负责稽查各行账目。

光绪三十三年十一月初四日(1907年12月8日),邮传部奏设交通银行的同时,即奏派李经楚为交通银行总理,周克昌为协理。十一月初八日(12月12日),邮传部又奏派梁士诒为交通银行帮理。同月,邮传部再奏派蔡乃煌为交通银行总稽查。至此,交通银行总管理处的高层人选都已经选定,邮传部垄断了交通银行总管理处的高层人事任免权。

---

① 《交通银行史料》第一卷,第180页。
② 同上,第181页。
③⑥ 同上,第186页。
④ 同上,第178页。
⑤ 同上,第179页。
⑦ 同上,第187页。

在交通银行筹建时期,邮传部遴派总管理处这四位高层官员,对于交通银行的迅速组建起到了一定的积极作用,同时也表明邮传部对交通银行握有高强度的控制权,交行自身发展的独立性难以伸展。在开业以后相当长的日子里,总管理处的高层人选仍然由邮传部奏派或直接指派。

光绪三十四年正月二十九日(1908年3月1日),总稽查蔡乃煌简放苏松太兵备道,不能处理交行事务。邮传部遂于三月初八日(4月8日)奏派那晋为交通银行稽查,同时任命帮理梁士诒兼任稽查。三日后,梁士诒以事务繁多难以兼顾为由请辞,该职遂由那晋一人担任。

宣统元年四月初二日(1909年5月20日),邮传部依从东三省总督的电请,欲在东北开设银行,奏派协理周克昌去奉天(嗣改沈阳)应职,所遗协理职位,以章邦直充任。

五月初,稽查那晋去职。初七日(6月24日)邮传部奏派陆宗舆为交通银行稽查,旋改任为总稽查。

十二月初四日(1910年1月14日),邮传部以协理章邦直为天津、营口、长春、张家口四行管理,总稽查陆宗舆兼任协理一职。

宣统二年三月初五日(1910年4月14日),邮传部以协理、总稽查事务重要,难以兼顾为由,奏派曹汝霖接替陆宗舆的交通银行稽查职务。

自成立至宣统二年的三年时间里,由于邮传部对总管理处的强力干预,交通银行的高层人事变动频繁,对业务经营和发展自然会有一定的影响。不过,这一时期的人事变迁只是职务的调动,并不牵涉利益集团和政治派别之争。接下来发生的橡皮股票风潮,以及盛宣怀接任邮传部尚书,致使交通银行的高层管理遭遇了暴风骤雨般的变化。

宣统二年十二月,盛宣怀接任邮传部尚书。上任后,由于处事和政见的不同,盛宣怀处处压制梁士诒,终于迫使梁于宣统三年初去职。帮理一职由巢凤冈接任。

在盛宣怀接任邮传部尚书之前,上海的橡皮股票投机骗局引起了一次严重的金融风潮,即"橡皮股票风潮"。宣统二年年末,金融危机达到高潮,上海的各大钱庄、票号纷纷倒闭。总理李经楚所经营的义善源票号不堪1400万两的负债,宣告破产,其中积欠交通银行的款项累计达到287万两。在这一情形下,盛宣怀不断对李经楚施加压力,逼迫其速还对交通银行的欠款,同时裁撤总稽查,另派官商会同查账,欲借此机会对交通银行机构进行调整。经过查账，邮传部下文：李经楚亏空公款甚巨，撤销其交通银行总理职务。宣统三年三月初八日(1911年4月6日)，邮传部奏派东三省分行总理周克昌接任交通银行总理。

李经楚去职后，交通银行为盛宣怀势力所控制，《申报》对此发表评论，指出交行的一切实权操纵在帮理巢凤冈手中，总、协理徒有其名。巢凤冈为盛宣怀的亲信，"故日来交通银行一切大事皆由巢凤冈直接禀明于盛尚书云"。① 对此，作为交通银行协理的陆宗舆，因权力掣肘而心生不满，以上任以来诸事处理不顺为由呈请辞职，三月二十四日(4月22日)，邮传部以交通银行正逢清理整顿之际不便照准为由驳回。一月后，陆宗舆再次呈请辞职。邮传部虽然批准，却没有及时派员接任。

李经楚的去职与盛宣怀接手邮传部，致使饱受"橡皮股票风潮"冲击的交通银行陷入复杂的人事纠葛之中，这对交通银行的清理整顿极为不利。个别高管的独断专横挫伤了职员的工作激情，接二连三的辞职使得总管理处一片混乱。

宣统三年八月十九日(1911年10月10日)，武昌首义成功，革命风暴迅速遍及全国，各省纷纷宣布独立，建立军政府。此时，尚未从"橡皮股票风潮"和义善源积欠阴霾中走出的交通银行，陷入了前所未有的困境。来自全国各地的告急电报如雪片般飞来，总管理处几有不能支持之势。

此时的总管理处，仅有总理周克昌和帮理巢凤冈两位高层领导坚守岗位。周克昌自上任以来未能掌握实权，面对如此危局更是如坐针毡，遂呈请辞职。九月二十六日(11月16日)，邮传部批示准予周克昌辞去交通银行总理职务。而掌握交行总管理处实权的巢凤冈，也因此时盛宣怀遭遇革职而感到难以应对，遂与周克昌一同辞职，不再主持交通银行事务。

周克昌、巢凤冈辞职后，邮传部指派京行总办袁鉴代理总理一职，袁鉴不加理会。邮传部旋又指派汉行总办卢鸿昶代理，卢却一时难以进京，遂使交通银行总管理处处在无人执掌的尴尬境地。

十月十二日(12月2日)，邮传部以交通银行总管理处事务紧要，指派商股董事于守仁代理总管理处事务。

十一月二十三日(1912年1月11日)，邮传部任命陆宗舆为交通银行总理，与此

---

① 《京师近事》，《申报》1911年5月3日。

同时,商股股东联合会也在上海推举陆宗舆代理交通银行总理;十一月三十日(1912年1月18日),邮传部再次任命陆宗舆代理交通银行总理,总管理处无人掌管的混乱局面暂告结束。

1912年年初,邮传部(后改交通部)指派任凤苞为交通银行协理,叶恭绰为交通银行帮理。同时南京临时政府交通部曾指派严义彬为交通银行协理,但未到任。

鼎革之际,总管理处一度出现真空状态,交通银行商股股东为维护交通银行基业积极奔走,发挥了巨大作用。十一月初五日(1911年12月24日),京津股东在北京成立联合会,协议筹划一切,并推举代表与南方联络,共策行务。十一月二十日(1912年1月8日),南方股东在上海召集临时股东联合会,为交通银行摆脱危机出计献策。鉴于交通银行成立以来总管理处高层由邮传部任命而带来的种种弊端,民国元年四月股东联合会呈文交通部:交通银行总理由股东联合会推举,由交通部委任。这一要求获得了批准,交通银行终于在经营管理上获得了一定的自主权。

第二章
交通银行初期的主要活动和业务经营

交通银行成立初期,一切活动皆围绕轮、路、电、邮四政展开,其中尤以赎回京汉铁路路权和收回电报局商股最为重要。除此之外,交通银行也发行兑换券,经营一般银行业务。由于邮传部控制严密,业务经营多受掣肘,加上高层管理方面出现严重问题,致使交通银行的初期业务发展缓慢。宣统三年(1911)"橡皮股票风潮"引发金融危机,李经楚总理所经营的义善源票号倒闭,更是让交通银行的业务运作步履维艰。加之西贡万顺安号的破产,愈发雪上加霜。于是,在轮番冲击之下,交通银行的业务几近停顿,陷入瘫痪局面。

第一节 草创时期的主要活动

一、募债赎回京汉铁路

光绪三十三年(1907),邮传部以赎回京汉铁路为契机奏请设立交通银行,募债赎路成为交通银行设立后的第一件大事。《交通银行奏定章程》第五条规定:"该行为京汉赎路时,总司一切存款、汇款,消息镑价,预买佛郎克等事";第六条规定:"赎路债票、股票等章程,俟奏定后由该行经理收发。"①于是,交通银行甫一成立,便积极

---

① 《交通银行史料》第一卷,第 172 页。"佛郎克"即法郎。

开展赎回京汉铁路的工作。

京汉赎路工作分为外交和筹款两项，并行却难以不悖。这是因为外交由外务部掌管，筹款属度支部范畴，二部不相配合，使得"交涉应属外务部而外务部却只成了承转机关；筹款应属度支部，而度支部却安然坐视不理。一切都得邮传部拿主意，想办法"。① 收赎的具体工作由梁士诒、叶恭绰等负责，最后"拿主意"的是邮传部最高长官陈璧。陈璧坐镇幕后，"以片楮相属，往返讨论，剖析豪芒，至曙未息，或徘徊未决，（陈）公断以一语，顿解积疑"②，大凡诸事策划、文案定稿、折子上奏、各个部门之间的协调，都由陈璧担当。③

赎路的最大困难是筹款问题。京汉铁路的借款总额巨大，原协议额为12500万法郎，折合银约3378万两，加上利息和提前还款的酬金，最终交给比利时的"经手各费共法金三万二千七百四十万零一千零四十一佛郎"④。而当时清廷财政已是捉襟见肘，根本无力自筹这笔巨款。光绪三十四年二月（1908年3月），陈璧曾提议修正合同，仍然向比利时贷借路款，但须降低各项条件。⑤ 可是，被比利时以各种理由予以拒绝。同年九月十三日（10月7日）《申报》刊文《京汉铁路从缓赎回》，认为赎路款额巨大，动用银行预备金、向外国借款等方法皆不足取，应将目光转向其他更多的未筑之路，京汉路赎回工作可以暂缓。此论一出，坊间歧说纷杂叠起。交通银行的成立时间是1908年3月4日，而赎回京汉铁路路权的最佳时间是1908年的12月底，因此留给邮传部和交通银行筹款的时间十分有限。在这种情况下，邮传部和交通银行主要是以陈璧所提出的招募公债、挪借款项、提集存款和另借新债等四项办法进行筹款活动。

（一）招募公债

光绪三十四年（1908）四月，广西巡抚张鸣岐奏请招募公债以赎回京汉路权，募集工作由税务司兼理。⑥ 邮传部反对由税务司办理此事，认为此举过于偏信洋人，且

① 叶恭绰：《清末赎回京汉铁路的经过》，《文史资料选辑》第1辑，第129页。

② 叶恭绰：《遐庵汇稿》，载沈云龙主编：《近代中国史料丛刊》第16辑，第496页。

③ 苏生文：《陈璧与中国铁路》，《福建论坛》2007年第3期。

④ 《注销京汉铁路借款行车合同并接收情形折》（光绪三十四年十二月十五日），载沈云龙主编：《近代中国史料丛刊》第10辑，第809页。

⑤ 曾鲲化：《中国铁路史》，载沈云龙主编：《近代中国史料丛刊》第98辑，第671—672页。

⑥ 《交通银行三十年史清稿》（乙种纲要），中国第二历史档案馆藏，档号398-3247（1）。

"给票付息等事,统归交通银行经理,邮传部奏定该行章程内,业已声明",因此,税务司兼办招募公债一事勿需再议。① 九月,邮传部奉旨依议,仿照直隶公债旧例,②筹办赎路公债。为使公债招集顺利进行,邮传部很快成立公债管理处,作为经理公债的具体机构,并委派交通银行总理李经楚和帮理梁士诒经管一切,公债定名为"收赎京汉铁路公债"。③ 十一月,邮传部拟定《收赎铁路公债章程》12 条及《公债办事附章》28款。公债章程规定交通银行在此项公债发行中担负如下责任:一是公债"由公债管理处及交通总分银行、官办铁路、电报各局所经理";二是官息及活利支付事宜由交通银行总分行承办,"将来登载告白,指明之经理付息各银行商号凭票支付";三是公债收款存放交通银行,由交通银行报公债管理处存案,随时提用,余款照存款章程办理。④在公债章程发布的当月,交通银行发行第一批公债,总额为 1000 万元,分为 10 万张,每张 100 元,年息七厘,以十二年为限,自第八年起分五年摊还本银。

宣统元年(1909)邮传部致交通银行指定其发行赎路公债函

按照清政府以往发行公债的惯例,先是行文向外务部声明,由外务部行文各国公使,再由各国公使嘱托银行或会社在欧美市场代办。故此次邮传部直接委托交通银行代理公债发行,引起英国人的强烈不满,他们在《泰晤士报》上登载文告,大肆中伤此项公债的信用,奉劝英国人不要冒险投资。⑤ 因此,虽然京城和沪粤各地遍发广

---

① 《邮传等部会奏片》(1908 年),载中国人民银行总行参事室编:《中国清代外债史资料(1853—1911)》,中国金融出版社,1991 年,第 566—567 页。
② 直隶公债旧例:随着各省利权回收运动的蓬勃兴起,直隶总督袁世凯慨然排斥外债,而主张募集内债,于光绪三十一年二月为充北洋陆军扩张费,募集四百八十万两的直隶公债,指定偿还财源,并付予已偿还期限的证券息折,有可以缴纳租税的特权。
③ 陈璧:《望岩堂奏稿》,载沈云龙主编:《近代中国史料丛刊》第 10 辑,第 752 页。
④ 《拟仿直隶成法筹办赎路公债折 清单附》(光绪三十四年九月十四日),载沈云龙主编:《近代中国史料丛刊》第 10 辑,第 780—784 页。
⑤ 《邮部公债票恐不免失败》,《申报》1911 年 1 月 22 日。

告,大力宣称"夫生利事业莫铁道,若吾国铁道中之最获利者莫京汉",还将赎路公债以票面九七折扣发售,并以享受铁路余利为号召,但是购买者寥寥无几。① 据统计,两年之内只募得款项 34 万元,剩余的 966 万元于宣统二年和民国元年为英、日等国企业承购,②内债实际上变成了外债。由此可见当时中国公债市场的冷落及社会购买力的低下。

（二）挪借款项和提集存款

挪借款项主要来源有二:一是邮传部与度支部数次商议后,度支部同意仿照"市间假贷之法",借给邮传部规平银 500 万两,年息六厘,分七年在京汉铁路余利项下摊还本息。③ 此款由大清银行经理。④ 二是设法借用商款,由交通银行经手借到商款川汉路局银 100 万两。至于提集存款,具体做法是由交通银行从"拟添造车辆以供运输"的存款项下,提出原准备付给比国公司的铁路余利,计有 317.5 万法郎,约合 100 万两。⑤

（三）另借新债

邮传部和交通银行费了很大气力,以挪借款项和提集存款的方式共筹款 700 余万两,但仍与清偿比国借款总额相距甚远。至于募集公债,邮传部在向朝廷呈奏时就对此种集款方式表现出姑妄一试的态度:"惟中国风气尚未大开,赎路款巨期迫,专恃该款（指公债）,恐无十分把握。"⑥因此,邮传部在进行上述三项筹款行为的同时,重点考虑筹借外债。京汉铁路修筑在向比利时借款时,英国公使曾就俄国与这笔借款多有关联向清廷提出抗议。⑦ 此时为弥补与英、法的关系,邮传部积极与代表英、法

---

① 张嘉璈:《论中国难行铁路公债之原因》,载沈云龙主编:《近代中国史料丛刊三编》第 27 辑,第 3 页。
② 宣统二年,交通银行与日本横滨正金银行订立合同,将 25000 张公债票以每张面值一百元作价八十八元售于正金银行,共计 250 万元,即 220 万日元,按 97.5% 折扣。民国元年,邮传部又将剩余赎路公债分别售与英国敦菲尔公司和米德兰银行。第一次按每张 9 英镑售出 5 万张,作价 45 万英镑,第二次将内售及上述外销剩下的 21600 张,作价 194400 万英镑,两次交易折扣均为 97.5%。综计日本、英国分别购得赎路债票 250 万元和 716 万元。详见许毅:《清代外债史论》,中国财政经济出版社,1996 年,第 605 页。
③ 《邮传部奏议类编·续编》,载沈云龙主编:《近代中国史料丛刊》第 14 辑,第 973—974 页。
④ 《密陈近日筹赎京汉铁路情形折》（光绪三十四年九月初十日）,沈云龙主编:《近代中国史料丛刊》第 10 辑,第 749 页。
⑤ 《筹借官款收赎京汉铁路折》（光绪三十四年九月十二日）,载沈云龙主编:《近代中国史料丛刊》第 10 辑,第 759 页。
⑥ 《邮传等部会奏片》（1908 年）,《中国清代外债史资料（1853—1911）》,第 566 页。
⑦ 贾士毅:《民国财政史》,商务印书馆,1917 年,第 1112 页。

政府的英国汇丰银行和法国汇理银行商讨,并很快达成协议,于光绪三十四年九月十四日(1908 年 10 月 8 日)签订借款合同,称为"英法借款"。为了避免"政治外债"或"铁路外债"以引发民怨,此项借款并不指明用于收赎京汉铁路,而名之曰"振兴实业借款"。据合同规定,这项借款共 500 万英镑,折合银 3813 万两,借期 30 年,统由英、法银行办理,按九四折扣,应得实数为 470 万英镑,"八成在欧洲预备补足还铁路借款之用,其余二成为邮传部自办工艺实用之用"。[1] 合同又规定必须在光绪三十四年十一月十七日(1908 年 12 月 10 日)前将 376 万英镑在欧洲存储到位,听候邮传部提用。可见该款的大部分确实用于筹还京汉铁路借款。[2]

经过一年多的交涉和筹款,到光绪三十四年(1908)年底,赎路工作即将大功告成,不料此时朝廷发生重大变故。当年十月,光绪皇帝和慈禧太后相继去世,朝廷"暗潮迭起"。失去了慈禧太后的庇护,陈璧的地位岌岌可危,赎路工作面临着重大威胁。陈璧清楚地认识到,赎路工作若半途而废,"以后更难措手"。[3] 于是,在异常艰难的情况下,他顶住各方压力,力促英法借款的实现,为京汉铁路的成功赎回打下了坚实基础。[4]

京汉铁路各项款目均通过交通银行汇往欧洲。"光绪三十四年十二月初旬,收赎路款项全数交由本行陆续代为汇拨付清",在比利时的交款事宜,则由驻比大臣李盛铎专办。[5] 李盛铎将所有应交本息、经手费各项共计 2.27 亿法郎在巴黎全数付清,又照合同交了三年的官息。[6] 十二月初十日(1909 年 1 月 1 日),邮传部派铁路局长梁士诒、京汉铁路监督郑清濂点收比利时公司经手的各项文卷、账目等材料,并宣布以往所签合同全部作废。这一日被视为邮传部收回京汉全路管理权的开始,丧失多年的京汉路权始得"安然收归我有",[7]赎路工作终于画上圆满的句号。

二、收赎电报局商股

交通银行成立后的另一项重要活动是收回电报商股,将电报业改为官办。

---

[1] 《中国铁路借款合同汇编》(二),载沈云龙主编:《近代中国史料丛刊三编》第 28 辑,第 376 页。

[2] 刘秉麟:《近代中国外债史稿》,生活·读书·新知三联书店,1962 年,第 52 页。

[3] 叶恭绰:《清末赎回京汉铁路的经过》,《文史资料选辑》第 1 辑,第 129 页。

[4] 苏生文:《陈璧与中国铁路》,《福建论坛》2007 年第 3 期。

[5] 《交通银行三十年史清稿》(乙种纲要),中国第二历史档案馆藏,档号 398 - 3247(1)。

[6] 陈璧:《望岩堂奏稿》,载沈云龙主编:《近代中国史料丛刊》第 10 辑,第 809—811 页。

[7] 《三水梁燕孙先生年谱》(上册),第 82 页。

电报是最早使用电能进行通信的方法,它大大加快了消息的流通,是工业社会中的一项重要发明。电报发明、使用以后,很快就传入中国。清同治十年(1871),英国、丹麦等国敷设的香港至上海、长崎至上海的水线,全长2200多海里。由丹麦大北电报公司出面操作,秘密从海上将海缆引进,沿扬子江、黄浦江敷设到上海市内,并在南京路12号设立电报房。这是西方列强在中国敷设的首条电报水线,及在上海租界设立的首个电报局。光绪元年(1875),福建巡抚丁日昌积极倡导创办电报,并在福建船政学堂附设了中国第一所电报学堂,培训电报技术人员。两年后,丁日昌在台湾修建了一条由旗后(今高雄)至府城(今台南)的电报线。这是中国第一条自己修建、自己掌管的电报线。光绪五年(1879),国内外战事频起,沙俄乘机强占我国伊犁,并派军舰窜入我国领海。为了沟通军情,清政府派李鸿章与丹麦大北电报公司交涉,由中国出钱,委托其修建大沽、北塘至天津的电报线路。

光绪六年(1880),李鸿章在天津设立电报总局,派盛宣怀总办,在天津设立电报学堂,并委托大北电报公司向国外订购电信器材。次年,建成津沪电报线路,年底正式营业,收发公私电报。这是中国第一条长途公众电报线路。电报局最初是由盛宣怀禀请李鸿章奏明试办的,刚开始时亏损严重,因而奏明朝廷集资招股,官督商办。光绪十年(1884),苏浙闽粤线竣工之后,电报总局从天津移至上海,并改称中国电报总局。随着设线愈广,收费愈多,至李鸿章去世,袁世凯署理直隶总督兼北洋大臣后,渐有电报收回官办之议。清廷先后发布上谕,令袁世凯等筹拨款项招回商股。但因商人反应强烈,特别是外商也窥机跃跃欲试,争相插手此事,清政府收赎电报商股一事暂告停歇。光绪二十八年(1902),北洋大臣袁世凯奏准电报收归官办。次年,清廷派袁世凯为督办电政大臣,令直隶布政使吴重息为驻沪会办大臣,从盛宣怀手中收回中国电报总局,厘度章程8条,令各省电报商局遵办。但实际上,电报总局的经营仍如以前,资金来源全部是商人投资。

邮传部成立后,坚持收赎商股。邮传部下设承政、参议两厅,分设五司,其中电政司掌管全国电政。[①] 因机构重叠,袁世凯奏准辞去督办电政大臣,但考虑到账务关系,邮传部于光绪三十三年(1907)四月才正式接管电政,并改中国电报总局为上海电政局,奏派广东臬司杨文骏为电政督办,汪嘉棠为会办,周万鹏为襄办。次年正月,

---

① 朱寿朋编:《光绪朝东华录》(五),中华书局,1958年,第5708页。

邮传部颁发《分科办事章程》，分设文牍、工务、交涉、电话、会计五科，[1]盛宣怀苦心经营的电报局此时正式归邮传部专管。五月，邮传部奏请电报宜速收回官办，理由有三：一是各省要求添设电线，总长不下万余里，所需费用在百万两以上，商股股东担心赔本而不愿承建；二是各省线路毁坏严重，电报遭到延搁，需要大规模维修，用费甚巨，即使商股余利扣住不发，也难抵此数；三是当前电报收费昂贵，从趋势上看，此项收费应当逐渐递减，若以年收入约银 300 万元计算，酌减二成即在 60 万元以上，若照西洋电报局那样递减至四五成，则削减的数额将会更多，如此连商股的年息恐怕都不能保证。既然商股无法承担以上各项，则电报理应收归官办。[2]

交通银行负责收赎事宜。光绪三十四年（1908）年初，陈璧奏请筹还电报局商股，以每股一百二三十元备款收赎。此议遭到商股股东的强烈反对，群情激愤。五月，邮传部颁布《电股缴票领价章程》，指定交通银行负责电报商股的收回工作，"邮部以收回电报事在必行，议归交通银行李厚祐即日购收"[3]：（1）以每百元股票给回票价 170 元，所有应得利息统在价内，认票收买，不计姓名，各电局收取此项股票，立即寄交电政局查验汇存，十日一报。（2）邮传部为此所筹措的钱款由交通银行负责收存，以备收赎发债，并通知北京、天津、汉口、上海、广东五处交通总分各行，如有各电报总分局到行领款交价，立即给发，并报邮传部。（3）交通各总分行遇有此项股票亦准予收买，照章办理。[4]

邮传部关于电报商股收赎问题的再次提出，导致商股股东情绪激烈，纷纷指责政府背信弃义。他们对邮传部所提出的收赎价格极为不满，不愿出售者多达半数。光绪三十四年六月初十（1908 年 7 月 8 日），股东召开会议，给政府发去电报，要求政府体恤商情，酌定标准股价，或以财产估计，或以利息科算，并根据账册资本及股息情况提出合理的赎价。股东会认为每股的价格应当在 240 元至 290 元之间，至少"照上年票价每股二百元，万不可再减"。[5]

对于电报商股的收归官办，身为邮传部右侍郎，又是持有 900 股股票的大股东，

① 张心澄：《中国现代交通史》，上海北四川路良友图书印刷公司，1931 年，第 405 页。

② 《交通银行三十年史清稿》（乙种纲要），中国第二历史档案馆藏，档号 398－3247(1)。

③ 《专电》，《申报》1908 年 6 月 27 日。

④ 《电股缴票领价章程》（光绪三十四年五月），中国第二历史档案馆藏，档号 398－3472。又《邮传部收回电股章程》，《申报》1908 年 7 月 4 日。

⑤ 北京大学历史系近代史教研室：《盛宣怀未刊信稿》，中华书局，1960 年，第 114 页。

盛宣怀左右为难。一方面,"电报归官,实为特设专部之举";另一方面,若按邮传部赎价标准则股民不服,若依从股东要求则政府失利较多。六月二十四(1908 年 7 月 22 日),电政局在《申报》上告白:每股票价定为 170 元加优待 10 元,即 180 元收赎,时间截至当年六月底,以后绝不再加。此时,盛宣怀以"上尊国体,下恤商情"规劝商股股东,并集结股票,以每股 175 元先缴。[1] 在他的带动下,商股纷纷表示愿意收归官办,并出售股票,官商之间的矛盾渐得化解。

交通银行收赎电报商股的业务,自光绪三十四年五月受邮传部委托开始,到八月为止,长达三个多月,合计收回商股 21400 股,占全部商股的 97%。其中,交通银行经付股款本息计 396 万元,清政府因财政困窘,责成交通银行"暂由路款借拨",从京汉赎路向英法借款的那一部分中拨用 285 万两。[2] 从此,电报局完全收归部办,电报事业乃由国家专营。

交通银行向邮传部呈报各分行受电政司委托收回电报商股款的报告

当初,清政府因财政困难而将电报由官办改为商办,且议定永归商人承办,但在电报业获利之后,又以种种理由背弃承诺。商股股东不愿服从,并尽力抗争。虽然邮传部最终成功收赎电报商股,但是这一事件严重地挫伤了商人投资新式企业的积极性,对日后造成不小的影响,因此交通银行开业初期筹措商股时,"京、津商人之入股

---

① 夏东元:《盛宣怀年谱长编》(下),上海交通大学出版社,2004 年,第 886 页。
② 交通银行总行:《交通银行简史》,第 4 页。

者多观望不前"①。

第二节　起步阶段的业务经营

一、特许银行业务

交通银行的早期业务大体上可分两类:一类是一般商业银行业务,另一类则为特许银行业务。就特许银行业务而言,又包括两类:其一,特许国家银行之业务。交通银行虽然明确规定"与中央银行性质截然不同",仅为中央银行之助,却有"仿照各银号,印出该埠市面习惯通用平色银各种银票,以及各项票据"的规定。② 然而,交通银行刚一成立,就迅速利用其专营交通事业的便利,将不具有国币本位发行权的规定弃之一旁,开始了事实上的国币发行,并因经理交通专款而分理了国库。其二,特许交通业务之经营。奏定章程第六条明确规定,轮、路、电、邮各局所存储、汇兑、借贷等事宜为交通银行的特别营业项目。③

（一）分理国库

交行既为经营四政往来的专业银行,顺理成章地享受交通业务款项的经营权,因此也就部分享有了事实上的国库经理权。

交通银行经理国库的权力是逐渐扩展的。在邮传部设立之前,铁路的经营由农工商部负责。光绪三十二年(1906)九月,邮传部刚成立,"首先接办路政"。④ 十一月初八(1906 年 12 月 23 日),农工商部奏称:"督饬员司检齐旧卷十六宗、新卷一百二宗、编列档目六本,以及图册表稿等件一并移交邮传部接收,以清界限。"⑤待光绪三十四年(1908)交通银行设立时,邮传部只辖有交通四政中的铁路款项。因此交通银行对交通款项的经营主要集中在路款业务方面。如上节所述,邮传部于同年五月至

① 《京师近事》,《申报》1908 年 9 月 18 日。
② 《交通银行史料》第一卷,第 173—174 页。
③ 同上,第 172 页。
④ 《邮传部总务沿革概略》,邮传部档案全宗,第 47 号卷宗,中国第一历史档案馆藏。
⑤ 《农工商部奏移交铁路档卷并陈历年办理情形折》,《商务官报》光绪三十二年,第 27 册,公牍,第 11 页。

八月收回经营情况较好的电报局商股,并委托交通银行具体经手收赎电报局商股事宜。航政的接收过程中最为关键的是招商局,虽然宣统元年三月十五日(1909年5月4日)上谕称"招商局归邮传部管辖,以副名实",但北洋方面三个月之后才将该局案卷移交到邮传部。至此,航政之款亦纳入交通银行的业务经营范围。

在交通四政之中,邮传部对邮政事业的接收最为迟缓。光绪二十二年(1896)二月,国家邮政(大清邮政)成立,总理衙门委任英国人赫德为总邮政司。邮政事宜原归海关办理,由外国人控制,国人早有收回之心。邮传部成立后,鉴于当时的邮政事业发展艰难,入不敷出,遂对接收邮政事宜拖沓不决,搁置从缓。徐世昌、唐绍仪担任邮传部尚书期间,才开始重视接收邮政。盛宣怀接任邮传部尚书后,"决计收回",[①]并采取积极行动。宣统三年五月三日(1911年5月30日),海关总税务司署将邮政案卷全部移交,由邮传部邮政总局接收。随着邮政的回归和邮政款项的接收,交通银行开始全面经营轮、路、电、邮四政的金融业务。

宣统二年十二月,清资政院会同度支部议决统一国库,制定统一国库章程,以官办铁路、邮电等项,另订特别出纳事务细则。[②] 次年正月,邮传部和度支部批准交通银行的呈请,准予其与大清银行一起办理铁路、邮电国库。过去由其他银行经理的官办铁路、邮电款项,现在统归交通和大清两行办理。[③] 二月,度支部与邮传部商妥,交通银行与大清银行"订立代理国库契约,保管轮、路、电、邮各款,核与奏定章程相符,自可允准"。[④]

(二)发行兑换券

交通银行不是中央银行,既无大清银行所享有的国币本位发行权,也不能像省属官银号那样发行地名券。为此,梁士诒在拟定章程时动足脑筋,欲以发行兑换券的方式,取得实际上的流通货币发行权。奏定章程第17款规定:"仿照京外银号及各国银行,印刷通行银纸,分一百圆、五十圆、十圆、五圆、一圆五种,并仿照各银号印出该埠市面习惯通用平色各种银票,以及各项票据,惟独不得出国币纸票。"[⑤]

---

① 《定期收回邮政》,《民立报》1911年5月19日。谢彬:《中国邮电航空史》,《民国丛书》第三编(35),第49页。

② 《代理交通部特别会计国库金之经过》,载财政部财政科学研究所等编:《国民政府财政金融税收档案史料(1927—1937年)》,中国财政经济出版社,1997年,第548页。

③ 汪敬虞主编:《中国近代经济史1895—1927》,人民出版社,2000年,第2196页。

④ 《邮传部札交通银行函》(宣统三年二月二十四日),中国第二历史档案馆藏,档号398-3482。

⑤ 《交通银行史料》第一卷,第173页。

清末民初，在兑换券、钞票、票据等信用符号上印有或加盖各种文字，就是通常所说的地名券。当时中国各地银两的平色（平是指银两的轻重，色为银质的高下，合称指银两的质量）不同，银两票一般都在发票地流通和兑换，银元票也是如此，于是很多地方的银行、钱庄等金融机构都在银两和银元票上印上当地的地名。地名券的使用，主要是考虑各地洋厘①的差别，防止出现大规模异地兑现和地区券筹码的失衡局面；同时，金融机构以自身发行量来准备兑现准备金，减缓外地银票涌入兑现造成巨大的压力。至于行使地名，"则视分支行所在地之需要而定，要以上海、天津等地名为较多"，发行最广的兑换券为"一元、五元、十元上海、天津地名券"。② 据记载，宣统元年（1909）沪行向上海商务印书馆订印的银两券、小银元券为交通银行发行的最早一批地名券。③

自宣统元年（1909）起，交通银行开始发行兑换券，其种类有银两券、银元券，有小银元券和比非国币券。银两券共有两版。第一版由沪行向商务印书馆订印，于宣统元年十一月初十（1909 年 12 月 22 日）开始发行，券面正反面图案为双龙旗、交通四政之设备和建筑，券面金额分一两、五两、十两、五十两等 4 种，印明"济南"地名，即由济南行发行；第二版于清宣统元年（1909）向京华印书局订印，券面图案为云鹤、仙鹤、波涛，金额分一两、二两、三两、四两、五两、十两、二十两、三十两、四十两、五十两、一百两等 11 种，分别印明"济南"、"豫省"，"因当地平色之殊，有库平足银、济平足银、汴平足银之别"，④是年，由济行和汴行分别发行。

民国之前，银元券只印过两版。第一版银元券券面金额分为一元、五元、十元 3 种，分别印明北京、南京、天津、上海、汉口、营口、张家口、济南、开封、广东等地名，由沪行向商务印书馆订印，于宣统元年（1909）年由各地分行分别向沪行领用，其中"营口地名券虽经印制，实未发行"。⑤第二版银元券于宣统三年（1911）由京华印书局承印，分一元、五元、十元 3 种，分别印明北京、天津、济南、奉天等地名。

---

① 洋厘，是银元与银两换算时的汇率俗称，以每 1 银元能兑换规银数来表示。洋厘行情每天都在发生变化，其依据是市场的供求情况。如银两的需求量很大，洋厘就会跌；反之，银两存底宽松，洋厘就会涨。如果银两的变化不大，而银元的需求量大时，洋厘就会涨；银元的需求量小时，洋厘则跌。洋厘行情每天早上由钱业公议决定，并在报纸上公布。

② 中国人民银行总行参事室编：《中华民国货币史资料》第一辑，上海人民出版社，1986 年，第 163 页。

③ 《交通银行史料》第一卷，第 830—835 页。

④⑤　同上，第 830 页。

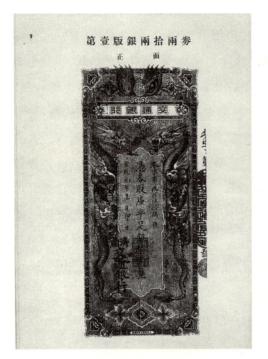

交通银行发行的第一版、第二版银两券

第一版小银元券于宣统元年（1909）由沪行向商务印书馆订印，券面金额分五角、十角、五十角、一百角等4种，"尔时分行所设无多，行使小洋券者，只营口一处，旋亦收回结束"。①

据统计，清宣统元年十二月（1910年1月）至三年八月（1911年10月），交通银行兑换券发行情况是：银两券9.3万余两，银元券224.8万余元，小银元券148.9万余角。② 以上发行均非国币，因而交通银行的发行符合奏定章程的规定。

清末交通银行兑换券的发行，数额不大，既没有印刷机构，也没有发行机关。光绪、宣统之际，交行的营业机关除京、津、沪、汉、粤五分行外，各地分行尚属试办，故发行数额不大。所需兑换券一般都向印刷公司订制，如上海商务印书馆、北京京华印书

① 《行史清稿》第11册，第50页，中国第二历史档案馆藏，档号398（2）-697。
② 《交通银行民国元年至16年兑换券发行总额表》，载《北京金融志》编委会办公室编：《北京金融史料》银行篇（5），内部出版，1993年，第212页。

交通银行发行的第一版五元面额银元券

局等,发行也没有规律。值得一提的是,交通银行首倡准备金制。续订章程第四十二
条明确规定:"本行资本,专为经营各项实业得以挪用,惟须有准备存款,以备周转。
凡行用银票、银元票五十万以内,全数备现,不能动用,以便不时兑付;五十万之外,以
五成就本地生息,无论多寡,不能提作他用。"①当时清政府对兑换券的准备制度尚无
规定,交行准备金制的提出显然具有一定的进步性。

————————————

① 《交通银行史料》第一卷,第177页。

二、一般银行业务

交通银行奏定章程第十四条规定:"该行专理存放款项,买卖荒金荒银,汇兑划拨公司款项,折收未满期票,及代人收存紧要物件,其余未及详列之款以及各项禁令,均照中外商业银行章程办理。"①由此可见,交通银行是一家集汇兑、储蓄、划拨等多种功能于一体的商业银行。自成立之后,除经营上述特许业务之外,交通银行积极从事商业银行所应承担的一切业务,其中以存款、放款和汇兑为早期的经营重点。

(一)存款

奏定章程规定,交行存款业务有特别营业和寻常营业两类。特别营业是指"为京汉赎路时总司一切存款、汇款,消息镑价,预买佛郎克等事",以及"轮、路、电、邮各局所存储、汇兑、揭借等";寻常营业是指普通官绅商民的存放款业务,按照外国银行通行规则,"妥为收存营运,不能问其款之所以来,且款项既存行内,即有保护之责"。②

首先,交行成立之后,商股未集之前,邮传部将多手款项存入交行。如光绪三十四年五月二十五日(1908年6月23日),邮传部将付存于汇丰银行的规平银100万两,分五期提用,每期提银20万两,由上海汇丰银行拨交上海交通分行收存,作为邮传部存款。又如同年六月二十日(1908年7月18日),邮传部在交通银行存款库平足银22万两。③宣统元年二月初十(1909年3月1日),邮传部再拨库平足银20万两由交通银行存储。④

其次,全国路局收款基本存入交通银行。早在交行筹组期间,铁路总局就有50万两的款项存入交通银行。⑤光绪三十四年二月十七日(1908年3月19日),总管理处致函京汉铁路监督,要求"一切存放汇划款项悉按定章办理",并希望以后存储、汇兑、借贷等事"请饬悉归本银行随时经办,以符奏案"。⑥对此,京汉路局给予回函,一

---

① 《交通银行史料》第一卷,第172—173页。

② 同上,第172页。

③ 《邮传部致交通总银行函》(光绪三十四年六月二十日),中国第二历史档案馆藏,档号398-3472。

④ 《交通银行总管理处致邮政司函》(宣统元年二月初十),中国第二历史档案馆藏,档号398-3473。

⑤ 中国人民银行上海分行金融研究室所藏交通银行档案(金研第110号)载:"光绪三十四年正月二十五日,李经楚、周克昌、梁士诒致津行总办刘履贞函:……所云铁路总局拨用存本行之款五十万两内,有三十万两系在上海所用一切。"

⑥ 《交通银行总管理处致京汉铁路监督函》(光绪三十四年二月十七日),中国第二历史档案馆藏,档号398-3446。

方面同意"此后京汉进款,当饬匀分一份寄存交通银行",另一方面提出"惟息钱必须预先商定",要求息钱"照户部银行办理"。① 从该材料来看,交行成立之初,京汉路款分存数处,户部银行存有部分路款,且利息高于交通银行。宣统元年十月三十日(1909 年 12 月 12 日),总管理处致函天津分行:因上海银根吃紧,将路局原先由津行转拨的款项改由沪行转拨,并指出由京行、营行所拨之款项均留沪行,"借壮门面,且此际市价汇北不如存南也"。② 宣统二年正月二十二日(1910 年 3 月 3 日),总管理处又通知天津分行,指出津浦路局日前在津行有 30 万存款,分期提用。③ 宣统三年五月二十八日(1911 年 6 月 24 日),邮传部规定京汉路局收款满 5 万元即须解送交行:"京汉铁路收、支、存三款,必须刊单填注,按七日一报,存款满至五万元,即须将银元解送交通银行查收。"④

第三,电报收归官办后,电报局存款由交行办理。光绪三十四年三月十八日(1908 年 4 月 18 日),邮传部规定,京、津两处交行业已开办,上海、汉口、广州、厦门、镇江等处亦将次第设立,上述各地电报局的每日收入款项,均应照章就近存放交行的各地分行,"以各该处银行开办之日为始,即将各该局收入款项逐日付送银行息放"⑤。由于交通银行的汇水高于当地商业钱庄,天津当地电报局一度不肯将存汇业务交给交通银行。交通银行再三表态:"津局收款改存交通,其汇费仍照商号一厘办理","所有交通总分行经理电局款项,一存储,二汇兑费,三拆息,应按照各电局历来与商号来往办法妥为经理,以昭公允,至银水涨落,准按照市价酌办,饬如议行。"⑥ 在解决汇费问题之后,交通银行和电报局的业务联系逐步加强,电政局的收款基本转存于交通银行。

另外,交行存款业务中,也有一些来自于官督商办企业的款项和部分官款,如宣统三年七月初五日(1911 年 8 月 28 日),浙路公司划交邮传部 60 万元存入交通银

---

① 《京汉路局来函》(光绪三十四年),中国第二历史档案馆藏,档号 398-4575。
② 《总处致津行函》(宣统元年十月三十日),《交行档案》第 110 号。
③ 《总处致津行函》(宣统二年正月二十二日),《交行档案》第 110 号,载"兹晤津浦路朱桂莘总办谈及,该路与德华续提款未经成议,前在交通津行所存三十万之款意欲动拨,虽不全提,然至少须十五万之谱"。
④ 《邮传部札》,《交行档案》第 110 号。
⑤ 《交通银行史料》第一卷,第 304 页。
⑥ 《交通银行致邮传部函》(光绪三十四年七月二十四日),中国第二历史档案馆藏,档号 398-3472。

行。① 武昌首义后,外务部多次致函交通银行,要求提取存款:"本部存放交通银行公款,计有专存银十五万两,浮存银五万两,又游美学务处专存银二十五万两,浮存银六千两有零,以上款项,即系本部经费及出使经费、游美学务经费。"②

通过邮传部和交通银行的种种努力,交通银行的存款量大幅度提升,1909 年为 1384 万两,1910 年迅速增加到 2370 万两,增加量高达 71.24%。③

交行初期的存款业务有两个特点:一是存款在较大程度上倚重官款。宣统三年(1911)各项存款中,官存 866 万两,占存款总额的 65.5%;私存 457 万两,占存款总额的 34.5%,④由此可见官存比例之大。针对这一点,交行的高管说得很明白:"本行地位颇与政府有关,款项往来不能不偏重官厅"。⑤ 二是活期存款比定期存款增长度要高。1909 年份定期存款额为 822.3 万两,1910 年为 1273 万两,增长 154.81%;活期存款方面,1909 年存款额为 431.4 万两,1910 年为 1082.8 万两,在上年基础上增长至 251%。⑥ 宣统三年,由于辛亥革命爆发,社会经济动荡,存款又回落到宣统元年水平。

(二)放款

《交通银行奏定章程》对交通银行的放款形式没有明确规定。对此,《交通银行三十年史清稿》有所解释:"本行业务初以经管交通四政收支为主,放款原非所重,尔时社会心理亦惟信用是尚,银行既无仓库设备,市上又无证券流通,是以银行放款一部分系凭顾客信用,一部分则用不动产抵押,本行自难独居例外"⑦。这段史料也表明交通银行开业初期的放款有信用放款和抵押放款两种形式,虽以新式银行面世,却没有摆脱旧式金融机构信用放款的窠臼。

交行早期的放款业务情况,据最初几年的账目记载:1909 年份为 1711 万两;1910 年份为 2842 万两,较上年增长 66.10%;1911 年份为 1798 万两,较上年下降 37%,下降的主要原因是辛亥革命爆发,社会动荡。

---

① 《交通银行史料》第一卷,第 305—306 页。
② 《外务部致邮传部函》(宣统三年十月二十八日),中国第二历史档案馆,档号 398 – 3451。"浮存银"即为流动金。
③ 交通银行总行:《交通银行简史》,第 7 页。
④ 洪葭管:《从借贷资本的兴起看中国资产阶级的形成及其完整形态》,《中国社会经济史研究》1984 年第 3 期。
⑤⑦ 《交通银行三十年史清稿》(乙种营业),中国第二历史档案馆藏,档号 398 – 3247(10)。
⑥ 交通银行档案资料 Y61(存、放、汇业务),交通银行博物馆藏。除定期和活期存款外,尚有同业存款 103.5 万两(1909 年)、14.5 万两(1910 年)。

与存款业务相反,交通银行的对私放款要大大超过对官放款。如1911年,在1798万两的放款总额中,对清政府及有关事业的放款数为458万两,占总额的25.5%,对私放款数为1340万两,占总数74.5%。对私放款要多于对官放款的两倍。

交通银行的对官放款中,以铁路放款为主,其中较大的放款项目有如下几笔:一是光绪三十四年(1908)二月,沪杭甬铁路公司借款150万镑,以沪行为缴款场所;①

二是宣统元年(1909)十二月,福建铁路公司向粤行商借银50万两,月息八厘五毫,期限一年,以所收铁路、粮盐两捐及公司产屋材料作押,"后向该银行商展期限六个月,续行订立附约,按期还银";②三是宣统二年(1910),交行放给峄县中兴煤矿公司并北段路局漕平足银60万两,由津浦路局所购公司煤价扣还;③四是宣统三年闰六月初八(1911年8月2日),交行对江苏铁路公司放款80万两;④五是九江铁路款项"支绌异常",有岌岌不可终日之势,"云已借定邮传部交通银行洋一百万元"。⑤

除了铁路放款,交通银行尚对政府及其他事业进行放款。如宣统三年(1911)上半年,苏、皖两省灾重,筹赈大臣向大清、交通、通商各银行息借凑集现银100万两,交行筹备规银30万两,作为邮传部代借之款;⑥同年,依照盛宣怀的指示,交行两次急汇粤督张鸣岐共100

光绪三十四年(1908)的交通银行本票

① 《江浙两公司与邮传部拟定存款章程》,《申报》1908年3月16日。
② 《邮传部致交通银行函》(宣统二年十二月二十六日),中国第二历史档案馆藏,档号398-3482。
③ 交通银行总行:《交通银行简史》,第4页。按:由路局与公司按商妥煤价订定合同,合同抄本存交行,带有补偿贸易性质。
④ 《盛宣怀致交通银行敬安、季仙函》(宣统三年五月二十五日),中国第二历史档案馆藏,档号398-3482。按:其中50万两是交行承借邮传部款转借苏路公司,带有委托贷款性质等。
⑤ 《赣路之借款已定》,《民立报》1910年10月17日。
⑥ 《邮传部札交通银行函》(宣统二年十二月初十日),中国第二历史档案馆藏,档号398-3482。

万元。①

交行的对私放款以沪行表现最为活跃,主要有两类:一类为房地产、股票的抵押放款。在光绪三十四年(1908)至宣统二年(1910)的三年中,一般房地产押款的比例约占三分之一。盛宣怀曾用盛愚记、盛揆记、盛毓常等名义,以大量房地产及股票向交通银行押款。在押款的股票中,有不少就是后来酿成风潮的橡皮股票。② 另一类是为民族企业放款,比重通常在10%—20%左右。如求新造船厂、大生纱厂、振华纱厂、振裕丝厂、龙章纸厂等都曾向交行申请过厂基押款,每笔都在5万两至10万两之间,也有少数几笔达到20万两。③ 另据《申报》报道,宣统元年(1909),汉口茶市较往年衰落,"由部商借邮传、度支两部银一千万两组织公栈",④这说明交行已经注意到民族工商业的发展,并为此做出了努力,这是对度支部奏称"交通银行为殖业银行"的积极回应。⑤

(三)汇兑

邮传部奏设交通银行的理由之一是当时国内还没有自办的国际汇兑银行,"由欧汇华,由华汇欧,又不能自为汇划,坐受各银行取利,而镑亏之折耗尤其显著者也"⑥,因此,办理国际汇兑是交行的重要营业项目。然而在辛亥以前,各地汇款多经票庄之手,国外汇款全由外商银行如汇丰、道胜、华比等银行经营,英镑、法郎汇价受制于人,耗损极为严重;加之交行创立伊始,各分支机关尚未遍设,故交行开业初期虽然办理汇兑,但款额不多。民国改元以后,各地票庄相继收歇,交行各分行汇兑所等营业机关亦次第增设,汇款业务渐次增加。

交通银行建立后,积极筹划在外国外埠设立分行。光绪三十四年十一月二十日(1908年12月13日),香港设立交通银行分号,并委托西贡万顺安号设为代办处,这是交行设立海外机构的开始,在中国银行业发展史上也属首次。清宣统元年十二月

---

① 交通银行总行:《交通银行简史》,第7页。
② 同上,第5页。
③ 《交通银行史料》第一卷,第344页。
④ 《汉口拟组织茶叶公栈》,《申报》1909年6月23日。
⑤ 《度支部奏定四种银行则例》,《申报》1908年3月7日,载:"殖业银行为农工所倚赖,东西各国实业之进步悉由于此,现时农业银行尚未设立,而关于路工之邮传部交通银行及浙江铁路之兴业银行,皆殖业银行也,计则例三十四条。"
⑥ 清末中国借外债很多,在还债时,外国银行有意提高汇价,使我国吃亏甚大,因多数借款是以英镑计算,故称镑亏。

初八日(1909 年 1 月 18 日),星(新)加坡设立分号;宣统二年(1910),仰光分号行开业。就国内银行而言,交行实开我国银行在国外设立分支机构之先河①。随着海外分行的陆续设立,交行的国外汇兑业务渐趋兴旺。

存款多则汇兑灵通,汇兑灵通则汇水利息源源而来。随着交通银行存款业务的不断增加,交通银行的汇水收入呈现出良好局面。宣统元年汇水收益为 20.8 万两,至宣统二年汇水所得增加到 26.8 万两;民国元年(1912),汇水收入继续增加,总额增为 31.2 万两。汇水收益的多寡随汇兑业务为转移,"故其增减之时期与汇款之增减略同"②,由此说明交行的汇兑业务愈来愈好。

(四)拆款

拆款,即极短期之借款,期限只有几天,到期就要归还。清末,交通银行与钱庄、外商银行间联系比较密切,相互间拆款、押款数目不是小数。

与钱庄间拆款。汉口是武汉地区金融业的集中之地,沟通长江中游与下游地区金融往来的枢纽。光绪三十四年十月(1908 年 11 月),江西商帮的三大钱庄因买空卖空、倒账及累年侵挪等原因而倒闭,汉口钱价奇跌,银根过紧,各钱店流通不畅。著名的怡生隆、怡生和、怡和兴、怡和利、道生恒等五家钱庄,亏空共计 300 余万。倒闭钱庄欠德华、正金、汇丰等外商银行、官钱局等款额巨大,为此,度支部押款 8 万,交通银行押款 15 万。

与大清银行的拆款。宣统三年十月一日(1911 年 11 月 21 日),大清银行给交通银行去函:"贵行有九月到期借款公足十五万两,又今日到期借款公足五万两,又拆款二十万两,共计欠四十万两,敝行银根奇绌,需款甚急,务请贵行速将前项拆借款项,即日筹拨归还,万勿延误。"③前文述及交行为筹赎京汉铁路曾向大清银行商借钱款,由此推知,宣统年间交行多次向大清银行借款,两行之间存在频繁的拆款行为。

与外商银行间的拆款。如光绪三十四年年底,交行拆给德华银行的短期放款一笔即达 80 万两,以后常拆在 20 万两左右。拆给汇丰银行的第一笔放款为 40 万两,其他如正金、华比、汇理等外商银行均与交行有拆款关系,可见在开业初期,交行就与

---

① 杭斯:《交通银行创建史考》,《新金融》1995 年第 1 期,第 44 页。

② 《行史清稿》第 10 册,第 37 页,中国第二历史档案馆藏,档号 398(2)-692。

③ 《大清银行致交通银行函》(宣统三年十月初一日),中国第二历史档案馆藏,档号 398-3471。

外国银行有着密切的业务联系。[①]

第三节　初始期的经营理念及业务绩效

一、早期的营业思路

从光绪三十四年创立，到宣统三年的危机爆发，交通银行虽然只走过四年的历程，并受到金融风潮、辛亥鼎革等事件的反复冲击，但其营业思路却是稳定而明确的。具体表现为以下三点：

（一）中央银行之助手，轮路电邮之枢纽

这一营业思路体现的是商业银行与特许银行的协调和统一。交通银行首先是商业银行，是在外商银行合群竞进，户部银行"尚难悉敌"的形势下创立的，其身份和任务是"遵守中央银行所定之法律，与中央银行并行不悖"以及"联合官商广设银行，以为中央银行之助"。[②] 对于度支部颁发的银行章程和相关法令，交通银行"与京外各埠商业银行一律遵守"，并竭力拓展业务，特别是海外业务，以补中央银行之不足，始终在"外足以收各国银行之利权，内足以厚中央银行之势力"的宗旨下开展其业务经营。[③] 作为特许银行，交通银行接受邮传部的领导。邮传部掌管轮、路、电、邮四政，收支频繁，其存款、借款为数甚巨。在未设立交通银行以前，四政的收支及存款均由银号及外商银行办理，操纵由人，十分不便。交行作为邮传部直接领导下的银行，从股份控制到管理人员设置等方面都必须接受邮传部的安排，邮传部凭借其政治特权对交通银行的各项业务予以大力扶持。在邮传部陆续接管轮路电邮各局后，相关款目统归交通银行办理。交通银行的收存款项大都来自铁路、电报等行业。应该说，交通银行在经管交通四政上与邮传部的思路是一致的。

（二）以招揽存款为第一要义

交通银行成立初期一时打不开局面，特别是沪行，开业一年后，存款竟毫无起色。

---

① 《交通银行史料》第一卷，第344页。
② 《交通银行史料》第一卷，第7页。
③ 《邮传部奏设交通银行折》，《申报》1907年12月28日；《交通银行史料》第一卷，第8页。

于是,邮传部凭借其政治优势,竭力予以扶持,采用多种方法,试图增加存款。针对各分行存款寥寥的情况,总管理处强调,"办理银行自当以招揽存款为第一要义",要求沪行等尽量招徕存款,即便外资款项也可以暂时留储。为了提高沪行的存款数量,总管理处同意将铁路总局的日本金洋售出之款项,由沪行暂存,"俟过西历年关,再归各行提用。尊处得此款接济,亦可暂壮门面"。① 另外,邮传部将原存储汇丰银行的款项,部分移存沪行,作为暂时存款,以解燃眉之急。

(三)放款宜分不宜聚

放款为银行的重要业务之一。对于放款,总管理处提醒各行:"设法招徕存款,切勿贪做放账,以免临时支绌"。在查阅各行月报单时,总管理处发现银行与各户往来项目之下,多有积欠银行十数万、数十万者,便及时提醒。如沪行来往户中,仅仁和申庄一户,欠款竟至 20 万两之多,虽属彼此拆款,但资金量仍然太大。当时,交通银行的资本薄弱,对私放款数额较多,总管理处认为放款宜分不宜聚,"分则操纵裕如,聚则周转不易"。银行生意进出,"允宜活泼,与其聚重一家,莫若分放殷实各户"。如此,既可避免斤两过重,于银行"场面亦觉圆通,自后务将放款分布于殷实各庄号,以期收转灵通,且由外而观,亦觉我行银款丰足也"。②

以上三点营业思路,对交通银行的早期发展起到了较好的引导和促进作用。

二、经营成绩和赢利状况

交通银行在清末四年的获利相当可观。据交行致邮传部函件,"戊申年终(即光绪三十四年,是年除夕日为 1909 年 2 月 1 日),应即遵章结账,据总分各行陆续将各该行年终账目先后册报,共获盈余银,除提拨公积花红及尾数归入下届滚存外,净余红利公足银三万九千三百四十六两五钱一分"。③ 宣统元年,据先后册报,并由总管理处汇总核计,除提拨尾数归入下届滚存外,共获盈余库足银 364000 两。④

宣统二年(1910)是交通银行在清末时期发展最好的一年,盈利额高达 69 万两,占交通银行开办前三年盈利总额(前三年共获利 110 余万两)的一半还要多,盈利率

---

① 《交通银行史料》第一卷,第 265—266 页。
② 同上,第 266 页。
③ 《交通银行致邮政司函》(宣统元年四月初三),中国第二历史档案馆藏,档号 398－3473。
④ 《邮传部札一件》(宣统二年四月初十),中国第二历史档案馆藏,档号 398－3474。

为13.8%。① 同时,这年的二厘红利也是清末最高的。② 详见表1-2-1:

表1-2-1　宣统二年份交通银行盈余账略　　　　单位:库平两

时　　　间	行　　　处	净余利数
宣统二年正月起至年底	北京总行	155370.859
宣统二年正月起至年底	天津分行	47431.7
宣统二年正月起至年底	上海分行	69055.208
宣统二年正月起至年底	汉口分行	110028.83
宣统二年正月起至年底	广东分行	142796.288
宣统二年正月起至年底	张家口试办分行	12136.52
宣统二年正月起至年底	营口试办分行	28594.63
宣统二年正月起至年底	河南试办分行	52079.55
宣统二年正月起至年底	星加坡试办分行	52103.92
宣统二年三月十三日起至年底止	济南试办分行	10504.433
宣统二年四月二十八日起至年底止	南京试办分行	4590.188
	上届盈余尾数	11295.222
	净余利库平银总数	695987.348

资料来源:《交通银行第二次股东会议报告盈余账略》(辛字第二十七号),中国第二历史档案馆馆藏,档号398-3475。

表1-2-2　宣统二年份各处缴交通银行总管理处花红统计表　　　　单位:库平两

时　　　间	行　　　处	净余利数
宣统二年	北京总行	11160
宣统二年	天津分行	4320
宣统二年	上海分行	472.699
宣统二年	汉口分行	8280
宣统二年	广东分行	8856
宣统二年	张家口试办分行	1170
宣统二年	营口试办分行	1800

---

① 交通银行总行:《交通银行简史》,第8页。
② 《交通银行第二次股东大会纪事》,《盛京时报》1911年5月13日。

（续表）

时　间	行　处	净余利数
宣统二年	河南试办分行	4680
宣统二年	星加坡试办分行	4689.35
宣统二年	济南试办分行	945.399
宣统二年	南京试办分行	607.5
总　计	净余利库平银总数	46980.848

资料来源：《庚戌年各行缴本处花红及本处薪水开单》，中国第二历史档案馆馆藏，档号398－3476。

表1－2－3　交通银行股息红利表（光绪三十四年至宣统二年）

年　份	股息	红　利	附　注
光绪三十四年	六厘	一分四厘零四	
宣统元年	六厘	一分四厘零四	邮传部饬自宣统元年起至三年止官股抵付官利，其应得余利悉数分摊各商股，以资补助。
宣统二年	六厘	二厘	宣统二年商股红利二厘，系呈准邮传部在官股应得股息项下拨库平六万两分给。
宣统三年	六厘	无	经董事会议决，只付辛亥上半年民国元年下半年股息六厘，其官股股息并经呈准交通部概予免除。

资料来源：《交通银行三十年史清稿》（乙种营业），中国第二历史馆馆藏，档号398－3247（4）。

同时，此期交通银行的纯益是相当高的，尤以宣统二年份最为突出。不过，交通银行的纯益主要来自利息和汇水（尤其是利息，约占总收益的70%以上），这与存款较高，放款和汇兑相应较高的营业现象是一致的。

表1－2－4　交通银行纯损纯益表（光绪三十四年至宣统三年）

年　份	纯　益	附　注
光绪三十四年	56968.89元，原库平银37979.26两	原库平银两依前例以1.5折合国币
宣统元年	562942.83元，原库平银375295.22两	
宣统二年	1027038.19元，原库平银684692.13两	
宣统三年		不详

资料来源：《交通银行三十年史清稿》（乙种营业），中国第二历史档案馆馆藏，档号398－3247（10）。

表1-2-5　交通银行利息、汇水、手续费比较表(宣统元年和二年)①　　单位:元

年　份	利息数	汇水数	手续费数
宣统元年	631639.00	207956.79	52.82(损失额)
宣统二年	1124648.50	267917.82	1548.52(收益额)

　　大清银行在光绪三十四年、宣统元年、宣统二年的赢利金额分别为库平银1512548两、1648526两和1189216两,②交行在宣统二年赢利最好,但赢利数仅为同年大清银行的一半左右。由此可见,交通银行与同时期大清银行的差距还是存在的。

三、制度与管理方面的缺陷

　　交通银行在《邮传部奏派总协理片》中指出:交通银行的办事规则要依从商业,"力除官场习气为第一要义,始足以振兴商业而挽利权"。③在政治腐败、经济凋敝的清末,一家官商合办银行要"力除官场习气",愿望固然美好,实际上却是很难做到的。因为在当时的中国,银行资本与商业资本、产业资本基本上还没有多大的联系,在一般的工商业中,银行一时还打不开局面,只能依靠官款的支持和帮助,何况交通银行是在邮传部提议、筹建并掌握四成股份的条件下成立的。如此,无论是制度层面还是实际运作层面,邮传部自然而然成为交行的领导者。"银行为财政攸关,交通银行实为臣部专管",④此语道破了交行与邮传部之间的关系。可以说,交行初期的实力升降和业务进退,完全受制于邮传部在清末政局中的角色变化。

　　从制度层面上说,邮传部对交通银行的影响表现在以下两点:

　　一是董事会、监事会等议而未设。按照奏定章程,交通银行为股份制有限公司,股东、董事和监事的权利均有相应规定,但由于邮传部既认四万股,成为最大股东,交通银行最高权力机关就不是股东大会,而是邮传部。在召开股东大会时,邮传部竟要求以总理为议长,"董事选举后,须呈明邮传部再行任事"。⑤事实上,章程规定中有权制约邮传部的董事会、监事会在四年中始终未见成立,自然谈不上所谓的监督

① 《交通银行史料》第一卷,第709—712页。
② 孔祥贤:《大清银行行史》,第97—100页。
③ 《交通银行史料》第一卷,第8页。
④ 《遵查上海交通银行总办李厚祐被参各款折》(宣统元年十一月十二日),载沈云龙主编:《近代中国史料丛刊续编》第13辑,第1327页。
⑤ 《拟设交通银行折》,载沈云龙主编:《近代中国史料丛刊》第10辑,第676页。

功能。

二是邮传部掌握着总、协、帮理与总稽查等人事任免权。奏定章程规定,交通银行的总、协、帮理系公举产生,然后"呈部核定";开设分行以及其他重要事件,应调派经理前往办理,"倘行中有紧要公事不能分身,亦可请总理查明属实,另行派人。如京行有紧要事件,可由总管理处发函招各行经理来京面商",①可实际上,不仅总管理处高层领导的任命权被邮传部所控制,即便沪、津、汉等分行的经理、副理亦由邮传部直接指派,甚至分行总账以下各员,也要详细注册,"报部以凭查核"。② 更有甚者,总行开业不久,"复于总行总理之上添设大班、二班各一员,总分各行悉归节制,大班已派定倪锡畴,二班已派定王醴薇"。③ 虽然大班二班制不久因交行上下一致反对而被取消,却表现出邮传部任情用事的官僚恶习。而且,邮传部堂官的频繁更替,既表明旧官员与新机构之间的磨合极其艰难,更使得政策和措施的连续性大打折扣,"此政务之所以不振也欤"。④

在实际的运作中,邮传部凭借政治权力实现对交通银行的经济支持与营运控制。筹措赎路公债,办理轮、路、电、邮的存储、汇兑、揭借等,是交通银行设立的主要理由。在办理这些业务时,交行收取的手续费是比较高的,一般为千分之二点五以上。⑤ 另一方面,交通银行的放款利息高于外商银行和国内钱庄。如宣统元年(1909)十二月,福建铁路公司向粤行借银 50 万两,月息高达 8 厘 5 毫;⑥宣统三年,江苏铁路公司向交通银行借款 80 万两以偿还汉阳铁厂的债务,年息为 8 厘。⑦ 同期,外商银行的放款年利率一般为 4% 至 8%,如汇丰银行在 1909 年至 1914 年间,对中国中央和地方政府放款的名义利率为 5% 至 7%。交通银行能以高利息贷放钱款,得益于邮传部所拥有的政治特权与社会地位。

邮传部以最大股东身份,严格掌控着交通银行的制度、人事和经济权,俨然视交

---

① 《交通银行史料》第一卷,第 187 页。
② 同上,第 35、37 页。
③ 《官办银行事业之一斑》,《盛京时报》1908 年 4 月 10 日。
④ 曾鲲化:《中国铁路史》,载沈云龙主编:《近代中国史料丛刊》第 98 辑,第 66 页。
⑤ 翁先定:《交通银行官场活动研究》,《中国社会科学院经济研究所集刊》第 11 集,中国社会科学出版社,1988 年,第 402 页。
⑥ 《邮传部致交通银行函》(宣统二年十二月二十六日),中国第二历史档案馆藏,档号 398－3482。
⑦ 《盛宣怀致交通银行敬安、季仙函》(宣统三年五月二十五日),中国第二历史档案馆藏,档号 398－3482。

通银行为自己的财库,支取自如。名为商业银行的交通银行,实际上与邮传部存在着复杂的牵扯关系,并时常随局势的变迁而卷入政治纷争。

从交通银行自身而言,管理方面也存在不少缺陷:

（一）保押费制度有失偏颇

保押费制度,即从业人员缴纳的押金制度,意在避免携资遁逃。自成立开始,交通银行在用人上一直奉行这一制度,清光绪三十四年、宣统元年,邮传部先后核准的用人章程规定,凡稽查、总理、协理、帮理以及各行总办,都属于总管理处办事人员,需注册备查,各行经、副理与总、协理订定合同,"取其押柜保单银两,以昭慎重",[①]并规定总分行经理出具押柜银1万两,保单银5万两;副理出具押柜银5千两,保单银2.5万两。[②] 如此,家资殷实成为交通银行任用人才的重要标准,"所用之人或皆商人中之殷实者,可免携资遁逃之患,然谓是法即可遂得适当之银行人才,则未敢信也"。[③]

（二）管理高层兼营私业现象严重,且缺少监管

当时的商律规定:"凡为公司银行理事人员,即不得更为同等之营业。"[④]可是交通银行初期的高层同时经营私业,并利用职权挪借款项,给交通银行带来损失。如首任总理李经楚私营的义善源银号规模庞大,后来受倒闭钱庄的拖累而告歇业,[⑤]给交通银行造成的损失极大。沪行总办李厚祐曾为华商银行招股人,并套用交行钱款经营自己开设的企业。[⑥]京行经理袁鉴也坦承,"职原有自己贸易之号,现仍照常开设"。[⑦] 在中国银行业发展的早期,各银行一定程度上都存在着兼营私业的现象,但没有一家银行像交行那样普遍,且带来非常恶劣的影响。

① 《交通银行史料》第一卷,第182页。押柜银是指旧中国商业或企业中被雇佣人员所缴纳的保证金;保单银是替被雇佣者作保的银两。这一做法始于外商在华开设的洋行,后亦被华商采用。
② 《交通银行史料》第一卷,第183页。
③ 薛大可:《论交通银行之责任》,载沈云龙主编:《近代中国史料丛刊三编》第27辑,第3—5页。
④ 《遵查上海交通银行总办李厚祐被参各款折》(宣统元年十一月十二日),载沈云龙主编:《近代中国史料丛刊续编》第13辑,第1324、1326—1327页。
⑤ 《邮部之鬼哭神号》,《民立报》1911年3月5号,第3页。
⑥ 韩宏泰:《记上海交通银行》,《20世纪上海文史资料文库》(5),上海书店,1999年,第95页。
⑦ 《京行总办禀请开去差使简员接充函》(宣统元年正月二十三日),中国第二历史档案馆藏,档号398-3473。

第四节　橡皮股票风潮波及下的交通银行

一、橡皮股票风潮和金融市场危机

宣统二年(1910)，自上海开始并迅速波及各地的"橡皮股票风潮"，对全国金融市场造成强烈的冲击。

橡皮股票风潮是指发生于 1910 年因购买橡皮公司股票而引发的一次金融投机风潮。当时的上海人称橡胶为"橡皮"，将种植橡皮树木、割取树胶为业的公司所发行的股票称为"橡皮股票"。

20 世纪初，随着汽车等交通工具的普及，橡胶销售量在国际市场上迅速增长，橡胶价格频频报涨。[①] 1908 年，一些外国人来上海宣传橡皮公司优厚的利润计划，几家外商银行也相继仿效，先后组织新的橡胶公司。[②] 不少钱庄信以为真，竞相购买，各橡皮公司股票扶摇直上。1910 年 6 月，国际市场上橡胶行情下跌。那些以橡皮股票汲取了大量资金的洋人，竟不知去向。以正元钱庄为代表的三家钱庄积存了大量股票，由于资金周转不灵，率先于 1910 年 7 月 15、16 两日宣告歇业。[③] 连锁反应之下，闭门停业的钱庄无日不有，"市面紧急，恐慌殊甚"。[④] 外国在华银行看到上海市场震荡，扬言要收回全部拆款，致使上海市面更加慌乱。为稳定市面，上海道台蔡乃煌出面周旋，向汇丰、花旗等九家洋行借款 350 万两，另由道库拨借 300 万两，借给一些受损面较大的银号和钱庄，一定程度上缓和了上海金融市场的紧张和不安。但好景不长，两个月之后，由于支付庚子赔款，上海道库银根吃紧，蔡乃煌请求度支部"饬大清银行两百万两以救燃眉之急"[⑤]。度支部不仅驳回了上海道的请求，反而勒令蔡乃煌两

---

① 菊池贵晴：《清末经济恐慌与辛亥革命之联系》载："正常情况下，橡胶价格即使加上充分的利润也不过 2－3 先令/磅，而到 1910 年 4 月，伦敦橡胶却出现 12 先令 5 便士/磅记录。"《国外中国近代史研究》第 2 辑，中国社会科学出版社，1981 年。

② 张国辉：《晚清钱庄和票号研究》，中华书局，1989 年，第 171 页。

③ 寂音：《论近来经济恐慌宜筹调护之长策》，《东方杂志》第 7 卷第 7 期(1910 年 10 月)。

④ 中国人民银行上海市分行编：《上海钱庄史料》，上海人民出版社，1978 年，第 75 页。

⑤ 同上，第 68 页。

个月之内缴清所有的经手款项。严令之下,蔡乃煌不得不向借用官款的银号、钱庄追索借款。在举借道库的庄号中,源丰润数量最大;面临上海道的催逼,源丰润资金周转失灵,无奈之下,于10月8日宣告清理。

源丰润是宁波巨商严信厚、严义彬父子经营多年的银号,向来以资本雄厚、信用卓著见称。当时源丰润"几与西号等",①其实力"不在大清、交通(银行)之下"。② 源丰润倒闭后,不仅与之往来的各地商号、钱庄、银行受到牵累而遭受损失,还波及大批企业,一时间,上海市面惨淡无光,哀声四起。两江总督将上海的金融风潮上奏朝廷,两度电请维持沪市办法:"请饬度支部、邮传部各拨银二百万两,分交大清、交通二银行,会同沪道妥商办理。"但度支部的态度一如从前,邮传部亦以"臣部现无现款存库,兼以本年兴筑张绥开海吉长各路,成本浩繁"等原因,予以拒绝。③

邮传部的拒绝,一方面确实是由于筑路而造成资金短缺,另一方面是交通银行上海分行素与源丰润等钱庄有业务往来,自身也购买了不少橡胶股票,本身头寸就很紧张。对此,当时的媒体舆论颇多疑问:"交通银行果有救济之实力乎?"感叹"大清、交通两银行,其本身有信用乎?"④

面对上海道的一再请求,鉴于市面的极致恐慌,度支部令大清银行解银100万两至上海。上海商务总会与汇丰银行数次商谈,⑤接受汇丰非常苛刻的条件,⑥借得银两200万。几百万两的投入,上海市面并没有多少起色。为挽救上海市面,上海商务总会请上海道出面担保,向大清银行借银190万两,向四明银行借银90万两,向交通银行借银60万两,但这三家银行均无库存现银。为防止事态进一步恶化,上海商务总会以财产作抵,与上海道联合担保,再次向汇丰银行借银230万两,另向江苏藩库借银70万两,共计300万两,统交北市钱业会馆和南市钱业公所,用以调

---

① 《源丰润银号倒闭》,《国风报》第1年第25号,第6页。

② 《源丰润》,《帝国日报》1910年10月10日。

③ 《邮传部札交通总银行函》(宣统二年十月初一日),中国第二历史档案馆藏,档号398-3475。

④ 沧江:《中国最近市面恐慌之原因》,《国风报》第1年第26号,第2—3页。

⑤ 上海商务总会的前身是上海商业会议公所,由盛宣怀于清光绪二十八年(1902)正月奏请设立,为中国第一个全市性商会。总理是严信厚。以"明宗旨,通上下、联群情、陈利弊、定规则、追逋负"为宗旨,内以处分华商争端,外以对付洋商之交涉、联络商情、挽回利益。下设4个商务分会,公所设在上海大马路(今南京东路)五昌里。光绪三十年(1904),上海商业会议公所改称上海商务总会,严信厚续任总理。

⑥ 汇丰银行要求此项借款须由上海道作担保,由各商家将其在上海商埠内房屋、地产及相当货物可押之品作抵,由商会各议董会同汇丰银行共同估价,抵借若干款项。订明期限六个月一转,以一年为期满,利息每三个月一付,若届期不能清偿,即由汇丰银行照市价变卖赔偿。

剂金融,接济市面。① 一场正在扩展的金融恐慌,经过上海商务总会联合地方当局之力进行维持,总算平息,但上海商界由此套上一根受英商汇丰银行牵制的巨大绳索。

在此期间,交行总管理处向日本正金银行借得规元 40 万两,帮助沪行渡过难关。②

随着源丰润票号的倒闭,其在全国各地的分号均告歇业,引起各地金融市场的波动。如天津的源丰润分号倒闭时,引发金融市场恐慌,迫使天津商务总会出面,请求大清、交通、志成和直隶四家银行筹银 100 万两,为各商号作抵押借款,勉强维持市面。③ 源丰润广州分号关门后,广州、汕头两地市面惊慌失措。广州总商会出面邀请大清、交通及西关银行,磋商紧急处置的方略。④ 源丰润号搁浅事件表明,上海金融市场发生的重大事件会迅速引发国内主要商业城市的金融动荡,由此可见,全国性的金融中心在 20 世纪初的中国渐次形成。作为风潮中心的上海,在此次动荡中不可避免地承受了最严重的损失。⑤ 1910 年,上海商务总会就源丰润事件的经过,向清政府军机处、度支部、农工商部及两江总督和江苏巡抚呈发电文,其中说道:"沪市日来庄汇不通,竟如罢市。上海工厂数十家,工人二三十万人,已经停工,于商业治安均有关系,事机危迫。"⑥其惶恐之情,跃然可见。

源丰润事件影响深远,余波难了。宣统三年(1911)年初,义善源票号因源丰润号事件的拖累而陷入巨大的危机之中。

二、义善源的积欠与西贡万顺安号的破产

清光绪二十一年(1895),经镇江富商焦乐山牵线,李鸿章之侄李经楚与苏州富豪席志前相识,合伙在上海开设义善源票号。李经楚是李瀚章(李鸿章之兄)11 个儿子中家产最多的一个。义善源票号又称义善源钱庄。开办之初,李经楚与席志前分别出资银 2 万两和 1 万两,交与周惠臣、焦乐山次第经营。是年冬,为开设分号,李经

---

① 沧江:《国民破产之噩兆》,《国风报》第 2 年第 14 号。
② 丁日初:《上海近代经济史》第二卷(1895—1927),上海人民出版社,1997 年,第 262 页。
③ 寂音:《论近来经济恐慌宜筹调护之长策》,《东方杂志》第 7 卷第 7 期(1910 年 10 月)。
④ 《粤商筹议维持市面》,《申报》1910 年 10 月 18 日。
⑤ 张国辉:《中国金融通史》第二卷,第 403 页。
⑥ 寂音:《论近来经济恐慌宜筹调护之长策》,《东方杂志》第 7 卷第 7 期(1910 年 10 月)。

楚、席志前又各加银 3 万两和 1 万两。光绪二十四年十二月,席志前病故,李经楚便将其股份陆续归并。光绪二十九年(1903)正月,焦乐山辞职,义善源遂由丁维藩接手经理。

义善源在南帮中虽创办较晚,但影响较大,在全国各地所设的分号共有 20 余处,与其来往频繁、关系密切的钱庄有 36 家,[1]尤以上海、香港、汕头、广州、北京、汉口和济南等处的经营为佳。所设分号如江宁的定善源、芜湖的宝善长、南昌的裕恒长等,享有相当好的声誉。与其他票号一样,义善源的存款、放款、汇兑等业务以官府和绅宦富户为主要对象。

义善源与上海道及江海关的关系比较密切,如光绪三十一年(1905)上海道署所解第一批庚子赔款 160 万两白银,基本通过义善源票号汇入列强在华银行。在北京,据清光绪三十二年(1906)账册统计,义善源是南帮中唯一一家参与揽存户部等衙门款项的票号。光绪三十三年(1907),李经楚出任清政府邮传部右丞兼交通银行总理后,义善源结交官府的条件更加优越。

义善源不但积极发展与官府的业务关系,同时也致力于扶助近代工业之发展。光绪三十二年,义善源在北京、天津、上海为南京金陵自来水有限公司招收股本;同年,为河南彰德广益纺纱有限公司在外埠代招股票;宣统二年(1910),在设立分号的城市为山东峄县中兴煤矿有限公司招收股金。此外,义善源还发行票券,据宣统二年统计,在诸票号发行银两票中,义善源属南帮票号中发行数额最多的一家,资本雄厚,经理得人,信誉较高。

然而,宣统二年源丰润票号因橡皮风潮倒闭后,上海金融恐慌。义善源虽资本富足,信誉卓越,但由于"局面过大,骤难收缩",[2]风潮到来之时,亦难免波及,经理丁维藩竭力弥缝,未被拖累,"然移东补西,左支右绌,已有岌岌不可终日之势",所赖以维持者,只有交通银行为之接济。[3] 身为交通银行总理的李经楚,借执掌交通银行大权之便,大量融通交行款项,以支持义善源的资金周转。

由于钱庄间的连锁关系,受源丰润破产的影响,义善源资金运转虽勉强维持,却一直不能如意。同年岁末,邮传部尚书唐绍仪因病乞休,盛宣怀继任尚书,入主邮传

① 《上海钱庄史料》,第 620 页。
② 《义善源搁浅续志》,《申报》1911 年 3 月 26 日。
③ 孔令仁、李德征:《中国老字号》,高等教育出版社,1998 年,第 426 页。

部,形势发生重大改变。早在光绪三十二年(1906),唐绍仪、梁士诒因裁撤铁路总公司诸事与盛宣怀结怨,此时,盛宣怀欲独揽交通银行的大权,遂以"交通银行弊端百出,外间人言啧啧"为由,奏明清廷派员查账。宣统三年(1911)正月,盛宣怀奏撤梁士诒铁路总局局长和交通银行帮理之职,逼迫义善源缴回交通银行欠款,义善源危机随之爆发。

　　1911 年 3 月 19、20 日,因天津分号周转不灵,义善源上海总号处境危急。21 日,义善源应解各庄号现银 4 万余两,正在东拼西凑以图应付之时,接山东来电:交通银行准备汇银 5 万两以解燃眉之急。因盛宣怀正派人秘密调查,山东行不敢再作通融,汇划之款遂扣存不发。延至晚间 12 时,义善源无计可施,"虽经多方努力弥缝,尽力撑持,终因亏蚀太大,无法平衡",不得已将兑票一概退回,"宣布危迫",①"自请封闭"②,遂以负债 1400 万两宣告破产。

　　义善源上海总号破产,天津分号立时倒闭,③其他分号,如裕源长银号、义德厚钱庄、永盛钱铺、春兴钱铺等,均因银根紧缺而歇业,江宁宝善源、芜湖宝善长等苦撑几日后也宣告关门。在义善源总号、分号存有资金的各地钱庄和商号也都不可避免地受到牵累,遭受程度不等的损失。

　　义善源总号倒闭后,李经楚通告各地分号停止收解,清理存欠。义善源的倒闭也惊动了官府,3 月 22 日两江总督张人骏派员专事清理行号间的积欠,并送交商会,统计出义善源亏欠公私款项一共 861 万两。④

　　义善源破产后,积欠交通银行押款银 230.83 万两,往来银 56.43 万两;在积欠交通银行总额 287 万余两中,沪行多达 100 万两。⑤ 另如江宁试办分行为江苏的义善源分号放款即达 15.68 万两,其中宝善源宁号 10 万两,宝善长芜号 1 万两,义善长镇号 6400 两,衡丰浦号 4.04 万两。⑥ 由此可见交通银行对义善源总分支号支持的力度之大。

　　义善源的倒闭,使交通银行的资金情况严重恶化,邮传部立刻派人对交通银行进

① 《义善源票号搁浅》,《申报》1911 年 3 月 24 日。
② 《义善源京号倒闭又一说》,《申报》1911 年 4 月 9 日。
③ 天津市档案馆等编:《天津商会档案汇编(1903—1911)》,天津人民出版社,1989 年,第 575 页。
④ 黄鉴晖:《山西票号史料》,山西经济出版社,2002 年,第 469 页。
⑤ 转引自丁日初主编:《上海近代经济史》第二卷(1895—1927),第 262 页。
⑥ 江苏地区交通银行行志编纂委员会:《交通银行南京分行志》,江苏人民出版社,1997 年,第 31—32 页。

行查账。当时市面对交通银行种种不利的言论甚嚣尘上,以至"竞将存款取出,不闻有将存款存入者,甚至交通银行之钞票亦不敢使用"。① 正当交通银行为资金流转而犯难时,盛宣怀先后4次将交通银行的官私存款陆续解入自己主持的中国通商银行,总额高达100多万两库平银。同时,与李经楚不和的盛宣怀乘机以亏空公款为由,奏请对李经楚"应即开去交通银行总理"。② 不久,又以清理义善源为由,撤销李经楚邮传部右丞职务,另派周克昌为交通银行总理。

在义善源资产清理的过程中,"救济之法,各处不同,然别无善法,惟押追义善源之财产而已"。③ 盛宣怀因李经楚资不抵债,先后派人赴合肥核查李氏产业以赎还积债。虽然李经楚设法挽救,无奈数额巨大,抄家之势难免。最后时刻,李经楚泣求盛宣怀看在往昔叔父李鸿章有恩于盛氏的份上,网开一面,以免倾家荡产的厄运。然而,盛宣怀始终不为所动。

清政府虽未追究李经楚的责任,只是设法处理了义善源的押品和财产,并及时归还了交通银行一部分欠款,使交行免于垮台,但其遭受巨大损失已是不争的事实。据载,"邮传部参议李经楚亏空交通银行银二百二十万,私产仅一百五十万",④交通银行自义善源倒闭后,"活动力愈形减少,而李经楚亦大有不了之势"。⑤ 其实,从金融风潮和钱庄倒闭对交行的影响看,已充分显现出交行在债权内容上所存在的缺陷,即"无担保者既居过半,有担保者又莫非田亩房屋所属"。⑥ 在随即到来的辛亥年动荡局势中,这一缺陷暴露得更加明显。

此际,交通银行的境外分支机构也遇到了麻烦。西贡是南洋的重要地区,早在光绪三十四年十一月二十日(1908年12月13日),交通银行就在西贡设立代办处,由万顺安号代办。⑦ 宣统二年(1910),国内的金融危机波及西贡,同年春,西贡万顺安号破产,作为交通银行的重要海外机构,万顺安号的破产使得中西各号与之往来者,

---

① 《交通银行不稳固之谣言》,《申报》1911年6月8日。
② 《交通银行之新总协理》,《申报》1911年4月13日。
③ 《上海钱庄史料》,第88页。
④ 《专电》,《申报》1911年3月27日。
⑤ 《官银行之近况如是》,《申报》1911年4月18日。
⑥ 《民国元年二年报告》,《北京金融史料》银行篇(5),第248页。
⑦ 《交通银行史料》第一卷,第170页。

"莫不蒙其所累,特吾行之损失较巨耳"。[1] 后来交行的年度报告指出,辛亥年实为最困难之秋,"其显而易见者,一则为义善源所累,一则为革命之影响,又其一则为西贡万顺安之波累也"[2]。

---

[1] 《民国元年二年报告》,《北京金融史料》银行篇(5),第248页。
[2] 同上,第247—248页。

第三章
辛亥革命时期的交通银行

宣统三年八月十九日(1911 年 10 月 10 日),武昌起义爆发,革命风暴迅速波及全国。时局动荡之际,金融危机又大举而至,使原本已经处于困境之中的交通银行更加艰难,近半分支行停业,总管理处一度无人执掌,陷入混乱之中。革命之际,为避免卷入政治漩涡,交通银行由商股董事出面,表明"中立"立场,并成功抵制了各地军政府的接管,为保存交通银行的基业做出了重要贡献。为了挽救交通银行,商股股东积极联络,共策行务,成立了南北股东联合会,商讨应对时局的办法。陆宗舆接任交通银行总理后,一方面在南北对立中支持袁世凯,另一方面将总管理处暂移天津以避刀兵,使得交通银行艰难地度过了辛壬乱局。

第一节　鼎革之际的严重危机

一、辛亥革命与金融危机的全面爆发

橡皮股票风潮以来,整个金融市场堪称四面楚歌,然而屋漏偏逢连夜雨,一场更大的风暴正在酝酿之中。

清宣统三年(旧历辛亥年)八月十九日晚,武昌革命党人发动武装起义,迅速占领武昌全城。次日,中华民国湖北军政府和鄂军都督府宣告成立。其后的两天内,革命党人接连攻克汉阳、汉口,控制了武汉三镇。在巩固革命成果的同时,革命党人陆

续以湖北军政府大都督黎元洪的名义发布了《中华民国军政府鄂军都督黎布告》、《致海内人士电》、《致满清政府电》等电文,①申明革命宗旨,号召各地响应,共同推翻清王朝的统治。八月二十一日(10月12日),军政府照会各国领事馆,阐明革命大义,希望各国对军政府予以承认。② 八月二十九日(10月18日),驻汉口的英、俄、法、德、日等国领事发布文告,承认民军为交战团体,并宣告在清廷和革命势力之间"严守中立"。③

1911 年 10 月 11 日革命党人宣布成立中华民国军政府

　　武昌起义的成功极大地鼓舞了革命党人的斗志,湖南、陕西、江西、山西、云南、贵州、上海、浙江、广西、安徽、福建、广东、四川等省纷纷响应起义,宣布独立,直隶、河南、山东、甘肃、东北等地也相继发生程度不同的革命。

　　清朝统治的迅速崩溃,无可避免地引发了全国性的社会骚动,给当时的经济秩序带来了重大破坏。对金融业的冲击最为直接的无疑是兵祸。社会剧烈动荡,各地政府控制地方治安的能力有限,金融机构屡遭散兵游勇的劫掠。如据天成亨、日昇昌、

① 曹亚伯:《武昌革命真史》(中编),载沈云龙主编:《近代中国史料丛刊》第88辑,第46—67页。
② 同上,第68页。
③ 中国人民政治协商会议湖北省暨武汉市委员会等编:《武昌起义档案资料选编》(下卷),湖北人民出版社,1983年,第639页。

蔚泰厚、蔚长厚、蔚盛厚、蔚盛长、宝丰隆、百川通、新泰厚、蔚丰厚、协同庆、存义公和锦生润等 13 家著名票号的报告,仅在北京、天津、太原、汉口、成都、自流井、西安、宁夏等八个城市中,被抢的现银即达 133.5 万两。① 九月二十八日(11 月 18 日),清军张勋所部对南京城大肆掳掠,将大清银行、交通银行的洋银运走了 84 箱(每箱约 3000 两)。② 十月十八日,四川的"巡防勇"伙同哥老会"放火烧藩库,并将藩库、当铺、银号、票号、盐号,及大商富室、城外铺户一律抢空",③劫银数百万两,大火三日不熄。

除了直接被焚抢,金融机构因工商业困顿而遭遇放款的困难。由于清军的反扑以及一些省市起义军之间的派别争斗,城市秩序大乱,工商业萧条不堪。如武汉三镇被清军收复后,即惨遭焚掠,以至商民流徙。汉口商务总会叙述当地惨状称:"汉口为华洋荟萃之区,汉阳乃各厂林立之所,商务繁盛,甲于中国。自经此次兵燹,汉口房屋几被烧尽,汉阳财产亦多损失,糜烂情形,惨难言状。"④工商业之隳败累及银行业,数以千百万计的放款难以收回,所谓"银行银行,叫煞冤枉,钱业钱业,元气大丧",即便没有遭遇战乱的城市,也是"未受兵燹之祸,先得金融之恐"。⑤

对银行业而言,在如此动荡的局面下再遭挤兑无疑是雪上加霜。起义的消息传来,存户心慌,又不明究竟,纷纷向银行、钱庄提取现款。规模较大的钱庄或可应付过去,但对于那些规模有限,又准备不足的钱庄,惟有关门歇业。据统计,从八月十九日到二十九日短短十天内,就有 10 家钱庄因遭挤兑而停业⑥。1912 年初,上海仅剩钱庄 28 家,比 1911 年减少了 23 家,⑦相比于全盛时期的 100 多家,可谓损失惨重。与钱庄性质类似的票号亦备受打击,最为著名的山西票号在经历"辛壬春秋"后,除个别票号改为商业银行外,整个票号行业就此退出了历史舞台。银行的情况也一样糟糕,《申报》记载:"鄂乱后,沪上金融大受影响,日来银拆洋厘飞涨,铜元每洋只抵一

---

① 张国辉:《二十世纪初期的中国钱庄和票号》,《中国经济史研究》1986 年第 1 期。

② 《交通银行南京分行志》,第 210 页。

③ 《郑观应集》,第 1031 页。

④ 《伍廷芳关于汉口商务总会要求将汉口汉阳划作中立地点致大总统等电》(1912 年 1 月 29 日),中国第二历史档案馆编:《中华民国史档案资料汇编》第 2 辑,江苏人民出版社,1981 年,第 65 页。

⑤ 上海社会科学院历史所编:《辛亥革命在上海史料选辑》,上海人民出版社,1981 年,第 32、114 页。

⑥⑦ 洪葭管:《辛亥革命前后的金融》,《中国金融》1987 年第 9 期。

百十余枚。昨日居民纷纷往华洋各银行兑换钞票,提取现银。"[1]面对存户的挤兑,各家银行均难以应对。武昌起义半个月后,上海的兴业、四明、信义三家银行,即"公议歇业七日"。[2] 即便是当时华资银行中势力最大、聚集资金最多的大清银行,亦不得不于1912年2月2日宣布收账,停业清理,这深刻反映了辛壬之际社会动荡对金融业的巨大冲击。

二、各分行的艰难处境

与大清银行相比,交通银行的处境亦不甚乐观。这场天崩地裂的变革令交通银行近半分、支行或被迫停业,或迁徙他处。

(一)汉行的停业与迁移

在当时交通银行的五大分行中,汉行实力不凡。宣统元年(1909),汉行获利以85598.24两,居于五大分行的次席。[3] 次年,汉行的获利额达到110028.83两,增长了近三成。[4] 可是社会动荡和金融危机阻断了汉行的发展,使之穷于应对。武昌首义次日,汉行向总管理处连电告急:"情形甚危,兑票甚多,各商号外虽照常,实则已停贸易。"汉行忧心之事是应兑票款尚多,存户若集中提款,局面将不可预料。一天之后,汉行再次向总管理处发出求救电报,谓其拆款欠三四十万,钞票兑款欠20万,希望立即给予支援。革命党人在光复武汉三镇后,虽然采取积极措施以稳定局势,却不能立即赢得社会的信任,银行遭遇挤兑,所受压力越来越大。10月15日,汉行又禀总管理处,称汉口"自十九日(10月10日)武昌陷后,人心大乱,既无长官,又无巡警。汉行持票兑现拥挤不堪,匪徒亦乘之而入。至二十一日四点钟后,现银固属难支,而来势尤为凶险,只得随各银行一律停市";"二十二日,电报已不能通,昨、今风声愈紧,恶耗尤多"。[5] 其中所言"匪徒"乘虚而入一事,10月15日的《申报》也有报道,称

---

① 《鄂乱影响》,《申报》1911 年 10 月 17 日。
② 《朱鹏致朱旭函》(宣统三年九月初三),中国第一历史档案馆编:《清代档案史料丛编》第 8 辑,中华书局,1982 年,第 330 页。
③ 《交通银行开股东会纪事》,《申报》1910 年 6 月 14 日。粤行以获利 93328.345 两位居第一。
④ 《交通银行第二次股东会议报告盈余账略》(辛字第二十七号)(中国第二历史档案馆藏,档号 398 - 3475)提到,宣统二年京行获利最多,为 155370.859 两,粤行 142796.288 两次之,汉行以 110028.83 两居第三位。
⑤ 魏振民:《辛亥革命爆发后四个月间的交通银行》,《历史档案》1981 年第 3 期。

汉口大火时,大清、交通两家银行在混乱中遭不法分子焚抢。① 在如此危局中,汉行采取了一系列应急措施,一面将紧要簿据等重要文件送至沪行寄存以免意外,一面暂借汉口法租界扬子机器公司账房勉维残局。另外,为了应付外国银行的拆款,汉行于10 月 25 日再禀总管理处,称汉口银根甚紧,所欠华俄道胜银行八月底拆款 20 万两、德华银行 8 万两、正金银行 5 万等,各银行"日来催还甚亟",汉行现款如洗,实在无法应付,请求总管理处"鼎力速筹,由京、津、沪三行设法交付,以全信用而省交涉"。②对于汉行的要求,总管理处除了电示勉慰之外,一时也难有作为。其后,民军与清军相互对峙,战局处于胶着状态,汉行感到汉口租界并非久居之地,深恐为战火所毁,遂终止营业,迁往上海。③

(二)沪行的勉力支撑

上海是当时中国南方的金融中心,沪行实力雄厚,不仅在上海金融界享有盛誉,且对交行的其他各分行常起着融通支持的作用。武昌起义爆发后,金融界全面陷入危局,沪行利用各种关系,迅速筹集现款数百万两,暂时稳定了沪上金融局面。④ 但是随着形势的持续恶化,沪行虽尚能维持正常营业,也仅能自保而已。在这关键时刻,沪行总办却屡次请假,不到行处理行务,总管理处深恐经理调度或有所误,立即派员到沪视事,"驻行督同经理调度一切"。⑤ 10 月 31 日,沪行致电总管理处:"沪行拆款九十一万,中有大清廿万、正金四十万、东方廿五万、汇丰六万。拟将正金先还一半,似可办到。大清从缓。余则迫不可待。"⑥就在此时,汉行经理来沪,请求沪行代筹道胜、德华、正金三行拆款 33 万两,而此时的沪行已无力承诺。11 月 4 日,沪军都督陈其美于沪行强行提现银 20 万元,⑦使沪行雪上加霜。此后,沪行虽然依赖租界

① 《专电》,《申报》1911 年 10 月 15 日。

② 魏振民:《辛亥革命爆发后四个月间的交通银行》,《历史档案》1981 年第 3 期。

③ 湖北省地方志编纂委员会编:《湖北省志·金融》,湖北人民出版社,1993 年,第 28 页。

④ 《鄂乱影响》,《申报》1911 年 10 月 17 日,载:"昨日居民纷纷往华洋各银行兑换钞票,南京现银一百万两运沪……此项现银均系新造之一一银币,现储交通银行。"又《鄂乱影响》,《申报》1911 年 10 月 22 日,载:"前报兹得宫保回电业已会商度部准予维持照办,已电达上海大清交通两银行遵照,又电沪道转知商会一体维持矣";"江督张制军顷发现银四百万运沪接济,分储于大清、交通等银行内备用。"又《大清银行之应接不暇》,《申报》1911 年 11 月 1 日,载:"沪市商界现洋缺乏,曾有督抚电商度支部借运新币二百二十五万元解沪,发交大清、交通通商银行三银行领借。"

⑤ 《银行预防金融紧迫》,《申报》1911 年 11 月 2 日。

⑥ 魏振民:《辛亥革命爆发后四个月间的交通银行》,《历史档案》1981 年第 3 期。

⑦ 《交通银行股东会纪闻·股东之报告》,《申报》1914 年 5 月 29 日。

的保护得以继续营业,且成功抵制了军政府的接管,但埠际间的汇兑被迫停止,处境极为艰难。

（三）南京宁行的停业

宁行（或称陵行）的处境与汉行类似。10月17日,宁行向总管理处报告市面情况,称"自闻鄂警以后,市面骤形恐慌,洋银俱缺,提现纷纭,加以沿江各埠同时吃紧,申、镇现货亦无,来源既竭,人益惶惶。现钱业已议暂不应付存款,而市面流行之钞票,势难止兑"。面对如此险恶的情势,宁行请求江督张人骏出面维持,经张人骏"奏发新币刀,由宁行及裕宁官钱局领衔具领江南新币五十万元",其中宁行得到12万元,因而"市面赖以稍纾"。然而,随着战局的日益扩大,南京实行戒严,各行之间汇划不灵,百业更加萧条。① 10月25日,宁行又致总管理处,诉说眼前的困难,称:"日来又有九江失守之传言,江赣接壤,人心愈觉惶惶。陵行存在申、镇之银,因市面呆滞,各庄不能提现,即票价虽高,亦不能汇划,一时难以活动。所放借押款到期,目下亦复不能应手收回,倘兵事再迁延不定,商业殊不堪设想。"② 11月8日,新军第九镇统制徐绍桢率军进攻南京,宁行经理杨万逊逃往上海。11月18日,江南提督张勋率军将交通银行、大清银行所存银洋洗劫一空③。12月2日,江浙联军光复南京后,宁行所属通州源大、刘桥安福仁记等又被民军提取现款2万元。实际上,自南京战事爆发后,宁行已经完全瘫痪。

（四）粤行迁至香港及最终停业

广州是中国南方另一个金融活跃的城市,粤行是交通银行各分行中实力数一数二的大行。宣统三年年初,粤行流通市面的纸币就有60万元之多。武昌起义之前,革命党人曾多次谋划在广州起义,但都未成功。武昌起义成功的消息传来,广州的革命党人信心骤增,积极策划起事。10月25日,新任广州将军凤山被炸死,广州绅商集议,提出"融和满汉,共保公安"的主张,督促两广总督张鸣岐宣布独立,张鸣岐起初表示认可,但武汉方面民军失利、清军获胜的消息传来,张鸣岐随即改变主意。10月29日,广州民众走上街头,竖立"广州独立"的旗帜致贺革命,但为官府制止。数日后,革命党人在顺德、香山、惠州、韶关等地举行起义的消息传来,广州居民纷纷走

---

① ② 魏振民:《辛亥革命爆发后四个月间的交通银行》,《历史档案》1981年第3期。
③ 《交通银行南京分行志》,第210页。

避,全城震动。局势动荡复杂,粤行的处境至为困难。在 11 月 3 日致总管理处的函件中,粤行详细报告了当前的艰难:"此次风潮,全国影响,人心动摇实非寻常,固非一、半月可以荡平,更非数十万所能济急。粤行自前月二十起,提存换现者纷至沓来,于今迄未少息。市面短绌,周转不灵,直至危急万分。"10 月 30 日和 31 日两天,广州形势尤为紧张,"商店俱停,官军戒严",大清银行自总办至一般办事人员,全都出城避战,"惟粤行仍开门换票,同事一律挽留"。① 不几天,广州倡议独立的呼声又趋高涨,加上土匪流寇四起,粤行只好挂出暂停营业的招牌,坐观动静。11 月 9 日,广州光复,都督府勒令盘查粤行和广州大清银行库款以及一切账目。在大清银行被占领之后,粤行被迫迁至香港。1912 年 2 月 7 日,广东都督陈炯明派员接收粤行,并令各欠户将应归还给交通银行的款项直接交还给军政府,粤行遂于 2 月 8 日对外宣告歇业。②

(五)山东济行的艰难局面

10 月底,在邮传部批准交行烟台分庄关门歇业的同时,位于省城的济行也致函总管理处,报告济行的银根非常困难,其中说道:"凡使用银洋券者,连日均纷纷取现,拥挤不堪,甚至官银号因争取钱票,踏死一人。各存户亦不论活期、定期,均来提取,或买金叶,或移送德国银行,情形如此,殊为可怕。"③随着全国革命形势的日益高涨,山东革命党人宣布独立后,11 月 8 日,济行又向总管理处告急:银根紧张,渐难维持。11 月 13 日,津浦铁路局因济行拖欠其银一万六千两、洋两万元而无法归还,双方已趋决裂之势。虽然济行钱款在其他分行有所存放,如存放在粤、汉、津三行的各有五单,申行亦有两单,只是诸行皆自顾不暇,银根吃紧,无法相互流通。不得已之下,济行向京行求救,可是京行此时已是自身难保,也无款接济。11 月 24 日,山东巡抚受袁世凯的压力下令取消"独立",人心更为不安,金融市面愈加恶化。12 月 25 日,济行再致总管理处,亦谓经营毫无转机,难以为继。

此外,天津、营口等地的交通银行,也在金融危机的冲击之下苦力支撑。十月中,津行银根紧张,向总管理处告急:"惟刻已窘涸极点,紧要提款无法对付,望部(邮传部)立电京奉拨洋,以撑大局。"正当津行呼号乞援之际,营口行又希望津行汇回其所

---

① ③　魏振民:《辛亥革命爆发后四个月间的交通银行》,《历史档案》1981 年第 3 期。
②　广东省地方省志编纂委员会编:《广东省志·金融志》,广东人民出版社,1999 年,第 133 页。

存放之款以应急需,其致总管理处禀云:"营市恐慌,取现者日形拥挤,须筹备。所有存在津行三万左右及路局之五万,均已筹划在内,始可抵制,否则万难保全信用。务望转嘱津行,作速归款,以顾大局。"面对营行的请求,总管理处自是无法作答。①

交通银行各分行在辛壬变局中艰难的处境,总管理处后来总结说道:"南北军兴,事变迭起,宁、汉、济、奉等行重有丧失,广州、汕头、厦门等行竟以停业,时艰既亟,行力难持。"②在如此情形下,各分行告急电报如雪片般源源不断地从各地发往总管理处。作为交通银行的最高管理机构,总管理处对各地交行负有调拨救济之责。然而面对各分行的处境,总管理处一筹莫展,只得示之以无能为力,诚如其回复津行函件所云:"总管理处有统筹全局之责,自应设法酌盈济虚,只因乱事牵动全局,市面金融恐慌,各埠情形均属相同,是以爱莫能助。"③

三、总管理处几近瘫痪

在各分行向京城的总管理处呼号乞援之际,主管交通银行的邮传部,此刻也是一片混乱,难以给予交行以有力的支持。盛宣怀任邮传部大臣期间,举措多有失当。为平息众怒,1911 年 10 月 26 日,清王朝将盛宣怀革职查办,永不叙用。④ 同时令唐绍仪补授为邮传部大臣,在唐未到任之前,由吴郁生暂行兼署。⑤ 不久,唐绍仪因被任命为南北和谈代表,无法署理邮传部,清廷改由杨士琦主持,梁士诒为副职。⑥

政局如此混乱,交通银行总管理处面临巨大压力。西贡代理万顺安倒闭,亏欠交通银行款项达百万余元;⑦广东督抚张鸣岐因革命势力高涨而潜逃日本,积欠交通银行 50 万两。类似官商积欠,各分行累积达到 1800 余万两之巨。⑧ 可是即便如此,交行有时还得为官府各方面继续提供垫款。⑨

---

① 魏振民:《辛亥革命爆发后四个月间的交通银行》,《历史档案》1981 年第 3 期。

② 《行史清稿》第 7 册,第 91 页,中国第二历史档案馆藏,档号 398(2)-693;《交通银行史料》第一卷,第 127 页。

③ 魏振民:《辛亥革命爆发后四个月间的交通银行》,《历史档案》1981 年第 3 期。

④ 夏东元:《盛宣怀年谱长编》(下),第 939 页。

⑤ 《上谕》,《申报》1911 年 11 月 29 日。

⑥ 《三水梁燕孙先生年谱》(上册),第 103 页。

⑦ 交通银行总行:《交通银行简史》,第 6 页。

⑧ 《民国元年官商存欠情况》,载交通银行编:《辛亥年前邮传部暨各路局存欠各款账略》,第 43 页;《北京金融史料》银行篇(5),第 253 页。

⑨ 《要闻》,《申报》1911 年 10 月 18 日,载:"皖抚……奏请部筹的款八十万……闻之用闻已奉部核准由交通银行照发。"

种种劫难接踵而至,致使行务停滞,"几有不能支持之势"①。作为总理的周克昌,虽然"会计精能,商情允洽",②可面对如此艰难的局面,也只能是如坐针毡,一筹莫展,上任不久便萌生去意,称"值此时局多艰,各埠分行警电纷传,银根枯竭,金融阻滞,办理一切,无不棘手","乞准予开去差事,另派干员接替"。③ 11 月 16 日,邮传部照准周克昌辞职,帮理巢凤冈也一同去职。而在这两人辞职之前,协理陆宗舆已经辞职,④邮传部未及时续派,导致危急关头,交行总管理处的总、协、帮理三大职位皆出现空缺。⑤

其实,邮传部准予周克昌辞职时,曾指派京行总办兼经理袁鉴代理交通银行总理,⑥但袁氏深感此刻行务棘手,不仅推脱不就,甚至请求将京行总办兼经理职务也一并开去。如此,邮传部只好另寻人选,指派汉行总办卢洪昶为代理总理,但卢氏同样没有到任。一时间,总管理处成为烫手山芋,无人敢接,交行遂陷入无人执掌的尴尬境地。

12 月 2 日,邮传部以"总行事务紧要,卢总理尚未到京"为由,⑦函请交通银行商股董事于守仁到行暂行代理总管理处事务,于氏勉强接受上任。⑧1912 年初,政局日趋明朗,邮传部于 1 月 11 日批准陆宗舆出任总理。⑨ 直至此时,交行总管理处方才结束群龙无首的局面,逐渐步入正轨。

---

① 《民国元年官商存欠情况》,《辛亥年前邮传部暨各路局存欠各款账略》,第 43 页;《北京金融史料》银行篇(5),第 253 页。

② 《交通银行史料》第一卷,第 8、109 页。

③ 杭斯:《李经楚与周克昌——交行第一任领导人》,《新金融》1995 年第 2 期。

④ 邮传部札:《陆协理呈请开差并声明无经手关涉之事应即照准》(宣统三年四月廿四日),交通银行博物馆藏资料 Y48。

⑤ 直到 1912 年 3 月,政局稳定后邮传部才派任凤苞接任交通银行协理。在陆宗舆辞职后、任凤苞接任前,邮传部与交通银行的相关札件、批文中,协理一栏均无人签字。

⑥ 《交通银行史料》第一卷,第 115 页。

⑦⑧ 《宣统三年十月十二日邮传部札》,《交行档案》第 109 号。

⑨ 《宣统三年十二月二十三日邮传部札》,《交行档案》第 109 号;《交通银行史料》第一卷,第 115 页;《行史清稿》第 1 册,第 9 页,中国第二历史档案馆藏,档号 398(2)-687。

第二节 交通银行与革命政府的关系

一、总管理处令各行严守"中立"

武昌首义后,革命风暴席卷全国,金融秩序大乱,迭经义善源积欠、万顺安号倒闭巨创的交通银行,又受到军权势力和金融风暴的双重冲击,处境岌岌可危。而与大清银行在辛亥革命后不久即改组为中国银行不同,交通银行总管理处及所属各分行在此鼎革之际,都极力避免卷入政治漩涡,力图保持"中立"。

总管理处及时下令暂停部分业务。武昌起义爆发后的第四天,即八月二十三日(10月14日),交行各分支行分别收到总管理处关于"时局危迫,借汇存支暂行停止"的养日电令。① 此举明为紧缩业务,避免呆账,实则力避乱局,保存交行基业。而且,遵照总管理处的指示,各分支机构于当地形势紧张之际,将簿据等要件搬运一空,迁往较为安全的地带,如汉行先迁至汉口法租界,后迁往上海,粤行迁至香港,济行移存于青岛。

除了批示暂停部分业务外,交通银行还由商股董事、股东出面申明"中立"立场,避免卷入冲突。九月二十八日(11月18日),在全国局势尚不明朗的情况下,邮传部授意商股董事陈炳镛、于守仁暨京津股东向交通银行香港试办分行致电,明确交行在政局动荡中的立场,电文全文如下:

"密来电悉,当由总行回铭堂宪,奉宪谕交京津众股东集议,兹拟定对待之办法三条,由粤港股东与彼直接交涉。(一)名称关系信用,不能遽尔改易,以免存户股东恐惶。(二)所有公家存款,无论何人不能提拨,亦不能充军饷之用。(三)银行血本如有损失,事平之后,应担任赔偿。以上各条已禀明堂宪,希酌办。"②

商股董事及股东出面表明立场后,总管理处在对待各分支行与军政府交涉的问题上,态度日趋明朗,即严守"中立"。当时,上海军政府通过其接管的电报局要求在沪行提现 12 万两,又出划条 25 万两。针对上述要求,沪行原已批认,要求六个月后

---

① 中国历史上的一种电报记日方法,用韵目代替日期,养日即 22 日。
② 《辛亥武昌起义后拟定对待办法三条》,《交行档案》第 110 号。该处注有"由董事、股东出面系邮传部的主意"。

归沪行划还。总管理处得知此事后,立即致函沪行,严辞切责:"鄂事起后,各股东以本行股本商股实占多数,议定各行概守中立,不付官款,亦不认军民借款,故提拨官存之款,借保商股血本,兼符民军维持商业至意,各行恪守至今,并未付出官款丝毫,兄等何得率破此例认付该局巨款?"[1]来函充分体现了总管理处严守"中立"的坚决态度。十一月初九日(12月28日),在广州革命党人宣布独立,在其基本控制广东全省的情况下,总管理处再次致函粤行,谓:"我行经各商股东议决,严守中立,官革两方面提款一概不付。汕、厦两号款项,务电饬坚持,勿任提拨丝毫,破坏中立。"[2]

当时的大清银行,在辛亥革命爆发后虽然也有商股股东出面要求保全商本,[3]但是清政府覆亡在即,大清银行作为中央银行,势必遭遇重大变故。因此,大清银行无法像交行那样提出和坚守"中立"立场。1912年1月1日南京临时政府成立后,急需组建自己的中央银行,大清银行商股股东联合会即呈文临时大总统孙中山,请求将大清银行改组为中国银行,作为新民国政府的中央银行。[4] 由于革命之际,大清银行副监督陈锦涛弃职南下,后经伍廷芳提名担任南京临时政府财政总长,积极利用自己的影响将大清银行改组为中国银行。这一做法后来得到袁世凯的认可,在临时政府北迁后,大清银行改组为中国银行的工作继续进行,并最终得以完成。

交通银行与大清银行同为清政府创办的官商合办银行,但在革命之际却与大清银行分道扬镳,以"中立"自保,这是依据当时行情所决定的。

首先,交通银行商股股东占有较大份额。按照奏定章程,交通银行为商股六成、官股四成,商股所占的份额大于官股,因此交行商股股东在交通银行的决策中能够起到重要的作用。比如在宣统三年四月(1911年5月)召开的第二届股东会上,有关股东红利停发建议即引起众股东强烈反对,致使会议不能照常进行,舆论据此发出"由此观之,交通银行之股东,比大清银行股东强也"[5]的感慨。而在辛亥革命期间,交行商股股东又成立股东联合会,积极维护商股股东利益,欲使交通银行平稳渡过辛壬乱局,较稳妥的选择是采取"中立"立场。

---

① 张启祥:《交通银行研究(1907—1928)》,第66页。
② 魏振民:《辛亥革命爆发后四个月间的交通银行》,《历史档案》1981年第3期。
③ 中国银行行史编辑委员会编:《中国银行行史(1912—1949)》,中国金融出版社,1995年,第12—13页。
④ 《中国银行成立》,《申报》1912年1月28日。中国银行总行、中国第二历史档案馆合编:《中国银行行史资料汇编》上编,档案出版社,1991年,第2—4页。
⑤ 《交通银行股东会纪事》,《申报》1911年5月17日。

其次,交通银行的性质名义上还是"纯用商业银行性质"。① 交行虽由邮传部直接控制,重大决策都必须遵循邮传部的旨意,但并不像大清银行那样明确定位为清政府的中央银行。譬如《邮传部奏设交通银行折》中即规定"一切经营悉照各国普通商业银行办法,兼采奏准之中国通商银行、四川浚川源银行及咨准之浙江铁路兴业银行各规则,与中央银行性质截然不同";②奏定章程中也有"一切均照奏定商律办理"之规定;③而度支部奏定的四种银行则例中,亦将交通银行与兴业银行等并称为"殖业银行"。④ 交通银行的商业银行性质为其在革命之际能够保持"中立"提供了可能。在辛亥革命期间,各银行纷纷登报公告自身纯属商办,甚至大清银行商股股东也向军政府称自己"营业多年,纯乎商办性质"。⑤

再次,由董事、股东出面有利于交涉。由董事、股东出面表明交通银行的"中立"立场,则将交通银行置于商股股东名义之下,有利于在混沌的政局中维持行基,无论清军还是民军,如若强行向交通银行提款,或者接管交通银行,即是侵犯商股股东权益,破坏民权。大清银行则反其道而行之,由商股股东联合会出面交涉,主动提出改组为中国银行。

最后,邮传部暗中支持交通银行采取"中立"立场。袁世凯复出后组织内阁,将杨士琦、梁士诒安插进邮传部。此二人皆属袁世凯亲信,自然不可能任由交通银行倒向革命阵营,但也不会一味维护清廷而危及自身利益,保持所谓"中立",实际上是为自己暗留后路。

二、各分行对地方军政府的抵制

革命党人以推翻清朝政府为目标,在建立军政府后,力图接管清政府的各种政治、经济、文化机构,交通银行当时也被视作清政府的官办银行而被划入接管之列。但是交通银行迅即采取多项应对措施,坚守"中立",成功抵制了各地军政府的接管,避免卷入政治漩涡。

---

① 《交通银行史料》第一卷,第11、172页。
② 《邮传部奏设交通银行折》,《申报》1907年12月28日。
③ 《交通银行史料》第一卷,第172页。
④ 《度支部奏定四种银行则例》,《申报》1908年3月7日。
⑤ 《大清银行股东鉴》,《申报》1911年11月20日。

（一）沪行对军政府接管的抵制

九月十四日（11 月 4 日），上海军政府成立后，即以"上海华洋杂处，除军事外，内政、外交，在在均需处理，而财政问题尤难解决"，[1]任命信成银行协理、董事沈缦云为上海财政部长，各银行"凡改易名称及用人行政等均归节制"。[2] 次日，上海军政府发布文告，宣布上海信成银行由军政府完全担保，该行钞票通行各埠，其余各华商银行钞票，如兴业、四明等行，也一律通用。[3] 为了进一步接管沪上华资银行，民军以中华民国军政府的名义，札委交通银行沪行原总办及经理人员为上海军政府财政部顾问员和沪行理事员，所有账目皆待派员调查清理。可是，沪行对此拒不从命，由商股代表出面表明反对态度，声称"公等反对只有政府，至商人股本，按照文明办法，均在应受保护之列"。至于官方款项，"无论清政府、民国政府来提取，一律不付"。之后不久，军政府照会上海大清、交通两行，其中提及："所有沪上官设银行司事人员，概行仍旧，以资熟手。其向来该银行分发钱票，亦需照常通行，毋须止兑，致碍市面。惟簿记收支各账，务须认真核实，不得丝毫糊涂，致干未便。"[4]这一照会并没有提及两家银行的官股如何处理，实际上是默认了沪行商股代表所提出的意见，即不论清政府还是军政府，若前来提取官款一律不付的做法。上一目述及军政府通过其所接管的上海电报局在其存款中提取款项作为饷糈补充之事，沪行不得已答应，但招致总管理处的严厉批评，并促令交涉收回，这些显现出交行坚决的"中立"态度。

（二）粤行对军政府接管的拒绝

广东军政府通过内线接管了大清银行，而交通银行粤行则在广州乱局中迁往香港。九月二十八日（11 月 18 日）邮传部即授意交行董事、股东出面向香港交行提出处理办法三条，要求坚持"中立"；十一月初九日（12 月 28 日），总管理处再次致函粤行，要求粤行严守"中立"。民国元年（1912）2 月 7 日，广东都督陈炯明派员接收粤行，并令各欠户将应归还给交通银行的款项直接交还给军政府，[5]虽然粤行的营业由此中断，但其主体已在香港，军政府接管粤行并未成功。后来，民军又以中华民国军政府支部、中华民国粤省第四军司令部等名义，向交行汕头分号发出接管的照会、札

---

① 沈氏家藏《沈缦云先生年谱》，载《辛亥革命在上海史料选辑》，第 983 页。
②④ 魏振民：《辛亥革命爆发后四个月间的交通银行》，《历史档案》1981 年第 3 期。
③ 《辛亥革命在上海史料选辑》，第 1242 页。
⑤ 《广东省志·金融志》，第 133 页。

令,亦未能奏效。

(三)汉行和宁行避免被接管的命运

在汉口,虽然军政府曾经明示"扰乱商务者斩",[1]并表示"凡属湖北官钱票及户部、通商、交通等银行之钞票仍准一律照常使用,倘有刁商莠民借故阻挠,一经本分府查出,立即严办不贷"。[2] 当时舆论也称:"保护商场者,不在满洲政府,而在革命军人。"[3]但是,面对无法预料之混乱局势,汉行不得不将紧要簿据等件送沪行寄存,将汉行迁往租界暂避兵锋。湖北军政府因地处首义之地,各种举措不能不谨慎,且在经济上获得湖北官钱局存款2000多万元,[4]因此并没有急于接收汉行。而汉行也在阳夏战争陷入僵持阶段后全行迁往上海,不再与湖北军政府发生联系。在江苏,民军仅分别从镇江大清银行、交通银行提取少量现金。江浙联军攻克南京后,虽然在商会协助下得以接收交通银行宁行所属通州三典银账,但宁行却早已于九月十五日(11月5日)迁往上海,待南京临时政府成立,希图接管宁行时,宁行早已人去楼空。

表1-3-1 辛亥革命时期南方各行受影响状况表

行　名	营业状况	迁移状况	军政府接管状况
汉　行	暂时停业	迁往上海	未接管
沪　行	勉为维持	未迁移	抵制接管
粤　行	停业撤销	迁往香港	抵制接管
宁　行	停业撤销	迁往上海	未接管
厦门支行	停业撤销	迁往香港	抵制接管
汕头支行	停业撤销	迁往香港	抵制接管
镇江支行	停业撤销	迁往上海	未接管

资料来源:《交通银行史料》第一卷,第115-117页;魏振民:《辛亥革命爆发后四个月间的交通银行》,《历史档案》1981年第3期。

---

① 《中华民国军政府鄂军都督黎公告》,曹亚伯:《武昌革命真史》(中编),载沈云龙主编,《近代中国史料丛刊》第88辑,第99页。

② 《要闻》,《申报》1911年10月22日。

③ 贺觉非、冯天瑜:《辛亥武昌首义史》,湖北人民出版社,1985年,第256页。

④ 贺觉非、冯天瑜:《辛亥武昌首义史》,第258页。

交通银行各分行在鼎革之际,或以强硬姿态抵制军政府的接管,或以迁往他处的方式得以保全,坚持了总管理处严守"中立"的立场。这为保存交通银行的基业做出了重要贡献,也为交通银行的持续发展奠定了良好基础。

三、交通银行与南京临时政府的关系

1912 年 1 月 1 日,中华民国南京临时政府成立,但其存在的时间非常短暂,所控制区域也基本限于南方一带,政令能够得到贯彻实施的地区更是仅限于南京及其附近。然而这个仅存在了四个月的政府,却在银行立法等金融制度上颇有建树。南京临时政府一再强调:"国家富源,在于实业,而实业命脉,系于金融。"[1]可见其对金融业发展的重视。

南京临时政府的首要金融措施就是币制改革。这既是为了稳定因政局动荡而引起的物价飞涨、银根紧缩的局面,又是为了缓解南京临时政府资金短缺的压力。孙中山在南京临时政府成立前就表示:"币制改革,亦当于最短期内实行。"[2]南京临时政府一方面宣布各地的军用钞票在全国流通,以活跃金融,为统一货币创造条件,一方面将南京的江南造币厂更名为中华造币总厂,并拟定了《造币总厂章程》12 条。这一章程是临时政府对造币实行法制管理的一项重要举措,显示了临时政府改革币制的坚定决心。

在统一币制的同时,南京临时政府积极组建中央银行以管理金融市场。经过慎重考虑,南京临时政府决定以原大清银行为基础,将其改组为中国银行,作为民国的中央银行。1912 年 2 月 5 日,中国银行在原上海大清银行旧址开业。同时,南京临时政府拟订了《中国银行则例》,规定中国银行享有代理国库、发行钞票、代政府募集公债等特权。财政部专门派员监理,"检查该行之票据、现金及一切账簿,并出席股东总会及其他一切会议"。[3]

当时南京临时政府面对的是原有银行不断破产和新银行不断设立的新状况,"近年以来,恐慌迭起,向所号称殷实富商者,今皆相继破产,不克自存",同时"民国成立以来,各处呈请设立银行者,日必数起"。政府认为造成这种状况的原因"虽曰我国

---

① 李新主编:《中华民国史》第一编,第 452 页。

② 中国社科院近代史所编:《孙中山全集》第一卷,中华书局,1981 年,第 581 页。

③ 中国科学院近代史研究所史料编译组编:《辛亥革命资料》,中华书局,1961 年,第 235 页。

商人之智识不足,亦由前清政府之监督不严"。① 为此,临时政府加强了银行的立法工作。1912 年 3 月,财政部援引钱法司呈文,向孙中山阐明了革命以来财政枯竭的严重性,并提议扶植商业银行,以求疏通金融,维持实业。与此同时,财政部还"参照各国现行之法规,斟酌我国商业之现状,拟定商业银行则例十四条"。② 则例规定:"凡开设店铺经营贴现、存款、放款、汇票等事业者……总称之曰银行。"③凡欲开设银行者,须将详细章程呈报地方主管部门转报财政部核准,方可开业。则例还规定了银行公司的资金数额,以及银行注册登记、营业统账的具体办法。同时南京临时政府还颁布了《兴农银行则例》、《惠工银行则例》等一系列专业银行法规。

南京临时政府在提倡发展银行业的同时,还对旧式钱庄加以限制。实业部致财政部的官文指出:"中国银行之制未见盛行,而盛行者独钱庄类耳。……近数年来,商业不振,屡见恐慌",究其原因,"皆由于金融机关之不能敏活,而钱庄实尸其咎"。④ 1912 年 3 月,实业部拟订约束钱庄暂行章程九条,授权各地方政府派员对钱庄营业状况进行调查、监督,"略加限制,俾免因纷歧而召恐慌之患"。⑤ 这一措施为银行取代钱庄的历史性变革开辟了道路。

在推进金融法制建设的同时,南京临时政府认识到恢复市场秩序对于金融业的重要性。当时政局动荡,兵祸不断,工商业受到极大破坏,民众恐慌,市场秩序混乱,导致金融停滞,银根紧缺。南京临时政府成立后,这一状况并未有明显改观。据《民立报》报道,1912 年 2 月间仍有许多地区"银元飞涨,日益加甚,人心恐慌,几达极点","市面萧条,大有江河日下之势"。⑥ 面对如此局面,南京临时政府曾多次发布命令,要求各地官员采取措施恢复市场经济秩序,为金融业的复苏创造条件。

南京临时政府在金融制度及相关法律制定上的创举,为金融业的恢复和发展提供了制度层面的保障,然而临时政府的具体金融活动则因时间和精力所限,无法广泛开展。交通银行作为清廷开办的官商合办银行,受邮传部控制,在南京临时政府成立

---

① 《财政部拟订商业银行暂行则例请咨交参议院议决呈稿》(1912 年 3 月 11 日),《中华民国史档案资料汇编》第 2 辑,第 416 页。
② 《辛亥革命资料》,第 301 页。
③ 同上,第 461 页。
④ 《实业部致财政部咨》(1912 年 3 月 21 日),《中华民国史档案资料汇编》第 2 辑,第 416 页。
⑤ 《中华民国史资料档案汇编》第 2 辑,第 485 页。
⑥ 朱英:《论南京临时政府的经济政策》,《华中师范大学学报》1999 年第 1 期。

时,清廷已基本为袁世凯所控制,邮传部落入其势力范围,因此交通银行与南京临时政府之间的关系颇为疏隔。

1912 年 3 月,北京邮传部派任凤苞担任交通银行协理,不久南京交通部又委任严义彬为交通银行协理,但严义彬未到任。① 两相对照,②从中可以看出交行对南北两个政府的态度。尽管如此,南京临时政府当时毕竟控制近半个中国,交通银行在某些事务上也不得不与南京临时政府保持联系。如 1912 年初,钱广益堂恳请南京临时政府财政部,对交通银行旧日盈亏的核查,援照大清银行办法办理。财政部对此批示:"已悉该银行系由前清邮传部招股开办,盈亏情形本部无从查考,所请仿照办理各节,应仰候交通部核办可也"。③ 财政部以无从查考为由,将所请求的核办权交给了新成立的交通部,此后交通银行与南京临时政府时有往来。1912 年 3 月,沪行李厚祐向南京临时政府交通部提出要求,需要在通济典提取存款 3.4 万两,以便支持安徽的救济工作,交通部予以同意。④ 这表明交行已经承认南京临时政府的地位。

另一方面,当时的交通部也想通过一些手段,对交通银行进行整顿控制。如 1912 年 3 月 23 日,交通部请求中华民国驻日公使配合查处原清政府两广总督张鸣岐短欠交通银行款项一事,官文中提到:"查得沪行各户往来项下有前清粤督张鸣岐欠银五十二万五千七百两等因,查本部现在整顿交通银行,所有以前存欠款项均应一律查明……丝毫不能含混。"明确表示交通部有意插手交行。当时交通银行处于危机之中,南京临时政府的财政也极为困难,因此交通部对于协助交通银行追回欠款一事较为积极,坚持从严追究,饬令张鸣岐"速回粤料理清楚,倘系私欠,尤应赶紧措交"。⑤

1912 年 3 月,南京临时政府向香港商人借款规平银 18 万两,不久政府北迁,北京政府批示由交通银行代为偿付,并于 1913 年 6 月将款全数付讫。⑥ 交通银行既是在

---

① 《交通银行史料》第一卷,第 106 页。
② 同一时期北京方面还派出了叶恭绰任交通银行帮理。参见《行史清稿》第 1 册,第 10 页,中国第二历史档案馆藏,档号 398(2)-687。
③ 《令示财政部批钱广益堂恳请维持交通银行损失援照大清银行办法呈》,《临时政府公报》(第 21140 号),罗家伦主编:《中华民国史料丛编》A19.2,中国国民党中央委员会党史史料编纂委员会印行,第 3 页。
④ 《令示交通部批上海交通银行李厚祐请在通济典提款以应要需呈》,《临时政府公报》(第 41158 号),《中华民国史料丛编》A19.3,第 6—7 页。
⑤ 《咨交通部批上海交通银行李厚祐请在通济典提款以应要需呈》,《临时政府公报》(第 41158 号),《中华民国史料丛编》A19.3,第 1 页。
⑥ 《陈锦涛等关于港商催还南京临时政府借款文件》(1912 年 3 月—1913 年 6 月),《中华民国史档案资料汇编》第 2 辑,第 313—317 页。

为北京政府还债，同时也是在为南京临时政府还债。

袁世凯北京政府成立以后，很快废弃了南京临时政府的金融政策，另起炉灶，重新厘定包括银行法规在内的一系列金融制度。1912 年 9 月 18 日，财政部规定，"兹暂定在则例未修正以前，仍暂照前清度支部奏定各种银行则例及注册章程办理。凡有设立银行号者，仰即转饬遵照办理可也"。① 以农业金融法令为例，"我国农业金融机关之设立，首先见诸法令者，有民国三年之劝业银行条例，民国四年之农工银行条例，皆渊源于光绪三十四年之劝业殖业银行条例"②。袁世凯政府宁愿继承晚清的银行法规，也不愿继续推进南京临时政府开创的银行立法工作，更谈不上贯彻实施临时政府的金融政策。南京临时政府与交通银行，乃至与中国金融业短暂而又疏隔的联系也就此结束。

交通银行与南京临时政府之间之所以有这种若即若离的微妙关系，是由两方面的因素所决定的。一方面是由于临时政府存在时间过短，且在行政和财政等方面缺乏令行禁止的中央权威，这直接导致其大部分金融政策在南方诸省未能得到切实有效的贯彻；另一方面，交通银行总管理处在革命之初就下令各地分支行严守中立，当时南北还处于对立状态，北方袁世凯当政后，梁士诒、陆宗舆等执掌交行者，皆为其亲信。由于交通银行实际上已为袁世凯势力所控制，故与南京临时政府保持一定距离的做法亦属自然。

第三节　向北京政府时期的平稳过渡

一、商股股东联合会的成立与维持

作为官商合办的全国性大银行，交通银行商股占资本总额的六成之多，且商股股东多为当时社会名流、商界大亨，因而商股股东在交行中具有较大影响力。早在义善

---

① 《财政部关于设立银行号暂照前清度支部各种银行则例及注册章程办理的令稿》（1912 年 9 月 18 日），中国第二历史档案馆编：《中华民国金融法规选编》（上册），档案出版社，1989 年，第 145 页。

② 《吴秀生关于抗战前农业金融及信用合作概况的报告》（1939 年 1 月 14 日），中国第二历史档案馆编：《中华民国史档案资料汇编》第 5 辑第 1 编，江苏古籍出版社，1994 年，第 357 页。

源倒闭、交行信誉受损时,交通银行京津股东会即呈请邮传部,将以后新营业所得赢利先划拨出来,归还旧账,股东股利则可暂缓分派,借此获得舒缓和喘息;①总管理处也决定召开股东会议,回击外界传言,以维护交行信用。②

武昌起义后各地相继爆发革命,在民军占领地区,各分支行所经常遭其烦扰,而民军未到达的地方,各行营业亦颇受影响。③面对艰难的形势,交通银行商股股东为维护血本,开始了挽救交通银行的努力。

在革命风暴席卷全国之际,九月二十八日(11月18日)交通银行董事陈炳镛、于守仁暨京津股东即向香港交通银行致电,提出应对时局的三点办法,一方面维护交通银行的信用,另一方面则力避卷入政争,以保持行基,维护股东利益。

总管理处在总理周克昌、帮理巢凤冈辞职后,管理层陷于权力真空状态,且当时不少人猜测交通银行系官家开设,在革命之际难免不测之患。交通银行股东因血本关系,利害切肤,因此召集临时股东总会,决议联合京津各地股东,组织股东联合会,公推代表,再由全体代表公推会长,并呈准邮传部派会长代理总理,以保证业务的正常经营。④ 十一月初五日(12月24日),京津股东为应付大局,聚集于北京的石桥别业,协议组织南北股东联合会以应对目前的一切。会议推举张拔、陈炳镛、于守仁、张志潜、陆宗舆、王秉钧、于宝轩、阮惟和、张鑫、尤桐为代表,并推举陆宗舆为会长。为了能够与南方股东及时联络,南北股东联合会致电在沪股东张志潜,要求他就近召集股东,在上海开会。⑤

京津股东在非常时刻自行成立南北股东联合会,对交行的正常运转起到了积极作用。当时战云笼罩长江流域,南方各行消息阻隔,在得知南北股东联合会成立于天津后,南方股东也开始积极行动。十一月初九日(12月28日),交通银行在《申报》上发布广告,告知京津股东已经组织南北股东联合会,号召在沪股东积极参与行务。⑥十一月十三日(1912年1月1日)下午,部分旅沪股东召开临时谈话会,讨论应对时局的办法,但"金以维持补救及继续进行方法非仓猝所能解决",遂决定"本月二十日

---

①③⑤ 《本行京津股东会及南北股东联合会之变迁》,中国第二历史档案馆藏,档号398(2)-630。
② 《交通银行将开股东会》,《申报》1911年4月10日。
④ 《交通银行史料》第一卷,第92—93页。
⑥ 《交通银行股东公鉴》,《申报》1911年12月28日、1912年1月1日。

下午二点钟仍在本行楼上开正式股东会以资研究"。① 十一月二十日(1912 年 1 月 8 日),南方股东由张志潭主持在沪召集临时股东联合会,推举张志潭、蒋邦彦为正副会长,并呈邮传部立案。②

旅沪股东召集股东联合会后,十一月三十日(1912 年 1 月 18 日),南、北股东聚集上海再次开会,推举陆宗舆为股东联合会会长,并代理交通银行总理,处理行务,呈准邮传部备案(事实上邮传部已先于此任命陆宗舆为交通银行总理,详见下文)。③ 除了推举总理之外,股东联合会还筹集资金,预备试行交通银行纸币,以求维持北方市面,并分别与豫津以北各分行筹划救济方法,调查联属,冀利进行。④

交通银行南北股东联合会的成立及其活动,对于维持乱局中的交行起了重要作用。辛亥革命之后,股东联合会继续为争取交通银行权益积极奔走,其中最重要的就是争取交行经营管理的自主权。

交通银行开业以来,名义上是商业银行,但人事任命权为邮传部牢牢控制,总理、协理、帮理、稽查,乃至各分行总办、经理的人选都须经邮传部审核同意,邮传部总揽大权的弊端在辛亥乱局中暴露无遗,使交行几陷于群龙无首的困局。1912 年 1 月股东联合会推举陆宗舆代理交通银行总理,遂开股东会推举总理之先河。全国政局趋于稳定后,股东联合会鉴于此前交行高层均由邮传部任命而带来的严重后果,于1912 年 4 月向交通部提交呈文,提议交行总理由股东联合会选举产生之后,再呈部加以委任。⑤ 交通部批准了这一提案,使得交行人事管理被政府垄断的旧况有所改观。

1912 年 7 月,交通部以路政司司长叶恭绰为交通银行帮理,紧接着 12 月股东联合会就呈文交通部,要求各行总办、管理出缺不再派人接充,以后分行号经理亦由总管理处直接选派,不再由交通部核定人选。交行股东在经营自主权上步步为营,有利于交行的长远发展。

由于实力壮大,加上货币发行权、代理金库权等国家银行特权的取得,原有章程

① 《交通银行定期开正式股东会广告》,《申报》1912 年 1 月 2 日。
② 《交通银行史料》第一卷,第 92 页。
③ 《本行京津股东会及南北股东联合会之变迁》,中国第二历史档案馆藏,档号 398(2)-630。
④ 《交通银行股东联合会报告书》,《申报》1914 年 5 月 29 日。
⑤ 《交通银行史料》第一卷,第 93 页。

已不合时宜。于是股东联合会又承担起制定新则例的任务。1914 年 3 月 16 日,新拟定的章制呈送交通部立案;①4 月 15 日,《交通银行则例》以大总统令的方式对外公布。

1914 年 5 月,交通银行召开第三届股东大会,股东联合会发布《交通银行股东联合会报告书》,宣告联合会解散,其历史使命亦告结束。②

二、陆宗舆接任交通银行总理

辛亥革命期间交通银行面临种种困难,亟需得力人选接任总理,带领交行渡过危局,走上正轨。在当时条件下,邮传部与股东联合会虽基于不同利益的考量,却不谋而合地选择了陆宗舆。

陆宗舆(1876—1941),字闰生,海宁盐官人。清光绪二十五年(1899)自费赴日,留学于早稻田大学。回国后在北京崇文门管理税务,历任进士馆和警察学校教习、巡警部主事。三十一年冬,随载泽出国考察宪政,后调任奉天洋务局总办兼东三省盐务督办。任职期间,因改善运输等措施,使得盐课收入三年内激增两倍多,充分展现其善于理财的长处,由此得到清廷的赏识。后历任资政院议员、印铸局长等,并在武昌起义后任袁世凯内阁度支部右丞并代副大臣。③

陆宗舆

①　《本行京津股东会及南北股东联合会之变迁》,中国第二历史档案馆藏,档号 398(2)-630。
②　《交通银行股东联合会报告书》,《申报》1914 年 5 月 29 日。
③　徐友春:《民国人物大辞典》,河北人民出版社,1991 年,第 989 页。

陆宗舆与交通银行渊源颇深。宣统元年五月（1909 年 6 月），陆宗舆担任稽查之时，①曾奉唐绍仪的指派到上海交通银行查办经理李厚祐贪污被参事件。因办理得宜，受到唐绍仪、梁士诒等人的器重，②于宣统元年十二月（1910 年 1 月）充任交通银行协理，③进入最高管理层。宣统二年十二月盛宣怀接任邮传部尚书后，交行实权落入巢凤冈手中，陆宗舆因权力掣肘，以在任期间未能尽职为由提出辞职，④并于宣统三年四月二十四日（1911 年 5 月 22 日）获准。⑤据《申报》报道称，"初八日（1911 年 4 月 6 日）邮传部有奏派交通银行总理等差折奏一件……由陆宗舆充任协理（按：此系《申报》误，陆宗舆宣统元年十二月即任交通银行协理）。当日奉旨依议，并闻陆宗舆本该行稽查，颇知该行之情弊者。此次陆得协理，该行中人皆惶恐不已云"⑥。可知陆宗舆不仅对交行情况颇有了解，还雄心勃勃，有革新开创之志。

宣统三年十一月二十三日（1912 年 1 月 11 日），有鉴于南北和谈开启，袁世凯渐占优势，邮传部才以交通银行总管理处事务重要，发布委任陆宗舆为交通银行总理的札件。⑦邮传部的正式任命，因消息阻塞而未及交行股东联合会处，故十一月三十日（1912 年 1 月 18 日），股东联合会在上海开会时，尚不知情的股东们还公推陆宗舆为股东联合会会长，代理行使总理职权，并且呈报邮传部备案。邮传部收到股东联合会的呈案后，为尊重股东联合会意见起见，再次发布新的委任札件，正式任命陆宗舆为暂时代理。

邮传部任命陆宗舆暂代交通银行总理之后，原邮传部指派代理总管理处事务的于守仁随即请辞。十二月初一（1912 年 1 月 19 日）辞请获批，考虑到于守仁作为交行商股董事，熟悉行内情形，邮传部又让其卸任后常驻董事会办事，专心辅助陆氏恢复营业。⑧

陆宗舆就任后，总管理处结束了两个多月的混乱局面，开始步向正轨。1912 年 3

---

① 邮传部札：《札派候补京堂陆稽查行务》，己字第三十八号，宣统元年五月初七日（1909 年 6 月 24 日）。

② 于庆祥：《晚清交通四政的发展与交通系的形成》，载《明清论丛》第 5 辑，2004 年。

③ 《交通银行史料》第一卷，第 106 页。

④ 邮传部札：《陆协理呈请开差未便照准》，辛字第二十二号，宣统三年三月廿四日（1911 年 4 月 22 日）。

⑤ 邮传部札：《陆协理呈请开差并声明无经手关涉之事应即照准》，辛字第三十一号，宣统三年四月廿四日（1911 年 5 月 22 日）。

⑥ 《交通银行之新总协理》，《申报》1911 年 4 月 13 日。

⑦⑧ 《宣统三年十二月廿三日邮传部札》，《交行档案》第 109 号。

月政局稍稳,邮传部(嗣改组为交通部)指派任凤苞为交通银行协理、叶恭绰为交通银行帮理,这两个关键职位在长达十个月和四个月的空缺后被填补续任,①标志着交行总管理处工作的全面恢复。

三、总管理处的短暂迁移

陆宗舆接任交通银行总理之时,全国政局表面明朗,实则暗潮汹涌:清廷不甘心就此覆亡,犹作困兽之斗;南京临时政府跃跃欲试,欲行北伐之举;北方革命党人摩拳擦掌,频频起事;袁世凯亦指使北洋系文武官吏不断"逼宫",胁迫清廷退位。北京局势依旧紧张。

在这样的情况下,交通银行总管理处为了避免波及,带齐重要资料,暂时移居到天津法租界北马路平和里45号房屋办公,并致函各分支行,告知"应交总管理处信件报册,请暂按址寄至本处以便接洽。一俟大局安定,自当仍回京师,届时再行知照可也"。②

交行总管理处暂时移往天津后,清廷在革命的压力与袁世凯的胁迫下,于宣统三年十二月二十五日(1912年2月12日)宣布退位,两千多年的封建帝制终告结束。

袁世凯成功逼迫清帝退位后,孙中山为践行诺言,于1912年2月13日向参议院提出辞职和推荐袁世凯为大总统的咨文。2月15日,参议院选举袁世凯为中华民国临时大总统。为约束袁世凯,保证实行共和,孙中山等革命党人坚持袁世凯南下就任。袁世凯老奸巨猾,指使曹锟在北京发动兵变,并以维护治安为借口拒绝南下。曹锟则假戏真做,以致乱兵肆掠北京,商民损失数千万,后蔓延至保定、天津,致使京奉、津浦铁路局,大清、直隶各银行及造币厂等处均遭劫掠,损失不小。③

因京、津等地接连发生兵变,外国公使纷纷采取措施,调集军队开进北京、天津、青岛等地,向中国施压,北京陷入自辛丑变乱以来又一次严重危机之中。北方各督抚纷纷通电反对袁世凯南下就职,袁世凯也以北方大局未定为由,拒绝南下。南京临时参议院不得不同意袁世凯的要求。

---

① 交通银行协理一职,在宣统三年四月二十四日(1911年5月22日)陆宗舆辞职后邮传部没有续派,一直空缺;帮理一职,在宣统三年九月二十六日(1911年11月16日)巢凤冈辞职后邮传部没有续派。

② 《交行总处移津》,《交行档案》第110号。

③ 李新主编:《中华民国史》第一编,第493页。

3月10日,袁世凯在北京宣誓就任中华民国临时大总统,标志着北京政府正式成立。

政局稍稳,交通银行总管理处于3月12日迁回北京。月底,交通银行总管理处致函总分行:"此次京津兵变,幸先事预防,本处及京、津两行同仁均得无恙,银洋账目公文亦均未受损失。组织临时政府地点既定于北京,本处因于阳历3月12日仍回北京。"①

3月25日,唐绍仪奉袁世凯之命到南京组织新内阁,接收临时政府。同时,主管交通银行的前清邮传部亦由民国交通部改组归并。4月1日,孙中山正式解除临时大总统之职。4月5日,临时参议院议决政府迁往北京。于是,北京政府形式上统一了全国,交通银行也由此进入北京政府时期。

---

① 《总处移回北京》,《交行档案》第111号。

第四章
民初国家银行特权的获取

    1912 年 3 月北京政府正式成立后,全国政局渐趋稳定,在辛壬乱局中遭遇巨大冲击的交通银行开始恢复整顿。1912 年 5 月,股东联合会推举梁士诒为交通银行总理,标志着交通银行营新整旧的全面开始。在梁士诒的主持下,交通银行通过划分新旧账、缓提官存、吸收存款、限制贷款、推广汇兑等措施,逐渐恢复元气并取得长足进步。同时,梁士诒利用其政治地位为交通银行争取到货币发行权、代理金库权等国家银行特权,特别是 1914 年以大总统令形式公布的《交通银行则例》,将交通银行所获特权以法律形式固定下来,表明交通银行实现了由商业银行向国家银行的性质转变。1915 年 10 月 31 日的大总统申令明确将交通银行定性为与中国银行同等地位的国家银行,正式确立其中央银行的地位。① 然而,随着以梁士诒为首的交通系逐步垄断交行的各项大权,一步步将其变成北京政府的财政工具,致使交通银行又遭逢新的厄运。

---

① "中央银行",也称"中央发行银行",是一个国家金融体制的中心机构。其主要业务为:发行银行券或纸币,代理国库,保管一般银行的部分存款准备金,并通过再贴现对一般银行通融资金,故为"银行之银行"。中央银行还运用贴现政策、公开市场政策和调节法定存款准备率等措施来影响市场信用。中央银行与其他金融机构的根本区别在于,中央银行所从事的业务不是为了营利,而是为实现国家宏观经济目标服务。就"中央银行"的严格定义而言,唯有 1942 年至 1949 年南京国民政府的中央银行和 1984 年以来的中国人民银行与之相符。然而,中国金融机构的发展有其特殊性,所以现今的中国金融史论著在叙述中国中央银行的历史演变时,多将一度承担中央银行职责的户部银行、大清银行、中国银行、交通银行等,皆称为"中央银行"。为与学术界的观点和提法保持一致,本书对此类银行也使用"中央银行"的称谓,但读者应注意其与严格意义上的中央银行的差别。

第一节　梁士诒主持下的民初交通银行

一、梁士诒接任交通银行总理

1912 年 3 月,袁世凯宣誓就任中华民国临时大总统,北京政府正式成立并很快在形式上统一了全国。在政局趋于稳定的情况下,因时局动荡而引发全面危机的金融业开始了恢复与整顿。由于交通银行的特殊性质及其在鼎革之际的特殊遭遇,整顿恢复工作首先从人事的全面调整开始。

当时交通银行虽然平稳过渡到北京政府时代,但因战乱的冲击,百废待兴,亟须地位超然的人物来主持清理整顿工作。从与交行的渊源上看,梁士诒与陆宗舆都是接任总理的合适人选。只是梁士诒身为袁世凯的心腹,在当时复杂的政局下无暇分身,因此邮传部与股东联合会都选择陆宗舆接任交通银行总理。但陆宗舆与梁士诒相比,无论是理财才能还是政治地位,都有一定的差距,因而一旦时局稳定,梁士诒得以抽身,势必重掌交行。1912 年 1 月 18 日,股东联合会推举陆宗舆代理交通银行总理,邮传部为尊重股东联合会意见,将陆宗舆的任命由正式总理改为代理总理,这为此后股东联合会再次推举总理提供了某些方便。1912 年 5 月,梁士诒以"学识、魄力、经验冠绝一时",[1]而被股东联合会公举为交通银行总理,[2]并开始主持交通银行的清理整顿工作。

梁士诒与交通银行的深厚渊源,是梁能够接手交行、带领交行走出危机的主要原因。早在光绪三十一年(1905),梁士诒就担任铁路总文案,[3]开始涉足交通事业。后协助唐绍仪督办京汉、沪宁、道清、正太、汴洛五铁路事宜,因办理得当,光绪三十三年(1907)三月被任命为新设立的五路提调处提调(是年十一月十八日,即 1907 年 12 月

---

① 《交通银行股东会纪闻·股东之报告》,《申报》1914 年 5 月 29 日。
② 《申报》1912 年 5 月 7 日《专电》提到"交通银行总协理委定梁士诒、陆宗舆、任凤苞",实际上是梁士诒代替陆宗舆为交通银行总理,任凤苞继续为交通银行协理,陆宗舆暂时离开交通银行高层,此后交通部对交通银行的批文中都提到总理梁士诒、协理任凤苞。
③ 《三水梁燕孙先生年谱》(上册),第 53 页。

22日,五路提调处改为邮传部铁路总局,梁士诒任局长),开始在交通系统崭露头角。[①] 在赎回京汉铁路的紧要关头,梁士诒被委以重任负责办理赎回之事,他以其先进的金融理念和远见卓识提议奏设交通银行,指出此举不仅可以筹集资金赎回京汉铁路,更能借此将中国交通系统中的外国金融势力排挤出去,收回利权,振兴民族经济。此后他又参与拟定交通银行章程和设立交通银行奏折等事宜,[②]在筹建过程中积极谋划,号召"各埠股商"认购交通银行股票,[③]实为交通银行的创始人之一。

梁士诒

交通银行创建时期,梁士诒因"股份关系",[④]推举李经楚为交通银行总理,自己则以"管理铁路人员"的身份担任帮理。梁士诒身为铁路局局长,掌握着铁路财政大权,而在交通银行的存款、放款等业务中,铁路款项占据主导地位,故交行实权长期为梁士诒把持,直到宣统三年(1911)初为盛宣怀排挤而辞去铁路局长和交通银行帮理职务。

① 《三水梁燕孙先生年谱》(上册),第58页。
② 同上,第66页,提到"章程三十八条,亦即先生所手拟者也。"
③ 同上,第66页。
④ 同上,第120页。

辛亥革命期间,交通银行受动荡政局之影响,几于倒闭,梁士诒积极奔走,"筹集官商巨款",①对危机中的交行悉力扶持,因而在交行中的威望也进一步提高。

梁士诒在北京政府中的特殊地位,也是其接手交行的重要原因。早在光绪二十九年(1903)十月,梁士诒经唐绍仪介绍,为时任直隶总督的袁世凯聘为北洋编书局总办,②并受到袁世凯赏识,相继担任要职,在交通系统中占有重要地位。后来虽遭盛宣怀挤压免职,但武昌起义后协助袁世凯重新出山,居中策划,出力甚多,因而更受袁世凯器重。

清帝退位后,袁世凯着手组建临时政府,以梁士诒为邮传部正首领。③ 1912 年 3 月 10 日,袁世凯在北京宣誓就任中华民国临时大总统,誓文由叶恭绰手拟,梁士诒修订。同日,梁士诒被任命为总统府秘书长,④为袁世凯制定施政方略而继续出力。

北京政府正式成立后,袁世凯向南京临时参议院提名内阁总理及各部总长名单,梁士诒被提名为邮传部(交通部)总长。⑤ 经过南北两方势力的交争和妥协,邮传部(交通部)总长最终由唐绍仪暂时兼任,后由其侄婿施肇基接任。⑥作为袁世凯肱骨重臣的梁士诒,虽然失去邮传部(交通部)总长的职务,但因其担任总统府秘书长一职,既得以与袁世凯保持频繁联系,又能够有充裕时间处理交行事务。

二、民初的业务整顿

面对辛壬乱局所造成的巨大冲击,梁士诒接手交通银行后,即在清理账目、吸收存款、缓提官存、限制贷款、推广汇兑等方面进行清理整顿,逐步解决了困扰交行的诸多问题,业务经营势头良好。

(一)账目的清理与整顿

民国初年交通银行面临的最大问题,就是账目混乱,这是制约交行发展的瓶颈。因此民初整顿,着重从账目入手。

1. 新旧帐分开,清理辛亥旧账

---

① 《三水梁燕孙先生年谱》(上册),第 120 页。
② 同上,第 43 页。
③ 同上,第 113 页。
④⑥ 同上,第 114 页。
⑤ 章开沅:《张謇传》,中华工商联合出版社,2000 年,第 259 页。

1911 年至 1912 年的中国正处在清王朝和民国的更替之际,银行账务需要重新清理划分。1912 年前后的新旧账混杂,给交行业务的恢复与发展造成很大困难。与大清银行由财政部拨款清理不同,交通银行通过划分新旧账,一面营新,一面理旧,[①]通过自身努力解决这一难题。

1912 年 4 月 17 日,总管理处致函京津两行,提出账目清理办法,先由京津两行试办。总管理处要求以正月十二日为断,凡正月十二日以前的账目归清理项下,正月十二日以后的进出,列入新账;清理项下的出入款目仍按阴历月日记载,以求与旧账相符,避免日期错误,而新户的账目则一律改用公历。[②]

梁士诒接任交行总理后,十分重视新旧账的区分与清理,继续沿用总管理处原定办法,并以划分新旧账作为整顿交行的"入手之方针",他规定:"旧账责成原经手人分别清理,收存还欠,并将滥放账款之经理酌量撤换;新事则随时往来,不与旧账稍有牵涉,各处新存之款亦均可随时提用,不稍短欠。"[③]此后,对辛亥旧账的清理成为民国时期交通银行的一项重要业务。经过多番努力,历史遗留下来的呆滞账目得到有效的清理。

2. 收回欠款,付还存款

辛亥年间各种劫难接踵而至,交行的大量贷款成为呆账难以收回。梁士诒接任总理后,不仅采取各种方法收回积欠的贷款,减轻了交行的负担,而且付还应付之存款,维护了企业信用。

民初,梁士诒要求总分行大力推行"收欠还存"方略。首先,对于物品押款要限期取赎,逾限不赎者,依照章程将所押之物进行变价取偿,所押之物不足以偿价,要求欠主补足。[④] 其次,对于那些屡催罔应的欠户,或向公堂控诉,或延请律师函催,或请公证人代为调处。第三,对于存款户,也要进行细致的处分,或存欠相抵,或分期筹付,或设法清还。综合民初几年的营业报告可以看出,1912 年底总分行共收回欠款210 余万两,付还存款 310 余万两;1913 年底各行共收回欠款 310 余万两,付还存款

① 《民国元年亏损情况》,《辛亥年前邮传部暨各路局存欠各款账略》,第 43 页;《北京金融史料》银行篇(5),第 253 页。
② 《1912 年 4 月 17 日总处致京行函》,《行史清稿》第 9 册,第 9 页,中国第二历史档案馆藏,档号 398(2)-695。
③ 《交通银行致交通部函》(1912 年 8 月 7 日),《交行档案》第 111 号;《交通银行史料》第一卷,第 306 页。
④ 《交通银行限期取赎押款广告》,《申报》1912 年 6 月 7 日。

230 余万两。① 1914 年各行清理旧账收付之数为 300 余万两,②1915 年为 220 余万两。③ 尽管仍有不少呆账难以清理,但从数额来看,"收欠还存"还是取得了明显的成效。

3. 修订章程,筹备统账

晚清交通银行实行分治制度,各分支行之间各自为账,彼此之间没有贯通。当时的会计制度,只是要求各分行每月底缮报清册,送总管理处即可,没有专定科目,也没有日计表。④ 而且,股东会议上讨论的内容多是人员安排和利润分发问题,对总分行之间的关系建构和业务往来也都没有涉及。

梁士诒接手交行后,逐渐认识到账务分治的缺陷,随着分支机构渐次扩展,各行之间的业务往来越来越多,如果因循旧规,仍各自为账,各行为自身业绩考虑,而难以兼顾全局,势必影响交行的整体发展。⑤ 针对这种情况,梁士诒提出建立全行统账制度,并于 1913 年 1 月试行。⑥ 梁士诒在 1914 年 5 月对各行经副理的讲话中,再次强调统账的必要性,要求股东会议将统账一事列为章程修订中最值得注意的一件大事。⑦

经过民初几年的准备,至 1917 年,交通银行施行新会计制度,由总管理处明确规定传票、账簿等内容,并要求每日记账表必须抄送至总管理处,⑧这成为统账制度的一项重要措施。

(二)吸收存款,增加营运资本

"银行重要之事务,首要在于吸收存款"⑨,这是梁士诒主持交行时的一个重要观念。因此他要求总分行注意吸收各种存款,以增加营运资金,培植元气。1912 年 3 月,北京政府陆军部将应发各处饷银交由交行拨兑汇划,每月均有百万之巨。⑩ 同

---

① 《民国元年二年报告》,《北京金融史料》银行篇(5),第 249 页。
② 《民国三年营业报告》,《北京金融史料》银行篇(5),第 258 页。
③ 《民国四年营业报告》,《北京金融史料》银行篇(5),第 263 页。
④ 《交通银行史料》第一卷,第 1456 页。
⑤ 《民国元年二年报告》,《北京金融史料》银行篇(5),第 252 页。
⑥ 《交通银行史料》第一卷,第 127 页。
⑦ 《梁士诒在交行股东总会上对各行经副理的谈话》(1914 年 5 月 25 日),中国第二历史档案馆编:《中华民国史档案资料汇编》第 3 辑,江苏古籍出版社 1991 年,第 361 页;《交通银行史料》第一卷,第 272 页。
⑧ 《交通银行史料》第一卷,第 1457—1458 页。
⑨ 同上,第 267 页。
⑩ 《交通银行致交通部函》(1912 年 8 月 7 日),《北京金融史料》银行篇(5),第 254 页。

时,内务部、财政部与交行时有往来,海军部也将海军款项交由交通银行承汇。① 这些款项的承汇,增加了营运资本,对于资金拮据的交行而言,可谓是雪中送炭。

对于以上部门的配合,梁士诒非常感激,并且声明这些部门的款项交与交行拨兑汇划,"实非本行所兜揽,且本行亦非借此求利",只是希望为政府稍尽义务,以图补救于将来。梁士诒注意到外国银行汇兑费用远远高于交通银行,"由京汇沪每银元一千,外国银行必索汇费四十元,即与商情,至少亦须二十元",而"本行则仅收十五元或二十元",②因此推广汇兑不仅有利于交通银行的发展,也有助于收回利权。

争取交通部各局继续存款。当初邮传部创建交行时,即以经营交通四政款项为其主要业务,交行也照章承办,逐步建立了良好的信用。可是经义善源积欠和辛壬乱局后,交行遭遇信用危机,以致此前经常互有往来的交通四政各机关,大多将款项的经理改归外国银行。③

作为交行的上级管理机关,交通部对此不能积极作为,这让梁士诒颇有看法。他多次要求交通部提供资金帮助。1912 年 8 月 7 日,梁士诒致函交通部,请求支持,恳望交通部照顾交通银行的利益。信中指出,交通银行之所以未能摆脱信用危机,与交通部所辖各局所"仍尚隔阂"有关,所以"各股东每当会集讨论之时,屡有商复旧章之请"。信中反复强调交通部各局所存款于交行,既可以少受外国银行的胁迫和垄断,而交行的信用亦可借交通部的支持而恢复。④

可是民国肇始,百废待兴,交通部的处境也很艰难,对于梁士诒的不满以及争取交通部各局所存款的请求,只能报以有心无力。在回函中,交通部承认,作为交通银行的最大股东,对于本部的经济补助机关,理应极力支持,但所辖各路多无盈余,又需要接济财政部等相关部门,仅 1912 年以来的半年时间,即由部挪拨财政部达百万之多,而且融资困难,"交通部往来款项未定,而指项却已先定,存放一层,无从谈起"。不过,斟酌再三,交通部还是答应在力所能及的范围内,对交通银行给予支持,这包括:"已饬会计科将各电局解报费,随时收取,随时送存交通银行,并将汇兑事宜统归交通银行经办";将交通部存放在华俄道胜银行的一万余银两,连同利息,全数提出,

---

① ③ 《交通银行史料》第一卷,第 306 页。

② 《交通银行致交通部函》(1912 年 8 月 7 日),《北京金融史料》银行篇(5),第 254 页。

④ 同上,第 254—255 页。

拨存交通银行;通函路电各局,等交通银行发行新版兑换券时,一律通用,借资周转。① 而待到辖下各局所颇有余利之后,交通部又饬令其将款项存放于交行,以推动其业务发展。

另外,经过交行的积极争取,先前没有收齐的官股股款亦由交通部拨足。1912年11月,交通部拨银42万两,加上以前邮传部所拨付的158万两,200万两的官股份额半数收足。② 交通银行官股的收齐,为交行恢复信用与扩大营业提供了有利条件。

1912年11月,梁士诒在给袁世凯的呈文中提到,交通银行起初为轮、路、邮、电而设,民国既已成立,仍应继续按旧章办理,将四政款项存入交行。对此,袁世凯表示支持,并将交通四政收支列为特别会计金,③由交行专门经理,就连国务总理和财政部都不许过问。梁士诒的努力,再加上袁世凯巩固权力、建立私人金库的需要,终使交通银行独揽交通四政款项的经理权。

1912年9月间,受陇海铁路总公所之托,交通银行代理经收陇秦豫海铁路借款中的第一批交款,金额为2500万法郎。后在北京政府的干预下,此款项拨存交通银行与中国银行两行,用以充足银行营业准备。交通银行遂与财政部订立借款合同,经收1250万法郎的借款。④ 这笔数额不菲的路款,大大增强了交通银行的营运资本。

在大力吸收官存的同时,由于交通银行信用的逐渐恢复与业务的次第展开,私人存款也逐渐增加,存款总额得到迅速增长。

表1-4-1 民初交通银行存款额表

年 份	存 款 总 额		指数(百分比)
	库平银(两)	折合国币(元)	
1912	14402809.320	21604214.00	100.00
1913	35432657.091	53148985.64	246.01
1914	49052677.240	73759015.86	340.58
1915	47489387.213	71234080.82	329.72

资料来源:《行史清稿》第9册,第24页,中国第二历史档案馆藏,档号398(2)-695。

---

① 《交通部复函》(1912年8月12日),《北京金融史料》银行篇(5),第255页。
② 《行史清稿》第1册,第11页,中国第二历史档案馆藏,档号398(2)-687。
③ 《交通银行史料》第一卷,第699页。
④ 《行史清稿》第9册,第21页,中国第二历史档案馆藏,档号398(2)-695。

从表1－4－1可以看出,1913年和1914年这两年,交通银行的存款增长非常迅速。在当时华资银行中,交通银行的存款额遥遥领先。1915年受"洪宪帝制"的影响,存款额开始下降,并被中国银行超过。

表1－4－2　民初交通银行与中国银行存款比较表　　　单位:国币万元

年　份	交通银行		中国银行		交通银行/中国银行
	存款总额	指数(百分比)	存款总额	指数(百分比)	
1912	2160	100	201	100	11:1
1913	5315	246	1130	562	53:11
1914	7376	340	5838	2904	37:29
1915	7123	330	10535	5241	71:105

资料来源:《行史清稿》第9册,第24页,中国第二历史档案馆藏,档号398(2)－695;中国银行年度报告(1912、1913、1914、1915),《中国银行行史资料汇编》上编,第1826—1985页。

(三)缓提官存,渡过难关

进入民国后,交通银行总管理处决议在清理账目时新旧账分开,民国以来的交通四政新存之款,归于新账,随时听候提拨。但是,在民初的数月里,交通部(邮传部)频频提取存款,对官欠却未加清理,这对资金短缺的交通银行来说是大为不利的。于是,交通银行援引北京政府缓提大清银行官存,以便中国银行清理旧账之例,于1912年11月致函交通部,提议"凡系辛亥(1911年)十二月底以前所存本行款项,仿照大清银行办法,一律暂为缓提",同时表示"其本年新历二月十三日以后新账,则仍照常往来,以免牵掣"。①

在致交通部的函件中,交通银行从稳固信用的角度,对缓提原因做出解释:"吾国官商各银行遭政体改革之波动,大都一蹶不振,遂致吾国银行之信用为一般人民所不信赖。本行正值迎新理旧筹划进行,必须坚人民之信心,始能固本行之基础。然而细察市况情形,时露恐慌状态,经营新业,非旦夕所能期功;清理旧账,岂咄嗟即有归宿。统筹兼顾,殊觉为难,再四思维,只有缓提官存办法。"②1924年交通银行编制的《辛亥年前邮传部各路局存欠各款账略》也曾指出:"本行当民国元年所以声请缓提者,亦至有万不得已之苦衷,盖在国体变更之初,秩序尚未安定,本行放款方难收回,设更

————————

①② 《交通银行致交通部函》(1912年11月26日),《北京金融史料》银行篇(5),第256页。

应付提存,势必尽赎此国家银行之基础,故冀稍宽岁月,用资清厘。"①

"缓提官存"的思路形成后,梁士诒向袁世凯上了一道签呈,其中建议将辛亥年前邮传部及交通四政存入交通银行的银两,与邮传部以及四政所欠交通银行的钱款,作为旧账并算互抵,暂停支付。该签呈,袁世凯批了一个"阅"字。于是,交行即以此为依据,每遇到交通四政方面前来提取存款,便以"请与交通部接洽"之语婉拒。② 当时,邮传部在交通银行的存款尚有268万余元。这样一笔巨款对于危机中的交行而言,重要性不言而喻。"缓提官存"的实行,得以阻遏公款的大量提取,从而帮助交通银行顺利渡过难关。

表1-4-3 辛亥年邮传部及各路局结存结欠总表

结存项下:					
款项款目		项　目	结存原货币数	折合库平银数	库平折合银元数
第一款	京行结存邮传部及各路局款项	第一项 铁路总局户	京出足 14229.83	13735.37	20603.05
		第二项 公债处移来户	京出足 3758.48	3627.88	5441.82
		第三项 京张铁路资本正项户	京出足 158111.99	152617.75	228926.63
		第四项 京张铁路租本扣回资本户	京出足 7329.17	7074.48	10611.72
		第五项 张绥铁路局户	京出足 960.12	926.75	1390.12
		第六项 京张路户	银元 36737.84		36737.84
		小　计			303711.18
第二款	津行结存邮传部及各路局存款	第一项 邮传部户	行化 95628.21	9749.76	137624.64
		第二项 交通部户	银元 15791.45		15791.45
		第三项 张绥铁路局户	行化 14375.87	13792.82	20689.23
		第四项 京汉铁路局户	银元 9157.26		9157.26
		小　计			183262.58

① 《辛亥年前邮传部各路局存欠各款账略》,第49页。
② 《访问谢霖甫记录》(1961年5月26日),交通银行总行博物馆藏档案Y48。

（续表）

款项款目		项　目		结存原货币数	折合库平银数	库平折合银元数
第三款	沪行结存邮传部及各路局款项	第一项	邮传部户	规元 153554.17	140104.17	210156.26
		第二项	邮传部户	规元 379981.25	346698.22	520047.33
		第三项	驻沪电务办事处收支账房户	规元 45018.60	41075.37	61613.05
		第四项	驻沪电务办事处收支账房户	银元 55882.27		55882.27
		小　计				847698.91
第四款	汉行结存邮传部及各路局款项	第一项	邮传部户	洋例 198276.72	187184.48	280776.72
		第二项	邮传部户	洋例 27200.94	25679.23	38518.84
		第三项	京汉铁路局户	洋例 524023.89	494708.32	742062.48
		第四项	京汉铁路局户	银元 8351.74		8351.74
		小　计				1069709.78
第五款	宁行结存邮传部及各路局款项	第二项	津沪押款户	临陵银 3141.19	3061.59	4592.38
第六款	张行结存各路局款项	第一项	张绥路资本扣存租本户	京出足 474.72	458.22	687.33
		第二项	张绥路正项存款户	京出足 1235.65	1192.71	1789.06
		第三项	张绥路第三号户	京出足 3458.12	3337.96	5006.94
		小　计				7463.33
第七款	粤行结存各路局款项	第一项	京汉铁路局户	备银 192206.98	178296.61	267449.41

共计银元 2683907.57 元

结欠项下：

款次及款目		项　目		结欠原货币数	折合库平数	库平折合银元数
第五款	宁行结欠邮传部及各路局款项	第一项邮传部户		银元 7912.65		7912.65

共计银元 7912.65 元

存欠相抵结存银元 2675994.92 元

资料来源：《辛亥年前邮传部各路局存欠各款账略》，第 1—3 页。

此外,民初交通银行还免除及暂缓提取官股利息。辛亥革命爆发后,董事会以鼎革之际影响营业,决议只给付辛亥上半年及民国元年下半年的年股,股息六厘,其中官股股息呈准交通部予以免除。① 政局稳定后,众股东要求分享官利者接踵而至,交行陷入"支则有剜肉补疮之患,不支则又有股票跌落之虞"的尴尬境地。② 后来总管理处经过慎重考虑,呈文交通部,请求民国二年的官股利息暂缓提取。③在得到交通部批准后,交行立即将拖欠的辛亥上半年、1912 年下半年以及 1913 年的商股利息全数发放。

(四)限制贷款,力避风险

在清理账目、吸收存款与缓提官存的同时,总管理处亦开始索寻导致交行危机的深层次原因。梁士诒认为,在交通银行的早期放款中,无担保者超过半数,有担保者皆为田地、房屋之类的不动产,④这种放款方式,一旦遭遇战争、天灾等意外,必然使交行遭受巨大损失。他还认为,即便交通银行资产额超出负债额,滥放款项,也会造成不可收拾的后果,因此,注重放款的做法是不可取的。⑤

有鉴于此,梁士诒在其任职期间一直强调限制抵押贷款,如在 1914 年 5 月 25 日交通银行股东大会上对各行经副理的谈话中,即着重阐述滥放钱款的危害以及限制贷款的做法。梁士诒认为,尽管形势在好转,但交行尚处于惨淡经营阶段,总分行以开拓业务为要,要警惕贷款这类消极业务所带来的影响,⑥"无论有无抵押,期限长短,总不愿意放款"。⑦

---

① 《行史清稿》第 1 册,第 10 页,中国第二历史档案馆藏,档号 398(2)-687。
②③ 《民国元年二年报告》,《北京金融史料》银行篇(5),第 252 页。
④ 同上,第 248 页。
⑤ 《梁士诒在交行股东总会上对各行经副理的谈话》(1914 年 5 月 25 日),《中华民国史档案资料汇编》第 3 辑,第 357—358 页;《交通银行史料》第一卷,第 268 页。
⑥ 《民国元年二年报告》,《北京金融史料》银行篇(5),第 249、250 页。
⑦ 《梁士诒在交行股东总会上对各行经副理的谈话》(1914 年 5 月 25 日),《中华民国史档案资料汇编》第 3 辑,第 357—358 页。

表1-4-4 民初交通银行放款总额表

年 份	放 款 总 额		指数(百分比)
	库平银(两)	折合国币(元)	
1912	8755426.54	13133139.81	100.00
1913	27769498.73	41654248.09	317.11
1914	28889733.26	43334599.89	330.00
1915	36294010.95	54441016.42	414.53

资料来源:《行史清稿》第9册,第37页,中国第二历史档案馆藏,档号398(2)-695。

表1-4-5 民初交通银行存放款总额比较表 单位:国币元

年 份	存款总额	放款总额	存款超过放款额	指数(放/存,百分比)
1912	21604214.00	13133139.81	8471074.19	60.79
1913	53148985.64	41654248.09	11494737.55	78.37
1914	73759015.86	43334599.89	30424415.97	58.75
1915	71234080.82	54441016.42	16793064.40	76.43

资料来源:《行史清稿》第9册,第37页,中国第二历史档案馆藏,档号398(2)-695。

正因为梁士诒的这一主张,交通银行在民国初期的放款额度增长缓慢,且远远低于存款额。与此形成鲜明对照的是,交通银行其他时期放款额大多高于存款额。而在同一时期,其他华资银行的放款也大多超过存款。这是民初交通银行业务发展的独特之处。此种营业方针的施行对交通银行的清理整顿和恢复元气,产生了积极的影响。

(五)推广汇兑

梁士诒将贷款视作"消极的业务",时常予以限制,而与之相对应的,他非常重视银行的汇兑业务,称之为"积极的业务"。在他看来,汇兑业务,一方收现,一方付现,银行在其中并无风险,即便各业萎靡,"惟此尚为有利无损之业务"。[1] 在1914年5月的那次著名谈话中,梁士诒强调:"次于存款而亦应为我行所应注意之事,则为汇兑"[2]。梁士诒还认为,中国各种货币混杂,于商贸往来颇为不便,因此银行的汇兑业

---

[1] 《民国元年二年报告》,《北京金融史料》银行篇(5),第250页。
[2] 《交通银行史料》第一卷,第270页。

务就显得特别重要,不仅"其数为繁",且"获利尤厚",①交行须对这项"有利无损之业务"用心用力,尽快在全国各地设立汇兑所。

截至1923年2月,交通银行将汇兑所改组为支行或办事处,十余年间前后共设立汇兑所70处(板浦汇兑所筹设未果),其中民国成立到1916年5月停兑令颁布,这一期间所设立的汇兑所占数量在四分之三以上。② 1914年2月,梁士诒要求各分行在全国铁路各大车站设立汇兑处,③遂使交通银行汇兑网点遍及全国各地。

随着汇兑业务的开展,交通银行汇水收入不断增加,在民初几年盈利额中,汇水收益占了绝大部分。在1914年的股东大会上,梁士诒交待民初两年交通银行借以分发股息的利润,主要得益于汇水收益。④

表1-4-6　民初交通银行汇水表

年　份	汇　水　总　额		指数(百分比)
	库平银(两)	折合国币(元)	
1912	207901.800	311852.70	100.00
1913	840226.865	1260340.30	404.15
1914	1298016.074	1947024.11	624.35
1915	1564969.474	2347454.21	752.75

资料来源:《行史清稿》第10册,第38—39页,中国第二历史档案馆藏,档号398(2)-696。

1914年4月,中国银行委托交通银行代理其在香港的外汇业务,交行的汇兑业务开始向海外扩展。5月,梁士诒要求各分行经副理推广国外汇兑,⑤可见交行在汇兑业务上尝到了甜头,更加积极地推广这一业务。

在梁士诒的主持下,民初交通银行的各项业务进展顺利,元气渐复,信用增强,为进一步发展奠定了坚实基础。

---

① 《梁士诒在交行股东总会上对各行经副理的谈话》(1914年5月25日),中国第二历史档案馆编:《中华民国史档案资料汇编》第3辑,第360页。
② 《汇兑所名称及设置年月》,中国第二历史档案馆藏,档号398(2)-694。
③ 《北京电》,《申报》1914年2月4日。
④ 《民国元年二年报告》,《北京金融史料》银行篇(5),第250页。
⑤ 《交通银行史料》第一卷,第271页。

三、第三届股东大会及经营方针的改进

根据《交通银行奏定章程》，每年四月、十月定期在北京召开股东大会，[1]将营业情况报告于股东。民初，交通银行在梁士诒的领导下积极清理整顿，致力于恢复业务和重塑信誉，"不得不择缓急，权轻重，略此对内关系，而并力对外经营"。[2]因此，1912、1913两年都没有召开股东会。

到1914年上半年，交通银行各项整顿取得明显成效，相继取得货币发行权、金库代理权等国家银行特权，并以大总统令的形式公布《交通银行则例》，奠定了交通银行在中国银行业中的地位。新颁布的《交通银行则例》规定："交通银行每年于总行所在地开通常股东总会一次。"[3]于是，交行决定召开股东大会。[4]

1914年5月24日，距第二届股东大会召开的三年之后，交通银行在北京虎坊桥湖广会馆召开第三届股东大会。

这届股东大会的召开，标志着辛亥革命期间为挽救交行而成立的股东联合会已经完成了历史使命。于是，股东联合会在会上递交了《股东联合会报告书》，[5]陈报股东联合会成立经过以及为挽救交通银行所做的努力，并充分肯定了梁士诒主持交通银行以来的成就。股东联合会至此解散。

在会上，梁士诒递交《民国元年二年报告》，[6]将1912、1913两年的营业情况向股东做了汇报，以1912年5月为界，将这段时间两分为"理旧时期"和"营新时期"。梁士诒指出，1912年初交通银行陷入极为困难的局面，这固然是因为义善源之牵累、革命之影响、西贡万顺安号之波及，但真正根源却是辛亥以前交通银行的营业方针有失偏颇，管理体制紊乱，这样的经营迟早要生出恶果。因此，他强调，交行要走出困境，谋求发展，一定要重新厘定经营方针，注意实际效果。

大会依照《交通银行则例》选举总理、协理及董事，梁士诒、任凤苞仍为总理、协

---

[1]　《交通银行奏定章程》第65条，《交通银行史料》第一卷，第180页。
[2]　《民国元年二年报告》，《北京金融史料》银行篇(5)，第247页。
[3]　《交通银行史料》第一卷，第191页。
[4]　《交通银行开股东会广告》，《申报》1914年4月24日。
[5]　《交通银行股东会纪闻·股东之报告》，《申报》1914年5月29日。
[6]　《民国元年二年报告》，《北京金融史料》银行篇(5)，第247—253页。

理,施肇曾、蒋邦彦、鲍宗汉、张勋、王耕尧、陈锦涛、孟锡珏当选为董事。[①] 总理、协理及董事的人选都是当时政界重要人物。6月,董事会又推举大军阀张勋为董事会主席。[②] 借助政府要员来推动各项业务开展,交行的这一意图非常明显。

张　勋

张勋(1854—1923),字少轩,号松寿,江西奉新人。幼年父母双亡,曾当童仆,后投军,清末历任云南、甘肃、江南提督,辛亥革命以后任江苏督军、长江巡阅使,成为一方大军阀。张勋以"还政于清"为志,为表示自己心系前朝,宁死不剪辫,还强迫部属与其一同留辫,行跪拜礼,穿前清褂袍,时人称其"辫帅"。张勋一生聚敛财产无数,仅投资一项就有3000万元之巨。在投资中,又以金融为重。盐业银行、天津大业银行、大陆银行、北京商业银行等都有他为数不菲的投入。张勋对交通银行的投资,具体数目不详,考虑到交通银行在当时的影响力,以及他能当选为董事,并被推举为董

---

① 《专电》,《申报》1914年5月25日。
② 《交通银行史料》第一卷,第58页。

事会主席,可以推测这个数额不会少于15万元。①

在第三届股东大会上,梁士诒当选为交通银行总理,表明他在民初的一系列清理整顿得到各方的认可,由此,他在交通银行的地位更加巩固。基于《民国元年二年报告》中提出的经营之道,梁士诒在5月25日对总分行经副理作了重要讲话,系统阐述交通银行下一步营业思路、办事方针和发展方略,主要有以下五点:

(一)放款为银行营业之一,但我国情形与欧美不同,不可强为效法。梁士诒指出放款的三大弊端:第一,中国的银行资本不足,如果放款过多,则其他更重要或获利更多的事业反而会因银根短缺、周转不灵而不得不放弃。第二,银行的汇兑、买卖生金生银等业务,虽然手续繁杂,但获利较厚;放款手续简单,但获利较少,而交通银行还处在起步阶段,亟需扩大获利丰厚的业务。第三,放出巨款如无确实抵押,则至为危险;即便有确实抵押,如遇紧急用款时,此类抵押品不能作为现钱使用,这对于急需资金周转的银行而言颇为不利。梁士诒认为,交通银行目前的经营尤须谨慎,关键在于开拓能赚钱的业务,故无论有无抵押、期限长短,尽可能少放款,或不放款。

(二)银行经营之道,在于吸收存款,以补资本之不逮。梁士诒认为,存款无资本之性质,而有资本之作用,资本有限,而存款无限。如果银行信用昭著,交游宏广,则他人之财悉可供己驱使,这也是银行之所以能把握市面枢纽的原因。当下中国交通不发达,大量资财闲置,导致金融不能流通,交通银行正好可以在这方面大有作为。梁士诒还认为,银行可视为民众的总账房,因此要推广银行营业,吸收外来存款,不可不引导国人,使之形成以银行为总账房的习惯。此外,梁士诒还指出中外银行的两个区别:一,欧美社会交易用支票,中国社会交易用现银,此中西社会不同之点,但也渊源于银行业发达与否。依据中国今日社会经济的发展程度,虽不足以即刻仿效欧美,然而支票能直接推广银行业务,吸收外来存款,间接促进社会经济之发达,借以振兴各行各业,为此,银行对于支票的使用应加以注意,并期望社会效仿交行的做法,便可享其利便;二,欧美人重理法,中国人重感情,事事能以感情相联络者,在中国容易成功。交通银行今日既以吸收存款为宗旨,而吸收存款之方法,虽然大半在于信用,然而感情的作用也是非常重要的。

---

① 1914年5月同时当选为董事的施肇曾,握有交通银行股票1000股,约合15万元。施肇曾也是北京政府中的重要人物,张勋能力压施肇曾而被推为董事会主席,可见其股份应当在施肇曾之上。

（三）次于存款而亦应为交通银行所注意的业务，则为汇兑。梁士诒认为，中国汇兑事业相较他国，其数为繁。欧美各国都有统一货币，中国则无，银币太杂，纸币又不通行于各省，贴水之数损失甚巨，故非由银行为之汇兑不可，银行乃可操纵其间。当下中国交通事业日渐发展，华洋杂处，人民之需要日益复杂，而人民之迁徙亦较前为频仍，为求便利，则汇兑事业的日益发展势所必然。交通银行可乘此好时机，对汇兑事业加以推广。同时，梁士诒还提出跟单汇票的概念，这在中国银行发展史上是一个创举。

（四）创办国外汇兑，一有成效即行推广。梁士诒重视汇兑，不仅大力提倡国内汇兑，也积极着手国外汇兑。梁士诒提出，国外汇兑，交通银行今后要高度重视，可以先在伦敦及巴黎等试设分行，俟办有成效，再行推广。此种事业在交通银行系属创举，不熟悉此项业务的行员，要时常注意国外报章，注意金银汇兑时价，则办理国外汇兑也不是很难的事。

（五）买卖生金、生银，在银行亦属重要之事。梁士诒认为，生金、生银买入卖出，其价悬殊，中外同例，但中国不像欧美那样有统一货币，因此在中国买卖生金、生银，相比欧美国家，获利更为丰厚，交易次数也更为频繁。中国人以银两换现洋，现洋换银两为业而获利致富者，已不计其数，因此交通银行大可从买卖生金、生银中获利。

此外，梁士诒又提出 7 项行政改革及特别经营之事，进一步完善其经营方针：1. 章程的改订，其中最为重要的是统账一事。2. 旧账拟与其他业务划分，派人专门办理。3. 对于政府及各官署要时常联络，如有往来，不必专注于利息，而应在汇兑方面获取利益。4. 盐款经营，经与五国银行团磋商，①由交通银行以六个月期票交纳盐课，此事如果成功，获利巨大。5. 对于政府收回滥币及改革币制计划，相助相益，谋图厚利。6. 对于政府公债有所尽力，以吸收民众资财为政府所用。7. 兼营储蓄银行事业，拟于 1914 年冬开办。②

交通银行第三届股东大会的召开，一方面表明交通银行民初的清理整顿工作取得明显的成效，走上了平稳发展的道路；另一方面，梁士诒及相关管理人员以此为契

---

① 1910 年，由英、美、德、法四国在华开设的汇丰、花旗、德华、东方汇理四银行组成银行团，企图垄断对华贷款。1912 年，俄国道胜银行和日本横滨正金银行加入，成为六国银行团。1913 年美国退出后，成为五国银行团。

② 《梁士诒在交行股东总会上对各行经副理的谈话》（1914 年 5 月 25 日），《中华民国史档案资料汇编》第 3 辑，第 356—362 页。

民国初年交通银行行员合影,前排左五为梁士诒,左六为任凤苞。

机,对交通银行1912、1913两年的清理整顿工作做了较为系统的总结,并提出此后一段时期内的发展方略,有利于交通银行日后各项业务的进一步发展。

四、交通银行实力的壮大

在梁士诒的主持下,经过民初的清理整顿及经营方针的调整,交通银行各项业务顺利展开,各项指标都有了大幅度的增长,1915年大多数业务指标都是1912年的3倍以上。

表1-4-7　民初交通银行经营状况表　　　　　　　单位:国币千元

年份	存款	放款	发行	汇水	纯益	营业总额	股息	红利
1912	21604	13133	1190	311	483	31653	六厘	无
1913	53149	41654	6748	1260	1439	79142	六厘	无
1914	73759	43335	8936	1947	2515	104352	六厘	三厘
1915	71234	54441	37298	2347	3003	133359	六厘	六厘

资料来源:《交通银行史料》第一卷,第736—739页。

说明:由于会计制度的不同,1915年以前的纯益,是扣除资本官利及公积后的净余,仅属滚存性质。为与1915年年以后统计标准统一,则应将该项官红利及公积数目加入,即实际纯益。

除了各项业务得到迅速发展,民初交通银行的分支机构也得以迅速扩张。清末交通银行先后开业及陆续筹设的营业机关共 22 处,截至 1916 年 5 月停兑令发布止,交通银行营业机关已达 81 处,[①]相比清末增加了 59 处,增长了近三倍。其中,1912、1913 两年内添设了长春分行、洛阳分行、下关分行、扬州分行、无锡分行、长沙分行、徐州分行等 7 个分行,以及保定、唐山、吉林等 31 个汇兑所;[②]1914 年添设芜湖分行、宜昌分行、烟台分行、热河支行,以及濮阳、苏州等 10 个汇兑所;[③]1915 年添设重庆分行,以及龙口、合肥等 10 个汇兑所。[④] 综计民国成立到停兑令发布期间,共添设分行 10 个,支行 1 个,汇兑所 55 个。[⑤] 分支机构的迅速扩展,有利于交通银行各项业务的顺利推进及其社会影响力的扩大。

表 1-4-8　民初交通银行新设置分支行表

分(支)行	设置年月	备　　　　注
长春分行	1912 年 11 月	宣统元年设长春分号,隶营行,十一月初八日(1909 年 12 月 20 日)开业。1912 年 11 月改分行,简称长行,仍隶营行。1913 年 4 月定为三等分行,遇有一切进行事宜仍商由营行办理。
洛阳分行	1912 年 11 月	1912 年 11 月设洛阳汇兑所,简称洛所,隶汴行。1913 年 11 月改分行,仍隶汴行。
下关分行 (浦口分行)	1913 年 1 月	辛亥革命期间,宁行(陵行)迁往上海,总处电令停办,1912 年 8 月裁撤。1913 年 1 月于下关设分行,2 月 28 日开业,简称浦行,隶沪行。7 月苏省独立,以军事影响 11 月暂移镇江办事,12 月仍还下关万津浦路局内办事。1914 年 12 月迁至下关大马路即今关行址。1917 年 2 月改为宁行,浦行遂撤。
扬州分行	1913 年 1 月	1913 年 1 月设扬州分行于苏昌街,简称扬行,隶属沪行。1 月开业,6 月移新城内左卫街。
长沙分行	1913 年 2 月	1913 年 2 月设长沙分行,简称湘行,隶汉行。7 月 15 日开业。
无锡分行	1913 年 3 月	宣统三年(1911)二月设无锡坐庄分号,隶沪行。1913 年 3 月设三等分行,简称锡行,仍隶沪行,4 月 1 日开业。

① 《交通银行史料》第一卷,第 127 页。
② 《民国元年二年报告》,《北京金融史料》银行篇(5),第 250—251 页,另有石家庄、道口汇兑所设置于晚清。
③ 《民国三年营业报告》,《北京金融史料》银行篇(5),第 258 页,其中热河汇兑所 9 月改称支行。
④ 《民国四年营业报告》,《北京金融史料》银行篇(5),第 263 页。
⑤ 1916 年 2 月添设藤县汇兑所,3 月添设黑龙江汇兑所,4 月添设朝阳汇兑所。

（续表）

分（支）行	设置年月	备 注
徐州分行	1913 年 10 月	1912 年 11 月设徐州汇兑所,隶济行。1913 年 10 月改为三等分行,简称徐行,隶沪行。
宜昌分行	1914 年 1 月	1912 年 3 月汉行请于宜昌设汇兑所未果。1914 年 1 月以宜昌为川汉铁路要点,设三等分行,简称宜行,隶汉行,2 月 25 日开业。
芜湖分行	1914 年 9 月	1914 年 9 月设芜湖分行,9 月 15 日开业,简称芜行。
烟台分行	1914 年 11 月	宣统三年设烟台分庄,隶济行管辖,二月初八日(1911 年 3 月 8 日)开业,八月裁撤。1914 年复设三等分行,简称烟行,属津行管辖,11 月 8 日开业。
重庆分行	1915 年 10 月	1915 年 10 月设重庆三等分行,简称渝行,直隶总管理处,12 月 1 日开业。
热河支行	1914 年 7 月	1914 年 3 月设热河汇兑所,隶京行。9 月改支行。

资料来源:《行史清稿》第 7 册,第 103—153 页,中国第二历史档案馆藏,档号 398(2)-693。

表 1-4-9 民初交通银行新设置汇兑所表:

汇兑所	设置年月	汇兑所	设置年月
漯河汇兑所	1912 年 7 月	宝庆汇兑所	1912—1913 年间
枣庄汇兑所	1912 年 9 月	常德汇兑所	1912—1913 年间
郑县汇兑所	1912 年 11 月	衡州汇兑所	1912—1913 年间
彰德汇兑所	1912 年 11 月	辽阳汇兑所	1912—1913 年间
唐山汇兑所	1912 年 11 月	杭州汇兑所	1914 年 3 月
大同汇兑所	1912 年 11 月	宁波汇兑所	1914 年 3 月
保定汇兑所	1912 年 11 月	沙市汇兑所	1914 年 4 月
宣化汇兑所	1912 年 11 月	清江浦汇兑所	1914 年 6 月
北通州汇兑所	1912 年 11 月	胜芳汇兑所	1914 年 11 月
阳高汇兑所	1912 年 11 月	濮阳汇兑所	1914 年
德州汇兑所	1912 年 12 月	益阳汇兑所	1914 年
海淀汇兑所	1912 年 12 月	新乡汇兑所	1914 年

（续表）

汇兑所	设置年月	汇兑所	设置年月
小站汇兑所①	1912 年 12 月	苏州汇兑所	1914 年
马厂汇兑所	1912 年 12 月	蚌埠汇兑所	1914 年
铁岭汇兑所	1912 年 12 月	安庆汇兑所	1915 年 7 月
信阳汇兑所	1912 年 12 月	滦县汇兑所	1915 年 10 月
丰镇汇兑所	1912 年	宣城汇兑所	1915 年 10 月
济宁汇兑所	1913 年 1 月	龙口汇兑所	1915 年 11 月
吉林汇兑所	1913 年 3 月	赤峰汇兑所	1915 年 11 月
焦作汇兑所	1913 年 3 月	新集汇兑所	1915 年 12 月
镇江汇兑所	1913 年 6 月	辽源汇兑所	1915 年 12 月
孙家台汇兑所	1913 年 6 月	运漕汇兑所	1915 年
顺德汇兑所	1913 年 7 月	合肥汇兑所	1915 年
哈尔滨汇兑所	1913 年 8 月	掏鹿汇兑所	1915 年
九江汇兑所	1913 年 9 月	藤县汇兑所	1916 年 2 月
盖平汇兑所	1912—1913 年间	黑龙江汇兑所	1916 年 3 月
锦县汇兑所	1912—1913 年间	朝阳汇兑所	1916 年 4 月
新民汇兑所	1912—1913 年间	板浦汇兑所	1915 年 3 月筹设不果
湘潭汇兑所	1912—1913 年间		

资料来源：《民国元年二年报告》、《民国三年营业报告》、《民国四年营业报告》、《北京金融史料》银行篇（5），第 251、258、263 页；《行史清稿》第 7 册，第 140—148 页，中国第二历史档案馆藏，档号 398（2）-693；《交通银行史料》第一卷，第 566—568 页。

经过民初几年的清理整顿，交通银行不仅摆脱了辛亥年间的种种危机，而且实力迅速壮大，成为中国金融界以及北京政府的财政支柱之一。1915 年 4 月，伦敦《商业杂志》对交通银行的发展予以高度评价："现在中国所办事业中之成绩最著者，首推交通银行"；"该银行曾经两次革命风潮而能屹然抵御，卒有今日根深蒂固之地位，其分行业已分设百余处。交通银行之主力为税务处督办梁士诒，其业务上之组织均仿照现时代银行最新办法。该银行在各地发行之纸币到处兑现，无领贴水，此为特别优

---

① 1913 年 7 月，小站汇兑所裁撤。

点之一";"交通银行发行之纸币,其纸张之大小亦极灵便,非若欧洲各银行所发行纸币之巨大不便也。该银行汇兑事业亦极发达,所收汇水至微,故每年出入有数千万之多。中国人民对于该银行极示欢迎,颇足引人注意,诚中国各事业中之最有希望者也。"[1]

第二节 交通银行性质和地位的变化

一、发行权的扩大和发行信用的巩固

就世界范围而言,现代银行的发展过程显示,早期商业银行大多可以发行钞券,但随着社会经济的不断进步与银行业的不断发展,发行权的分散所造成的币制紊乱、流通不便、信用危机等弊端日益显露。到 19 世纪末 20 世纪初,各资本主义国家的货币发行权大多集中到各国的中央银行,一般银行或将发行权全部转让给中央银行,或仅保留有限的发行权。

在中国,晚清时期省属官银钱号可在省内发行流通地名券,大清银行(户部银行)则借度支部(户部)统管全国财政的优势,享有发行具有国币本位钞券的权力。交通银行虽然以"纯用商业银行"性质设立,但是通过发行兑换券的方式,获得了货币发行权。交通银行自宣统元年十二月(1910 年 1 月)开始发行第一版各种兑换券,宣统三年开始发行第二版兑换券,至宣统三年八月(1911 年 10 月)发行总额共约 250余万元。[2]

交通银行发行兑换券后仅一年多时间,就遭遇辛壬乱局的巨大冲击,人们纷纷向交行挤兑。经过多方面努力,至 1912 年 6 月间,交通银行旧钞票未来京兑现者,据统计仅余约 30 万元,除汉行因停业未及清查外,其他分行发行的钞票皆已随时兑现。针对当时汉口地名券停顿的问题,交通部鉴于"武汉商民之持有该行钞票者,均以将成废票,不惜贱价售予外人",认为这样的形势不仅对交行的信用造成巨大损伤,还会

---

① 《交通银行之发达》,《申报》1915 年 6 月 26 日。
② 《交通银行史料》第一卷,第 805 页。

让外商从中牟利,有损中国利权。因此向副总统黎元洪请求:宣布告示,要求商民切勿将钞票转售外人,致使利权损失。黎元洪对此非常重视,认为富商大贾存票多者不难派人赴京照兑;其零星小户存票既少,寄兑维艰,特令汉口商会为收兑机关,如商民存有交通银行旧钞票,限三月内一律存交汉口商会,并登记人名、票数等。同时令湖北财政司派员赴京代兑,一旦兑现,让商会按照人名、票数发放,以期便利。① 通过这些努力,逐渐挽回了交通银行兑换券的信用。

民国初年,鉴于中国银行还处在筹备和整顿期间,难以发挥中央银行的作用,而交通银行素有与大清银行并行发钞的传统,北京政府默认并利用了交通银行发行兑换券的特权,力图以推广交通银行和中国银行钞票来推进币制的统一。

1912 年春,时值北京政府成立,交通银行与原大清银行发行的钞票大半已收回,市面上流通的钞票仅有数百万,难以周转。度支部(嗣改组为财政部)为恢复国家信用,维持市面金融,计划于中央银行未成立以前,由该部筹措现银,委托交通银行与中国银行两家银行发行一元、五元、十元等 3 种兑换券。② 当时度支部制订的《中华民国度支部兑换券规条》第 4 条规定:"此项兑换券,中华民国度支部委托中国银行及交通银行为兑换机关,办理兑换券与现款之交换。"③

1912 年 11 月,梁士诒在上袁世凯的签呈中,强调交通银行必须拥有发行兑换券的权限,④得到袁世凯的默许。

1913 年 1 月 10 日,袁世凯发布大总统令,其中提到:"银行之设,所以调剂金融,维持市面。现在中国银行业经筹备设立,而交通银行迭经整顿,信用昭著。在信用未规定以前,所有交通银行发行之兑换券,应按照中国银行兑换券章程一律办理,以资补助而利推行。"⑤这是北京政府第一次公开承认交通银行发行的兑换券具有临时国币性质,极大地促进了交通银行兑换券信用的巩固和地位的提升。此后,交通银行发行的兑换券在完纳各省地丁钱粮、厘金关税,购买中国铁路、轮船、邮电等票证,交纳

---

① 《汉口收兑交通钞票》,《申报》1912 年 6 月 21 日。
② 《财政部发行新纸币》,《申报》1912 年 4 月 19 日。
③ 《周自齐为印送度支部陈请发行兑换券原呈及度支部兑换券章程致陆军部公函》(1912 年 4 月 4 日),《中华民国金融法规选编》上册,第 64 页。
④ 《访问谢霖甫记录》(1961 年 5 月 26 日),交通银行博物馆藏资料 Y48
⑤ 《一月十日大总统令》,《申报》1913 年 1 月 13 日。

电报,发放官俸、军饷及一切款项出纳,以及在商民交易中,一律通用,①由此奠定了交通银行兑换券在全国通行的地位。

作为交通银行上级主管部门的交通部,此时从各个方面对交行发行兑换券予以积极支持和推广。早在 1912 年 8 月 12 日,交通部给交行的复函中,即提到"通饬路电各局,俟贵行发行正式兑换券时一律通用,藉资周转,若能借流动之力,以收挹注之功,亦未始非促进营业发达之一助"。② 1913 年 1 月,在袁世凯大总统令发出的同时,交通部又命令各路局站长,并通电直、皖、鄂、鲁、苏、豫、奉、吉等省,推行交通银行兑换券,且由交通银行在铁路、轮船、电报、邮政各局分设兑换机关。③ 1913 年 1 月 15日,交通部下文所属各局,对交行兑换券的使用进行布置和说明:"本部为便利客商,促进交通营业起见,商由该银行于分行之外,并在铁路、轮船、电报、邮政各局所分设兑换机关,凡以现货兑换该银行钞票,以该银行拆票兑换现货者,均可向该兑换所交易,应即责成各该局于该银行所发钞币,行用兑换,并与各该处所设分行接洽,参酌当地市面情形,订定一切进行方法,以便商民而维国币。"④

随着民初政治、经济形势的发展,交通银行的发行权逐步得到法律上的正式确认。1913 年 5 月,交通银行总理梁士诒署理财政次长代理财政部部务,⑤为交通银行争取到了代理金库权,在 6 月 8 日公布的《财政部委托交行代理金库暂行章程》中,第14 条明确规定:"交通银行依代理金库职权,得发行兑换券,其发行量按照市面情形伸缩之,但须呈明财政总长核准。"⑥金库代理权的获得,表明交通银行兑换券发行权在法律上得到了初步确认。

梁士诒代理财政部部务期间,财政部一再发出通函,强调交通银行所发兑换券的法律地位。1913 年 8 月 11 日,财政部咨直隶都督:"即请令行各地方长官,出示晓谕商民,凡完纳地丁、钱粮、契税、厘捐等项,交通银行发行之兑换券与中国银行兑换券一律通用。并令财政司通饬所属,对于交通银行发行之兑换券,均须一律收受,不得

① 《交通银行史料》第一卷,第 806 页。《申报》1913 年 3 月 17 日《专电》提到"程都督应省长,现通令军饷、官俸及一切经费均用中国、交通两银行钞票",可见各地都认可交通银行发行的钞票。

② 《交通部复函》(1912 年 8 月 12 日),《辛亥年前邮传部各路局存欠各款账略》,第 48 页。

③ 《交通银行史料》第一卷,第 806 页。

④ 《交通部令邮政总局函》(1913 年 1 月 15 日),中国第二历史档案馆藏,档号 398 - 11172。

⑤ 《三水梁燕孙先生年谱》(上册),第 137 页。

⑥ 《交通银行史料》第一卷,第 701 页。

稍有折扣。"①1914 年 1 月，财政部发出通函："查现在军费、政费，均已改两为元。所有银元，自应以中国、交通两银行纸币、各省尚用之官发纸币及中国官造龙洋为准，其他纸币不在此例。"②在此前后，交通银行于票上加盖"丁粮厘税，一律通用"字样，③以彰信用。

1914 年 4 月 7 日，《交通银行则例》正式颁布，第 13 条明确规定："交通银行受政府之特许发行兑换券，其办法照财政部所定制银行兑换券则例。但发行式样、数目及期限，另由银行呈请财政部核定。"④正式确立了交通银行发行兑换券的权力。

1914 年 2 月 8 日，北京政府公布《国币条例》及实施细则，尝试铸造新银币以统一全国币制。3 月，交通银行遵照《国币条例》，呈准财政部印发国币兑换券，⑤并于 24 日正式发行。⑥ 8 月，财政部规定统一币制以及推行兑换券的办法。交通银行奉财政部函，酌量办理南北洋银元平价，为推行新币做准备，并于 12 月在天津造币厂铸造新国币，为开铸国币之始。1915 年 1 月，财政部推行新币，由交通银行上海分行协同中国银行取消北洋银元行市，代以新银币，于是新币通用范围由北方而推及南方各省，对全国通货的统一起到了重要作用。国币基础既立，交通银行兑换券的信用便日益巩固。⑦ 至此，交通银行发行的兑换券由准国币本位而成为法定国币本位。

虽然北京政府试图以交通银行和中国银行兑换券来统一全国币制，但在各种势力的支持下，各地方银行、官银号仍然不断滥发纸币。对此，北京政府加大力量，力图以统一全国货币发行来改变这一状况。在《国币条例》颁布前，熊希龄曾提出以中国银行纸币替换各省滥币的方案，但国务会议讨论此方案时认为中国银行的基础尚不巩固，难以担当这一重任，⑧否定了熊的提案。1915 年 10 月 20 日，财政部公布《取缔纸币条例》，准备逐步收回纸币的发行权利，遏制各省银钱行号的滥发，其第 1 条规定："凡官商银钱行号发行纸币，除中国银行外，均须依照本条例办理。"这一规定对

---

① 《则政部关于奉准交行兑换券应按照中行兑换券章程一律办理咨稿》(1913 年 8 月 11 日)，《中华民国史档案资料汇编》第 3 辑，第 79 页。
② 《总字十二号通函》(1914 年 1 月)，中国第二历史档案馆藏，档号 2381(1)。
③ 《通用交通银行纸币之通令》，《申报》1914 年 2 月 16 日。
④ 《交通银行史料》第一卷，第 190 页。
⑤ 同上，第 806 页。
⑥ 《交通银行启事》，《申报》1914 年 3 月 24 日。
⑦ 《交通银行史料》第一卷，第 806 页。
⑧ 杜恂诚：《中国金融通史》第三卷，中国金融出版社，2002 年，第 32 页。

1914年交通银行印发第一套国币券中的十元和百元

交通银行发行权作了限制,但条例第三条又规定:"本条例施行以前,业经设立之银钱行号,有特别条例之规定,准其发行纸币者,于营业年限内,仍准发行,限满应即全数收回。"①

1915 年 10 月 31 日,袁世凯大总统申令确认交通银行的国家银行地位,再次重申交通银行的发行权,赋予"划一币制"的责任。② 1920 年 6 月 27 日,币制局公布《修订取消纸币条例》,将上述《取缔纸币条例》第 1 条修订为:"凡官商银钱行号发行纸币,除国家银行外,均须依本条例办理。"③这一规定取消了对交通银行发行权的限制,交通银行的发行银行地位得以最终确立。

二、代理金库权的确认与代理权的扩大

国家金库是国家储存财富的机关,为国家财政资金的出纳、保管机构,其盈缩益损关涉国家职能的运转,因此政府对金库的代理权非常重视。近代以来,除个别国家金库由专门机关管理外,大多数金库由中央银行代理。

交通银行设立时,以经理交通四政款项为主,也就部分享有了事实上的金库经理权。宣统三年(1911)与大清银行订立代理国库契约,④取得法律上的承认。但民国成立后,交通银行的代理金库权迟迟未能得到法律上的确认。

1912 年底出台的《金库规则》第 13 条规定,财政总长委托中国银行总裁为金库出纳长,"总金库分金库之现金保管出纳之事务,由中国银行总行及分行办理之,其无分行之处,得由中国银行添设派办处或代理处,但须呈明财政总长批准"。⑤ 1913 年 1 月 2 日,大总统批准先行试办的《金库条例草案》第 5 条称:"总金库、分金库、支金库由财政总长委托中国银行掌理。"1913 年 4 月 15 日由参议院通过并公布的《中国银行则例》第 13 条称:"中国银行受政府之委托,经理国库及募集或偿还公债事

---

① 《财政部呈准取缔纸币条例》(1915 年 10 月 20 日),《中华民国史档案资料汇编》第 3 辑,第 91 页。
② 《大总统申令》(10 月 31 日):"近年国家因度支困难,力求整顿,一切支出已可勉敷,此后关于重大事端,如画一币制、整顿公债等,亟须次第进行,中国、交通两银行具有国家银行性质,信用夙著,历年经理国库、流通钞票,成效昭彰,著责成该两银行按照前此办法,切实推行。"《申报》1915 年 11 月 2 日。
③ 《币制局关于修订取消纸币条例》(1920 年 6 月 27 日),《中华民国史档案资料汇编》第 3 辑,第 93 页。
④ 《宣统三年二月二十四日邮传部札》,《交行档案》第 108 号;《交通银行史料》第一卷,第 695 页。
⑤ 《财政法令鉴 金库规则》,《经济杂志》(北京)1912 年第 4 期,第 2 页。

务。"①以上这些条例,都没有涉及交行代理金库之事。

　　不过,由于中国银行成立不久,各项业务刚刚开展,难以承担代理金库的全部责任,而交通银行则在平稳渡过辛壬乱局后,经过整顿而在京城的华资银行中实占第一位置,并"事实上遂为北京政府之中央银行矣","北京政府与北京市民皆依之为唯一之融通机关"。② 1913 年 1 月,为应付日益繁复的国家金库事务,财政部委托交通银行管理特别会计之国库金及代理国库区域。交通银行抓住这一机会,积极与财政部商议分管办法,明确权限。经过详细讨论,初步拟定了交通银行和中国银行分管金库的两种办法:(一)分税办法:凡金库收入全恃国家税收,拟将某项国家税归中国银行,某项国家税归交通银行,权限分清,各专责任;(二)分地办法:即每省之中商埠不止一处,拟将某处国税归中国银行,某处国税归交通银行,指定地点划明区域。③

　　对于这种划分,当时的舆论大体认可。虽然金库统一为各国惯例,且是中央银行的特权,但是若照此办理,则须设总行于北京,再遍设分行于各省,中国银行届时无此能力,故以交通银行"与财政部相商分管金库事宜。此事若为统一金库起见,固不可行,但为大局记,亦可"。并认为财政部所拟定的两种分管金库办法,"如能适用一种,俾交通银行稍有余利可润,则中国银行应行负担之事,即交通银行亦可分担为"。④

　　实际上,交通银行代理金库权于 1913 年初已获得北京政府的承认。当时的审计处负有检查国库之权,由于交通部的经费特别复杂,难以把握,便专门对交通部经费的统一收支问题,于 1912 年 11 月向总理递交提案,交由国务会议讨论。审计处的提案将统一收支以甲、乙两种办法处理:甲种办法,所有各路应解交通部办公经费及官款利息,由国库代收;乙种办法,所有各路余利及官款利息仍旧交由交通银行经管,一面报知国库列收,每月仍应查照审计规则,编制支付预算,填写领款凭单。不久,审计处收到国务院秘书厅回函,称前案交国务会议讨论,由交通总长负责拟定具体办法,打算仿照审计处提出的乙种办法,即将所有各路应解交通部经费及育才费仍交由交通银行经管。审计处再次致函交通部询问相关事宜,交通部于 1912 年 12 月 31 日回复审计处,附以其拟定的交通银行经营国库、收发交通部行政费用办法 9 条,请审计

----

① 《中国银行则例》,《中国银行行史资料汇编》上编,第 112 页。
② 《交通银行》,《申报》1913 年 3 月 13 日。
③④ 《交通银行分管金库问题》,《申报》1913 年 3 月 8 日。

处查核。交通部所拟定的办法中,第 1 条指出,经审计处、财政部核准,交通银行为国库之分机关,专管交通部行政经费及教育费用的出纳事项。这条规定明确了交通银行分管国库的范围。此后审计处与交通部多次通函商讨相关事宜,一直以交通部行政经费及育才费出纳等作为交通银行分管国库的范围。① 上述事实证明,其时虽未发布文告正式授予交通银行代理金库权,但在实际的经济活动中,北洋政府已默认交行的这一特权。

与此同时,在梁士诒向袁世凯上的签呈中,提到交通四政存款均应存入交通银行。袁世凯同意将交通四政收支列为特别会计金,由交通银行经理,这也是对交行代理金库权的承认。

1913 年 5 月 16 日,财政总长周学熙因财政困难而请辞,梁士诒以署财政部次长身份代理部务,②这为交通银行正式获得代理金库权提供了契机。虽然先前财政部已经制定《金库条例草案》,但未获国会通过,故未予以施行;③而审计处与交通部就交通银行分管金库问题达成一致,却未正式公布。梁士诒代理财政部务后,援引审计处提议,再次提出由交通银行代理金库。1913 年 5 月 31 日,财政部发布第三号布告,委托交通银行代理金库,④6 月 8 日又公布了《财政部委托交行代理金库暂行章程》,⑤不仅正式授予交通银行代理金库的特权,还将交通银行代理金库的范围进一步扩大。综计暂行章程的规定,交通银行代理国库的范围不仅包括特别会计(交通四政收支),还加入了现金出纳、部分租税系统内的出纳等。⑥

《金库条例草案》明确规定金库由中国银行代理,因此,交通银行获得代理金库权,即与该项规定产生矛盾,引起公众质疑,认为政府这是“狐埋狐搰,暮四朝三”。⑦1913 年 6 月 24 日,参议员韩玉辰、蒋义明、彭邦栋、蒋会焕、王正廷、孙光延、李汉丞、杨永泰、盛时、陈焕南等就此令的程序是否合理、内容是否合法向政府提出质询,主要

---

① 《审计处复中国银行函》,《申报》1913 年 6 月 26 日。
② 《三水梁燕孙先生年谱》(上册),第 137 页。
③ 《交通银行史料》第一卷,第 699 页。
④ 《交通银行代理金库之质问》,《申报》1913 年 6 月 25 日。
⑤ 《行史清稿》第 10 册,第 2—5 页,中国第二历史档案馆藏,档号 398(2)-696;《交通银行史料》第一卷,第 700—701 页。
⑥ 《财政部委托交行代理金库暂行章程》第一条、第三条。《行史清稿》第 10 册,第 2—5 页,中国第二历史档案馆藏,档号 398(2)-696;《交通银行史料》第一卷,第 699 页。
⑦ 罗常:《财政部委托交通银行代理国库章程质疑》,《中华实业界》第 2 卷第 6 期,第 1 页。

集中在三个方面:第一,依据《金库条例草案》,管理金库的职权属于中国银行,但中国银行并未切实履行该职权,其中是否存在具体障碍或其他某些因素;第二,委托其他银行代理金库,按条例应由中国银行提出,而财政部未获国会认可,即以部令的方式确认交通银行与中国银行具有同等的管理金库之权,不仅与大总统批准的条例相冲突,也与各部官制不相符合,财政部此举不仅侵越中国银行职权,且被人怀疑委托者与被委托者之间存在暧昧之事;第三,交通银行与中国银行具有同等的管理金库之权,造成国库不能统一,且在"条例"与"章程"中存在文字矛盾含混之处,流弊甚多,恐怕造成市面动摇,损及国库。[①]

面对舆论压力,接替梁士诒担任财政总长的熊希龄,为统一财政起见,于1913年10月向国务会议提出,将金库代理权收归财政部自行管理,并与交通总长周自齐商议妥当。[②] 但由于北京政府内阁更迭频繁,政策朝令夕改,金库代理权的收归并没有切实执行,加上梁士诒与袁世凯的关系,以及交通系在北京政府中的强大势力,1914年4月公布的《交通银行则例》中,依然规定"交通银行掌管特别会计制国库金","交通银行得受政府之委托分理金库",[③]交行代理金库权依然得到法律的承认。

交通银行获得代理金库权后,面临与中国银行的金库收支分成问题。1912年底出台的《金库规则》、1913年1月2日颁布的《金库条例草案》、1913年4月15日公布的《中国银行则例》,都规定金库由中国银行代理,交通银行与中国银行在此问题上不可避免地要发生冲突。为解决两行在金库收支上的矛盾,财政部先后提出了几种办法。1915年6月,财政讨论会提出统一金库的主张,金库专归中国银行办理,但未设省份由交通银行代理。[④] 1916年4月,财政部又提出五五分成的办法,称"已由本部电饬直、鲁、苏三省财政厅,察哈尔财政分厅暨张家口税务监督,自奉电日起,所有一切收款,以五成交中国银行国库,五成交交通分行号收存"。[⑤] 1917年8月,财政部又规定,凡部管各项收入和日常经费,自当月起以三分之一交由交通银行经理,三分

---

① 《交通银行代理金库之质问》,《申报》1913年6月25日。
② 《财政上之刷新政策:收回金库代理权》,《申报》1913年10月9日。
③ 《交通银行史料》第一卷,第190页。
④ 《财政讨论会之主张》,《申报》1915年6月28日。
⑤ 《财政部关于直苏鲁察等地财政收入各半分交中交两行收存函稿》(1916年4月29日),《中华民国史档案资料汇编》第3辑,第69页。

之二交由中国银行经理,各省(直隶、山东、江苏除外)金库也照此实行。① 此后两行代理金库事务均按成约办理,在北京政府时期没有变化。

金库代理权的获得与确认,表明交通银行的性质发生了重大变化,时论以为:"将金库事宜委托交通银行分任之,由是中、交两行,相提并称,隐然同有国家银行之资格矣。"②

三、《交通银行则例》的公布

交通银行创立以来,制定行章的依据一直是创始时期所拟定的《交通银行奏定章程》。民国以来,随着国内政治、经济形势的变化以及交通银行自身的发展,原有的章程已不再适合行务发展的要求。特别是货币发行权和代理金库权的取得,需要通过修改则例将已经获得的特权用法律的形式确立下来,以巩固交通银行的地位。

《中国银行则例》经财政部拟定,参议院核准通过,于1913年4月15日以大总统令的形式公布,确立了中国银行的地位。交通银行经过整顿恢复,业务发展迅速,并且获得了货币发行权和代理金库权两项国家银行特权。因此,交通银行股东联合会比照《中国银行则例》拟定了《交通银行则例》,希望以此取得和中国银行同等的地位。

1914年3月,交通银行将拟定的《交通银行则例》递交交通部,呈请批准公布。关于此举,交行作了两点解释:1.民国重法制,银行业的发展更须健全法制,交通银行前订章程,虽然还在援用,但很多内容已不合时宜,需要制定新章程,以适应交通银行发展的新形势;2.《中国银行则例》奉大总统令公布,成效卓越,榜样在眼前,交通银行为此专门开会讨论,就原订章程参以交通银行现状,拟订《交通银行则例》23条。③

在梁士诒等人的努力下,1914年4月7日,北京政府以大总统令的形式公布了《交通银行则例》。④ 根据该则例,交通银行有以下几大变化:

第一,将所获得的特权以法律的形式确定下来。则例第7条"交通银行掌管特别

---

① 《交通银行史料》第一卷,第702—703页。
② 《交通银行概况》,《银行周报》第2卷第22期。
③ 《交通银行为修改章程事呈交通部文1914年3月》,《北京金融史料》银行篇(5),第72页。
④ 《交通银行则例》,《申报》1914年4月13日;《行史清稿》第2册,第32—37页,中国第二历史档案馆藏,档号398(2)-688;《交通银行史料》第一卷,第189—191页。

会计之国库金",第 8 条"交通银行得受政府之委托分理金库",第 9 条"交通银行受政府之委托专理国外款项及承办其他事件",第 13 条"交通银行受政府之特许发行兑换券,其办法照财政部所定之银行兑换券则例,但发行式样、数目及期限,另有银行呈请财政部核定"等,将交通银行代理金库、发行兑换券等特权予以确认和巩固。

第二,交通银行性质和地位有了变化。《交通银行奏定章程》规定交通银行为"纯用商业银行性质","一切均照奏定商律办理",①而则例的颁布则从根本上改变了这一性质。从则例公布的形式来看,以大总统令的形式公布已经充分表明交通银行不再是一般的商业银行,而是在北京政府中占有特殊地位的银行。从则例的内容来看,仅第 1 条提到"交通银行为股份有限公司",没有明确交通银行的性质,但其后第 7 条、第 9 条、第 13 条等将交通银行代理金库、发行兑换券等特权确定下来,而这些特权非一般商业银行所能享有,表明交通银行的性质已经实现了由商业银行向国家银行的转变,开始具有中央银行的性质。

第三,交通银行与交通部的关系开始疏远,与财政部的关系趋于紧密。则例中第 2 条、第 3 条、第 4 条、第 14 条、第 15 条,五次提到交通银行与交通部的关系,取消了交通部可随时查账、任免总理协理、董事须呈部再行任事等特权。② 而第 3 条、第 4 条、第 13 条、第 14 条、第 20 条、第 21 条、第 22 条,七次提到交通银行与财政部的关系,特别是第 21 条明确规定:"交通银行如有违背本条例之处,财政部得制止之。"凡此种种,皆表明交通银行与交通部和财政部的关系已经发生了转换。

第四,交通银行经营管理自主权进一步扩大。1912 年 4 月股东联合会呈准交通部,交通银行总理由股东会议选举,但协理依然由交通部委派。③ 则例第 15 条规定:"总理由股东总会就四百股以上,协理就三百股以上之股东选出,呈报交通部转咨财政部存案。任期五年,期满得再选再任。"将此项权利以法律的形式确认下来,还删去《交通银行奏定章程》中"总理协理均听邮传部堂官命令"的规定,④摆脱了交通部对人事权的控制,同时又取消了交通部原来所具有的另外一些特权,进一步扩大了交通银行的经营管理自主权。自主权的扩大,表明交通银行的地位有所提升。不过,当时

---

① 《交通银行史料》第一卷,第 172 页。
② 同上,第 174、176 页。
③ 《总理、协理、帮理的规定和名录》,《交行档案》第 109 号。
④ 《交通银行史料》第一卷,第 174 页。

交行的实际权力还是被以梁士诒为首的交通系牢牢把持，并不在股东会和董事会的手中，[1]故与真正的经营管理自主仍有相当大的距离。

《交通银行则例》是在交通银行取得一系列国家银行特权、自身实力壮大的背景下出台的，虽说适应形势，却也引起社会舆论的不满。1924年，学者姚传驹论述中国金融制度的演变，提到《交通银行则例》时，仍在质疑交行所获特权的合法性："交通银行之则例，亦系第一次国会解散后大总统命令所公布，其后未经立法机关追认，徒以特别势力存在之故，得以维持至今。然当时项城（袁世凯）且有交通特权将来必须取消之说，益足以证明特权银行之合法者惟一中行耳。"[2]

四、积极募集民三、民四公债

交通银行创设的初衷为赎回京汉铁路。光绪三十四年（1908）九月，邮传部设立公债管理处，委派交通银行总理李经楚和帮理梁士诒为公债管理处总理，筹集收赎京汉铁路之公债。根据邮传部拟定的公债章程规定，交通银行负有经理公债、支付官息和活利、存放公债收款等责任。第一批公债1000万两于是年十一月开始发行，宣统元年正月二十日（1909年2月2日）开收，同月抄发章程，委托交通银行经理发售，其本息亦归交通银行经付。于是，交通银行从建行开始就与政府公债的经营结下了不解之缘。

民国初期，由于交通银行性质尚不明确，政府公债在法律上由中国银行代理。如民元爱国公债条例第5条规定："公债之募集及本利之偿付，均委中国银行代理。"[3]民国元年六厘公债第10条也有类似规定："此项公债之募集及付息事宜，由中国银行及其代理者经理。"[4]不过，随着货币发行权和金库代理权的获得，交通银行逐渐介入政府公债的发行与经理。1914年2月公布的《交通银行则例》第6条规定，交通银行业务经营的种类中，包括"国库证券及商业妥实期票之贴现"。[5] 这里的国库证券，虽然包含公司的股票、外国的债券，但就北京政府来说，其最大部分当属政府的公债票

---

① 《申报》1914年6月20日《交通银行之国有消息》一文提到商股股东对交通银行的状况多有怨言，如"年年分配而股东会从未见有明白报告，选举总理亦不得自由"、"此机关供私人把持"等等。

② 《姚传驹撰金融制度私议》（1924年），《中华民国史档案资料汇编》第3辑，第225—226页。

③ 中国银行总司库编：《内国公债汇览》，北京银行周报社，1932年，第1页。

④ 同上，第5页。

⑤ 《交通银行史料》第一卷，第190页。

和国库券。

当时的北京政府虽说是中央政府,但仅在形式上统一了全国,并没有实现对全国的有效控制,不少省份的税收收入没有如数上缴中央;而北京政府财政收入的主要来源——关税和盐税,也随着大量举借外债而逐渐丧失了其管理权、支配权和保管权,以致动用关、盐两税每期偿付外债本息的剩余之款,都必须获得外国银行的允可。因此,北京政府的财政一直非常拮据,长期依靠举借外债度日。第一次世界大战爆发后,随着欧洲局势的趋紧,西方各国忙于备战,难以兼顾东方事务,使得北京政府的外债来源愈显匮乏。1914 年,北京政府只借得 13 笔外债,总计 3892 万元,实收 3285 万元,借款额仅有去年的十分之一,实收数额也不及去年的五分之一。[1] 外债来源枯竭,导致北京政府财政问题骤然凸显,不得不另寻出路。

既然外债难寻,北京政府只好乞灵于内债。1914 年 8 月 3 日,财政部呈文大总统,准备发行国内公债。在呈文中,财政部认为,发行国内公债,上足以补助国家之财政,下足以调剂社会之金融,实为两利所在,并指出发行国内公债:第一,整理金融,"内债风气一开,则金融贯注,上下交益";第二,挽回利权,"非独利权不至外溢,抑且此后整理庶政,待款孔殷,苟能一呼众应,不至求助于人,立国根本大计无逾于此"。[2] 鉴于此利,北京政府开始积极准备内债发行事宜。

1914 年 8 月 3 日,财政部公布《民国三年内国公债条例》,其中第 7 条规定:"此项公债偿本付息,由中国、交通总分行,暨政府委托之外国银行、中国殷实银号或海关税务司支付。"[3]交通银行成为民国三年公债(简称民三公债)的主要经理机关,在内债的发行与经理中担任重要角色。

鉴于晚清与民元公债发行收效甚微,北京政府决定设立专门机关负责发行国内公债,确保民三公债的顺利发行。8 月 1 日,财政部呈准设立内国公债局,并公布《内国公债局章程》,其中,第 10 条规定:"本局发行债票时,得酌量情形,委托中国、交通总分各行,联合交易所代卖债票。"[4]再次确认了交通银行参与发行与经理国内公债的权力。章程第 3 条规定,以财政部 1 员(次长张寿龄)、交通部 1 员(次长叶恭绰)、

---

[1]　徐义生:《中国近代外债史统计资料(1853—1927)》,中华书局,1962 年,第 240 页。
[2]　《财政部关于请核准公布三年公债条例呈》(1914 年 8 月 3 日),《中华民国史档案资料汇编》第 3 辑,第 870 页。
[3]　《三水梁燕孙先生年谱》(上册),第 198 页。
[4]　《内国公债局章程》第 10 条,《中华民国史档案资料汇编》第 3 辑,第 873 页。

税务处派税务司洋员 2 人(总司安格联、副司包罗)、中国银行总裁(萨福懋)、交通银行总理(梁士诒)、中法银行经理洋员(赛利尔)、保商银行经理洋员(图恩)、华商殷实银钱行号经理 2 员(范元澎、李湛阳)以及购票最多者 6 人等为董事。① 8 月 10 日,财政部指派的内国公债局董事梁士诒、安格联、萨福懋等 10 人召集董事会,选举总、协理,结果梁士诒当选为总理,安格联当选为协理。② 内国公债局总理由梁士诒担任,进一步增强了交通银行在国内公债发行与经理中的作用。

民三公债发行后,财政部、内国公债局采取积极措施,推动公债的顺利发行与募集。8 月 7 日,财政部、内国公债局致函各省将军、巡按使、财政厅,阐述发行国内公债的重要意义,要求各地晓谕地方绅商,积极应募,"苟有成效,必加奖励"。③ 9 月 5 日,内国公债局驻沪经理处发出《紧要广告》,称欧洲战事发生,"我国政府维持治安,巩固邦基",需要大量钱款,故有六厘公债的发行,号召商民积极募集公债。④ 此外,针对公债募集过程中出现的低价出售现象,为避免由此影响公债的信用程度,梁士诒致函交行总分行,规定每百元面值的公债,不得减收至八十四元以下,对公债的最低价格进行控制,从而在一定程度上维持了公债的信用。

经梁士诒等人的努力,民三公债的募集十分顺利,预定债额为 1600 万元,发行仅仅两个月,合计境内外应募债额数目已达 2400 万元,超过原额二分之一,而且逾额公债的钱款,各地应募民众也已于 10 月内悉数交清。⑤ 于是,财政部呈准扩充债额 800 万元,结果合计募集之数共 2543 万余元,比原定债额及扩充债额之和还溢出 143 万余元,为我国内债史上最好的成绩。⑥ 而在募集过程中,交通银行的贡献最大,远远超过中国银行以及其他机构。

---

① 《内国公债局章程》第 2 条,《中华民国史档案资料汇编》第 3 辑,第 872 页。内国公债局章程经大总统核准后,财政部即根据章程任命董事,惟"购票最多者六人"因公债尚未发行,没有任命。

② 《财政部关于选定梁士诒安格联等为内国公债局总协理呈》(1914 年 8 月 12 日),《中华民国史档案资料汇编》第 3 辑,第 877 页。

③ 《财政部等为劝募三年公债致各省将军、巡按使、财政厅密函稿》(1914 年 8 月 7 日),《中华民国史档案资料汇编》第 3 辑,第 874—875 页。

④ 《内国公债局驻沪经理处紧要广告》,《申报》1914 年 9 月 5 日。

⑤ 《财政部关于追加三年公债额数并拟具条例呈》(1914 年 12 月 10 日),《中华民国史档案资料汇编》第 3 辑,第 879 页。

⑥ 《三水梁燕孙先生年谱》(上册),第 215 页。

表 1 - 4 - 10　民三公债募集情况表

募集机构	募集数额(元)	比　例(%)
交通银行	6338375	24.92
中国银行	2800000	11.01
敦谊堂	1000000	3.93
中法银行	500000	1.97
堂　记	1500000	5.90
其　他	14296105	56.21
总　计	25434480	100.00

资料来源:贾士毅《民国财政史》,第 1060—1063 页。

　　交通银行在民三公债募集中的优异表现,得到了财政部和袁世凯的高度评价。1915 年 1 月 17 日,袁世凯发布大总统策令,称:"财政部呈称'交通银行劝募内国公债成绩最优,请特予褒奖'等语。此次劝募内国公债,计承售票额 633 万余元,逾全额四分之一,皆由该行办事各员督率经营,实心任事,信用丕著,成绩昭然,应由财政部传令嘉奖,以资鼓励。"[①]

　　民三公债发行取得巨大成功后,1915 年 4 月,梁士诒等着手发行民国四年公债(简称民四公债),《民国四年内国公债条例》第 7 条依然规定:"此项公债偿本付息,由中国、交通总分行,暨政府委托之外国银行、中国殷实银号或海关税务司支付。"[②]与积极筹募民三公债一样,财政部、内国公债局采取多种措施推动公债的募集。民四公债预定债额为 2400 万元,结果合计募得 2616 万元,超过预定额 216 万元。民四公债是在民三公债募集不到一年以内,又逢东亚金融紧缩、国内灾荒的状况下取得成功,更属不易。[③]　在民四公债的募集过程中,交通银行所做的工作依然出色。

①　《大总统策令》(1 月 17 日),《申报》1915 年 1 月 20 日。

②　《三水梁燕孙先生年谱》(上册),第 245 页。

③　同上,第 247 页。

表1-4-11　民四公债募集情况表

募集机构	募集数额(元)	比　例(%)
交通银行	3137685	11.99
中国银行	2655000	10.15
汇丰银行	1155635	4.42
怀德堂	346260	1.32
其　他	18964310	72.49
总　计	26159790	100.00

资料来源:贾士毅《民国财政史》第1064—1066页。

民三、民四公债发行的成功,缓解了北京政府的财政危机,对于维护北京政府的权威起到了重要作用。交通银行在这两次公债的募集中表现出色,成绩突出。在《民国三年营业报告》中,梁士诒甚至提出,募集公债为"本行之义务",①俨然以国家银行自居。这样的努力,不仅巩固了交通银行的信用,也提升了交通银行在北京政府中的地位。

五、中央银行职权的取得

晚清时期,大清银行是清政府的中央银行,但在辛亥革命的冲击下,被迫宣告停业。民国初年,由于政局长期不稳,再加上金融体系的不健全,当时的中国并没有正式的中央银行,但政府和民间都认识到了银行在实业发展中的支持作用,认为要稳定银行对实业发展的金融支持,并提高金融效率,就必须建立中央银行,推进银行业的专业化发展,建设由各类功能定位不同但又能彼此协作的银行构成的银行体系。②

1912年1月初,大清银行商股联合会上书南京临时政府临时大总统孙中山,建议"就原有之大清银行改为中国银行,重新组织,作为政府的中央银行"。孙中山也同意"将大清银行改为中国银行,添招商股500万两,为新政府之中央银行"。③但由于政府北迁,孙中山的批复难以实现。北京政府虽然同意将大清银行改组为中国银

---

① 《民国三年营业报告》,《北京金融史料》银行篇(5),第259页。
② 孙建华:《近代中国金融发展与制度变迁(1840—1945)》,中国财政经济出版社,2008年,第350页。
③ 《中国银行行史资料汇编》上编,第3页。

行,但并没有明确赋予中央银行的地位。

正因为如此,政府机关和社会各界对于中央银行制度建设的呼声颇多。农商总长张謇在其《实业政见宣言书》中便指出,振兴实业惟有确立中央银行以为金融基础,再辅之以地方银行的协作。1912 年 6 月,财政总长熊希龄提出《创办国有中央银行议案》,他认为因受战争影响,金融机关破坏殆尽,大清银行虽已改为中国银行,但亟需筹集巨额资本,否则难以履行中央银行的职能,故当此银根奇紧之时,商股实难招集,为今之计,最好的解决方法惟有仿照瑞典及俄罗斯制度,由国家提供资本创设中央银行,俟后全国金融渐行活跃,再行筹集商股,将官本逐渐抽出。[1]　不过,当时社会舆论更倾向于股份制中央银行,反对国家的过度干预,况且北京政府也无力筹措中央银行所需之巨额资本,以致该方案未能通过。此后,熊希龄与继任财政总长周学熙沿用原先以中国银行为中央银行的方针,拟定《中国银行则例》30 条,并于 1913 年 4 月 15 日以大总统令的形式公布。但《中国银行则例》依然没有明确规定中国银行的中央银行地位,只是在此后的一系列公函、咨文中提及中国银行"系国家中央银行"。[2]《则例》规定中国银行的业务主要是代理国库、承汇公款、发行钞票等。

民国初年,交通银行一跃成为当时最具实力的华资银行。虽然北京政府和社会舆论视中国银行为中央银行,但也不得不承认在中国银行的初建阶段,交通银行实际上承担了中央银行的部分职能,在整理金融、募集公债、划一币制、经理政府收支等方面做出了重大贡献。此后,在梁士诒等人的积极努力下,交通银行相继获得了货币发行权和代理金库权,已然具备国家银行的权利与资格。[3]　1914 年 4 月,比照《中国银行则例》制定的《交通银行则例》也以大总统令的形式公布,标志着交通银行的地位得到提升,已经完成了由商业银行向国家银行的性质转变。当时交通银行的实力在中国银行之上,中国银行并入交通银行的流言在社会上多有传播。[4]

民初北京政府对中国银行的中央银行地位规定不明确,以及交通银行长期承担中央银行部分职能,为交通银行获得中央银行地位提供了有利条件。

① 《中国银行行史资料汇编》上编,第 66—67 页。
② 《中国银行公函》,二年总字第 85 号,1913 年 5 月 21 日,提到"声明中国银行系国家中央银行",外交部、财政部在 1913 年 5 月 23 日的复函中提到"查中国银行则例业经公布,实系国家中央银行",参见《中国银行行史资料汇编》上编,第 114—115 页。
③ 《交通银行概况》,《银行周报》第 2 卷第 22 期。
④ 《专电》提及《亚细亚报》曾刊登相关消息,《申报》1914 年 6 月 21 日。

1915 年 10 月 31 日，袁世凯发布大总统申令："中国、交通两银行具有国家银行性质，信用夙著，历年经理国库，流通钞票，成效昭彰，著责成该银行按照前此办法，切实推行，以为币制公债进行之辅助，该两银行应共同责任，协力图功，以副国家调护金融、更新财政之至意，即由财政、交通两部转饬遵照此令等因，奉此用特函达，即希遵照。"①这个申令正式将交通银行定位为国家银行，并赋予交通银行以整理金融、统一币制、经理公债等责任。

此后，交通银行以袁世凯的大总统申令为圭臬，积极开展国家银行应有之业务，履行中央银行职权。1915 年 11 月，交通银行在《致上海总商会公函》中指出："国家银行之性质与普通银行不同，凡维持金融、代理国库、发行钞票、代理公债，皆为其特别职务。"②此后交通银行相继致函各军政机关，要求予以配合。张勋在回复交行公函中提到："贵行经理国家财政，调剂社会金融，信用久已昭著，此后发展伟划益宏远谟，行务必更蒸蒸日上，敝处自当随时提倡，维持以副。"③山东巡按使也在复交行函中提到："国家银行职务在在与国家财政、社会金融有莫大关系。嘱即转饬所属，凡关于国家银行应有之职务随时接洽等因，查东省关于币制、公债等项，均由财政机关与国家银行妥为商办，重以鼎言，自当协力进行，勉图共济，除转饬遵照并与贵分行经理随时接洽外，用特布复顺请。"④此外，安徽、江苏等各地军政要员都在回函中表示，会尽力协助交通银行经办国家银行事务。其后，交通银行扩大了发行业务，积极为政府垫款，整理金融，承担起中央银行的责任。

北京政府的支持和交通银行自身的努力，使得交通银行的国家银行地位最终得到社会上的普遍承认。1928 年以前，公众长期把中国银行和交通银行当作国家银行看待。⑤ 李立侠在《民元来我国之国家银行》一文中总结道："在此期中与中国银行并称，而同被目为国家银行者，尚有交通银行。中交两行在民国十七年以前之十七年中，对于国家金融之贡献甚多，虽因政局之牵累而未能充分发挥其国家银行之使命，

---

① 《命令 10 月 31 日大总统申令》，《申报》1915 年 11 月 2 日。
② 《关于整理财政之公函》，《申报》1915 年 11 月 18 日。
③ 《定武上将军府公函》，交通银行博物馆馆藏资料。参见交通银行：《交通银行史画》，上海书画出版社，2008 年，第 100 页。
④ 《山东巡按使公函（第 182 号）》，1915 年 11 月 16 日交通银行博物馆馆藏资料 Y48。
⑤ 王承志：《中国金融资本论》，光明书局，1936 年，第 93 页。

然其努力经营,领导金融,于中央银行成立以前,其对市场调剂之功正不可没。"①朱斯煌也说:"我国昔无中央银行之设立,向以中、交两行虽非中央银行,而处于中央银行之地位。"②

交通银行赢得国家银行的地位,并取得中央银行的部分职能,所获得的巨大利益是无可置疑的,但这也给交通银行的生存与发展带来了两个问题:一是中国银行和交通银行都处于国家银行的地位,皆具有中央银行的部分职能,但两行的业务分工不明确,营业类型趋同。张嘉璈认为,由于两个政府银行的并存,业务方面不免有重复之处,因而在资金的利用和管理方面不免有浪费的情形。③ 这样重复的二元制中央银行体制,不仅对国家金融的发展不利,也在一定程度上阻碍了中国金融业的健康发展,因而此后中交合并的提议不断出现。二是北京政府由于财政困难,加大对国家银行的控制,并将其作为政府的金库,随意借款,致使国家银行丧失了财政的独立性。在财政借款的巨大压力下,交行和中行都被迫发行大量的银行券,其兑现能力和发钞能力日渐下降。为了维持财政,北京政府竟向两家银行发出停兑钞票、止付存款的命令,使交通银行的信用受到了极大的破坏,同时巨额的政府积欠,让交通银行在以后的十多年时间内一直背负着这个沉重包袱。

第三节　交通系与交通银行

一、梁士诒与交通系的形成

清末民初,中国社会处于转型时期,不仅中央政府对全国的控制能力有限,致使地方势力坐大,而且在中央政府内部,由于权威的缺失而出现了各种各样的派系集团,相互争夺,追逐中央政府的权力。以梁士诒为首的交通系,长期控制着交通系统

① 李立侠:《民元来我国之国家银行》,朱斯煌:《民国经济史》(《银行周报》卅周纪念刊),银行学会 1947 年编印,第 11 页。
② 朱斯煌:《民元来我国之银行业》,朱斯煌:《民国经济史》(《银行周报》卅周纪念刊),第 44 页。
③ 张公权:《中国货币与银行的朝向现代化》,载罗荣渠等主编:《中国现代化历程的探索》,北京大学出版社,1992 年,第 180 页。

的行政、财政大权,成为北京政府中的一大政治力量,在民初政坛中扮演着重要角色。

晚清时期,交通四政长期为盛宣怀所把持,终与清廷利益发生矛盾。于是,清廷先后派袁世凯督办关内外铁路、津镇铁路,唐绍仪督办京汉、沪宁铁路等,以分盛宣怀之权。光绪三十二年(1906)正月,盛宣怀被迫称病辞去督办铁路总公司差事,清廷以唐绍仪接任督办,①使得袁世凯系势力逐步排挤并取代盛宣怀的势力,控制了交通系统。在这一过程中,梁士诒于光绪三十一年十一月十五日(1905年12月11日)被任命为铁路总文案,②并参与中日缔约之事,从而开启其交通事业之端。

光绪三十二年九月,邮传部设立后,逐渐掌控交通四政大权。有鉴于铁路借款对外交涉尤关重要,邮传部遂于光绪三十三年(1907)三月奏请设立京汉、沪宁、正太、汴洛、道清五路提调处,以梁士诒为提调。③ 掌管五路大权后,梁士诒身价陡增,被称为"五路财神"。④ 这是梁士诒进入交通系统后的关键一步,为其日后成为交通系首领奠定了基础。

担任五路提调处提调后不久,因京汉铁路的赎回问题,梁士诒又建议设立交通银行经办赎路事宜,成为交通银行创始人之一,随后又掌握了交通银行的实权。

在创建交通银行的同时,邮传部于光绪三十三年十一月十八日(1907年12月22日)裁撤五路提调处,改设铁路总局,仍由梁士诒担任局长,⑤并任命叶恭绰佐理局务。⑥ 担任铁路总局局长后,梁士诒主持筹拨京张铁路路款、订立沪杭甬铁路借款合同等,注意在铁路借款中争取权利,颇有成效,得到陈璧、袁世凯的大力举荐。陈璧认为梁士诒"才大心细,识力过人,讲求时务,洞见本原",是一位不可多得的"卓然经世之才"。袁世凯也称赞梁士诒"心精力果,学识兼优,经加邮传部奏充铁路总局局长,将历年与各国所订借款造路合同,勾稽得失,于事权利益,挽回不少"。⑦ 宣统元年(1909)六月,梁士诒服阕补邮传部左参议⑧。

---

① 《三水梁燕孙先生年谱》(上册),第54页。
② 同上,第53页。
③ 同上,第58页。
④ 曹汝霖:《一生之回忆》,中国大百科全书出版社,2009年,第80页。
⑤ 《三水梁燕孙先生年谱》(上册),第68页。
⑥ 刘桂五:《"交通系"述论》,《社会科学战线》1982年第3期。
⑦ 《三水梁燕孙先生年谱》(上册),第73页。
⑧ 同上,第84页。

在任职铁路总局和邮传部期间,梁士诒为加强对交通部门的控制,在邮传部、铁路总局及交通银行内安插了大批亲信和戚友,如叶恭绰为邮传部路政司司长和铁路总局提调,龙建章为电政司司长,关赓麟为邮政司司长,赵庆华为京奉铁路总办,后任广九铁路总办,关冕钧(梁士诒亲家)为京张铁路会办,周作民为交通银行稽核课主任(后调往安徽筹建分行,任汉行经理),梁士讦(梁士诒的四弟)为粤行经理等等。①由于梁士诒在交通四政和交通银行大力扶植党羽,从而形成了一支独立的政治力量,交通系开始形成。

叶恭绰

宣统二年十二月(1911 年 1 月),唐绍仪因病辞去邮传部尚书职务,盛宣怀接任。由于此前梁士诒力助袁世凯、唐绍仪夺取盛宣怀在交通事务上的权力而与之交恶,故盛宣怀上台后即以把持路政、"专权靡费"为由,裁撤梁士诒铁路总局局长和交通银行帮理职务。② 盛宣怀排挤梁士诒出铁路总局,牵连被撤的铁路总局人员多达 130 余人,③但得益于梁士诒之前的积极扶植,交通系已达致一定规模,在清末交通系统

---

① 刘桂五:《"交通系"述论》,《社会科学战线》1982 年第 3 期。
② 《三水梁燕孙先生年谱》(上册),第 91 页。
③ 贾熟村:《北洋军阀时期的交通系》,第 28 页。

中形成盘根错节之势,故盛宣怀并不能将交通系势力完全从交通系统中排挤出去。例如,叶恭绰失去了铁路总局总科员职务,但保留承政厅佥事职务,关赓麟保留承政厅佥事职务,赵庆华仍是广九路总办,龙建章依然是邮传部参议、邮政总局局长,关冕钧随后则由京张路会办提升为总办等等。① 这一切表明,交通系有效地抵御了盛宣怀的攻击,紧紧掌握着铁路和交通银行的控制权。

盛宣怀重新掌权后,大力推行"铁路国有"政策,激起了全国各地的反抗,其中四川保路运动演变成武装起义。为镇压四川的保路运动,清廷调湖北新军前往镇压,进而引发武昌起义,革命党人建立了军政府,并号召全国各地响应。清廷派遣荫昌前往镇压未能奏效,不得不请袁世凯重新出山,这为梁士诒及交通系势力的东山再起提供了机会。

光绪三十四年(1908),摄政王载沣以"足疾"为由将袁世凯开缺回籍,人情冷淡之际,梁士诒却感怀袁世凯的提携之恩,冒险调来车皮、车厢,将袁世凯及其家人、财物运回河南。因此,当清廷重新启用袁世凯之时,袁世凯即遣人密告梁士诒:"南方军事,尚易结束,北京政治,头绪棼如,正赖燕孙居中策划一切,请与唐少川(唐绍仪)预为布置。"②

于是,梁士诒与唐绍仪、段祺瑞等"合力斡旋,分途布置",③方使清廷内部反袁势力不能得手,袁世凯得以顺利进京掌控大局。在袁世凯内阁中,梁士诒历任邮传部副大臣、大臣要职。④ 原来与梁士诒关系密切的交通系中层人员也在短时间里得到重用,如邮传部佥事叶恭绰出任铁路总局局长,关赓麟出任京奉路总办、京汉路会办,赵庆华为津浦路南段局长,孙多钰为吉长路总办,梁士诩为广九路总办等等。⑤ 随着梁士诒的重新上位,交通系势力迅速重振并控制了交通系统的大权。

1912年2月清帝退位后,袁世凯于3月10日宣誓就职为中华民国临时大总统,随即让梁士诒出任总统府秘书长,为袁世凯制定财政计划大纲及其他要政方针。袁世凯经常对前来请示、汇报公务的人说:"问梁秘书长去!"⑥梁士诒也不问事情大小,

---

① 李吉奎:《梁士诒》,广东人民出版社,2005 年,第 43 页。
② 《三水梁燕孙先生年谱》(上册),第 43 页。
③ 同上,第 110 页。
④ 同上,第 103、104 页。
⑤ 于庆祥:《晚清交通四政的发展与交通系的形成》,载《明清论丛》第 5 辑,2004 年。
⑥ 《三水梁燕孙先生年谱》(上册),第 187 页。

尽力处理。一时间,梁士诒被称为"二总统",权重一时。此后,梁又相继担任交通银行总理、全国铁路协会会长、署财政部次长并代理部务、税务督办等要职。而交通系的旧人在民初也相继担任要职,不仅控制了交通系统,还将势力深入到财政、金融等领域。

表 1-4-12　交通系成员一览表

姓名	字号	籍贯	出身	职务	备注
唐绍仪	少川	广东香山	留美	国务总理、外交总长	
梁士诒	燕孙	广东三水	进士	国务总理、总统府秘书、署理财政部、交通银行总理、交通银行董事会会长	
唐荣禧	荣禧	广东香山	留美	津浦铁路处长	唐绍仪外甥
唐德萱	日新	湖南芷江		汉粤川铁路工程局副局长	
叶恭绰	誉虎	广东番禺	廪生	交通总长、交通银行帮理	妹嫁于关冕钧之子
周自齐	子廙	广东广州	副贡留美	署理国务总理、财政总长、中国银行总裁	
朱启钤	桂辛	贵州开州	举人	代理国务总理	
任凤苞	振采	江苏宜兴		交通银行协理、代理交通银行总理、全国铁路协会评议员	
龙建章	伯扬	广东顺德	进士	邮传部参议、交通部参事	
关冕钧	伯衡	广西苍梧	进士	京张铁路局长	梁士诒亲家
关赓麟	颖人	广东南海	留日	汉粤川铁路督办	
赵庆华	燧山	浙江金华	监生	交通次长、航政司长	张学良岳父
郑洪年	韶觉	广东广州		交通次长、路政司长	
施肇曾	省之	浙江杭县	留美	陇海铁路督办	
施肇基	植之	浙江杭县	留美	交通总长	唐绍仪女婿
施肇祥	炳之	浙江杭县	留美	京汉铁路机务处处长	
徐廷爵	健侯	直隶天津	留美	津浦、京奉铁路局长	
马振理	叔文	安徽桐城	贡生	交通部邮政司总务科长	
麦信坚	佐之	广东番禺	香港师院	交通次长,招商局、电报局总办	
王景春	兆熙	直隶滦县	留美	邮政总局长	

（续表）

姓名	字号	籍贯	出　身	职　　务	备　注
詹天佑	眷诚	广东南海	留美	路政司长	
徐世章	端甫	直隶天津		交通次长	徐世昌弟
沈琪	穆涵	直隶静海		交通部技监	
蔡序东		广东顺德		京张铁路会办	周自齐妹夫
方仁元	冠卿	江西南昌	监生	交通部金事	
陈威	公猛	浙江绍兴		教育部次长	
俞人凤	文仲	直隶天津	北洋武备学堂	京汉铁路局长	
周作民	维新	江苏淮安	留日	库藏司长	
胡筠	笔江	江苏江都		交通银行董事长	
刘蕃	季衍	湖北安陆		航政司长	
劳之常	逊五	山东阳信		署津浦铁路局长、交通次长	
蒋尊苇	彬侯	浙江海宁	进士	电政司长	
何瑞章	次衡	安徽南陵		京绥铁路副局长	
傅润章	子如	京兆宛平	监生	署邮政司副司长、通阜科科长	
夏昌炽	光宇	江苏青浦	举人	广三铁路局长	
张兢立	彬人	浙江海宁	留日	交通部金事、中国银行发行局长	
张铸	剑新	江苏江浦	留英	交通部主事技整	
陈斯锐		广东南海		交通部金事	
陆家鼎	味辛	江苏崇明		交通部技正	
李景铭	石之	福建闽县	留日	赋税司长	
梁士讦	季典	广东三水		广九铁路总办	梁士诒之弟
叶道绳		广东番禺		津浦铁路处长	
颜德庆	季余	江苏上海	留美	湘鄂铁路局长	
鲍宗汉	星槎	江苏上海		交通银行董事	
冯元鼎	次台	广东高要		铁路局总文案、交通次长	
黄开文	锡臣	广东蕉岭		同城铁路督办	
阚铎	霍初	安徽合肥	留日	交通次长	

（续表）

姓名	字号	籍贯	出　身	职　　务	备　注
冯懿同	召峻	广东高要	国史馆	交通部参事	
袁龄	梦九	广东南海		路政司长	
周万鹏		江苏宝山	留美	邮政总局局长	
雷光宇	道衡	湖南浏阳	留日	交通部佥事、参事	
水钧韶	梦庚	江苏阜宁	留法	汴洛铁路局长	孙宝琦的亲属
李经方	伯行	安徽合肥		邮传部侍郎、邮政总局局长	
陈福颐	嬴生	江苏清河	举人	航政司长	
张心徵	仲清	广西桂林	举人	交通部佥事	
孙多钰	章甫	安徽寿县	留美	交通次长	孙多森之弟
周家义	子宜	江苏宝山	沪广方言馆	电政司长	
罗国瑞		广东博罗	留美	路政司长	
龙学兢	澄宇	广东顺德	拔贡	总务科长	
刘景山	竹君	江苏阜宁		署京奉铁路局长	
章沽	笃臣	浙江鄞县	法文公学	交通部技正、陇海铁路会办	
吴应科		广东四会		综核司长	
毕承绌	芝田	湖北江陵	监生	交通部佥事、总务科长	
汪延襄	湛青			路政司总务科长	
唐士清		广东香山	电报生	京汉铁路车务总管	
关祖章		广西苍梧		技术厅第五股主任	梁士诒女婿
凌宏勋	竹铭	广东番禺		南洋大学校长	
张祖廉	彦云	浙江嘉善		署陇海铁路督办	
康诰	心铭	湖北武昌		交通部路政司主事	
刘人杰	竹深	湖北武昌		航政司主事	
俞大纯	慎修	浙江绍兴		交通部陇海铁路局局长	
华南圭	通斋	江苏无锡	附生留法	汴洛局长	
何元翰	绍圻	安徽南陵		交通部电政局总务科科长	
汪士元	向叔	江苏盱眙		财政次长	

（续表）

姓名	字号	籍贯	出　身	职　务	备　注
张　弧	岱杉	浙江萧山	举人	财政次长、盐务署督办、财政总长	
宋　真	通三	福建莆田		邮传部主事	
周家义	子宜	江苏宝山	广方言馆	交通部佥事、电政司科长	
邝孙谋	景阳	广东南海	留美	京绥铁路会办	

资料来源:贾熟村《北洋军阀时期的交通系》,第33—37页;于庆祥《晚清交通四政的发展与交通系的形成》,《明清论丛》第5辑,2004年。

二、交通系对交通银行的控制

交通银行的建立,梁士诒出力甚多。晚清时期由于交通系正处在积蓄力量阶段,对交通银行主要是间接控制。进入民国以后,随着梁士诒地位的上升与交通系势力的强盛,交通系对交通银行的控制转变为以直接控制为主。

清帝逊位前,梁士诒在袁世凯内阁中担任邮传部副大臣、署理大臣,在清帝退位后又担任邮传部正首领等要职,并于1912年3月派遣其得力助手任凤苞任交通银行协理,[①]叶恭绰为交通银行帮理,重新控制交通银行。1912年5月,股东联合会又推举梁士诒为交通银行总理,主持交行的清理整顿工作。至此,交通银行主要领导人都换成了交通系人物,这既是交通银行营新整旧的开始,也是交通系直接控制交行的标志。

随着梁士诒及交通系加强对交通银行的控制,交通银行逐步成为交通系在政治斗争中的重要工具。1913年7月,熊希龄上台组阁,梁士诒因之前唐绍仪与熊希龄之间的纠葛,[②]对内阁的财政困难冷眼旁观,使得熊不得不于1914年2月7日、12日

---

① 1960年6月王璧侯访问记录提到:"任凤苞(振采)的父亲任锡汾是前清的四川即用候补道,与政界和金融界都有些渊源。任凤苞于1912年3月即任交行协理,与梁士诒关系密切。他和龙建章、叶恭绰(誉虎),关赓麟被称为交通系龙虎凤麟四大将。"1961年7月22日林熙生访问记录中提到:"任振采在辛亥前曾任津浦铁路局稽查,吕海寰任督办,有人说任做过浦信铁路会办,或系津浦之误,因吕未做过浦信督办。"《王璧侯访问记录》、《任凤苞访问记录》,交通银行博物馆藏资料Y48。

② 1912年初唐绍仪任北京政府内阁总理,但财政总长熊希龄利用各种手段对唐绍仪施加压力,唐绍仪最后不得不辞去总理职务。

先后辞去财政总长、内阁总理职务。2月13日,记者黄远庸在其《远生通讯》中对此事原委进行报道,并有所评论:"旧历年关之时,对于熊总理之暗中嘲笑者,大有人在。此一派势力,远出于内阁总理熊希龄之上,中外所认同也。一手握交通之全权,更一手管理该部机关之交通银行。大有人方戚戚,我独优游之气象,冷眼旁观。俟熊总理入于万难之境,然后提携500万元呈之总统,转交于熊总理,当场献技;第一流内阁之财政家熊希龄自不胜其难看矣。"[1]梁士诒借以奚落熊希龄的500万元巨款,正是交通银行所经理的特别会计金,即交通四政之收入。1915年4月8日,《申报》发表评论说:"交通银行以垫款之故,乃于政治上占莫大便宜势力,万一非其系者握财政之权,得无于请求垫款之时,有不甚便利者乎。"[2]此处直接揭露交通系掌控交通银行,凭其财力在政治斗争中占据上风的事实,即一旦财政总长非交通系中人物,梁士诒便可通过垫款,颠覆总长人选,进而影响内阁,乃至全国政局。

接任熊希龄为财政总长的周学熙亦是此例。由于周并非交通系人物,梁士诒放出传言,不再垫款。周学熙在北京政府中颇有一定魄力,闻之即表态:"即不垫款,吾亦何惧?"可是当梁士诒派人到财政部索还借款时,周学熙不得不对来人感叹:"吾与君同为好友,与某氏同,君何以能帮某氏之忙,而不能帮我!"[3]

1914年5月25日,交通银行召开第三届股东大会,交通系对交通银行的控制达到了空前的高度。会前《亚细亚报》曾有爆料,交通银行两年都没有开股东会议了,"今忽开会,实因梁士诒深恐有人夺其总理,借此以巩固之"。[4] 会后报界详细披露了股东会议的细节,指出此次股东会议的召开有两个现象值得关注:一是当时来开会的人,大部分都不是股东本人,而是股东派来的代表,这些代表的身份又多为铁路职员,或是交通部里的职工,"以有如此关系之人而投票选举总理,无论如何,当皆知被选者必为梁士诒";二是会上来了两个大人物,一为周自齐,一为朱启钤,两人都当过交通总长,一并前来,"其中亦当包含监督之意味不少,但以吾侪小人之眼光,则惟知今日国事匆忙,日不暇给,而二公为国贤劳之余,双双到会,且均待至终会,亦可谓不辞辛苦者矣"。[5] 本为交通银行股东大会,却透露出交通系成员大聚会的意味,也就难怪

---

[1] 刘厚生:《张謇传记》,龙门书局,1958年,第215—216页。
[2][3] 《新闻日记》,《申报》1915年4月8日。
[4] 《专电》,《申报》1914年5月26日。
[5] 于庆祥:《晚清交通四政的发展与交通系的形成》,载《明清论丛》第5辑,2004年。

报业舆论冷嘲热讽了。对此,交行商股股东"徒设此机关,供私人把持"的愤懑之语,①足以表达对交通系掌控交通银行的强烈不满。由此可见,交行第三届股东大会,实际上成为了交通系实现对交通银行的进一步控制,同时造就了一次凝聚交通系同侪的政治活动。

不仅交通银行为交通系所控制,中国银行亦为交通系所染指。梁士诒年谱提到:"先生创办交通银行,革政以后,尤发挥光大,支行遍设国内,中国银行亦在先生指挥之下,其余国内新立各银行,主持者亦多先生提携奖励之僚寀。"②孙多森、聂其炜任中国银行正副总裁时,不能积极为袁世凯的军政开支筹款,为袁世凯所不喜。1913年6月,梁士诒便与袁世凯策划将孙多森调往安徽,又借口派聂其炜去上海、汉口各地考察币制,将其调离中国银行。与此同时,又派遣与梁颇有渊源的公债司司长陈威和泉币司司长吴乃琛去接替二人职位。从此,梁士诒便可以袁世凯亲信和总统府秘书长的身份,通过陈、吴来操纵中国银行,实现交通系对中国银行的控制。其后虽然中国银行人事多有调整,如1913年9月周自齐短暂兼任中国银行总裁,1914年8月至1916年9月陈威任中国银行副总裁,③但是交通系仍对中国银行保有控制权。

三、交通银行成为北京政府的财政工具

北京政府建立后,梁士诒为交通银行争取到政府的各方面支持,同时,交行也不得不在各方面为政府提供帮助。早在交行尚未摆脱辛壬乱局的冲击时,就曾为袁世凯临时政府垫借临时政费70万元;1913年"二次革命"时,交通银行又为北京政府筹措军费500万元。④

民初袁世凯为加强统治,将交通四政收支列为特别会计金,专由交通银行经理,就连国务总理和财政部都不得过问。另外内阁方面的开支,诸如行政费、军警费、教育费等,无论怎样支出,袁世凯都不许别人动用这笔特别会计金。而袁世凯豢养政客、收买同盟会会员、组织自己指挥的特务,暗杀宋教仁等的费用,皆取之于这些经费。其中最大的项目,即用300多万元巨款,截留黄兴所购的德国新式武器。因此,

① 《交通银行之国有消息》,《申报》1914年6月20日。
② 《三水梁燕孙先生年谱》(上册),第350页。
③ 《中国银行行史资料汇编》上编,第102页。
④ 翁先定:《交通银行官场活动研究》,《中国社会科学院经济研究所集刊》第11集,第408页。

经理这笔特别会计金的交通银行被人们称为"内库",交通银行总理梁士诒则被称为掌库人。①

1913 年 5 月 16 日,梁士诒署财政部次长代理部务。1913 年 5 月 16 日至 9 月 11 日,梁士诒代理财政部近四个月时间内,②除了前文述及的利用职权为交行获得代理金库特权,使交行蜕变成为国家银行外,还逼迫中国银行每月为财政部垫付款项 450 万元,并大量挪用交通银行款项来解决北京政府所面临的财政困难。③ 1913 年 9 月 11 日熊希龄兼任财政总长后,一度将金库代理权收归财政部自行管理,但不久就在梁士诒等人的协力逼迫下辞职。1914 年 2 月 9 日,来自交通系的周自齐兼任财政总长,根据新颁布的《国币条例》批准交行印发国币兑换券,企图利用交通银行和中国银行的纸币及信誉,来统一全国币制。

1914 年 5 月,在交通银行第三届股东大会之后,梁士诒对各行经副理发表讲话,强调要积极协助政府处理财政经济问题,如与政府及各官署之间须时常保持联络,积极参与政府收回滥币及改革币制的计划,对于发行政府的六厘公债(民三公债)应全力以赴等等。④

在梁士诒等人的掌控下,交通银行逐步沦为北京政府的财政工具,积极为北京政府解决财政问题。对此,商股股东自是极为不满。1914 年 6 月,有人拟具条陈,要求政府将交通银行收归国有,认为:"数年以来,银行为国家帮忙亦最多,在彼总协理热心国事,一意为国家帮忙,似无暇整理营业。"并指出:"似此官商皆无利益,徒设此机关,供私人把持。毋宁国家分期偿还商股,将银行收为国有,较为两便。"⑤

尽管商股股东不满,但梁士诒等人为了在政治上获得更多权力,依然我行我素,积极推行为政府垫款、解决财政问题的方针。对于 1914 年政府发行以整理金融、补助国库为目的的民三公债,1915 年政府发行以整理旧债、补助国库为目的的民四公债,交通银行都颇为积极,募集款项远远超过中国银行及其他金融机构,贡献最巨。

除了积极募集公债、直接帮助北京政府解决财政困难,交通银行还协助设立新华

---

① 杜恂诚:《中国金融通史》第三卷,第 109—110 页。
② 《三水梁燕孙先生年谱》(上册),第 137—154 页。
③ 翁先定:《交通银行官场活动研究》,《中国社会科学院经济研究所集刊》第 11 集,第 408 页。
④ 《交通银行史料》第一卷,第 272 页。
⑤ 《交通银行之国有消息》,《申报》1914 年 6 月 20 日。

储蓄银行，为北京政府吸收民间资金，扩大财源。1914年北京政府财政日渐紧张，梁士诒向袁世凯建议，每年发行有奖储蓄票1000万元，三年期满还本，每年开奖一次，以此来吸引民间资金，为政府所用。为了经销储蓄票，梁士诒建议成立一家官商合办的储蓄银行，并推荐其亲信方仁元负责筹备。此建议获得袁世凯的批准。1914年3月，财政部发布命令，令交通银行会同中国银行拨款筹设新华储蓄银行。经过几个月的筹备，10月23日，新华储蓄银行在北京开业，专营储蓄业务，开办时额定资本100万元。遵照财政部令，先由中国、交通两银行拨款15万元，实际仅由交通银行拨款5万元股本，作为筹备费用，以后再未交付。[①] 新华储蓄银行专为发行类似彩票的有奖储蓄券而设，以交行北京分行为总发行所，各省各埠交通银行与中国银行为分发行所。[②] 新华储蓄银行开业后，一切营业资金均靠发行储蓄票收入款项以为周转。据发行储蓄票章程规定，储蓄票偿还本金及中签兑奖等均由政府担保，奖项设置为一等、二等直至十一等奖，奖金的数额颇高，且级差较大，以此来调动储户的积极性。储蓄票以新华储蓄银行为发行总机关，以交通银行、中国银行及邮电总局为代理机关，凡储蓄票中一、二、三、四等签者，直接向北京新华储蓄银行领奖；中五等以下各签者，原发行地新华储蓄银行、中国银行、交通银行及邮电各局均可领奖。

　　1914、1915年，袁世凯复辟帝制的野心逐渐暴露，称帝的步伐不断加快。当时梁士诒、段祺瑞、熊希龄三位握有实权的人物，虽与袁世凯关系密切，却都反对复辟帝制。袁世凯对此极为不满，遂于1915年6月发动了"三次长参案"。他指使人参劾交通次长叶恭绰以迫梁士诒，参劾陆军次长徐树铮以迫段祺瑞，参劾财政次长张弧以迫熊希龄（当时张弧接近熊希龄，后来成为交通系成员）。结果段祺瑞辞职，徐树铮、张弧免职，叶恭绰停职候传，[③]梁士诒也深深感受到来自袁世凯的压力。为了进一步逼迫梁士诒就范，袁世凯同时策划了"交通大参案"（或称"五路大参案"），撇开交通银行，专拿铁路开刀。通过对津浦、京汉、京绥、沪宁、正太等五条铁路的密查，参劾梁士诒的得力助手交通次长叶恭绰、津浦铁路局长赵庆华、京汉铁路局局长关赓麟、京绥铁路局长关冕钧等，将他们一一撤职或停职候审。[④] 梁士诒自身也遭到袁世凯的监

---

① 朱锡祚：《新华信托储蓄银行沿革》，《文史资料选辑》第31辑，第170页。
② 《时报》1914年11月1日。
③ 《三水梁燕孙先生年谱》（上册），第267页。
④ 同上，第267—271页。

视,行动不能自由。① 在袁世凯的胁迫下,为了自身的政治前途,梁士诒及交通系不得不转而支持帝制。梁士诒召集朱启钤、周自齐、赵庆华等开秘密会议,认为要保全交通系势力,只能顺从袁世凯,豁出去干;并且决定不干则已,干则不必遮遮掩掩,一定要大权独揽,有声有色。于是,交通系控制下的交通银行便成为"洪宪帝制"的财政工具,积极为袁世凯称帝活动垫款。

由于复辟帝制遭到各界的反对,南方各省纷纷宣布独立,北方各省也有脱离袁世凯控制的迹象。袁世凯欲以武力解决,一时军费剧增,财政更形窘迫,而西方列强又忙于参加第一次世界大战,无暇东顾,政府再次发行内债,却效果低微,梁士诒等人只能通过所控制的交通银行为政府大量垫款。到1916年6月底,交通银行对政府垫款额已达4600万元。② 为了应付如此巨额的垫款,梁士诒不惜滥发交通银行钞券,最终酿成停兑风潮,致使交通银行再一次陷入劫难之中,在生死线上挣扎。

---

① 《三水梁燕孙先生年谱》(上册),第278页。
② 《交通银行董事会议录》第一册,1916年6月15日,交通银行博物馆藏资料Y48。

第五章
第一次停兑风潮

　　1916 年,北京政府在政治、经济等方面陷入困境,军政开支浩繁,财政入不敷出,只能倚重具有国家银行性质的中、交两行。由于政府强迫大量垫款,致使两行库存现银枯竭,无力兑现。政府为保存现银,贸然颁布停兑令,强令中、交两行停止付现,引发历史上首次停兑风潮。出于种种原因,交通银行反对停兑令的态度不及中国银行坚决;在洪宪闹剧中,又大肆为袁氏垫款,从而成为众矢之的。虽经努力,交行仍无力复兑,遂转向日本兴业、朝鲜和台湾三家银行借款,艰难渡过停兑风波。此后,交通银行实力锐减,信用低落,业务进展缓慢。为此,交行高层采取了恢复信用、招徕汇兑等一系列措施,并对总管理处等机构进行大规模调整。停兑风潮中,京、津市场上现银绝迹,社会骚乱,京钞问题由此产生,且愈演愈烈,肆虐达五年之久。

第一节　停兑风潮与交通银行的改组

一、北京政府"停兑令"的仓促出台

　　民初,北京政府的财政收入,大致可分为关余、盐余、田赋、厘金、其他杂税及募集内外债数种。北京政府自成立之日起,就因连年内战,军费开支浩繁,财政收支十分拮据,几乎无一用款"不仰给于借贷"。① 从 1912 年 1 月至 1914 年 8 月,北京政府先

---

① 　交通银行总行:《交通银行简史》,第 9 页。

后向外国多次贷款,总额高达4.4亿元。① 此后,第一次世界大战爆发,西方各国忙于战争,在华投资锐减。虽然北京政府与尚未参战的美国积极接洽,商谈借款事宜,但因五国银行团的极力反对,亦无果而终。续借外债发生困难,关税又因"一战"的爆发而收入极微,拨付原有外债本息尚嫌不足,自然无关余可言。至于田赋、厘金及其他杂税,因政治未上轨道,"各省每以自顾不瞻,将向归中央收入之款项,任意截留,成为风气"。② 盐余虽为政府的大宗收入,但由于袁世凯称帝,西南各省纷纷独立,五国银行团以北京政府不能代表中华民国为由,拒绝拨付,致使财政状况更加恶化。面对巨额赤字,外债渠道狭窄的北京政府转而乞灵于内债。

1914年8月,北京政府成立内国公债局,专司内债经营,以弥补财政赤字。短短两年时间,公债局先后发行三次国内公债,第一次债额原定1600万元,后又增加800万元;③第二次定额为2400万元,第三次为2000万元,④总定额高达6800万元。第一、二次的公债发行情况尚好,但1916年3月发行的第三次公债,因袁世凯复辟帝制失败,政府债信一落千丈,仅募得700万元,⑤根本不能弥补巨额的财政漏洞。据统计,1916年度中央预算中,总计岁入43230万元,岁出47280万元,赤字高达4000万元之多。⑥ 在税收、借债等手段见效不著的情况下,北京政府便把解决问题的办法转向于增发纸币一途。

当时,北京政府可以利用的纸币是具有国家银行性质的中国银行和交通银行所发行的兑换券,一般人称之为"钞票"。由于持有钞票者可以随时向发行行兑换银元,所以银行如果没有足够的现银准备,就不敢大量增发钞票。最初,中国、交通两行的钞票发行额并不是很大。中国银行的发行额,1912年底为106万元,1913年底为502万元,1914年底为1639万元。⑦ 交通银行的发行额,1912年底为119万元,1913年底为675万元,1914年底为894万元。⑧ 然而,每当财政陷入困境,北京政府便把

---

① 杨荫溥:《民国财政史》,中国财政经济出版社,1985年,第16页。
② 交通银行总行:《交通银行简史》,第9页。
③ 杜恂诚:《中国金融通史》第三卷,第98—99页。
④ 《三水梁燕孙先生年谱》(上册),第244、330页。
⑤ 同上,第330页。
⑥ 杨荫溥:《民国财政史》,第3页。
⑦ 《中国银行行史资料汇编》上编,第956页。
⑧ 《交通银行史料》第一卷,第838页。

目光盯向中、交两行,到 1915 年底,中国银行钞票发行额骤增至 3845 万元,为政府垫款达到 1204 万元。[①] 由于交通银行大权直接掌握在袁世凯亲信梁士诒的手中,交通银行几乎成了袁世凯的私库。梁士诒以筹措帝制经费为己任,不惜滥发交通银行钞票,至 1915 年底,即袁世凯登基前夕,交行为政府财政垫款高达 4750 万元,占全部放款总额的 94%,而且这些垫款是无法收回的。[②] 中、交两行垫款如此之多,以致库存空虚,实力削弱,信用基础不稳。若遇政局变动或市面稍有风吹草动,极易发生挤兑。

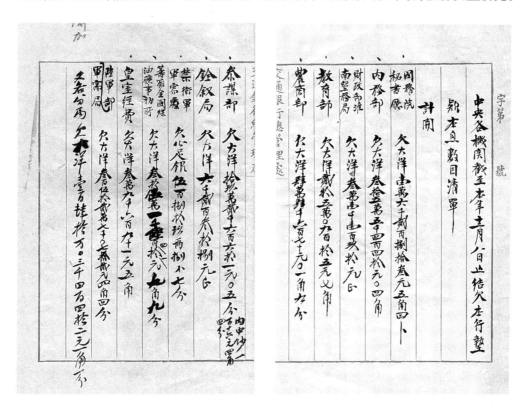

交通银行为北京政府中央各机关垫款清单

1915 年底,袁世凯一意孤行,悍然宣布复辟帝制,上演了一出洪宪帝制的丑剧。蔡锷旋即在云南誓师讨袁,反对帝制。为时不久,在全国各地的反对之下,袁世凯被

①　洪葭管:《金融话旧》,中国金融出版社,1991 年,第 60 页。
②　《中国银行行史(1912—1949)》,第 74 页。

迫于1916年3月取消帝制,却仍霸占着总统职位。4月22日,袁世凯召段祺瑞组阁,孙宝琦为财政总长。孙在财政上没有多大势力,幕后实际主持财政的仍是梁士诒。在新内阁的支持之下,梁士诒插手中国银行的改组,交通系要人周自齐、萨福懋入主中行。如此,中、交两行的实权全部落入梁士诒的手中。梁士诒的做法是借中、交两行以维持政府,财政与金融因此连成一片。然而,袁世凯政府久失人心,西南各省相继宣布独立。段祺瑞采取以武力压服各省的策略,不断扩军备战,军费激增。为支付巨额的军政开支,财政拮据的北京政府别无他途,只能令中、交两行继续大量垫款。到了这个地步,中、交两行的库存其实早已空虚,发行基金枯竭,不得不滥发兑换券。5月初,中、交两行流通的钞票达到7000万元,而两行的库存准备仅有2000万元。①

此时,南方战事方殷,广东、浙江等省的中、交分行,早在3月份即已出现挤兑现银的现象。面对这种情况,梁士诒联络周自齐,共同商讨对策,思谋发行不兑现纸币以堵住中、交两行库存现银的继续外流,以此赢得喘息的机会。② 梁士诒将发行不兑现纸币的建议提交段祺瑞内阁。不料,就在内阁密商期间,消息走漏,政府即将发行不兑换纸币的讯息在各地纷纷传扬。官僚政客及富商大贾消息灵通,抢先提取现银。风声所及,市场为之震动,各界反应强烈,尤以南方诸省为甚,各大报纸刊文谴责这一失信举措,并指斥这是袁世凯政府筹款备战的手段之一。为了安定人心,段祺瑞内阁令财政部通电各省,否认此事。这一掩耳盗铃的做法反而激起社会的更大恐慌。济南的中、交两行首先发生挤兑,接着京、津两地也相继发生,挤兑现象大有蔓延全国之势。

预见到挤兑风潮的凶险,社会及舆论对于中、交两行的前途深感忧虑,各地团体纷纷电请政府极力维护金融机关,保全中、交两行的信用。中国银行上海分行商股股东于4月1日秘密成立商股股东联合会,以"作为应对事变的后盾"。③ 5月5日和12日,该会数次公开致电国务院、财政部和总行,强调中国银行为独立的金融机关,"中央财政无论如何困难,决不受牵掣而生危险",值此人心浮动、金融窘迫之际,政府"不得再迫银行垫款",更不能强令发行不兑换券。④ 同一期间,汉口商会发表维持

① 《三水梁燕孙先生年谱》(上册),第338页。
② 《交通银行史料》第一卷,第352页。
③ 《中国银行行史资料汇编》上编,第267页。
④ 同上,第263页。

金融意见书,要求中央及地方政府停止强迫中、交两行垫款的做法,承认两行中立,脱离政治势力的支配。4月17、21、26日及5月11日,交通银行数度函请财政部、交通部拨还欠款,以济急需。① 然而,这些呼声如石沉大海,无济于事。

中、交两行常常受政治势力的胁迫,且逆来顺受,不敢抗争。这一现象早已为民众所诟病,因此对于两行兑换券的信心本不坚固,加上谣诼纷乘,民心摇动,挤兑日趋严重。1916年4月8日和11日,北京政府为保存有限的现银,不顾各省金融混乱的局势,两次密电各地中、交两行分支行将现银运到北京总行集中使用,只因交通阻塞和分行抗拒,未能如愿。② 4月20日,财政部、交通部为补救计,通令两部所属各机关"所有征收及营业进款,一律专收中国、交通两银行兑换券,不得再收现款。凡在两银行兑换券业已通行之处,如各该机关仍旧通融搭收现款,应即从严惩戒",并"分饬所辖文武大小各机关,一体协力维持"。③ 至5月,中央财政窘枯"已达极点,出入之差约近一千万元之谱",而"偿还外债之期,转瞬已至,无力应付"。当时盛传中国银行以及内阁成员的大变动,是为梁士诒发行不兑换纸币的计划开路,预示着中、交两行将很快执行这一计划。④ 5月8日,中、交两总行密令各自的上海分行迁往租界外南市十六铺地区经营,两分行电询迁移原因,未见答复;5月10日,财政部又密电天津、上海、汉口三地的中、交两行移驻华界营业。种种迹象表明,政府对限制两行付现将有重大举措。⑤ 5月11日晚,北京中、交两行的库存银只有71万两,政府下令封存,但次日一早,又被外国银行强行取走36万两,⑥致使两行库存更加枯竭。

在此紧急形势之下,段祺瑞派其亲信、国务院帮办秘书徐树铮与有关部门商议对策。徐等最初还指望从盐余中挪用款项,暂缓危难,便与北京交通银行经理胡笔江等人来到财政部,找代理部务的次长兼盐务署长张弧商借盐余500万元,待查询盐务稽核所的账本,发现只有70万元,而北京军警的饷项和各院部的薪俸都靠此支付,不可

① 《交通银行史料》第一卷,第895页。
② 《中国银行行史(1912—1949)》,第74页。
③ 《财政部交通部关于征收及营业进款一律专收中交两行兑换券恳饬属协力维持密电稿》(1916年4月20日),《中华民国史档案资料汇编》第3辑,第454页。
④ 《财政难题与停战期限》,《申报》1916年5月1日。
⑤ 《中国银行行史(1912—1949)》,第75页。
⑥ 同上,第74页。

挪用。徐即对胡笔江等人说:"只有停止兑现之一法。"①急迫之间,徐树铮竟等不及新任财政总长孙宝琦到职,便请求段祺瑞以国务院的名义通告中、交两行停止兑现付现。

在徐树铮的鼓动下,1916 年 5 月 12 日,停兑止付议案以国务院第二号令的方式公布。徐树铮等人自以参照各国惯例,国内金融紧张时,可以采取国家银行纸币暂时停止兑现,以及禁止提取银行现款的办法,来维持行业运转和经济秩序。于是,停兑止付议案主要内容是:"由财政、交通二部转饬中国、交通两银行,自奉令之日起,所有该两行已发行之纸币及应付款项,暂时一律不准兑现付现。一俟大局定后,即颁布院令定期兑付,所存之准备现款,应责成两行一律封存。至各省地方,应由将军、都统、巡按使,凡有该行分设机关,地方官务即酌拨军警监视该两行,不准私自违令兑现付现,并严行弹压,禁止滋扰。如有官、商、军民人等不收该两行纸币,或接受者自行低价折扣等情,应随时严行究办,依照国币条例第九条办理"。②

此令一出,无疑宣告政府财政的破产,全国舆论一片哗然。中央财政危机遂一发而成为弥漫全国的金融风潮。投机商、冒险家们趁机倒卖中、交钞票,投机牟利,致使钞票贬值,物价飞涨,市场混乱,人心动荡。

二、各分支行的应对

停兑令下达后,由于北京政府政治上的四分五裂,南北各省对待停兑令的态度极不相同,导致交通银行各分行的步调相异,执行情况相当复杂。

交通银行总管理处通电各分行遵令停兑。5 月 12 日,交行总管理处接到国务院的停止兑现付现令后,立即会同中国银行商议办法。停止付现本为交通银行总理梁士诒的主张,交通银行总管理处自然无异议。在维护交通银行兑换券价值的前提下,交行总管理处连续四次通电各分行,要求所属遵令办理。第一次通电要旨有五:(1)与商会协商,由其出面演说政府用意,对两行纸币不得抑价,以维持物价;(2)请地方军巡两署派军警保护;(3)多备一元券以便调换;(4)银两折合纸币的市价,由两行会商牌示;(5)通饬各汇兑所遵令照办。第二次通电的内容有四:(1)汇兑所酌量停业

---

① 李思浩:《关于上海中国银行 1916 年抗令兑现的回忆》,中国人民政治协商会议全国委员会文史资料研究会编:《文史资料选辑》第 49 辑,第 102 页。
② 《三水梁燕孙先生年谱》(上册),第 338—339 页。

或裁撤；(2)代理店及兑换机关一律停兑，并撤去兑换牌子；(3)照抄国务院令张贴柜上；(4)库存现银电告本处，无总管理处命令不准动用。第三次通电指示各分支机构应对办法有四：(1)押汇放款酌量放松；(2)国内汇款不收汇水；(3)地名券彼此互用不贴水；(4)五元券、十元券可以调换一元券。第四次通电进一步指示具体办法：(1)妥定银两兑换券钞票市价，进出一律；(2)借款押款以月息七厘为限；(3)新存款酌加利息以四厘为率，存放息率差额不得超过二厘，国外汇款除政府委托及现金托购汇票外，以两行纸币交汇者一概拒绝。①

交通银行董事会研究解决停兑的会议记录

（一）京行遵令停兑

停兑令下达后，北京交通银行首当其冲，由于地处于政权核心，毫无周旋余地，只能遵令停兑。原本经过民初四年的发展，京行的发展势头良好，其实力远非其他分行可比。然而，北京政府常常强迫交通银行为其垫款，以弥补财政赤字，而交行为筹集大量垫款，只能滥发钞票，导致准备金严重不足。在交通银行历年向北京政府的垫款中，京行垫款数额最大，兑换券的发行额也最高。停兑令出台时，交通银行发行总额为3682万元，②北京一行就达到1236万元，③在准备金极其有限的情况下，根本无力兑现。因此，京行别无他法，只有遵令一途。

（二）津行情况复杂

接到总管理处的通电后，天津交通银行起初迅速执行，当即遵令停兑。但这一行动，使本已动荡的天津金融更加混乱不堪，"所有商号小民，生活为艰，岌岌不可终

---

① 《交通银行史料》第一卷，第895页。
② 同上，第353页。
③ 同上，第869页。

日……艰险不堪设想"。① 于是,5 月 14 日,由天津商会出面,召集商界人士及中、交两行代表在警察厅开会,筹划应对之策。会议决定成立直隶全省绅商金融临时维持会,全面负责维持天津金融的稳定。19 日,津行在临时维持会的帮助下,决定于 20日开始违令兑现,但只限于津行所发行的天津地名券。为稳妥起见,津行实行限制兑现的办法,即在 20 日至 24 日的五天里,先收兑一元钞票,持票者无论多少,每次"兑现款以五元为度",剩余的钞票加盖维持会戳记,仍交还持票人,"全省市面往来,绅商一律通用,以资保证"。从 25 日到 29 日,兼收五元钞票,持票兑现者无论多少,每次兑现款"以五元为度,余办法同前"。从 5 月 30 日至 6 月 3 日,兼收十元钞票,持票兑现者无论多少,每次兑现款"以十元为度,余办法同前"。开兑后,因人们对交行钞票已经失去信心,兑现者众多,甚至出现商家雇佣妇女儿童往返兑现的情形。② 又由于天津海关、常关及各铁路局,或拒收交行钞票,或要求搭现,致使挤兑更为严重。

天津单方面的抗令兑现,使北京方面大为不满,"兹闻当局以津行近在咫尺,而不与京行一致行动,甚不满意,暗嘱该处官场有力者从中破坏"。③ 5 月 30 日,天津交通银行被迫再次宣布停兑。④

(三)汉行勉力维持

停兑令到达后,汉口交通银行立即遵令停兑。随后的几天,交行钞票币值大跌,人人自危,市场十分混乱。汉口商会担心波及商业,便由商会会长面见湖北军巡使,呈明商场情形,"吁恳照常兑现,设法维持"。⑤ 出于地方安危的考虑,湖北军巡使批准商会请求,饬令中、交两行于 15 日照常开兑,由湖北造币厂拨出 10 万元,中、交两行各出 5 万元,作为应兑急需的款项。15 日上午十点,汉行开兑。汉行在鄂地发行的钞票约有 100 万元,虽然有湖北造币厂的接济,然而杯水车薪,无济于事。故开兑当日,汉行即向总管理处发出求救电报:"长官对于院令不特不遵发表,而且通告商民,责令两行照兑,我行为官民所迫,万难容我不兑。今日内容大势已露,难以空言敷衍,故兑现甚为拥挤。我行满盘打算,缺洋七十万,况非筹此数不克了事,库存指日可

---

① 天津市档案馆编:《天津档案与历史》第 1 辑,天津人民出版社,2008 年,第 133 页。
② 《天津档案与历史》第 1 辑,第 134 页。
③ 《王周梁叶之近事》,《申报》1916 年 6 月 5 日。
④ 《地方通信·天津》,《申报》1916 年 6 月 6 日。
⑤ 中国人民银行武汉市分行金融研究室、《武汉金融志》编写委员会办公室:《武汉近代货币史料》,1982 年内部发行,第 95 页。

尽,若款尽不能照兑,官民必合力强逼,势难驻足",请求总管理处速筹 70 万元以维持汉行。① 15 日当天,汉行兑出 2 万元。16 日,则一跃而兑出 16 万元,形势岌岌可危。此后,汉行改变策略,对提取现金者,几十、几百元则照付,如果数额过大,则婉商延期,借此勉强维持。虽然处境艰难,但汉行照常开兑的举动使得该行的信誉得以保持,为其日后的业务发展作了良好的铺垫。②

(四)南京宁行在地方政府的支持下照常兑现

在停兑令出台后,江苏军巡二使以院令扰乱市面为由,拒绝执行。③ 江苏军巡二使迅速召集商会和中、交两行筹议应对之策,制定了五条暂行办法:(1)中、交两行江苏兑换券随时兑现;(2)活期存款除军警外,每户暂于一星期内,即 15 日起,21 日止,支取不得超过 300 元,定期存款到期照活期办理;(3)外埠券暂停兑现;(4)现洋 1000元以上若无上将军及巡按使护照不准运送,商家办购货物由商会函请填写给护照;(5)中、交两行运送现洋,由将军署给一常期护照,每行给一纸。④ 并派员监视中、交两行执行。5 月 14 日,南京宁行在地方政府的支持下,决定不执行停兑令,而执行五条暂行办法。苏州、扬州、无锡等行亦相继以五条暂行办法为执行标准。然因各地交通银行实力不同,其执行五条办法时,力度也不相同,如无锡交通银行"只收盖有无锡两字之钞票,余下概不允兑"。⑤

(五)湘行遵令停兑

停兑令发出时,湖南正处于战争状态,境内驻有大批军队,而军饷发放搭配相当数额的中、交两行兑换券,一旦停止兑现,容易激起军人哗变。因此,湖南省政府决定实行限制兑现,即每人每次限兑十元。而交通银行长沙支行(简称湘行)因现金准备不足,以总管理处的通电为由,拒绝兑现,以致票价日跌。当时,湘行钞票每元扣水六七十文,湘西各县每元只作七八角行使,引起各界的强烈不满。5 月 19 日,湖南都督致电国务院,申述湖南方面的复杂情况,"若明令不准兑现,其影响必妨害治安",决定自行"设法通融汇换,借资维持"。当日,都督府出示布告,要求商民对中、交两行

① 《交通银行汉行陈报湖北地方长官不遵院令责令两行照兑请筹款维持致总管理处电》(1916 年 5 月 15 日),《中华民国史档案资料汇编》第 3 辑,第 470 页。
② 《湖北省志·金融》,第 32 页。
③ 《南京快信》,《申报》1916 年 5 月 17 日。
④ 《中国银行行史资料汇编》上编,第 271 页。
⑤ 《锡常维持金融办法》,《申报》1916 年 5 月 17 日。

钞票不准折扣,一律通行。并责令省金库、湖南银行尽速筹办大宗现洋,拨给两行分号,以实行兑现;湖南银行、实业银行协助代收代兑。通令各征收机关及各家银行,凡商民持两行钞票,无论是缴官款,还是完纳赋税,一律照光洋收受,不兑常洋。湘行因历年所发银元票均为常洋券,储蓄现金亦为常洋,付现时只兑常洋。此次湖南都督府下令全部兑付光洋,交行一时难以筹措大宗光洋并贴水兑现,湖南都督即令湖南、实业、湖南储蓄三银行及长沙钱业公所于三日内筹备40万元,拨付交行。20日,湘行致电总管理处,陈情困难:"昨日经官厅正式饬令照常兑付,敝处不敢不遵",但库存现金准备只有五成,"今复兑付,若无变通之策,则提存兑现必应付不来,立见挤到。"27日,湘行再次函电总管理处:"自院令宣布后,辅等委曲求全,奔走呼号,向各方面接洽,谋一变通办法,各情万言莫罄","迁延至今,始经汤兼使允许核定出示每人每日以至多兑现五十元为限,并只兑湘票不兑外票之办法",并当即"将前所受各种抵押品,其值票银七十余万两,向湖南银行如数转押,暨收回华昌欠款卅万两,以为应兑票银、存款及将钞票折合票银之需,准艳日开始兑付。"①于是,湘行于28日实现开兑。②

此外,山西、张家口两地交行起初照常兑现,几日后不能支持又复停兑。河南、安徽两地的交通银行在当地政府的支持下,实行限制兑现。江西九江交通银行接到院令后,与当地的中国银行协商处理,基本上未停兑,尽量维持交行兑换券的信用。③四川渝行虽然做了大量准备,却由于军队提款过多,被迫于6月3日执行停兑。④ 东三省处在日、俄势力控制之下,交通银行照常维持兑现,但禁止现银出境。

交通银行因财政垫款过多,金融实力比不上中国银行,故停兑行多于中国银行,尤其以上海地区中、交两行对比最为鲜明。当时,上海为中国南方的金融中心,且中、交沪行分别在中国银行、交通银行中占据重要地位,因此,中、交沪行的举动对于两行的信誉维护至关重要。1916年5月12日晨,中、交沪行先后收到了北京总行转来的国务院停兑止付令。时任上海交通银行经理不久的赵庆华,以前一直是交通系官僚,

---

① 《交通银行湘行陈报湘省当局饬令照常兑付暨困难等情致总管理处电》(1916年5月27日),《中华民国史档案资料汇编》第3辑,第473页。

② 湖南省地方志编纂委员会:《湖南省志·金融志》,湖南出版社,1995年,第70—71页。

③ 江西省地方志编纂委员会:《江西省志·金融志》,黄山书社,1999年,第19—20页。

④ 《重庆交通分行张秉恒等为垫发军饷忍痛停兑请饬各公共机关照收钞票电》(1916年7月26日),《中华民国史档案资料汇编》第3辑,第485页。

商情不熟,与中外商人毫无联系。① 更为关键的是,当时上海交通银行在沪发行兑换券数额为 148 万余元,而库存现金及外存产业约为 70 万元,②尚需调拨 70 多万元方可兑现。于是,赵庆华顺水推舟,借院令停止兑现。当日,赵庆华以沪行名义函电总管理处:"今午周道尹邀同商会、军警、官厅、中交两行集议,出示国务院通电,当即议决:中行照常营业,兑付票款,以维市面;交行明日停止提存兑现,登报广告,并在门口粘贴告白。外人交涉已函请杨交涉员接洽办理;本国商民由总商会晓谕劝导。一面请本行律师与巡捕堂商派巡捕来行保护。"③14 日,沪上各大报告刊登上海交通银行公告,遵守院令,暂时止兑。④ 而上海中国银行已预想到北京政府早晚会出台停止兑现之令,在经理宋汉章的精心准备下,提前制定了周密的应对之策。13 日,上海中国银行对外宣告,拒绝执行院令,照常营业,所有中国银行发行的钞票及经收的存款,一律兑现付存。上海中国银行的这一举动不仅增强了各地中国银行抗令兑现的信心,也为中国银行赢得了极高的声誉。相形之下,上海交通银行的处置则令交行处于非常尴尬的境地。

三、曹汝霖的接任和"民六改组"

自 1916 年 5 月 12 日停兑令出台以来,交通银行受到停兑风潮的冲击,业务进展不利,信用急剧下降。1916 年 7 月 14 日,总理梁士诒又因支持洪宪帝制而遭通缉,远避香港,由协理任凤苞兼任代总理。面对危局,任凤苞独力难支,多次请辞兼代总理一职。1917 年 1 月 5 日,董事会同意任凤苞辞去兼代总理,推举曹汝霖暂代总理职务。同年 5 月 28 日,经股东总会选举,曹汝霖正式出任总理。为挽救信誉,重振交行,曹汝霖从组织人事、经营方针、业务方向等方面进行了一系列的重大调整,当时的交行文件中称之为"民六改组"。

曹汝霖(1877—1966),字润田,上海人。幼年入私塾,继往汉阳铁路学堂读书。1900 年,自费赴日留学,入早稻田专门学校,旋改入东京法学院。1905 年归国,参加学务处考试,获授进士,任外务部主事。1906 年调外务部庶务司工作,不久,擢升为

---

① 朱镇华:《中国金融旧事》,中国国际广播出版社,1991 年,第 149 页。
② 《挽救交通之电稿》,《申报》1916 年 5 月 18 日。
③ 张启祥:《交通银行研究(1907—1928)》,第 140 页。
④ 《上海交通银行广告》,《申报》1916 年 5 月 14 日。

五品员外郎。此后历任外务部右丞、左侍郎及副大臣等职。1910 年任交通银行稽查。① 辛亥革命后,一度从事律师职业。1913 年任国会参议员及宪法起草委员,8 月任北京政府外交部次长。1915 年,奉袁世凯之命,与外交总长陆徵祥一起同日本谈判接受"二十一条"。1916 年 4 月任交通总长;5 月兼署外交总长;6 月迫于中外舆论,主动辞去交通总长兼署外交总长的职务。②

1917 年 2 月 15 日下午两点,曹汝霖召集交通银行京外各分行经理及代表在总管理处会议厅开会,讨论各行营业方向,确定了恢复信用、招徕汇兑、推行钞票、联络国库及吸收存款五项方针。③ 围绕这五项方针,交通银行进行了一次重大改组,其主要内容大致分为四个方面。

(一)董事会职权的确定

1917 年 3 月,董事会商议制定了董事会暂行章程及议事规则,"是为董事会订定职权之始"。④ 通过这些章程,不但将 1912 年 3 月成立的董事会以条文的形式确定下来,而且扩大了董事会的权力。暂行章程明文规定,董事会有审查预算、盈亏、重要契约及核议交行规则,设立或变更分支行所,以及决定总、协、帮理薪酬的权力;董事会虽不执行行务,但有考核之权;此外,董事会还拥有股东总会的召集权。⑤ 同时,议事规则将董事会会议常态化,规定董事会每周四举行一次常会。⑥ 这些规则的制定,不仅恢复了董事会应有的权力,而且有利于减少政府对交通银行的干涉。

(二)总管理处的改组

1917 年 2 月,交通银行订定《交通银行组织大纲》、《总管理处办事暂行章程》及《分行支行汇兑所暂行章程》,以此强化了总管理处的领导地位,并对其内部机构进行重新设置。

首先,突出总管理处的领导地位。交通银行建立时,北京行称为总行,对外营业。另设总管理处,管理总、分行一切事务。1917 年,《交通银行组织大纲》规定,总管理

---

① 《行史清稿》第 7 册,第 56 页,中国第二历史档案馆藏,档号 398(2)-693。
② 《交通银行史料》第一卷,第 111 页。
③ 同上,第 273 页。
④ 同上,第 79 页。
⑤ 同上,第 79—80 页。
⑥ 同上,第 81 页。

处执行总行之职务,①并将北京行定为一等分行。此后,北京行的地位逐渐减弱,总管理处的领导地位日益增强,不仅强调对分行的领导地位,还加强了对支行和汇兑所的控制。分行、支行、汇兑所暂行章程规定,支行和汇兑所的设立必须由总管理处会商董事会议决而定。

其次,改组总管理处的机构设置。《总管理处办事暂行章程》规定,总、协理之下,改设文书、稽核、会计及钞券四课分掌各项事务。文书课掌各项文件及记录行员功过等事项。稽核课掌稽核账务、审查各行预算、决算及调查商业金融等事项。会计课掌分支行暨金库账目,编造总管理处预算、决算及记载旧账等事项。钞券课掌钞券的发行、保管、销毁并准备金及股票等事项。② 以上各课设主任一人,负责各课事务;主任之下,设有课员、办事员及练习生,分掌具体事务,其人数依据事务繁简而定。③ 1917 年 11 月增设国库课,主管代理金库收支。1919 年 10 月,又增设调查课,但于 1921 年 6 月裁撤,以原办事务分归文书、稽核、会计等课及京行承办,增设国外业务课(驻沪办事),掌管国际汇兑、国际贸易及金融状况之调查报告。④

(三)分支机构的改组

清末,交通银行的分支机构有分行、试办分行、坐庄、分所、代办处等机构,因各行各自为账,联系不多,故等级关系也不甚明确。1912 年 5 月,经过短期整顿,原有的试办分行、坐庄、分所等相继改组为分行或汇兑所。1913 年 3 月,将分行列为三等,一、二等分行设经、副理各 1 人,三等分行设经理 1 人,可不设副理。至 1916 年,交通银行的营业机关达 81 处,而钞票兑换机关更是多达 1800 处。⑤ 至此,分行划分了等级,但分行与汇兑所之间的关系以及汇兑所的管辖问题未有规定;又因停兑风潮的冲击,各地机构或暂停营业,或被裁撤。上述现象显然不利于交通银行业务的开展,诸多问题亟待解决。

1917 年 2 月,交通银行董事会制定的《交通银行组织大纲》和《分行支行汇兑所暂行章程》,将分行、支行、汇兑所三者之间的关系及各自的内部机构设置作了明确规定。

① 《交通银行史料》第一卷,第 240 页。
② 同上,第 93 页。
③ 同上,第 249 页。
④ 同上,第 94 页。
⑤ 同上,第 127 页。

　　首先,厘定分行、支行、汇兑所之间的等级关系。组织大纲规定,分行直接隶属于总管理处;支行直接隶属于分行;汇兑所直接隶属于分行或支行。这样就以条文的形式将交通银行各级机构之间的等级关系作出了明确的规定。其层级关系大致如下图所示。①

交通银行各级机构之间的等级关系

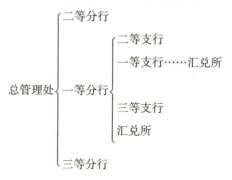

　　至 1917 年,交通银行在各地所设分行、支行、汇兑所共 67 处,其中分行 14 个,而京、津、沪、汉、港、星六行为一等分行,支行 13 个,汇兑所 40 个②。

　　其次,改组分行、支行及汇兑所的内部机构。(1)分行,仍分三等,经、副理设置及职掌亦如前。③ 但经、副理之下,改设四股,分管具体事务。一为文书股,掌文书、庶务及不属于各股之事务;二为营业股,掌营业事务;三为会计股,掌一切账簿之记载事务;四为出纳股,掌现款及兑换券之出入,并保存各项抵押品证据等事务。每股设主任 1 人,主持一股事务;另设办事员、练习生各若干人,分掌股内具体事务。除会计股主任由总管理处派充外,其余各股主任级办事员、练习生,皆由经理开单保荐,呈总管理处核准。此外,如有收税事宜,可增设收税处,收税人员无定额。④ (2)支行,为1917 年改组后的新设机构,介于分行与汇兑所之间;亦分三等,隶属于分行,不直接隶属于总管理处。支行只设经理 1 人,主持行内事务,但一等支行视情况可酌设副理;⑤其他与分行同。(3)汇兑所,设管事 1 人,全权负责所内事务,不分股;另有所员、练习生若干人,均由派出行呈请总管理处核准。其业务,除总管理处指定或由分

---

① 《交通银行史料》第一卷,第 240 页。
② 同上,第 128 页。
③ 同上,第 127 页。
④ 同上,第 250—251 页。
⑤ 同上,第 254 页。

支行陈情总管理处核准办理外,以办理汇兑、钞票发兑及生金银货币买卖为限。

鉴于1918年2月沪行在常熟、武进、南通设立办事处,7月,交通银行董事会增订《办事处暂行章程》,开始对设立办事处进行规范。《办事处暂行章程》规定,办事处为分、支行或汇兑所附属机构,其业务与汇兑所大体相同,可以办理各项存款。设主任办事员1人,全权负责处内事务;另设办事员、练习生若干人。处内人员皆由派出机构拟定,并呈请总管理处核准。[①]

1920年11月,交通银行重新修订《分行支行汇兑所暂行章程》。修订章程规定:(1)事务较繁忙的分行可以设襄理一职;(2)支行由原来的三等改为四等,而且三、四等支行可以隶属于一、二等支行;(3)若业务需要,分、支行可在同一地设立办事分处;(4)汇兑所改为分行、支行的附属机关,并增添存款业务;其余同于从前。1921年9月,交通银行再次修订《分行支行汇兑所暂行章程》,其中规定一、二等分行可酌量增设副经理人数,同时取消原来的襄理一职;四等支行不再隶属于一二等支行;分行、支行内可增设国外业务股;汇兑所管事改称主任;其他规定不变。[②]

(四)新式簿记的采用

1917年之前,交通银行的记账方法一直采用旧式簿记。这种旧式簿记虽然沿用既久,但存在很多不合理的地方,"一是账户无一定之分类,二是账簿无一定之组织,三是账簿无一定之格式,四是账法无一定之规律"。[③] 谢霖出任会计课主任后,对会计方法进行改革。他以日本银行会计学为蓝本,结合中国的记账习惯改造而成新式簿记。这种新式簿记实为借贷簿记,[④]具有以下五个优点:一是记账规则简单易记;二是科目对应关系清晰,按此法处理业务时,通常是一借对一贷,或多借对一贷,一借对多贷,而借贷金额总体相等,对应关系清楚,这就便利于复核与事后检查;三是试算平衡简便;四是账户设置和运用比较灵活;五是有利于与国际接轨。[⑤]

谢霖(1885—1969),字霖甫,江苏武进人,我国著名的会计学家,中国会计师制度创始人。1905年,赴日留学,在明治大学攻读商科,对日本金融界所用之银行簿记

① 《交通银行史料》第一卷,第262页。
② 同上,第128页。
③ 徐永祚:《改良中式簿记问题》,《会计杂志》1934年第3卷第1期。
④ 方兴:《借贷复式记账法引进我国考》,《上海会计》1982年第11期。
⑤ 王春燕:《谈借贷复式记账法》,《山西财经大学学报》1986年第3期。

谢 霖

理论与实务颇有研究。1909 年毕业,膺商学士学位,并于当年回国。1910 年,应试经济特科考试,获商科举人功名,①任四川总督衙门文案委员。此后历任四川劝业道商业科长、大清银行总司账等职。

　　谢霖创设的新式会计方法并非交通银行首先采用。早在清末,谢霖任大清银行总司账时,积极建议推行,获得了大清银行当局的支持。大清银行设立银行学堂,令谢霖组织人员教学,培养新式会计人才,然"为时未久,时值辛亥革命,未见如何成就"。1912 年,谢霖担任中国银行总会计,力主实行新式簿记,得到财政部的支持。届时,"能知新式会计之人,国内仅有银行学堂及江南高等商业学堂之毕业者,而人数过少,不敷支配",财政部总长便在山西票号和安徽钱庄中,选拔数十人,由谢霖亲授。② 从 1912 年至 1917 年的五年之内,谢霖全力以赴,将中国银行的旧式簿记全部革新。

　　1917 年 2 月,谢霖出任交通银行总管理处会计课主任,兼任钞券课主任及文书科代主任。谢霖接手职事当月,交通银行即厘订会计规程 60 条。次月,增订往来款项报单规则 39 条及新式报账表单据 88 种。6 月,又增订分支行、汇兑所填寄表报章

---

① 谢霖、孟森:《银行簿记学》,立信会计出版社,2009 年,第 1 页。
② 李孝林:《我国引进复式簿记问题补议》,《财会月刊》1988 年第 5 期。

程 18 条。① 由此可见,谢霖以颇高的工作效率,使交通银行在很短的时间内便全部废除了旧式簿记,转而采用新式的复式簿记。同时,交行将记账单位由两改为元。至此,交行的新式簿记制度完全确立。

在推行新式簿记的过程中,谢霖也遇到一些阻力。当时行内一批老会计,怕砸掉自己的“金饭碗”,对新式簿记说三道四,想方设法加以阻挠。② 在困难面前,谢霖没有退却。他一面宣传在中国银行的改革成效,一面亲自向老会计解说新式簿记的方便合理之处,帮助他们熟练掌握应用方法。谢霖的努力不仅保证了会计制度改革的成功,也令行内员工对其出众的能力刮目相看。

第二节　西原借款与交通银行解决停兑

一、西原借款

西原借款系指日本寺内内阁执政时期(1916—1918),日本政府向当时以段祺瑞为首的北京政府提供的一系列数额巨大的政治贷款,因其主要经手人为首相寺内正毅的亲信西原龟三,故被称为“西原借款”。

1916 年 6 月,袁世凯病逝,黎元洪继任大总统,段祺瑞出任总理,掌握北京政府的实权。当时中国南北对峙,派系林立,政局极度混乱。而连年的战事,导致经济极端恶化,政府的两大财政支柱——中、交两行更是面临开兑的压力,这一切都将北京政府的财政逼至崩溃的边缘。于是,段祺瑞要想巩固统治,实现南北统一,则必须寻求外部势力的支持。与此同时,西方各国正忙于“一战”,无暇东顾,而这时的日本正享受着由世界大战所带来的诸多利益,工商业获得蓬勃发展的机会。一战期间,日本的棉布生产增加了约 15 倍,铁增加了 7 倍,黄金储备增加了将近 5 倍;在列强对华商品输出方面,日本所占份额也由 1913 年的约四分之一,增至 1918 年的 43.5%。同时,一般银行的存款总额由 1914 年的 15 亿日元,增至 1919 年的 58 亿日元。③ 外贸

---

① 张启祥:《交通银行研究(1907—1928)》,第 95 页。
② 黄太冲:《我所知道的谢霖(二)》,《上海会计》1984 年第 1 期。
③ [日]依田憙家著,卞立强等译:《日本帝国主义和中国(1868—1945)》,北京大学出版社,1989 年,第 125—126 页。

巨额出超,国内货币过剩,造成通货膨胀。为了调剂物价平衡,必须设法紧缩通货。因此日本政府极力鼓励向国外投资,以减少国内的压力。① 又适值日本内阁改组,新任内阁首相寺内正毅,鉴于前任侵华政策过分露骨,决定改变手法,打出"中日亲善"的旗号,进行政治欺骗和经济渗透。中、日两国这一时期的政治经济背景恰好为西原借款提供了有利条件。

早在组阁之前,寺内就已秘派其私人代表西原龟三来华调查中国政情,为其推行对华新政策铺石问路。西原龟三到华后,积极与段祺瑞、曹汝霖、陆徵祥等人接触,并达成默契。西原龟三回国后就向寺内提交了《目前对华经济措施纲要》,建议"实行对华实业投资,以确保我国在华之经济基础",应提供"两千万日元的对华借款",但"利息和条件应尽量从宽"。② 1916 年 10 月 9 日,寺内正毅正式组阁,西原借款计划正式启动。

当时,日本为五国银行团成员之一,对华贷款受到银行团的约束,且在外交方面对英、美有所顾虑,若单独对华大量借款,深恐引起西方各国的反对,因此日本决定排除参加银行团的正金银行,而由日本的兴业银行、朝鲜银行及台湾银行出面,采取秘密方式进行。

在一切计划周详之后,西原龟三按预定计划与中方接触,先行实施西原借款的第一步——向交通银行贷款。在与中国驻日公使章宗祥协商之后,③1916 年 11 月 8 日,西原龟三函电中国政府的日本顾问坂西利八郎,谓"希促使交通部或交通银行直接向朝鲜银行提出借款之手续"。10 日,西原龟三得到坂西利八郎回电,大致内容为坂西已与曹汝霖商议过,曹同意向日方借款以应付挤兑。21 日,西原龟三从驻日公使章宗祥处获悉,交通银行商股股东联合会会长陆宗舆已代表交通银行向日本方面提出借款要求。④ 11 月 15 日,美国芝加哥银行承诺向中国提供贷款,美方对中日正在商谈的交行借款一事表态,如果日本方面不愿提供,美方银行可以实施帮助。于是,日本再次派西原龟三来华,紧急商谈此事。12 月 23 日,西原龟三与曹汝霖、陆宗

① 杜恂诚:《中国金融通史》第三卷,第 114 页。
② 贾熟村:《曹汝霖传》,浙江教育出版社,1988 年,第 73 页。
③ 王芸生:《六十年来中国与日本》,《民国丛书》第三编(26),第 140—142 页。
④ 章伯锋主编:《北洋军阀(1912—1928)》第三卷,武汉出版社,1990 年,第 828—829 页。

舆会谈达五个小时,涉及交通银行借款等事,最终"双方消除了很多隔阂"。① 经过反复磋商,12 月 28 日,双方就交通银行借款问题达成初步协议。1917 年 1 月 5 日,交行董事会讨论此事,基本赞成向日方借款,但对日方在交行设立顾问一事表示异议。当晚,陆宗舆与西原龟三商议,最终决定将设置顾问一事另作协定,不列入借款合同(实际上,日方在交行设置顾问一事还是列入了合同条款)。1 月 8 日,交通银行与日方草签了借款契约。② 契约共有 8 条,主要内容是:第 1 条,本借款金额为日本金 500万元,三银行不取手续费,全额交付交通银行。第 2 条,本借款利息为年息七厘五毫,即每百元七元五十钱的利率,每年分两次由交通银行期前支付。第 3 条,本借款期限3 年,可以提前偿还。第 4 条,本借款的担保品是:(1)国库债券 200 万两(库平银);(2)国库债券 68 万元(国币);(3)陇海铁路债券 130 万元;(4)中国政府对于交通银行债务证券约 200 万两。第 5 条,本借款金额,按交付当日汇兑行市,由设于上海的日本台湾银行交付。第 6 条,交通银行在本借款期限内,应聘请由三银行推荐的顾问1 人,每年支付报酬日本金 1 万元。第 7 条,交通银行因确立整理案所需必要的资金,如需向外国借款时,可根据适当的条件优先与三银行商议第二次借款。第 8 条,本借款契约,应由交通银行呈明中国政府备案。③

1 月 20 日,由交通银行总理曹汝霖、协理任凤苞与日本三银行(兴业银行、朝鲜银行、台湾银行)代表、兴业银行理事二宫基成正式签订合同。

第一笔西原借款成立后,9 月 28 日,由交通银行总理曹汝霖、协理任凤苞与日本三银行代表、兴业银行理事志立铁次郎和台湾银行理事山成乔六签订第二笔交通银行借款,是为西原借款的第二笔。借款金额为 2000 万日元,期限 3 年,利率为年七分五厘,抵押品是国库债券 2500 万元。④

在此之后,西原借款还有六笔,附加条件越来越多,性质也愈来愈复杂,"其中电信、金矿、森林借款,虽由中华汇业银行出名承借,已纯粹为政治性质,日方外交官遂有种种条件提出",而"最后参战借款由双方军事人员参预,更是另一种性质,与当初

---

① 章伯锋主编:《北洋军阀(1912—1928)》第三卷,第 833 页。
② 同上,第 837 页。
③ 《对支那借款关系杂件(兴业、朝鲜、台湾银行对交通银行借款)》,交通银行博物馆藏资料 Y59,第 4 页。
④ 章伯锋主编:《北洋军阀(1912—1928)》第三卷,第 769 页。

经济提携的用意,全属两事"。①

表 1-5-1　西原借款之后六笔概况

序号	借　款	时　间	金额(日元)	经　办　人
1	有线电报借款	1918.4.30	2000 万	交通总长曹汝霖、中华汇业银行总理陆宗舆签订
2	吉会铁路借款	1918.6.18	1000 万	交通总长曹汝霖与日本三银行代表兴业银行代理总裁真川孝彦签订
3	吉黑林矿借款	1918.8.2	3000 万	农商总长田文烈、财政总长曹汝霖与中华汇业银行总理陆宗舆、专务理事柿内常次郎签订
4	满蒙四铁路借款	1918.9.28	2000 万	驻日公使章宗祥与日本三银行兴业银行副总裁小野英二郎签订
5	济顺高徐二铁路借款	1918.9.28	2000 万	驻日公使章宗祥与日本三银行兴业银行副总裁小野英二郎签订
6	参战借款	1918.9.28	2000 万	驻日公使章宗祥与日本三银行代表朝鲜银行总裁美浓部俊吉签订

资料来源:杜春和等:《北洋军阀史料选辑》(下),第 197—198 页。

以上 8 笔借款为西原借款的全部,总数为 14500 万日元。第一笔交通银行借款 500 万日元由日本三银行(兴业、朝鲜、台湾银行)共同筹集,第二笔交通银行借款以及参战借款共计 4000 万日元由日本大藏省储蓄部资金提供,其余 6 笔为日本政府保证兴业发行债券一亿日元在国内筹措的借款资金。② 正是通过西原借款,日本寺内内阁得以在经济上一步步地侵害中国主权。正如寺内在内阁倒台后自供说:"大隈内阁向中国要求二十一条,惹中国人全体怨恨,而日本却无实在利益。本人在任期间,借与中国之款,三倍于从前之数,其实际上扶植日本对于中国之权利,何止十倍于二十一条"。③

---

① 杜春和等:《北洋军阀史料选辑》(下),中国社会科学出版社,1981 年,第 203 页。
② 章伯锋主编:《北洋军阀(1912—1928)》第三卷,第 763—764 页。
③ 胡绳:《帝国主义与中国政治》,北京:人民出版社,1978 年,第 165 页。

二、日金借款与交通银行恢复兑现

1916 年 5 月 12 日,停兑令出台后,立即引起市面恐慌,中、交钞票价值骤跌,遭到各界的强烈反对。西方各国为维护在华利益,纷纷向北京政府施压。5 月 15 日,五国银行团发布申明:"盐务收入既为外债的抵押品,则收款当用可以流通的货币。至铁路之抵于外债者,倘政府银行能担保凡收入之纸币能每日易成现银,便可不加干涉。关税定章,则每日收入应入现金项下,其责任由各地银行负之。"①于是,北京政府被迫改变停兑办法。5 月 17 日,财政部宣布"凡海关、盐务、铁路等所收中、交两行钞票,均可照常兑换现银"。② 交通部亦令各路局于 5 月 27 日起收入带搭现款三成,其余只准收取沿路各大站点的交通银行钞票。③ 如此,停兑令下达没有几天,便被北京政府自己的行为所破坏。而各地方政府为维护自身利益,各自为政,"有勒令兑现者,有勒提现款者,有拟将现款提充军饷者,办法分歧"。④ 这种中央与地方政令不一的现象,致使停兑令难以执行,再加上中国银行上海分行的公开抗令,更使得交行的信誉急剧下降。若再一味遵令停兑,不仅会使交行的信誉丧失殆尽,甚至有断送交行基业的危险。

黎元洪继任大总统后,首以维持金融为急务,筹议挽救中、交两行的办法。此时,梁士诒鉴于交行恢复兑现困难,提议中、交合并。可是,其时中国银行已由外国银行允为协助,而交行的形势则日见危急,若两行合并,如何弥补交通银行的亏空则成为一大问题。⑤ 故梁士诒的中交合并之议,遭到中国银行商股股东会的强烈反对而作罢。6 月 14 日,财政总长周自齐条陈金融大计 10 项,再次提议中交合并,统一整理。最终还是遭到中国银行方面的反对,未有结果。外界也认为,这只不过是"梁士诒欲抹糊自己之责任,借谋免罪,使交通破产之累牵及中国银行者也"。⑥ 由于袁世凯已死,交通系势力失去依托,社会舆论又对梁士诒以往的跋扈作为深表不满,故周自齐

①　交通银行总行:《交通银行简史》,第 10 页。
②　《中国银行行史资料汇编》上编,第 82 页。
③　《交通银行史料》第一卷,第 895 页。
④　《交通银行股东邓君翔等陈报中交停兑各省办法纷歧请予维持以保统一而全血本禀》(1916 年 6 月 2 日),
　　《中华民国史档案资料汇编》第 3 辑,第 479 页。
⑤　《梁士诒与财政》,《申报》1916 年 6 月 8 日。
⑥　《周梁策划中之中交合并》,《申报》1916 年 6 月 14 日。

作为交通系人物，提出此项计划，自然难以得到中国银行的同意。

1916 年 7 月初，交通银行得知财政部将所收盐款三百余万全数拨交给中国银行，预备开兑天津中行，认为将盐余全数拨于中国银行这一做法失之偏颇，便函请财政部将此项盐款分拨交通银行一半，以昭公允，①结果未获财政部答复。5 日，交通银行分别致函国务院总理、财政总长和交通总长，再次恳请拨付盐款七八十万元，以便津行亦可先行开兑。10 日，交通银行再次函请国务院。然而，以上函请均未有回复。

此后，交通银行转而自行筹划。由于为政府垫款数额过大，停兑行较多，若要一次筹集巨款而实现全行的兑现，对于交行而言绝无可能，即便是开兑主要分行也属不易。于是交通银行选择准备较好的津行，先行开兑津钞。总管理处首先厘订天津、热河、张家口、保定、北京五联行，暂时开通五行之间的汇兑，并分饬五行在天津地名券开兑时照常通汇，以辅助津行的开兑。② 经过努力，津行于 1916 年 11 月正式开兑。

虽然津行已恢复兑现，但是其他的行处大都还处于限兑或停兑的状态，尤其是地处南北金融中心的沪行和京行。沪行虽经过上海总商会的大力帮助，积极为其筹借外款而斡旋，但因种种原因而无果。京行处境更为艰难，停兑前京行发行额已达1236 万之多，而停兑后京行为政府垫款仍未停止。因此，若要实现兑现，面临的困难依然很大。

为挽救交通银行，董事会遂于 1917 年 1 月 5 日公推与日本关系密切的曹汝霖为总理，试图利用曹汝霖的势力，挽回交行颓势。曹汝霖不仅是梁士诒交通系的重要人物，清末担任过交行稽核，而且是袁世凯统治时期亲日派的主要代表，洪宪帝制失败后，由于日本公使的庇护，才免于通缉。在日本支持下的段祺瑞政权，由曹汝霖出任交通银行总理，自然是股东会瞩目的人物；更为重要的是，经过曹汝霖前期与日本方面的接触，日本已经答应向交通银行提供 500 万日元的借款（即西原借款的第一笔），而且条件非常优厚，这种借款是曹汝霖以外的人难以获得的。

1917 年 1 月 8 日，刚接任交行总理不久的曹汝霖即与日方签订临时借款协议。20 日，双方正式签订合同。22 日，曹汝霖以交行总管理处的名义向国务院提交呈文，阐述借款实属无奈之举。在列举了以往交行为政府垫款的功绩，以及近来奉令停兑

---

① 《交通银行史料》第一卷，第 807 页。
② 同上，第 899 页。

的困境之后,其认为交行"为信用计,为营业前途计,为股东血本计,不得不自行设法以资维持";并进一步强调此次借款总额 500 万日元,约期 3 年,"年利七分五厘,十足交款,并无费用,以行存国家有价证券为担保品,纯照商业借款性质办理,丝毫无损权利"。① 对于此项借款,1917 年 5 月,曹汝霖在交通银行股东会议上也进行了一番解释,谓"因政府亏欠三千余万,为维持营业起见,故不得不借入外款。所有借款条件并不苛刻,与维持本行营业甚有利益",并对交通银行的还款能力抱有十足的信心:"本行虽受几次风潮而惨淡经营,此次账目之决算尚能实获纯益 987526.551 两,可见本行日后归还 500 万之外债尚有把握,众股东不必过虑。"②日后的事实证明,曹汝霖的估算没错,1920 年 1 月 19 日,第一笔西原借款到期时,交通银行将日金 500 万元悉数备齐,交由交通银行驻日经理处,如期拨还日本兴业等银行,所有该项借款利息,亦以按期付讫,完全清结。③

1917 年 2 月 1 日该项契约由国务会议通过。④ 于是,交通银行派陆宗舆赴东京收款,后改由驻日公使章宗祥代为办理。⑤ 交通银行收到日金借款 500 万日元后,鉴于京、津地区发行额仍不断增加,不能解决恢复兑现的矛盾,同时也吸取中国银行先行开兑京、津地区失败的教训,乃转而运到上海,先用于解决江苏、浙江、上海三地区的兑现问题。因为停兑前上海地区的发行额不过 148 万元,停兑后并未增发新钞,这笔贷款已足以应付。当时由交行总管理处电令沪行行长赵庆华赴京面商,决定于 3 月 1 日开兑上海钞票。

就在交行筹备江、浙、沪三地开兑事之时,北京国会议员接连提议取消交行代理国库的特权,当即遭到交行的强烈反对,并以追回政府旧欠款相威胁⑥。同时,交通银行各股东商议由联合会电令沪行,从缓开兑,⑦以示抗议。嗣后政府被迫作出让步,允许仍照以前颁布的条例办理。鉴于交行代理国库问题已解决,而沪行钞票仍不开兑,4 月 18 日上海总商会特致电北京交通部、财政部及交通银行董事会、总管理

① 《对支那借款关系杂件(兴业、朝鲜、台湾银行对交通银行借款)》,交通银行博物馆藏资料 Y59。
② 《北京金融史料》银行篇(5),第 146 页。
③ 张启祥:《交通银行研究(1907—1928)》,第 144 页。
④ 《上海通志馆期刊》第 2 卷第 1 号,1934 年 6 月。
⑤ 章宗祥:《东京之三年》,庄建平主编:《近代史资料文库》第四卷,上海书店,2009 年,第 537 页。
⑥ 《交通代理金库权与欠款》,《申报》1917 年 4 月 17 日。
⑦ 《交通沪行有开兑希望》,《申报》1917 年 3 月 22 日。

处,谓:"交通沪行停兑几及一年,商业受亏不可计算,前月赵行长回沪,面述筹款一到即兑,现闻款已到沪,尚未奉令开兑,群滋疑虑,咸来诘问。伏思借款兑现,原冀回复信用,若再稽延,殊违初意。"① 翌日,交通银行总管理处复电,称沪行因整理内部,故稍延时日,现电沪行将开兑日期即日登报宣布。②

上海交通银行一再延期开兑,固然有争夺代理国库权的原因,但也确实存在开兑前准备工作尚未完成的问题。一则交通沪行正忙于房屋装修;二则交通部饬令其仿照中国银行办法,改组内部组织结构,"分为四大课"。③ 21 日,沪行筹备工作大致完成,登报广告,谓:"本行准自 4 月 30 日(即旧历三月初十日)起照常营业,凡上海本行、南京、浦口、无锡、扬州、徐州、杭州等分行发行之上海、江苏及各该处地名之钞票,嗣后在苏、浙二省不分畛域一律行用,无论上海本行或南京、浦口、无锡、扬州、徐州、杭州、苏州、镇江、清江等分行均见票随时照兑现金,不取丝毫贴水(例如印有浙江地名之钞票虽持向徐州分行亦可照常兑现金,不收贴水)。"④ 30 日开兑时,持票往兑者尚不十分拥挤,终日兑出约银 50 万元,且大都是庄号的趸数划兑,其零星兑取者很少。

至此,在津钞开兑后,交通银行又成功实现了江、浙、沪三地分行的复兑,故"南北汇款通行无阻,情形更见良好"。⑤ 然而此时北京、长沙、重庆、河南等地名券仍未实现开兑,尤其是京钞的开兑更是困难重重。1917 年 6 月 16 日,即在第一笔日金借款后,交行总管理处致函交通部,谓"金融虽稍形活动,而营业资金仍属不敷周转,又复迭遇政变,财政金融益形恐慌,票价低落"。⑥ 交通银行与中国银行会商维持市面金融救济办法,一致认为需要在国库之外另辟蹊径,以筹集巨额现款。于是,1917 年 9 月 28 日交通银行再次与日本签订 2000 万元日金借款合同,是为西原借款的第二笔。但此笔借款多被政府用来弥补财政赤字,充作内战经费,对交通银行恢复兑现帮助不大。后因直皖战争后,政府借款猛增,再加上挤兑风潮的再次爆发,以及曹汝霖的辞

① 《催促交行开兑之电稿》,《申报》1917 年 4 月 19 日。
② 《上海通志馆期刊》第 2 卷第 1 号,1934 年 6 月。
③ 《交行第二次拟定之开兑期》,《申报》1917 年 4 月 20 日。
④ 《上海交通银行广告》,《申报》1917 年 4 月 21 日。
⑤ 《交通银行史料》第一卷,第 899 页。
⑥ 张启祥:《交通银行研究(1907—1928)》,第 144 页。

职,此笔借款本金和利息一再展缓,未能如期偿还。[1]

总之,交通银行利用两次日金借款,虽未能实现全行的开兑,但也使大部分行处实现开兑,为交行挽回了部分信誉。

三、日本吞并交行的企图与中华汇业银行的成立

1917 年 4 月,交通银行借助西原借款实现了苏、浙、沪三地的兑现。虽然此笔日金借款条件相当优厚,也确实在一定程度上缓解了交通银行的危机,但这只不过是日本企图吞并交通银行,并进一步控制中国金融的一个诱饵而已。

早在清末,日本就曾主张由中日共同出资合办日清银行,意欲达到控制中国金融的目的。民国肇始,日本仍未放弃这一侵略企图。1914 年 7 月,日本利用“一战”的有利时机,再次提议设立东洋银行,“日本出资一亿,中国方面出资一亿而由日本贷给。大体上二亿日元全部由日本拿出来,作为建立从事开发中国的事业的金融机关之用”,日本方面曾就此与当时的中国驻日公使陆宗舆进行磋商,“已经达到某种程度的谈判阶段”。[2] 后因日本大隈内阁强迫中国签订“二十一条”,侵华政策过于露骨,激起中国人民的强烈反对,建立东洋银行的计划也因此搁浅。1916 年 5 月 12 日,交通银行因向袁世凯政府大量垫款致使库存现银枯竭而被迫停兑。为缓解危机,交通银行曾向日本大仓组申请贷款 200 万,但因大仓组无意向中国的银行投资,故又与横滨正金银行协商。[3] 5 月 16 日,梁士诒拜访日本横滨正金银行北京分行经理实相寺,愿以盐余为抵押而换取日方借款。22 日,实相寺在与其总裁商议后致函梁士诒,以种种理由陈述借款之不可能,[4]借以提高借款条件。而此时,日本财界竭力主张中日合办交通银行,进而图谋吞并交行。日本方面认为“根据检查员调查报告结果,既已确认交通银行以中日两国之资本合办经营为宜,交通银行应尽快促使这一合办经营达成协定”。[5]正是由于日本方面坚持以中日合办交行为借款条件,再加上梁士诒因支持袁世凯复辟帝制遭通缉而远避香港,双方谈判陷入僵局,借款也因此遥遥无期。

---

① 章伯锋主编:《北洋军阀(1912—1928)》第三卷,第 770 页。
② 胜田主计:《确定对中国借款方针》,《近代史资料》1981 年第 2 期,第 203 页。
③⑤ 章伯锋主编:《北洋军阀(1912—1928)》第三卷,第 766 页。
④ 《中华民国货币史资料》第一辑,第 236—240 页。

1916 年 10 月,日本内阁改组,新任内阁首相寺内正毅改变侵华策略,确立了新的对华借款方针,将交通银行借款作为经济借款看待,使中日合办交通银行作为交通银行借款附加条件的外在压力相对减弱。同年 11 月 15 日,美国芝加哥银行为中国国内的改良事业以及作为中国、交通两银行的兑换准备资金,缔结了 500 万美元的借款契约,特别是对中国与日本方面正在进行商谈的交通银行借款问题,美国表示"如果日本方面不接受,可依靠美国方面资金的意向"。① 美国此举引起日本的担忧。因为日本寺内内阁制定的对华借款方针中,是主张中国"不要任意接近其他国家的财团"。于是,日本急忙将西原龟三派来中国,同时也把有关交通银行实行"日华合办"的条件予以取消。至此,日本企图通过借款合办交通银行的阴谋也宣告破产。

鉴于直接吞并交通银行的目标难以实现,日本改变策略,转而计划先由中日合资创办一新银行,然后再伺机吞并交通银行。1916 年 12 月 23 日,再次来华的西原龟三与曹汝霖、陆宗舆就中日合营银行之事进行了秘密磋商。② 次日,西原龟三即致函日本大藏大臣胜田主计,其大要为:(1)以中央有力者及地方督军省长为股东,中日各半出资,资本总额约一千万元;(2)合办银行以金为资本,并发行金纸币;(3)在督军省长所在地设立分行;(4)将来交通银行可合并于合办银行。③

日方极力主张设立中日合办银行,其根本目的在于打着"中日亲善"的旗号,借合办银行之名,纠集各地军阀,以行控制中国经济之实。同时,日本方面虽然放弃了将中日合办交通银行作为借款条件,但仍要求在交通银行中设置日本顾问。经过西原龟三与曹汝霖、陆宗舆的协商后,决定顾问名额限于 1 人,关于顾问的权限等,希望在契约文字上不作任何记载,其报酬参酌协理俸给,每年至多 1 万日元,必要时,可以备聘顾问的补助人员。④ 于是,1917 年 1 月 8 日曹汝霖向日本领事致函,谓"交通银行成立八载于兹,现应世界之趋势,作改良之计画,拟备聘归国顾问一人,凡关于前旨顾问,得陈述意见,交行总协理知有咨询事件,亦应详实答复,约期三年,年薪日金万元",表明交通银行准备聘请日本顾问。⑤ 同年 10 月,日本三银行以藤原正文充任交

① 章伯锋主编:《北洋军阀(1912—1928)》第三卷,第 767 页。
② 同上,第 833 页。
③ 韩宏泰:《北洋军阀时期的交通银行》,载《中华文史资料文库》第十四卷,中国文史出版社,1996 年,第 26 页。
④ 《对支那借款关系杂件(兴业、朝鲜、台湾银行对交通银行借款)》,交通银行博物馆藏资料 Y59。
⑤ 转引自张启祥:《交通银行研究(1907—1928)》,第 146 页。

通银行顾问一职,这也标志着日本开始直接插手交行事务。

第一笔西原借款成立后,鉴于借款资金往来汇划繁琐,陆宗舆等认为有必要成立中日合办银行,负责经营汇兑事项,既可以便利中日两国汇兑,中国方面还能获得一半的汇兑收益。于是,曹汝霖、陆宗舆等人向北京政府申请设立中日合办的汇业银行,此举亦可视为对日本方面提议设立中日合办银行的回应。当时,中国设立汇业银行的方案是:资金一千万日元,中日两国各半,依照中国法律建立,中国人担任总裁,并持有纸币发行权,以求建成纯商业的金融机关。① 这一方案得到了段祺瑞等人的支持,并在告知日方后,得到西原的赞赏。1917 年 2 月 2 日,日本大藏省召集日本、正金、朝鲜、台湾、兴业等银行负责人商议此事。与会者一致认为,目前将交通银行变成中日合办是困难的,但新银行成立之后,伺机将交通银行并入新银行,则不无可能,因此他们针对日本入股的具体方案,展开了详细讨论。

1917 年秋,陆宗舆为交行借款事项赴日,并与日本银行方面商讨设立中华汇业银行的方案。10 月,陆宗舆作为中华汇业银行中国股东代表与日本股东代表兴业银行总裁立志铁次郎在东京签订《合办中华汇业银行规约》,当月由中国财政部批准立案。② 1918 年 2 月 1 日,汇业银行在北京开业,陆宗舆被选为总理,柿内常次郎为专务理事。总行设在北京,除在东京设立分行以外,在上海和天津也设立了分行。③其股本总额为 1000 万日元,中日双方各占 50%,日本方面股东为兴业、朝鲜、台湾、市中四家银行;中国方面除中国、交通两家银行外,多为私人投资者。根据中华汇业银行 1927 年 2 月呈财政部股东名簿统计,中国股东计 219 户。其中段祺瑞的皖系以及曹汝霖的新交通系占有华股总额的百 40%。段祺瑞拥有 10000 股,皖系的靳云鹏和倪嗣冲各占 4000 股和 1860 股。新交通系的曾毓隽为 2500 股,丁士源为 1000 股。为创办汇业银行牵线搭桥的曹汝霖、陆宗舆、章宗祥持有的股份不多,分别为 500 股、1080股和 500 股,④但是三人也获得了相当丰厚的回报,陆宗舆为汇业银行第一任总理,章宗祥为第二任总理,曹汝霖则从汇业银行成立之始就开始担任理事一职,一直到该行停业整理。

中华汇业银行虽以“增进两国贸易,便利两国汇兑”为宗旨,但实际上这家银行

---

① ③　章伯锋主编:《北洋军阀(1912—1928)》第三卷,第 770 页。
②　《近代史资料》1988 年第 11 期,第 127 页。
④　魏振民:《中华汇业银行的资本结构及其营业概况》,《历史档案》1981 年第 1 期。

成立的最主要目的便是为了经手西原借款,①在约规中明确记载有"各种借款之经理"②。西原借款中的"有线电信借款(1918 年 4 月)"和"吉黑林矿借款(1918 年 8 月)",即由中华汇业银行代表日本兴业银行等三银行与中国签约,事实上它已成为日本对华经济侵略的一种金融工具。后来因中日双方国内政局的变动,交通银行并入中华汇业银行的目标并未能实现,但日本通过西原借款,达到了向交通银行派遣顾问的目的。

四、新交通系在交行势力的扩张

交通系是清末民初伴随着铁路、航运、邮政、电报所谓交通四政的发展而崛起的政治派系集团,其长期垄断交通部和交行,并将影响力扩张至政府的财政部门,成为影响民初政治走向的一支重要的政治力量。交通系又有新旧之分。旧交通系是在梁士诒的领导之下逐渐形成的,其中重要的人物有叶恭绰、周自齐、朱启钤、龙建章、关冕钧等,都为精明强干之人。③ 进入民国后,梁士诒等人先后出任要职,使旧交通系势力达到顶峰。而新交通系以曹汝霖、陆宗舆、章宗祥为首,外以日本为外援,内靠段祺瑞为后台,他们乘旧交通系式微之时,逐渐入主交通部和交行,形成一支新的政治势力。

1916 年 6 月 6 日,袁世凯病逝,旧交通系重要骨干成员多因积极参与洪宪帝制而受到处罚,在政治舞台上开始走下坡路。7 月 14 日,旧交通系领袖梁士诒、朱启钤、周自齐等因被视为帝制祸首而遭到通缉。尽管是官样文章,但三者的外逃导致旧交通系群龙无首,内部出现分裂瓦解。④ 相比之下,时任交通总长兼署外交总长的曹汝霖、司法总长兼署农商总长的章宗祥及驻日公使陆宗舆三人,虽因洪宪帝制而被免职,但他们却在日本政府的支持下,改头换面,重新站稳了脚跟。⑤

1917 年 1 月 5 日,交通银行董事会公推曹汝霖代理交通银行总理职务。同年 5 月,由交通银行股东会正式选举曹为总理。曹汝霖入主交通银行后,并不甘愿作旧交

① 曹汝霖:《一生之回忆》,第 180 页。书中又载:"中华汇业银行以兴业、台湾、朝鲜三银行为后援,订有透支契约。"(第 413 页)。
② 周叔廉:《中华汇业银行的始末》,上海市政协文史资料文员会编:《上海文史资料存稿汇编·经济金融》,上海古籍出版社,2001 年,第 268 页。
③ 曹汝霖:《一生之回忆》,第 80 页。
④ 翁先定:《交通银行官场活动研究》,《中国社会科学院经济研究所集刊》第 11 集,第 394 页。
⑤ 贾熟村:《曹汝霖传》,第 124 页。

通系的傀儡,而是积极培植自己的亲信,以扩大势力。通过对交行的改组,曹汝霖起用新人控制文书、会计、秘书、稽核等关键部门,如徐新六、黄浚、丁士源、瞿庆都担任了重要职务,周作民此时也成为曹汝霖的亲信,①这标志着以曹汝霖为代表的新交通系开始形成。

随着日本在华势力的扩张,新交通系日益得势。1917 年 7 月,在日本和段祺瑞的支持下,曹汝霖出任交通总长。一进入交通界,曹汝霖便迫不及待地起用自己的属下,占据交通界各要津,大规模变动交通部的职位。属于旧交通系的权量、曾鲲化或调或迁,离开实权岗位。属于新交通系成员的陆梦熊、雷光宇、蒋尊炜、姚国桢被任命为参事,原驻日本长崎领事胡礽泰和外交部秘书刘符诚分别就任航政司长、电政司长,丁士源为京绥铁路局局长。这次人事变动几乎涉及交通部四个司及主要下属铁路局局长人选,变动之大,前所未有。通过这次对交通部的人事改组,曹汝霖在交通界确立了自己的势力范围。此前,陆宗舆也被交通银行商股股东联合会选举为会长,而章宗祥则出任驻日公使。于是,以曹汝霖等为首的新交通系逐渐崛起。

面对新交通系咄咄逼人的气势,旧交通系在交通银行的骨干以及交行的一些管理人员逐渐倒向曹汝霖一方。如任凤苞原属旧交通系,长期担任交通银行协理一职。在旧交通系式微后,他渐与曹汝霖亲近,后来竟成为新交通系的一员。② 周作民,原属于旧交通系,他在安徽筹办交通银行芜湖分行时与皖系安徽督军倪嗣冲、王郅隆等结识,倪嗣冲创办金城银行,股东多为皖系军阀,以周作民为总经理。此时,周与曹汝霖的关系日益密切。③ 钱新之,原本周旋于新旧交通系之间,随着曹汝霖势力日益增强,他也逐渐与曹汝霖亲近起来。④

尽管新交通系势力发展颇快,且曹汝霖一直担任交行总理之职,但其资历尚浅,实属政治上的"暴发户"。而旧交通系则树大根深,梁士诒对交通部和交通银行毕竟经营多年,即使外逃避难,其影响力一时难以撼动。这一时期,曹汝霖虽身兼数职,但

---

① 翁先定:《交通银行官场活动研究》,《中国社会科学院经济研究所集刊》第 11 集,第 395 页。
② 贾熟村:《北洋军阀时期的交通系》,第 51 页。
③ 刘桂五:《"交通系"述论》,《社会科学战线》,1982 年第 3 期。
④ 《潘志吾回忆》(1961 年 4 月 12 日),交通银行博物馆藏资料 Y59。

交行的业务实际上依旧为旧交通系人员所控制。① 甚至在梁士诒外逃日本时,他对交通银行仍有一定的遥控能力。1917 年 7 月,段祺瑞讨伐张勋,梁士诒曾密电叶恭绰从交通银行拨出巨款以表示支持。② 梁士诒正是凭借帮助段祺瑞讨伐张勋的功绩,于 1918 年被取消通缉,重返政坛,于是,旧交通系的势力又有一定程度的恢复。当年 6 月,梁士诒被推举为交行董事会董事长。③

总体而言,在旧交通系式微之时,曹汝霖及其新交通系在交行的势力得以迅速扩张。这打破了交通银行为旧交通系一手操控的局面,逐渐形成新旧交通系双峰对峙的格局。

第三节　京钞问题

一、京钞问题的由来及危害

京钞问题是袁世凯政府停兑令的直接产物。袁世凯政府于 1916 年 5 月 12 日发布停兑令,可谓饮鸩止渴,市场上的现银随之迅速减少,纸币信誉急剧下滑。停兑不久,交通部命令铁路部门在顾客购买客票货票时必须搭收现银,考虑到其下属交通银行的窘境,接收部分纸币时只收交行钞票,拒收中国银行钞票。随后,邮政部也颁布搭收现银的规定。于是海关、盐务、直隶省和商界纷纷效尤,拒收纸币。军、警两饷,照常发放现洋。外国银行根本无视停兑令,照旧要求所收中、交钞票都予以兑现。各地方政府更是以各自利益为重,或是公然抗令,或是限制兑现。于是,中央政府各部门及地方政府各行其是,一般民众却因无权无势而为银行所拒绝,难以兑现,一时民怨沸腾,金融市场更加混乱。此次停兑风潮引起了全国范围内的金融动荡,尤以北京地区为甚。

所谓京钞,是指停兑令颁布后,流通于北京地区,包括后来陆续增发但又不能

---

① 翁先定:《交通银行官场活动研究》,《中国社会科学院经济研究所集刊》第 11 集,第 395 页。

② 《三水梁燕孙先生年谱》(上册),第 373 页。

③ 同上,第 416 页。

兑换通用银元的中、交两行的钞票。停兑令下达时,交通银行发行总额为 3682 万元,①而京行发行额就达 1236 万元,②约占全行发行总额的三分之一,且准备金非常有限。京行停兑之后,北京政府仍然强令京行为其垫款。当时,财政部每月应发的所有饷糈政费,仍责令中、交两行各半垫付,并规定京钞八成、现款二成,因此已停兑的京钞随着政府垫款数额的增多而日渐扩大。③ 到 1916 年 5 月 16 日止,交通银行发行总额为 4161 万元,其中京钞发行额就有 1510 万元,占发行总额的 39%。④ 至 1917 年底,中、交两行京钞发行额更是狂飙至 8000 万元以上,约为停兑时的 3 倍,交通银行钞票市价已跌至六折左右。政治垫款愈多,京钞数量愈大,京钞问题就愈难以解决。

此外,一些军阀官僚和大资本家利用京钞价格的涨落,大做投机生意,致使原本严重的京钞问题更加恶化。停兑后,京钞虽然不断贬值,但是随着国内外政治、军事、经济形势的变化,有时也会上涨。京钞时涨时跌所带来的差价利润吸引了大批的投机分子,京钞也就成为他们投机套购的对象和敛财工具。曾任中国银行总裁、常务董事的冯耿光回忆说:"我就任中行总裁时,北京中行钞票停兑已将近两年,市面上钞票行市时有涨落。北京的银行、银号做这种京钞买卖投机的很多,其中有一大生银行的经理,名叫张鸿卿,最为活跃。因此社会上流传的一句联语是:'大财神人称燕老,小钱鬼我怕鸿卿'。"⑤交通银行内部的一些高层管理人员也有从事京钞投机的,如时任北京交通银行经理的胡笔江,利用其掌握交通银行头寸以及消息灵通的便利条件,联络春华茂钱庄大肆买卖交通银行京钞,低价买进,高价卖出,以赚取暴利。京钞的整理损害了这些投机者的利益,因而遭到他们的极力反对和阻挠。这对于本来就紊乱的金融业而言,无疑是雪上加霜。

袁世凯死后的北京政府如同一盘散沙,对京钞的整理意见不一,常常是总统与国务院、国会与政府之间的看法多不一致,致使整理工作无法顺利进行。与此同时,国

---

① 《交通银行史料》第一卷,第 353 页。

② 同上,第 869 页。

③ 同上,第 899 页。

④ 于彤:《略论民初的京钞风潮及北京政府对京钞的整理》,北京市档案馆:《档案与北京史国际学术讨论会论文集》上册,中国档案出版社,2003 年,第 421 页。同一时间,中国银行发行纸币 3914 万元(不包括无锡、扬州、芜湖、宜昌四行发行额),其中京钞为 753 万元,占发行额的 19%。

⑤ 冯耿光:《我在中国银行的一些回忆》,《文史资料选辑》第 41 期,第 5—8 页。

内政局动荡不定,内阁更迭频繁,对待京钞的政策难以连贯如一,又使得京钞问题成为一个难以医治的社会毒瘤,为害多年。

京钞问题的产生及其长期存在,给社会带来极大的危害,给人民生活造成深重的苦难。自停兑以来不过一月,京钞迅速贬值,物价飞涨。1916年5月到1918年1月,京钞市价长期徘徊在面值的50%—80%之间,甚至常常跌至50%以下(详见1-5-2)。鲁迅在《灯下漫笔》中回忆这个时期,有这样一段描述:"我还记得那时怀中尚有三四十元的中交票,可是忽而变了一个穷人,几乎要绝食,很有些恐慌。俄国革命以后的藏着纸卢布的富翁的心情,恐怕也就这样的罢;至多,不过更深更大罢了。"[①]这些贬值京钞引发的市场恐慌,使得本已暗潮汹涌的金融界更趋凶险。

表1-5-2　各主要时期京钞价格表　　　　　　　单位:元

年　　　月	中行钞价（每千元）	交行钞价（每千元）	年　　　月	中行钞价（每千元）	交行钞价（每千元）
1917年5月24日	975	854	1919年2月上旬	681	681
1917年5月25日	952	817	1919年2月中旬	740	740.5
1917年5月26日	953	824	1919年2月下旬	742.7	742.7
1917年5月27日	955.5	826	1919年3月上旬	711.5	711.7
1917年5月29日	915	800	1919年4月上旬	664.5	664.5
1917年6月1日	923	810	1919年4月中旬	687.4	687.4
1917年6月2日	908	798	1919年4月下旬	657.3	657.3
1917年6月3日	890	797	1919年5月上旬	648.7	647
1917年6月5日	860	792	1919年5月中旬	639.2	634.3
1917年6月6日	854	789	1919年5月下旬	635.7	633.2
1918年12月上旬	475.8	475.4	1919年6月上旬	647.7	646.1
1918年12月中旬	484.6	484.6	1919年6月中旬	614.4	612.8
1918年12月下旬	505.7	505.7	1919年6月下旬	601.6	599.7
1919年1月上旬	540.1	540.1	1919年7月上旬	581.4	580.7
1919年1月中旬	608.1	608.1	1919年7月中旬	507.1	563.4
1919年1月下旬	669.6	669.6	1919年7月下旬	542.1	541.2

---

① 鲁迅:《灯下漫笔》,《鲁迅全集》第1卷,人民文学出版社,1982年,第211页。

（续表）

年　　月	中行钞价 （每千元）	交行钞价 （每千元）	年　　月	中行钞价 （每千元）	交行钞价 （每千元）
1919 年 8 月上旬	554.8	557.4	1920 年 7 月 1 日	612.5	615.5
1919 年 8 月中旬	548.4	551.5	1920 年 7 月 2 日	580	600
1919 年 8 月下旬	544.9	547.2	1920 年 7 月 4 日	572	575
1919 年 9 月上旬	525.8	528.2	1920 年 7 月 5 日	564.5	566
1919 年 9 月中旬	513.5	515.6	1920 年 7 月 6 日	535	538
1919 年 9 月下旬	497.1	503.5	1920 年 7 月 7 日	527	530
1919 年 10 月上旬	494.8	512.2	1920 年 7 月 8 日	500	503
1919 年 10 月中旬	490.8	500.1	1920 年 7 月 9 日	488	490
1919 年 10 月下旬	486	496.5	1920 年 7 月 10 日	472	475
1919 年 11 月	517.7	529.1	1920 年 7 月 11 日	456	458
1919 年 12 月	507.9	511.7	1920 年 7 月 12 日	445	445
1920 年 1 月	555.7	560.2	1920 年 7 月 13 日	—	—
1920 年 2 月	644.8	645.2	1920 年 7 月 14 日	—	—
1920 年 3 月	668.2	680.7	1920 年 7 月 15 日	435	435
1920 年 4 月	683.3	690.7	1920 年 7 月 16 日	406	406

资料来源:《中华民国货币史资料》第 1 辑,上海人民出版社,1986 年,第 352 页;余捷琼:《民国五年中交两行的停兑风潮》,《社会科学杂志》1936 年第 7 卷第 1 期,第 91—118 页。

二、京钞的整理及解决

原先遵令停兑的中、交各分支行相继恢复兑现后,中、交两行的京行愈来愈感到兑现的压力,波及全国的金融风潮最后集中到北京一地。究其缘由:一是北京直接在北洋政府的控制之下,中、交两行的京行被迫执行停兑止付的命令,毫无变通的余地,使得京师的金融极度混乱;二是中、交两行的总管理处设在北京,直接承受着财政部要求垫款的压力;三是各地分行对北京政府的垫款借款最终都汇集到北京中、交两行,两行合计共达 7000 万元,而库存准备金仅有 2000 万元,负债与现金准备之差竟达 5000 万元,应兑压力极大,在银行信用大损的情况下,恢复兑现必然陷于危险。于是,整理京钞成为当务之急。①

京钞的整理是一个漫长而曲折的过程。从停兑令颁布开始,整理京钞大致可分为两个阶段:第一阶段自 1916 年 5 月 25 日至 1917 年 12 月,属京钞整理前期,各方虽努力解决,想出了各种办法,但效果不好;第二阶段自 1918 年 1 月至 1921 年初,京钞整理方法合理,故能步步推进。

第一阶段:各方对京钞整理作出多种努力。停兑后,中、交两行均在积极筹划复兑,以维持票价。1916 年 5 月 25 日,鉴于停兑后京师市面日益混乱,交通银行与中国银行会函国务院、内务部、财政部及交通部,希望政府各部能"俯念时艰,准予通融办理,限制兑现"。27 日,国务院及财政部即复函中、交两行,同意其请求,并令"两行商同警厅拟具妥善办法,从速实行"。但因中、交两行与北京警察厅会商后,未能想出妥善办法,致使此议未果。6 月 6 日,交通银行"复因此事再行陈情",恳请政府速行筹定办法。② 但终因京行所垫借款过巨、发行量太多而无果。

6 月 23 日,陈锦涛出任财政总长,主张京钞兑现,并积极筹备兑现之事,京钞价格略有回升。当时,恢复兑现的条件渐为成熟:其一,五国银行团拒交盐款,已达千万元以上,此款应请交回。其二,美国方面,颇愿投资中国,似可继续商讨借款。其三,中国政府已告改组,五国银行团方面,或可借得款项。③ 然而,对于中、交两行如何开兑,北京政府的府、院、部意见不一,总统与财政部主张中行先行开兑,国务院与交通系则坚持中、交应同时开兑,两派争论激烈。为此,国会于 8 月开会,重点讨论京钞兑现问题。议员中大致分为三派,第一派主张中、交两行同时整理,同时开兑;第二派主张中国银行先行开兑,交通银行速筹兑现;第三派主张停办交通银行,将中国银行改组为中央银行,专理国库及纸币发行。经过激烈争论,最终第二派意见被国会通过,责令中国银行先行开兑,交通银行则徐图整理办理。至此,国务院与交通系无法再坚持己见。

国会此举,引起掌控交行的交通系强烈不满。1916 年 10 月 26 日,中国银行北京分行开兑时,随即遭到以梁士诒为首的交通系的"报复"。交通系联合投机家大量收买中行钞票,持以兑现。中行现金准备原本就不足,而向美国银行团实业借款又未能

---

① 邓先宏:《试论中国银行与北洋政府的矛盾》,《历史研究》1986 年第 4 期。

② 《交行再请维持京市》,《申报》1916 年 6 月 7 日。

③ 余捷琼:《民国五年中交两行的停兑风潮》,《社会科学杂志》第 7 卷第 1 期。

实现,所以到 11 月初,北京中行只得限兑,每次兑付不得超过 200 元。此后虽向美国芝加哥大陆通商银行借款 500 万美元,但杯水车薪,无济于事。11 月 30 日,不得不第二次停兑。中行此次由开兑到停兑,前后仅一个月零五天。①

此后一段时间,政潮迭起。1917 年 4 月,财政总长陈锦涛被查办;5 月,段祺瑞内阁下台;6 月,中行总裁徐恩溥被免职。一连串的事件导致京钞价格一路狂泻,尤其是 7 月张勋复辟,北京大乱,京钞全无行市,人们拒绝使用。同时清室又铸发铜币 200 万元,北京金融更加混乱不堪。

张勋复辟被粉碎之后,段祺瑞再度组阁,任梁启超为财政总长,简派王克敏、张嘉璈为中行正、副总裁。梁启超同王、张二人为维持和提高京钞价格,采取了一系列措施,如恢复兑现、恢复铜圆券兑现、添招京钞股本等。此外,还"请求政府通饬财政征收机关,及交通机关,一律收受京钞"。② 因而从 1917 年 10 月 11 日起,路局停止搭现,征收机关也收受京钞,这些措施收回了一些京钞。但由于中国政府对德宣战,南北决裂,战事又起,军事费用急剧增加,不断要求中、交两行垫款,导致中、交两行在津京地区增发京钞数额迅速增加,结果又加剧了京钞的进一步贬值,并形成一种恶性因果循环。"京钞停兑时,发行数目并不甚巨。其增加乃在停兑以后,以为钞票既不兑现,遂可任意增发,与政府要求垫款,互为因果。"③至此,虽经各方努力,但京钞问题仍未解决。

第二阶段:京钞整理为各方切实推进。在京钞的整理过程中,政府和中、交两行都感到,要恢复兑现,必须要解决资金问题。为此,交行继续与西原龟三谈判,于 1917 年 9 月 28 日签订了第二次西原贷款 2000 万日元的协议。中国政府对德宣战,换来了协约国将庚子赔款展期五年的回报。中、交两行此前已频频向政府催还欠款,见此机会自然不肯错过。两行考虑到将来政局变动,政府会再将此款移作他用,于是与财政部相商,发行民国七年短期公债。此项公债经批准后于 1918 年 3 月开始发行,第一次发行 4800 万元五年期短期公债,中、交两行各得 2400 万元,直接抵销政府垫款。但由于当时北洋政府积欠两行达 9000 万元,所以仍达不到收回京钞的目的。于是,又增发长期公债 4500 万元,以财政部年拨盐余 270 万元为担保。交行得 2000

①　邓先宏:《试论中国银行与北洋政府的矛盾》,《历史研究》1986 年第 4 期。
②　姚崧龄:《中国银行二十四年发展史》,台北传记文学出版社,1976 年,第 53 页。
③　《中华民国货币史资料》第一辑,第 330 页。

万元,中行得 2500 万元。

长短期公债共计 9300 万元,从 5 月到 6 月,长短期公债各半搭售,专用于收回京钞。但由于公债开盘行市不到四折,京钞持有者以调换公债吃亏过大,多观望不前。所以到 6 月 29 日止,两行仅募集债额 4431.99 万元,不到原定发行总额的一半。除收回京钞 4431.99 万元外,剩余大量京钞尚在投机者手中,投机者企图待价而沽,从中牟取暴利。不料,在 4 月以后的三个月中,京钞价反而跌落,因而多未抛出,收回京钞的目的不可能实现。再加此时北洋政府战事吃紧,继续要求银行垫款,津浦等四路改收现洋,各征收机关亦改用现洋,京钞用途日益减少,更难收回。

京钞问题在这一时期之所以愈演愈烈,主要因为北京政府一直要求中、交两行垫款,因此,整理京钞的关键在于停止两行对政府的垫款。1918 年 6 月,梁士诒被选为交通银行董事会董事长后,深知政治垫款一日不解决,京钞问题就永无解决之望。上任伊始,他便撰写《国民须知》数千言,印刷 10 万册,分发各地,提出解决京钞问题的三项办法,一是请中央政府与独立及非独立各省,不得以势力逼迫两银行总分行担负其军政费用;二是请中央政府与独立非独立之各省承认中国、交通两银行是全国人民的金融机关,对于两银行的事务,应视为中立,双方须一同保护,维持正常营业;三是由各地商会劝告人民,对于两银行持绝对信任之态度。①

梁士诒此番态度促使中、交两行积极活动,以谋求结束无休止的政治垫款。于是中行在 1918 年 9 月致函财政部,要求"自今以后,不再责令垫发钞券","将积欠之数酌拨现款,以还本行"。②

面对中、交两行的强烈要求和社会舆论的指责,财政部深感问题严重,刚好这时西原借款成功,政府财政稍有通融的余地。由曹汝霖任总长的财政部于 9 月 18 日复函中、交两行:"自 1918 年 10 月 12 日起,不再令两行垫付京钞,两行除付京钞存款外,亦不得以京钞作为营业资金。"③财政部的这番表态,成为解决京钞问题的关键。

财政部作出上述宣布的同时,将剩余的七年公债票,全部提交公债局继续发行,并将每日所收两行京钞封存中、交两行,定期销毁,"以为减少京钞之根本计划"。④

从 1918 年 10 月 12 日到 1919 年 10 月 4 日,公债局共募集长短期公债各 1324.352

---

① 《三水梁燕孙先生年谱》(上册),第 420 页。

②③ 《中国银行行史(1912—1949)》,第 98 页。

④ 《民国钞券史》(上),《银行周报》第 8 卷第 24 期。

万元,收回京钞 2648.704 万元。在此期间,由于政局关系,钞价涨落不一,如 1918 年 12 月,南北和议,政局颇有安定气象,钞价立刻上升,12 月下旬达五折以上。1919 年 2、3 月间升至七四折以上,为一年来最高价。但好景不长,到 3 月上旬,南北和议破裂,政局又乱,钞价随之下降。

据梁士诒年谱记载,到 1920 年为止,"所有之京钞,以积存于交通部者为多,其余均在各银钱行号及投机商人之手,实际上真正流通于市面者,为数绝少。观于市面买卖日用货物,并无京钞进出,可见京钞已纯为投机物"。[①]

1920 年 3 月,梁士诒再任内国公债局总理。此时欧战已结束,国际新银行团活动频繁,大借款呼声甚高,钞价又开始回升。中、交两行希望以此为契机,再度整理京钞。梁士诒力促财政部以发行公债办法收回全部京钞。然而政局多变,南方战事扩大,南北两军战于湖南,长沙、岳州失守。7 月,奉、直两军又在京津地区发生激战,北京金融空前混乱,京钞价猛跌至四折左右,为停兑以来最低点,进入所谓的"京钞黑暗时期"。

京津变乱停息后,京钞价虽止跌为升,但行市仍徘徊于五折左右。财政部采纳银行建议,筹备另发公债,谋求结束这一黑暗时期。

另一方面,政府遵守诺言,自 1918 年 10 月后,未再令中、交两行垫款。但因当时南方战事,政府财政拮据,遂向其他银行、银号零星贷款,数额竟达三四千万元,其中京钞借款达 2400 余万,利息高达五六分,仅年利息一项就耗损六七百万,而且各项借款为期极短。1920 年 9 月下旬,到期者已有一千五六百万,其中已有转期四五次或六七次者。加上京津之乱后,京中大小银行"均有自顾不遑之势,故每日到部索债者,必数十起"。[②] 长此以往,财政状况将不堪设想,解决京钞问题已迫在眉睫。

在金融界和社会舆论的强大压力下,财政部与梁士诒最终商定,发行民国九年"整理金融公债"6000 万元,以关税余款作为抵押,如不足,则以盐余、税余补充。其中 3600 万元交给内国公债局发售,以 2400 万元收回中钞,1200 万元收回交钞,分别拨抵两行欠款,收回的京钞尽数销毁。余款 2400 万元留充财政部、交通部清理京钞押款之用。发行期自 1920 年 10 月 1 日到 1921 年 1 月 31 日。期满之后,无论公共机

---

① 《三水梁燕孙先生年谱》(上册),第 94—95 页。
② 《银行周报》第 4 卷第 35 期。

关抑或商业领域,不得再有京钞授受,也不准再有京钞行市。如有不愿意购换债券者,可以向中、交两行分别换取定期存单,利率期限与公债相同。①

民九整理金融公债一改往昔政府发行日期一再展限的惯例,于1921年1月31日,按规定的日期截止。在这四个月的发行期中,第一个月售出债额为3488.4865万元,第二个月为1164.1165万元,第三个月为394.7935万元,第四个月为760.5277万元,总计售出的数额为5807.9242万元。除去债额2400万元作为偿还其他各银行的政府欠款,计实收回两行京钞3407.9242万元,其中中钞2210.3223万元,交钞1197.6019万元。②

事后,梁士诒与财政总长周自齐联文上书国务院,其中说道:"数月以来,仰赖国务院毅力主持,交通部通力协助,中、交两行暨各银行一致匡持兼筹巨款,且能于指定范围内一律办理完结,金融活动,市面安定,数载困难,一时洗涤。自齐、士诒亦庶可稍轻罪戾,徐图整理公债之方。"③其轻松之情溢于言表。至此,中、交两行剩余京钞基本收回,京钞风潮方告一段落。

---

① 《三水梁燕孙先生年谱》(上册),第94页。
② 《整理金融公债的发行与京钞的收回》,《银行周报》第5卷第9期。
③ 《三水梁燕孙先生年谱》(上册),第100页。

第六章
第二次停兑风潮与中交合并之争

1916 年的停兑风潮平息后,交通银行的信誉大损,实力骤降。面对军阀之间的混战,交行对北洋政府的垫款依然有增无减,加上各种传言和舆论影响,1921 年 11 月,交行再次遭到挤兑风潮的冲击。挤兑先是从北京分行开始,随后迅速波及天津、上海、汉口等各大城市。为了恢复兑现,交行尝试过处置抵押品、限制汇兑、获得公债等各种办法,最终还是通过有条件向奉系借款的方式,才勉强渡过这场危机。民国初年,交行已经成为事实上的国家银行,二元央行体制使得中、交两行的关系颇为复杂。在 1916 年、1921 年前后两次停兑过程中,中、交合并之议屡次被提起。1922 年,随着交行高层的改组,南方实力派人物入主交行。以张謇接受交行任职为标志,中、交合并之议渐告平息。

第一节　曹汝霖时期交通银行的发展

一、曹汝霖时期的经营方针

1917 年 1 月,交通银行代理总理任凤苞主动请辞。经股东总会选举,曹汝霖继任总理。一直到 1922 年 2 月引咎去职为止,曹汝霖主持交行达 5 年之久。

1916 年 6 月,曹汝霖被黎元洪总统免去外交总长和交通总长的职务,在交通部并无其他任职。按照 1914 年制定的《交通银行则例》,交通银行总理本该由股东会选举产生,且总理一职向由旧交通系所垄断,外人无权置喙。曹汝霖之所以能够出任交行总理,与段祺瑞及日本政府的支持是分不开的。换句话说,曹汝霖的上台与当时的政治形势密切相关。同时,曹汝霖特殊的政治身份,也注定了交行在其任内无法摆脱政府控制的命运,依托政权发展的方针也难以改弦更张。

曹汝霖时期,正值交通银行遭受民五停兑风潮冲击之际,交通银行信誉扫地,业务停滞,与民初梁士诒主政交行,信用昭彰,蒸蒸日上之势,迥然不同。

曹汝霖

1917 年 2 月 15 日,曹汝霖召集交通银行京外各分行经理及代表在北京总管理处聚会,讨论了各行日后的营业方针,确定了恢复信用、招徕汇兑、推行钞票、联络国库、存放款项五项方针。[1] 27 日,总管理处将此营业方针印发给各分行。[2] 由此可见,曹汝霖时期的经营方针既有对梁士诒时期的部分继承,又有其应对民五停兑风潮的独特之处。

---

[1] 《交通银行史料》第一卷,第 273 页。

[2] 《交通银行总处分送梁士诒关于营业方法与办事方针之谈话笔录致各行所函稿》(1914 年 6 月 16 日),《中华民国史档案资料汇编》第 3 辑,第 356 页。

（一）恢复信用

在民五停兑风潮中，交通银行多数行处遵令停兑，尤其是上海中、交两行截然不同的表现，致使交通银行饱受外界非议，钞价大跌，业务停滞不前，信用急剧滑坡，几近倒闭。因此恢复信用成为曹汝霖上台后的首要任务。曹汝霖上台伊始，即与日本签订了借款合同以实现交通银行的开兑，是为恢复信用的第一步。1917 年 2 月 27 日，交通银行总管理处在印发各分行的关于今后营业方针的文件中，也称"此次总管理处借用日款，系为南省各行筹谋活动起见，各应借此现款，竭力鼓吹，以壮声势。各行当事人对外宣示我行基本准备之内容、实力，须用一致之言论"，"务将已失信用恢复原状，渐臻发达"。①

（二）招徕汇兑

对于汇兑，交通银行历来比较重视。民初梁士诒主政交通银行时就大力推行，认为汇兑是有利无损的业务，并称之为交通银行"积极的业务"。② 1914 年，梁士诒再次强调汇兑业务，认为欧美因有统一之国币，相互之间通行无滞，兑换时也额差甚微，相较之下，中国则不同，"金币价昂、质小，便于携带，而银币太杂，纸币又不通行于各省，贴水之数所损甚巨，故非由银行为之汇兑不可，而银行乃可操纵其间"。加上汇兑"其数为繁"、"获利尤厚"，故被列为仅次于存款的第二大业务。梁氏宏论，曹汝霖颇为认同。于是，曹汝霖在会议上主张"银行营业以互相收解汇款，各得汇费，为最稳当最有益之事业，金融流通，商民利赖"，并鼓励各分行"应竭力设法招徕"，对于国际汇兑业务也寄予希望。③

（三）推行钞票

1916 年，交通银行因停兑风潮的冲击，钞票发行额锐减。然而次年曹汝霖上台，已筹得资金，准备兑现，钞票的发行与推广也提上议事日程，故 2 月与会中，交行确立了推行钞票的方针，并为此制定了一些具体的措施。一是苏、沪地区，由沪行与各行商定办法、日期，一律开兑，"概不加收贴水，其解送现款运费，则归发票之行认付"，且江苏各行所发地名券收回注销，"推行江苏钞票，以归划一而便通行"；二是其他各省分行所发钞票，除京、湘、渝及东省小洋钞票外，亦一律照兑，并"暂不加收贴水，将

---

① 《交通银行史料》第一卷，第 273—274 页。
② 《民国元年二年报告》，《北京金融史料》银行篇（5），第 250 页。
③ 《交通银行史料》第一卷，第 274 页。

来察看情形再行酌定"。①

（四）联络国库

1916年停兑发生后，交通银行资金短缺，周转不灵，相当长一段时间内，业务一片混乱，加之行内外要求脱离政治的呼声日高，国会多次提议取消交行代理国库特权，后来虽然未果，但是随着交行对政府垫款大大减少，亦使得代理国库特权迅速收缩，以致就连交通银行一向经手的特别会计金及与交通事业有关的经营权，也逐渐为中国银行等其他金融机关所侵夺。有鉴于此，曹汝霖于会上强调"银行代理国库，固由于国家特许，尤在各分行、支行、汇兑所与各省财政厅及地方征收机关相近者常联络"，并鼓励各分行设法招徕，积极与地方财政机关相联系，希望借此增加公款汇解的有关业务，以推广流通交行钞票。同时，曹汝霖还积极支持交行各行与中国银行争夺国库代理权，谓"中国银行虽代理国库优胜之权，国家财政支绌之际，时有青黄不接之患，届时需借巨款，中国银行或有未能接济之时，我行当可趁此时机分认借款，要求抵押，国库代理部分自必转入我手"。②

（五）存放款项

曹汝霖在存款方面继承了梁士诒时期的方针，但对于放款，并不像梁士诒那样抵触，甚至还非常看重银行在放款方面的积极作用，希望交行切实推进。他说："银行存款，固宜招徕，放款宜应变通"，"盖以轻息存款，转放重息，又以无息钞票之进款内抽提若干成，按照当地情形，酌量放出，以得利息，此乃银行谋利一定不易之理"。③不过，基于放款的风险认知，他也制订了种种限制，其中包括宜按活期，少做定期；联络商家，择其有汇款可做及与来往有存有欠者；代理国家财政之机关，须设法查知该机关之预算收入数目等等。

这一时期的经营方针，虽有利于交通银行缓解1916年停兑风潮的窘迫，但并未使交通银行的发展脱离政府的控制，再加上当时中国政局连年动荡，不久交通银行再次因财政垫款过多而陷入困境。

---

① 《交通银行史料》第一卷，第274页。
②③ 同上，第275页。

二、1917—1921 年间的经营状况

（一）发行兑换券概况

由于 1916 年停兑风潮的影响，这一时期交通银行兑换券的发行额波动较大。1916 年 5 月 12 日交行遵令停兑后，发行数额大减。1917 年，交行以日金借款实现开兑，信用渐复，但发行额大减之势仍未扭转，直至 1918 年才开始回升。此后，交行发行兑换券额徘徊在 3000 万元左右，一直到 1923 年起才步入正轨。

表 1-6-1　1917—1921 年交通银行兑换券发行额统计表　单位：元

年　　别	发　行　额
1917	28603836
1918	35144563
1919	29272653
1920	39170192
1921	30143233

资料来源：《交通银行史料》第一卷，第 838 页。

（二）代理国库概况

1916 年，交行对交通部的垫款大为减少，交通部将原属交行经理的特别会计金以及与交通事业有关的经营特权，转交给中国银行等其他金融机关。为此，1917 年 2 月 15 日，曹汝霖主持交通银行京外各分行经理及代表会议，明确指出这一情况必须改变，不能放弃联络国库和交通业务的经营方略。经过努力，交通部将已经转移的业务重新放回，但交行再也未能完全收回原有的交通款项经理特权。1918 年以后，交行又开始为交通部垫款，其中仅戊通航业公司的借款，一次就达 250 多万元。可是即便如此，曹汝霖时期的交通银行无论是从交通部处所取得之经营特权，还是对交通部的垫款，在规模上皆已大不如前。[①]

此外，在既定联络国库的营业方针指导下，交通银行还暂时缓和了与中国银行关于代理国库的矛盾。1917 年 8 月，交通银行奉财政部函，凡财政部所管各项收入暨

---

① 翁先定：《交通银行官场活动研究》，《中国社会科学院经济研究所集刊》第 11 集，第 394 页。

应发的各项费用,自 8 月份起以三分之一交由交通银行经理,以三分之二交由中国银行经理,各省金库也照此实行。其实,分成经管早已定了标准,只是实际税收过程中各省情形有所不同。关于直隶、山东、江苏三省分金库的分理办法,由财政部于 1917 年 10 月遣特派员前往各省,会同当地财政厅以及中、交二行人员,进行合理分配。

三省分理金库办法虽不尽相同,但都以部定三分之一成数为标准,遇有借垫等款也依此办理。至于其他各省金库分理之法,大致相同,惟有安徽省财政厅曾与交行订立收解中央专款办法,仍依照分理金库要求办理。自此以后,交行代理金库事务均按成约,在北京政府时期无所更改。①

（三）存放款等业务概况

存款业务。1916 年停兑风潮后,交行信用受到影响,存款大幅下跌,降至 3868 万元,比 1914 年的存款额下降了 41%。1917 年交行存款额陷入停滞不前状态。第一次世界大战期间,由于中国的民族工商业有所发展,资本积累相应增加,一般银行的存款业务都有显著的甚至成倍的增长,但交行的存款却呈锐减趋势(与 1914 年相比),可见交行信用之低落。1918 年 10 月,在社会舆论的压力下,财政部答应不再让中国、交通两银行垫付京钞,交行的存款才有所回升,到 1919 年达到最高额 7632 万元。然而,好景不长,1920 年又开始下降,至 1921 年第二次停兑风潮的爆发,存款又跌至 5945 万元,比 1919 年存款额降低 22%。

表 1 - 6 - 2　1917—1921 年交通银行活、定期存款统计表　　　　单位:千元

年 份	活期存款		定期存款		活定期存款合计	
	金 额	百分比	金 额	百分比	金 额	百分比
1917	26130	67.80	12407	32.20	38537	100
1918	35180	67.18	17185	32.82	52365	100
1919	54053	70.82	22268	29.18	76321	100
1920	43449	67.56	20866	32.44	64315	100
1921	41394	69.62	18064	30.38	59458	100

资料来源:《行史清稿》第 9 册,第 27—28、30—31 页,中国第二历史档案馆藏,档号 398(2)-695。

说明:1.活期存款中杂项存款未列入。2.1919 年后活期存款中包括本票存款。

---

① 《交通银行史料》第一卷,第 702—703 页。

放款业务。交行放款种类分为定期放款、抵押放款、活期放款、政府欠款及贴现押汇等。由于所处的地位与政府有关,交行的放款业务款项往来偏重于政府,加上曹汝霖的政治身份及其营业方针的影响,1917—1921 年尤以政府放款为主。这一时期,交行放款金额并未因 1916 年停兑风潮的影响而减少,反而是与年俱增,至 1921 年增长至 9039 万元,约为 1916 年的一倍。

表 1 - 6 - 3　1917—1921 年交通银行放款统计表　　　　　单位:千元

年份	定期放款		活期放款		活定期放款合计	
	金额	百分比	金额	百分比	金额	百分比
1917	22710	33.81	44450	66.19	67160	100
1918	28024	35.89	50060	64.11	78084	100
1919	39778	50.35	39230	49.65	79008	100
1920	37179	60.03	24759	39.97	61938	100
1921	42318	41.82	48073	53.18	90391	100

资料来源:《交通银行史料》第一卷,第 349 页。

（四）外汇业务的开创

1914 年 4 月公布的《交通银行则例》,规定交行受政府委托专理国外款项及承办其他事件。[1] 同年 5 月,梁士诒特别强调外汇对交通银行的重要性,认为可以在伦敦、巴黎等处先行试办,待卓有成效后再行推广。平时要留意外市行情,关注金银汇价等,若能如此,虽外汇业务之于交行实属创举,但真创办起来亦非难事。[2] 曹汝霖上台后,继承了这一方针。1917 年京外各分行经理及代表经过讨论,议定办法即有"招徕汇兑"一项,指出"将来国外添设分行,国际汇兑、货币押汇渐次推广,以谋国外商货汇兑之利益"。

1919 年,交通银行设立外汇科,隶属于沪行。办事人员只有 4 人;营运资金仅有美金一二十万元,故只能做汇票买卖,数额不大。[3] 虽然规模小,绩效差,但意义重大,这是交行经营外汇业务的开始。

---

[1]　《交通银行史料》第一卷,第 190 页。

[2]　同上,第 271 页。

[3]　同上,第 976 页。

三、扶翼戊通航业公司

戊通航业公司(简称戊通公司)是北京政府时期交行在东北最大的投资企业,也是曹汝霖掌理交行时颇为烦神的一项工作。作为交通事业,戊通航业公司本属交行应予支持的范围。这家公司于 1919 年正式成立,1921 年改为官商合办,1925 年由东三省地方政府收为官办,改组为东北航务局。整个过程中,交通银行悉心扶助,费力甚多,却少有绩效,后续还带来不少麻烦。

戊通公司开办前,东北松花江、黑龙江和乌苏里江"三江"航运业,完全为沙俄轮船商所垄断。1917 年,俄国爆发了十月革命,这次革命给我国东北航运业的发展带来了转机。旅哈商人孟昭常鉴于前俄在中国黑龙江流域航运发达,赢利丰厚,出于爱国热忱,欲乘俄国发生革命之机,收买前俄船队,组织航运公司,以期收回航权。孟昭常等商请长春交行经理陈公孟赞助此事。陈公孟将此事上报总管理处,曹汝霖等人认为振兴航运正是职事范围,理应支持,派协理任凤苞亲赴哈尔滨洽谈合作事宜。经过筹备,1919 年 3 月,戊通航业股份有限公司在哈尔滨正式成立,梁士诒、曹汝霖、任凤苞、谢霖、魏绍周等 7 人为公司董事,董事会聘王宰善为总经理。

戊通公司筹办时为商营性质,股本原定大洋 200 万元,先收 50 万元。股本分别从哈尔滨、长春、上海、北京四地的商家招募,北京占五分之二,其余地区为五分之三。北京地区的股本应收 20 万元,由交行垫付。

戊通公司从筹建开始就乱象纷纭。孟昭常等人与交通银行商洽,戊通公司的筹建资金由交行哈尔滨分行(简称哈行)、长春支行垫借。由于购船问题出现波折,公司迟迟未能开业。到 1920 年春正式开航时,戊通公司已积欠交行借款高达 418 万元。交行派董事谢霖担任戊通公司总经理,试图改善经营,扭转局面,但终因地方军阀势力干扰,航运时断时续,加以管理不善,开支较多,致使公司亏蚀累累,成了东三省交行的最大包袱。[①] 为此,公司股东商定办法,多数人主张收归官办,以减轻交行的负担。[②] 1920 年 11 月 7 日,戊通公司在哈尔滨召开临时股东会,到会股东一致要

---

① 《北京银行月刊》,第 2 卷第 12 期,附录 1—8 页。
② 《李钟楚致谢霖函件》(1920 年 10 月 26 日),《交行档案》第 121 号。也有股东认为公司转为官办是承办人为了推卸责任。

求公司收归国有。①

1921 年春,在叶恭绰(时任交通总长)的努力下,交通部以航权、国防两项事关重大,决定戊通公司官商合办,原定的 200 万股本,除已收齐的 50 万元,剩下的 150 万元由交通部认购。由于没有现款,交通部与交行商定,从戊通公司所欠交通银行的款项中划出 150 万元作为部款,由总管理处如数照拨公司,公司以此款转账付还交行借款。② 如此操作之后,戊通公司仍欠交通银行 268 万余元。经国务会议议决,戊通公司所欠交通银行款项换立借款契约。

新订立的合同规定,从戊通公司所欠交通银行的款项中提出 250 万元,由交通部保证每年归还 50 万元,五年还齐,尾款的十多万元作为往来透支款。合同明确,以戊通公司所有财产作抵押,如戊通公司不能如期履行,由交通部如数代为清偿。③

戊通公司加入官股和交通部保证还款等事,是在交通系成员的推动下,由交行与交通部联手促成的。④ 如此,交行四百余万元的呆账,全归交通部承担,又没有影响交行对戊通公司的实际控制权。交通部官员埋怨,这一办法“设计甚巧,而遗累本部则甚巨也”⑤。正因为如此,1922 年 7 月,在叶恭绰离开交总长这一职位后,这一做法被交通部推翻。⑥

从 1920 年开业以来,戊通公司连年亏蚀,1921 年亏 80 万元,1922 年蚀 61 万元,⑦1923 年亏 50 万元,1924 年又亏损 42 万元。⑧ 债台高筑,公司无法经营下去了。不得已,戊通公司于 1925 年 3 月 22 日经股东会议议决宣告破产。交行作为最大的债权人,出面负责清理戊通公司财产。招商无人愿顶,交通部因经济困难不能接办,交行希望东三省政府承办。在张作霖控制下的东三省政府虽然同意承购,却未拿出分文。经过多次协商,达成这样一个协议:戊通公司全部财产以大洋 160 万元卖给东三省政府,东三省政府不以现金支付,特别允许哈尔滨交行增发国币券 300 万元,定

---

① 《戊通航业公司临时股东会记事》(1920 年 11 月 7 日),《交行档案》第 121 号。

② 《戊通董事魏绍周致梁士诒等函》,《交行档案》第 121 号,载“惟政府加入官股一百五十万元,深恐拨还交行,弥补前欠,公司实际不蒙福利,名为加股,实等望梅”,可见,当时有拨现款的要求。

③ 《行史清稿》第 9 册,第 147—151 页,中国第二历史档案馆藏档案,档号 398(2)-695。

④ 《交通银行史料》第一卷,第 1544 页。

⑤⑥ 《戊通公司事交通部来函》(1922 年 7 月 25 日),《交行档案》第 121 号。

⑦ 《交通银行史料》第一卷,第 1538 页,载“民国十一年份(1922)结亏六十万余元,借款利息在内”。

⑧ 交通部铁道部交通史编纂委员会:《交通史航政编》第 1 册,1931 年,第 463—468 页。

期十年,以发行利益代替戊通公司的财产价。① 表面上看,这一做法对交行没有造成多大损害,而实际上,后来"九一八事变"爆发,哈钞发行中断,交行损失巨大。

第二节　第二次停兑风潮与奉系借款

一、挤兑风潮发生的内外因素

袁世凯病死后,中央政府权力更趋弱化,各地军阀任意截留税收,致使北京政府财政收入锐减。北洋军阀内部离心离德,渐成分裂之势,形成直、皖两系。另外,长期盘踞东北的奉系军阀势力逐渐增强,虎视关内。随着第一次世界大战的结束,英、美与日本等列强争夺中国的矛盾日益激化,诸国皆扶植自己的代理人,以维护其在华利益。在列强的支持下,直、皖、奉三系展开了争夺中央政权的争斗,不惜兵戎相见。1920 年直皖战争后,日本见皖系军阀战败,又扶植奉系军阀与以英、美为后台的直系军阀相对抗,战火频仍,连绵不断。同时,以孙中山为首的南方革命派也不断积聚力量,希望早日实现国家的富强。于是,南、北战火此起彼伏,社会动荡不安。长期的战乱致使军费激增,从而加剧了北京政府的财政困难。

深陷财政困境的北京政府不得不将目光再次转向中、交两行,继续依靠两行垫款和发行钞票过日子。1921 年初,交行京钞刚刚整理完毕,北京政府又以"近畿军警饷需关系首都治安,于此青黄不接之时,坚请中、交两行筹垫,以六个月为期,每月各认四十万元"。② 8 月,政府机关各部门欠薪已达 20 个月以上,代理财长潘复以中秋节临近为由,向北京银行界商借 480 万元,其中交行独家承担 300 万元。同时,北京政府还强迫中、交两行开出担保性空头存单,以此向其他商业银行借款。1921 年 6 月至 8 月,交通银行开出的存单计有:1. 元记勃利户 200 万元;2. 元记公司户 53.15 万元;3. 亨达公司户 20 万元;4. 哈达忒公司户 233.77 万元;5. 哈达忒公司户 31.89 万元。所谓元记、勃利、哈达忒等户名,全系假造,实际多是商业行庄所借出。其中北京

① 《东三省接办戊通公司》,《银行周报》第 9 卷第 35 期。
② 中国人民银行总行参事室:《中华民国货币史料》第一辑(1912—1927),上海人民出版社,1986 年,第 1249 页。

交行开出的存单共计538万余元,除了由财政部偿还过122.5万元外,尚有416万多元。随着各存单的陆续到期,北京政府无力归还,两行又被迫兑现,以致库存现银日枯。其中,交通银行先后为此付出现款共有三笔:1. 中南银行在与交通银行往来款内坐扣91.82万元(即所谓哈达试户的存单一部分);2. 京行开出存单中有总管理处饬沪行加盖图章担保者,沪行到期不付,计159.45万元;3. 此外尚有未付存单133.15万元,最后还是由津、沪、汉、奉、哈、宁六行分担偿还。以上三笔共付出现金384.42万元,而财政部则以"九六公债"付还。在这个过程中,交通银行吃亏很大。①

经过1916年停兑风潮的冲击后,交行实力锐减,信用低落,业务发展缓慢。一直到1918年底,存款较停兑前一年增加10%,1920年较1918年增加20%。反之,当时的一般银行则受益于第一次世界大战给中国民族工业带来的"春天",存款业务都有显著的增长。与中国银行相比,交行更是相形见绌,具体见表1-6-4。

表1-6-4　交通银行与中国银行存款比较表　　　　　单位:元

年　别	交　通　银　行		中　国　银　行	
	存款总额	增长率	存款总额	增长率
1915	48620000	100	105350000	100
1916	38680000	80	113570000	121
1917	38530000	79	148710000	141
1918	52360000	108	150880000	143
1919	75090000	154	181450000	172
1920	63750000	131	190240000	181
1921	54510000	112	176190000	167

资料来源:《交通银行史料》第一卷,第310页。

通过表1-6-4可以看出,自1916年停兑风潮后,交行的存款数额急剧下滑,直至1918年才恢复元气;而中国银行的存款数额则逐年增长,1915年,中国银行的存款数额是交行的两倍,至1920底,已超过三倍。

至1921年挤兑风潮发生之前,交行的全部发行额为4069万元,而现金准备仅有515万元。北京、天津两行的发行额合计1053万元,现金准备却只有40万元,其余都

---

① 《浦心雅在1961年3月3日座谈会上的发言记录》,交通银行博物馆藏资料Y58。

是所谓的保证准备,即政府公债券等。① 在这种情况下,市面若有一点风吹草动,极易引起挤兑风潮。

西方列强对中国金融的蓄意破坏也是造成这次停兑风潮的一个重要原因。1921年11月,美、英、法、日、意等国正在召开华盛顿会议,讨论的问题涉及中国门户开放,策划国际共管等。为达到这一险恶目的,英、美等国通过破坏中国财政金融来制造共管的借口。于是,英、美两国一面故意散布中、交两行库存空虚的消息,蛊惑人心,一面指使其所控制的海关、邮电等部门拒收中、交两行钞票,而外国洋行则向中、交两行提取存款。

同年11月16日,北京政府要求总税务司英人安格联"将应拨关余之款一千二百万元内先拨六百万,专供救济市面",②竟然遭到无理拒绝。当时,《新闻报》连载文章揭露外国破坏我国金融的阴谋,称:"前数日东交民巷之各外国银行,先由不用中、交钞票之说,最近探得欧洲某外国人,确曾分电津、沪、汉各埠税关及洋行,勿使用中、交钞票,此电由电局扣留,送至警厅,转由警厅送至外交部,正在秘密交涉。"③"当数日前,总税务司安格联曾发一通电,通知各海关,嘱其于收入关税时,停收中、交钞票,一般人均不知其是何用意,嗣经探悉系受某国人之鼓动。盖中、交钞票,一律停收,则各地金融,必受牵动,而大起恐慌,而某国人乃得趁此机会,于华府会议席上,提议共同监督财政,以达其侵略之目的。"④

另外,1921年11月19日,日本驻华公使小幡致外相的密电也证实此确属外人之阴谋。小幡公使在密电中谓:"此番之金融界之扰乱,实乃以安格联和汇丰银行的'阿联'为中心的阴谋计划。其目的:一方面推翻现内阁,另一方面组织以吴佩孚、颜总长为中心的内阁,在该内阁内设立由安格联领导的中国外债整理局。"⑤

二、京、津行的停兑及沪、汉行的应对

1921年冬,北京政府借外债无望,中央财政更加困难。11月14日,教育部部员举行"同盟罢工",接着其他各部部员也因欠薪而"怠工",日常政务几乎无法进行。

---

① 《交通银行史料》第一卷,第355页。
② 《中华民国货币史料》第一辑,第1264页。
③④ 《北京金融界之风潮》,《新闻报》1921年11月19日。
⑤ 《中华民国货币史料》第一辑,第1252页。

不久,参谋部自动请求解散,陆军总长蔡成勋、海军总长李鼎新、司法总长董康、教育次长代理部务马邻翼也都先后因部员索薪而请辞。地方上更是混乱不堪,各省军阀为扩充势力不但截留税款,还向中央索要军饷。更为严重的是,日本人在华盛顿会议期间散布五国共管中国财政的谣言,借以破坏中国国内银行的信用。① 于是又一轮挤兑已是"山雨欲来风满楼"。

（一）北京交通银行突发挤兑

1921 年 11 月 15 日,北京市面银根紧迫,谣言四起。② 清晨之时,京行即有挤兑迹象。③ 紧接着一些代兑钱铺纷纷到京行反映,说有不少持天津及张家口钞票的储户急匆匆地跑来兑现,问及缘由,则曰其知晓交行银根紧,恐有不稳的事发生。于是,京行一方面嘱咐各钱铺照常代兑;另一方面设法筹集现金,以备不测。④ 为安定人心,京行特意宣布中午不休息,照常兑现。可是持票应兑者仍然络绎不绝,仅半天时间,京行各营业点就兑出了 70 余万元。⑤ 尽管如此,"各银行、银号均能一一兑出,至当晚上,已渐安定"。⑥

16 日,京行挤兑之势更甚。早晨 7 时,北京各钱庄门前站满了持票兑现之人,拥挤异常。当时,因交行营业时间较晚(上午 10 点开始),故其门前颇为冷清。按照昨晚交行与各钱庄达成的对策,即决定 10 时之前仍由各钱庄代兑,10 时以后改由交行自行兑换。可是持票应兑者极多,致使上午 9 时,各钱庄"即于代兑中交钞票招牌(各大钱庄平日皆有代兑中交两行钞票木牌一块悬于门前),贴一红签,书明该两行钞票改由各该本行兑取"。⑦诸人见此牌便蜂拥而至京行门前。此时,京行尚未开始营业,而且较之往常也无甚变化,只是门前新添了些军警以维持秩序,并无拒兑的迹象。至 10 时,京行正式开门营业。在军警护送之下,行员将筹集的数十箱现金抬入行内,以示实力充实。在开兑之前,京行副理亲自出面澄清,谓:"此次兑现风潮,实由奸人作祟,诸公既来兑现,敝行岂有不准之理,且敝行已有准备,下午各银行即可开

①　陶菊隐:《北洋军阀统治时期史话》第六册,生活·读书·新知三联书店,1958 年,第71—72 页。

②⑥　《银行月刊》第 1 卷第 12 号。

③⑦　《新闻报》1921 年 11 月 19 日。

④　《中华民国货币史料》第一辑,第 1255 页。较之交行,中国银行的挤兑稍迟几个小时,但到了下午,营业大厅也是纷扰不堪。

⑤　曹汝霖:《一生之回忆》,第 223 页。

兑。"并建议拥挤诸人先行出外,分作十人一组入内提款。① 可是即便如此,兑现者毫无退回之意,门前仍是拥挤不堪。加上"市面人心颇觉浮动,所有小商店均皆拒用两行之票,亦有跌落其价至七八折者",②挤兑之潮颇显汹涌。至中午 12 时,兑现人数更多。京行门前虽有军警维持秩序,仍是拥挤异常,致使"未兑者既不能入,已兑者复不能出,如此相持者,约有三时之久"。③面对如此挤兑之潮,京行艰难应对,捱至下午 4 时,便被迫草草闭门停业。而中国银行北京行也难逃厄运,挤兑之势不亚于交行。当时报纸报道:"两日来两行兑现人数,交行更形拥挤,西河沿一带,人山人海,万头攒动,交通因之断绝。……京师市民,受停兑钞券之痛苦,已非一次(如五年之中交停兑及本年之中法停兑),虽经地方长官开诚晓谕,而事关切肤,未免云之谆谆,听之藐藐。"④

同日下午 1 时,北京银行公会特召开紧急会议,商讨应付挤兑风潮的对策。会议谓"金以中法实业银行钞票数百万,且由公会合力维持,中交两行,关系自身,更非一致维持不可,故议决以各银行之力扶助两行,决不使有失信用"。⑤ 当晚,北京银行公会又召开会议,直到 12 点才散去,终于议定划拨千余万元以兑换中、交钞票。政府方面,则经连日商讨决定拨付关余以应对挤兑风潮。⑥ 同是当天下午,财政、外交、交通三部,税务司及两行当局等于 6 时召开紧急会议,决定"由各方面共同负责,以关余之巨款,专用于维持两行,所有具体办法,十七日即可宣布"。⑦

至 17 日,负责代兑的小钱庄们已将代兑牌子撤去,因此兑现储户皆集中于中、交总行门口。加之各商店钱庄拒绝收用两行纸币,以致交行钞票每元跌至九角。此时的京行由于库存现银急剧减少,继续兑现已经势难维持,无奈之下只得开始限兑。时《新闻报》报道:"况闻交行以人数太多,现款不及接济,已于今日(十七日)起限制兑现,每人每次只兑给十元,因是人心更形疑虑,男女老幼,争先恐后,大有朝不保暮之势。"⑧

京行挤兑当天,交行总理曹汝霖正为其父祝寿,协理任凤苞闻讯前来告急。曹汝霖故作镇静,谎称:"我行有一千万日金预备金,索性敞开兑现,风潮自会平息。"⑨其

---

① ③ 《新闻报》1921 年 11 月 19 日。
② 《中华民国货币史料》第一辑,第 1255 页。
④ ⑧ 《北京金融界之风潮》,《新闻报》1921 年 11 月 20 日。
⑤ ⑦ 《银行月刊》第 1 卷第 12 号。
⑥ 《中华民国货币史料》第一辑,第 1263 页。
⑨ 曹汝霖:《一生之回忆》,第 223 页。

实他明知此款早已借给财政部,此时只不过是推卸责任而已。① 随后,曹汝霖与中国银行总裁王克敏一起向国务院总理靳云鹏求援。然而,靳云鹏内阁是直、奉两系妥协的结果,并无实权,在财政、金融上也缺乏有效手段。而且,靳云鹏在组阁时,排挤握有经济大权的交通系,以致于交通系企图借此挤兑风潮推倒靳云鹏内阁,甚至不惜勾结外人,推波助澜。② 加之政府向列强各国乞求关余又无回应。于是,在内外因素的夹击之下,京行经理胡笔江先是限制兑换数目,③嗣又限每日兑换半日。但是愈是限兑,挤兑之潮愈是汹涌。约至 12 月中旬,京行"终于宣告暂时停兑,俟筹足款项再行开兑",并从此关门停业,达数月之久。④

面对这次突如其来的挤兑风潮,北京政府显然是吸取了 1916 年停兑事件的教训,采取了较为积极的应对态度。当时,政府虽无现银接济两行,但始终未下停兑令,⑤并且命令孙宝琦与总税务司商提关余以作维持,即使最终未果。

(二)天津、张家口两行被迫实行限制兑现

京、津近在咫尺,北京挤兑的消息很快就传到了天津。津行随即也发生挤兑,直接导致天津市面钞价立即下跌至八、九折。津行实力原本不错,特别是自 1916 年停兑风潮后,津行业务较天津中行为佳,所以当时有"北方交、中,南方中、交"的说法。⑥可是由于京行的政府垫款数量巨大,"津行票额虽未必多于中行,但以京行所发行之钞票,票面上刊印天津字样者为数颇多,故持票往兑者,较中行更形拥挤"。⑦《银行周报》记载 1921 年 11 月 16 日天津交行的挤兑情形,谓:"十点以前,行门未开,马路上即万头攒动,临时以现款不敷应付,遂限定每人至多只许兑十元。此消息一出,各银号亦分遣店伙,轮流往兑,秩序更为不佳,以该行住居华界北马路,除由警厅派保安队前往弹压外,并由省署加派卫队,终以人数过多,午后即双扉紧闭。"同时,天津商会获悉北京交行以天津地名券在北京发行流通后,拒绝给予支持。于是,天津交通银行

---

① 张启祥:《交通银行研究(1907—1928)》,第 151 页。

② 《时报》,1921 年 11 月 24 日;李吉奎:《梁士诒》,第 362 页。

③ 此处疑似曹汝霖记忆有误。胡笔江已于 1921 年离开交通银行,见《北京金融史料》银行篇(5)。

④ 曹汝霖:《一生之回忆》,第 225 页。《申报》(1921 年 12 月 21 日)也称:"交行今日起停兑三天,俟三天中将现款备足,然后无限制兑现。"然《中国银行行史资料汇编》载:"中交两行虽经此次挤兑大风潮,然始终并未停兑,此实两行差告无罪于中外者也。"因此,可能是虽未明令宣布停兑,然无款可兑,等同于停兑。

⑤ 张启祥:《交通银行研究(1907—1928)》,第 151 页。

⑥ 《林熙生访问录》(1961 年 9 月 6 日),交通银行博物馆藏资料 Y58。

⑦ 《银行月刊》第 1 卷第 12 号。

只得将京、津两处交钞权限划分,对于北京交行所发行之津钞,不予兑现。① 与此同时,挤兑风潮也蔓延至张家口。张家口交行不得已与当地中国银行同时实行限兑,②并会同中国、兴业、边业三银行"恳请都署及各官厅出示晓谕,所有各银行兑换券,市面照常与现洋一律通用,不准稍有抬抑留难情事"。③

（三）沪行的成功应对

京津地区虽未明令停兑,但库存现银缺乏,实难应付,致使挤兑风潮波及沪、汉、济等地。1921 年 11 月 15 日,沪行接汉口电,得知北京交行发生挤兑的信息。次日京电,"述明天津中、交两行,为京、张票稍受挤兑等语"。④但是上海英文《字林西报》竟然公开造谣,于 11 月 15 日印发号外,报道"北京中交两行停闭",故意制造混乱。交行沪行吸取以往教训,在经理钱新之的经营下,业务已有一定恢复,实力也进一步增强,因而并未停兑。同时,沪行及时向同业押借到 30 万元现银,将挤兑应付过去。⑤18 日,上海总商会电告各大城市,谓"沪市安谧,并无挤兑情事。金融界团力甚坚,均有准备"。⑥ 因此,沪行并未发生大的风波。

（四）汉行的紧急处置

1921 年 11 月 15 日,汉行与京行同一天发生挤兑,所幸中、交两行的准备金充足,尚能应付,市面没有出现大的波动。⑦ 16 日午后,汉口银行公会召开紧急会议,讨论维持办法,决定由中、交两行每日延长兑换时间至下午 5 时,并委托各银行、钱庄代为兑换,且由银行公会函告各个团体,晓示商民,勿听信谣传。至 17 日,"经过各方面之爱国的维持,及两行（中国银行、交通银行）自己实力之表示,统计前后不过三数日,兑出之数约二百余万元",⑧挤兑风潮逐渐平息。

此外,济南交行也受到京津挤兑风潮的影响。不过,经过山东各界联合会的共同努力,济南行所受的冲击很快就应付过去了。还有,海外之星行、港行也受到京津挤

①④ 《银行月刊》第 1 卷第 12 号。

② 《中华民国货币史料》第一辑,第 1272 页。

③ 同上,第 1263 页。

⑤ 韩宏泰:《上海交通银行史实片断》,中国人民政治协商会议上海市委员会文史资料工作委员会编:《上海文史资料选辑》第 60 辑《旧上海的金融界》,上海人民出版社,1988 年,第 85 页。

⑥ 《中华民国货币史料》第一辑,第 1267 页。

⑦ 同上,第 1268 页。

⑧ 《武汉近代货币史料》,第 97 页。

兑风潮的影响,被迫先后停业。1921 年 11 月,原本因放款无度而停业的星行刚开业未及一个月,不幸正逢国内挤兑风潮继起,致使星行"存户纷起,收拾綦难",而"行力不能支,不得已而又停业",经理李殿璋被迫辞职。① 港行本来从账面上看,其资产共有 170 多万元,负债约 94 万,足以应付挤兑。但是受广东动乱局势影响,之前放款粤路公司、造币厂的一百余万元,皆停滞难以收回,告急总管理处未果,②终在艰难支撑岁余之后,于 1923 年 3 月被迫停业。

三、奉系借款与停兑问题的解决

与 1916 年发生的停兑风潮相比,这一次停兑事件的发生情形略有不同。虽然两次停兑事件发生的根本原因都是由于北京政府强迫中、交两行过多垫款,但是这一次挤兑风潮的爆发还搀有一些国际因素,即列强为达到共管中国财政金融的目的,③不惜造谣生事,从中破坏。由于经历过第一次停兑风潮,无论是政府,还是银行,在处置方面都显得从容许多。

首先,在这次挤兑风潮中,北京政府吸取 1916 年停兑风潮的教训,从未下过停兑令,并且较为积极地为两行筹集现款,以解燃眉之急。挤兑发生后,财政、交通两总长就为拨付关余应对挤兑之事而奔走。④ 虽然政府拨付关余的计划,于 1921 年 11 月 17 日,即议定次日便遭到总税务司安格联的严厉拒绝,但是显示出了政府支援两行兑现的决心。18 日,币制局总裁张弧与银行界会商之后,立马通饬天津、南京、武昌、浙江、安庆各造币厂赶铸银元以应急需,谓"近日各处需要银元甚急,各银行托铸银元,应由各该厂尽先赶铸,以资应用"。⑤

其次,政府各部先后通电表示维护中、交两行。18 日,财政部通电维护中、交两行钞票,声称即日起,监督、厅、处及其所属部门会一如既往地收用中国、交通银行钞票。自中、交两行发行钞票以来,交通部直辖各铁路一直收用,毫无阻碍。现今中、交两行发生挤兑现象,交通部仍力挺两行,通电各路局照常使用两行钞票。同日,内务

---

① 《清理星港渝三行之原因及其经过》,《交通银行月刊》增刊第一号(1925 年 4 月),第 2 页,上海市档案馆藏,档号 Q55-2-324。
② 同上,第 10 页。
③ 马寅初:《马寅初演讲集》第 1 集,商务印书馆,1923 年,第 172 页。
④ 《中华民国货币史料》第一辑,第 1263 页。
⑤ 同上,第 1256 页。

部又训令京师警厅总监殷鸿寿传知各商家照常行使中、交钞票,并严查市面谣言,一旦发现散布谣言图谋不轨者,立刻逮捕,送交卫戍司令部,从严惩办。①

再次,面对外国的挑唆,国内各界人士发扬爱国热情,积极呼吁国人勿信谣言,反对盲目挤兑,在舆论上给予交行极大支持。挤兑风潮发生的次日,马寅初即在北京大学发表演讲,呼吁国人停止挤兑。他从经济学的角度分析,认为时下国人挤兑不合乎经济原则,因为国人若一味向银行兑现,银行为了自保,势必采取回笼放款的办法,而此时借贷商又因货物滞销而无力偿还,则极易引发公司破产、工厂倒闭,进而影响社会安定。另外,马寅初还指出钞票并不代表现金,只要财富的价值不减,钞票就不会变为废纸,因此眼下停止挤兑方为明智之举。② 20 日,在北京大学与北京政法专门学校,他再次发表演说,大力呼吁:"英兰银行在欧战期内所以能维持其地位者,全赖人民之爱护心与责任心,无健全之人民必无健全之国家银行,可断言也。当此吾国国家银行受挤之时,深望全国同胞效英人之法,亦表示其爱护心与责任心斯可矣。"③同时,各地商会和银行公会也积极澄清谣言,倡导国人勿信谣言。当时北京"前门外正阳桥插有许多旗帜,如南洋兄弟公司、临记洋行等,均大书欢迎中、交钞票",而且街道上有军乐队伴奏,劝说市民切勿挤兑,还辅之以传单数万张以作宣传。④

挤兑风潮发生后,在各界的大力支持之下,中国银行经各方筹谋,于 12 月 1 日宣布无限制兑现。然而,对于交行而言,因其在 1916 年停兑风潮的表现令人失望,致使信用大减,实力大跌,所以难与中国银行同时实现无限制兑现。再加上交行内部人心不齐,"平时对于汇款项,各行之间早已具有戒心。一旦发生风潮,竟至呼应不灵"。⑤还有,交通系届时又与靳云鹏内阁明争暗斗,无暇行务。上述种种,皆拖延了交行挤兑问题的有效解决,所以当时报纸才会报道说:"交通银行之情形,较中行为复杂,益以平时办理不善,其系统颇为混乱,自发生问题以来,政府与银行,及银行内部意见,有不相一致之处,遂不易确立具体之办法。"⑥

虽然时人之中或以为此次挤兑风潮是由外国挑唆而起,"迨其奸谋暴露,于是各

---

① 《中华民国货币史料》第一辑,第 1256 页。
② 《马寅初演讲集》第 1 集,第 175 页。
③ 同上,第 181 页。
④ 《银行月刊》第 1 卷第 12 号。
⑤ 《中华民国货币史料》第一辑,第 1251 页。
⑥ 《中交恢复原状之沪闻》,《银行周报》第 5 卷第 49 号。

地之风潮,遂亦因之而平息"。① 但是,随着时过境迁,事情也变得愈发复杂起来。

为实现开兑,交行可谓费尽周折。挤兑风潮中,交行在库存现银匮乏的情况下,决定采取催收欠款和续交股本两种办法,但是二者皆为针对政府施压,困难程度可想而知。1921 年 12 月上旬,交通银行董事会在呈大总统文中,委婉向财政部、交通部提出还款要求,然而此时政府财政尤为困难,各部门欠薪是越积越多,根本无力偿还。因此到了最后,交行仅剩借款一途。

可是此时向日借款已是行不通。曹汝霖因之前的西原借款,以及在巴黎和会上的表现,不仅仕途受挫,还备受舆论谴责,被时人叱为卖国贼。故面对此时此景,其已无心也无力再向日本借款。曹汝霖在组织交行向各方借款时便预先声明:"自身因与日本之关系,身败名裂,故此次绝不向日本方面设法"。② 于是,众人再次将目光转向梁士诒。当时的北京政府由靳云鹏内阁所把持,面对金融危机而束手无策,总统徐世昌对靳云鹏十分不满,"非彻底改造中枢,莫由存活",③多次延请梁士诒出山组阁以取而代之。另一方面,奉系军阀为扩张势力,也希望通过更换内阁来安插代理人,以增强在北京政府中的影响。于是,1921 年 11 月底,梁士诒密遣叶恭绰前往沈阳与张作霖会谈,双方很快就交行借款、梁氏组阁达成一致意见。④ 于是,12 月 14 日,张作霖入京;12 月 24 日,梁士诒便接任内阁总理。12 月 27 日,交行与奉天官银号及兴业银行签订合同,借得现款 400 万元,次日此项合同就获得交行董事会的通过。1922 年 1 月 7 日,交行宣布恢复无限制兑现。

奉天官银号大楼门楼

交行虽依靠奉系借款实现了无限制兑现,但此项借款亦使交行陷入更大的危机。

① 《兑现风潮中之舆论一斑》,《银行周报》第 5 卷第 48 号。

② 《杂纂中交恢复原状之沪闻》,《银行周报》第 5 卷第 49 号。

③ 《三水梁燕孙先生年谱》(下册),第 175 页。

④ 《叶遐庵先生年谱》,遐庵先生年谱编印会 1946 年印行,第 184 页。

奉系借款给交行,是其与梁士诒内阁之间达成的一桩政治交易。奉系的意图在于通过借款染指交行,进而实现中、交两行合并,以便控制北京政府的金融大权,为其扩张势力服务。① 由于其本意并非是挽救交行,故在交接借款时,奉系控制下的东三省官银号及奉天兴业银行,居然用一部分铜元充作银元,欺骗交行。当时"交行收到现银后开箱点数时,发现有 25 箱(当时纸包的新银元每箱装 5000 元,麻袋装用过的银元,每箱只装得下 4000 元)内中装的不是银元而是铜元",因畏惧奉系势力,交行不敢声张,认吃暗亏,由行中付账了事。② 而且交行在偿还这笔借款时,亦因付息甚巨,损失颇重。原定从借款之日起满六个月后,分十个月还清,③后因梁士诒内阁垮台,政局动荡,结果拖延了五年方才了结此事,积欠利息高达 140 余万元。1936 年,交通银行修纂《行史清稿》记录此事时仍引之为恨,称此项借款"固为本行创巨痛深之事"。④

第三节　中交合并之争

一、中交合并的由来及公开化

中、交合并问题,由来已久。早在清末,两行合并问题已露端倪。交行成立于光绪三十四年(1908),为邮传部所设。光绪三十三年(1907),邮传部尚书陈璧在《拟设交通银行折》中,将交通银行定性为一个辅助性的商业银行,作用在于"外足以收各国银行之利权,内足以厚中央银行之势力",并特意规定交通银行"不得出国币纸票",以示与中央银行之区别。⑤ 中国银行则不同,其前身是大清银行——法定的中央银行。光绪三十四年,度支部在奏定银行则例中明确指出:"臣部所设银行,原名户部银行,即为中央银行。"⑥

---

① 李吉奎:《梁士诒》,第 363 页。
② 文昊:《我所知道的金融巨头》,中国文史出版社,2006 年,第 21 页。
③ 《奉天官银号与兴业银行借款银元四百万元转期情形》,《报告事件第二》,《交通银行第一届行务会议记事》(1922 年 11 月 20 日),上海市档案馆藏,档号 Q55-2-359,第 109 页。
④ 《行史清稿》第 9 册,第 65 页,中国第二历史档案馆藏,档号 398(2)-695。
⑤ 《拟设交通银行折》,载沈云龙主编:《近代中国史料丛刊》第 10 辑,第 664—669 页。
⑥ 《度支部奏定四种银行则例》,《申报》1908 年 3 月 7 日。

然而,银行在清末尚属新兴事物,国人对其缺乏了解,相关银行法更属草创,故对中央银行的权力划分也不甚清晰。清政府所批准的《交通银行奏定章程》中,列有"特别营业"一项。"特别营业",即谓"该行为京汉赎路时,总司一切存款、汇款,消息镑价,预买佛朗克等事;赎路债票、股票章程,俟奏定后由该行经理收发;轮、路、电、邮各局所存储汇兑揭借等事,该行任之"。① 其实,这表明交行已经承担了部分中央银行的责任。何况清末中央各部门之间利益冲突不断,邮传部也难以置身事外。在交行的实际运作中,邮传部为了自身利益,不断给予其特权。因此,交通银行逐渐获得代理国库、发行纸币等特权,从而引发了交通银行与大清银行之间的冲突。

清宣统元年(1909),官员张光照即以"交通银行与政体不合"为由,主张将其并入大清银行。邮传部对此反应激烈,极力反对:"查度支部奏定厘定各种银行则例,明定大清银行为中央银行,交通银行为殖业银行,权限极为明晰。"并大力强调交通银行的重要性及其存在意义:"(欧美各国)商业繁盛,银行林立,譬如植木必须枝叶扶疏,方足卫其根本,是以殖业银行愈多,则中央银行愈形便利。"甚至还进一步讽刺张光照道:"呈中语多牵混,盖未谙东西各国规制与度支部奏定则例之故。"②次年,又有官员条陈度支部,指称交行妨碍中央财政,邮传部以左丞出任其总理,更是与其营业性质不符,故提议将交行"收归度支部,并入大清银行经理"。③ 宣统三年(1911),度支部大臣载泽也曾以整顿财政为名,建议"将大清、交通两银行合而为一,改名中央银行"。④ 然而,以上提案终因邮传部的极力反对而不了了之。但是,两行的性质与职责未能完全划清,这为日后再提两行合并埋下了伏笔。

民国建立后,两行合并问题更为凸显。梁士诒于1912年5月接手交行,此后以其为首的交通系便以之为据点,不断扩大势力,交行也因此地位逐步提高,成为事实上的国家银行,并得到北京政府的正式认可。于是,北京政府时期,人们往往将交通银行与中国银行相提并论,从而形成二元化的中央银行制度。

当时不仅参众两院曾对交通银行的性质和地位进行过猛烈抨击和质疑,而且民

---

① 《交通银行史料》第一卷,第172页。
② 《本部奏议复都察院代奏张光照条陈交通事宜折》,载沈云龙主编:《近代中国史料丛刊三编》第27辑,第11—12页。
③ 《条请归并交通银行》,《申报》1910年8月16日。
④ 《中央银行将出现矣》,《申报》1911年4月15日。

间也有很多说法。① 如张嘉璈就从银行制度层面剖析，指出两个政府银行的并存，在业务方面不免有重复之处，资金的利用也有浪费的情形。②

正是纠结于历史矛盾与现实冲突，中交合并之说才会不时被提出，成为野心家追逐权力的一大筹码。1914 年 2 月 9 日，熊希龄在交通系的挤压之下，被迫辞去财政总长一职。同日，周自齐接任财政总长。周自齐属于交通系人物，由其执掌财政部，自是为早想染指中国银行的梁士诒打开了方便之门。经梁士诒与周自齐的周密策划，③ 6 月 11 日周自齐利用中国银行和财政部制用局之间的矛盾，以整理财政为名呈文政府，请求将中国银行改由财政部直辖："现在整理财政已着手，对于金库事务之进行，尤宜详加规划，且收回各省滥纸币及维持地方金融，均属中国银行应尽职责，与本部息息相关，嗣后拟请将中国银行改由本部直接管辖，所有一切进行计划，均有本部主持，随时交由该行总裁办理，以免与本部整理计划有所阻碍。"④次日，大总统袁世凯批准了财部部的请求。消息发布后，遭到中国银行方面的强烈反对。总裁汤睿、副总裁项兰生以辞职相威胁，要求大总统收回成命。但终因交通系势力强大，最后以汤、项二人的辞职收场。于是，交通系乘机委派其成员萨福懋、陈威分别出任中国银行正、副总裁，以致中、交两行皆纳入交通系的治下。⑤ 孰料未过多久，梁士诒的政敌周学熙重掌财政部，遂使交通系合并两行的进一步计划落空。

然而，问题并未就此终结，反而更趋复杂。1915 年，周学熙再任财政总长不久，就谋划将交通银行并入中国银行，并准备亲自兼任中国银行总裁，以求全面把握财政大权。此举不仅遭到中国银行方面的反对，更是遭到交通系的强烈抵制。故一时之间，报刊舆论接连声称，中国银行营业蒸蒸日上是得益于"交通银行提携之力"，"交通之信用在中外各行中首屈一指"，"近闻周总长以前此政策现与两行均有妨碍，自不如仍照旧章办理"。周学熙见势不佳，知难而退，又一场合并提案搁置，两行并存依旧。⑥

这一时期，中交合并之争虽时而出现，但仅限于背后势力的暗斗而已。1916 年

---

① 《姚传驹撰金融制度私议》(1924 年)，《中华民国史档案资料汇编》第 3 辑，第 225—226 页。
② 张公权：《中国货币与银行的朝向现代化》，载罗荣渠等主编：《中国现代化历程的探索》，第 180 页。
③ 《中国银行行史(1912—1949)》，第 104 页。
④ 《中国银行行史资料汇编》上编，第 542 页。
⑤ 《中国银行行史(1912—1949)》，第 105 页。
⑥ 贾熟村：《北洋军阀时期的交通系》，第 196 页。

停兑风潮爆发后,情况发生变化。在停兑风潮中,中交两行表现大不相同。中国银行上海分行在经理宋汉章、副理张嘉璈的领导下,公开抵制停兑令,宣布照常兑现并获得巨大成功。此举不仅为中国银行各分行作出了表率,更为中国银行赢得极佳声誉。相形之下,实力稍逊的交通银行则因受制于交通系,独立性不够,多数行处遵令停兑,致使该行信誉大跌。加上交通系利用交通银行积极为袁世凯复辟帝制筹集资金,使交通银行卷入政治漩涡。至洪宪帝制失败后,不仅交通系为国人所唾骂,交通银行也深受牵累,成为众矢之的。随后,中交合并问题开始公开化。

停兑风潮带来的破坏,导致民怨鼎沸,国人普遍将停兑原因归咎于二元中央银行的金融体制,最终迁怒于交通银行,使得积蓄已久的中、交合并之议骤然升温,要求合并的呼声也日益高涨。[1] 1916 年 6 月,在综合各方整理金融计划案后,肃政厅即向政府提出停办交通银行,维持中国银行的建议。同月 13 日,周自齐发表《整顿金融条陈十点》,提出中交合并、统一国库、统一发行的建议。条陈第五条提议:"将交通银行并入中国银行,原有商股换给中国银行股票,官股亦改商股,与中行一律,所发钞票,由中行担任兑收,所有债权债务,由中行承担清理。"[2]从当时形势看,这是一个切合时弊的办法,且具有较为远大的眼光。但是,终为中国银行方面所拒绝。袁世凯死后,交通系势力失所依据,舆论对交行也是积怨颇深,故周自齐提出此项计划,自难获得公允的评判。[3] 8 月,国会议员提出整理中、交两行三议案。第一案,中、交两行同时整理,同时开兑;第二案,中行先行开兑,交行速筹兑现;第三案,停办交行,将中行改组为中央银行,专理国库及纸币发行。结果只通过第二案。[4]

此时,交通银行总理梁士诒由反对合并转而积极谋求两行合并,使问题进一步激化,在金融界引起震动。梁士诒曾是中、交合并之议的坚决反对者,然而自 1913 年以来,他多次鼓吹合并,目的在于染指中行,力争把两行都纳入麾下。

在停兑令颁布的前夕,即 1916 年 5 月初,梁士诒曾建议政府合并中、交两行。1916 年 6 月 7 日,梁士诒因交行京钞恢复兑现发生困难,又一次提出两行合并问题。此时停兑风潮已渐平息,该提议使得两行矛盾迅速公开化。根据梁士诒的如意算盘,

① 翁先定:《交通银行官场活动研究》,《中国社会科学院经济研究所集刊》第 11 集,第 415 页。
② 《交通银行史料》第一卷,第 897 页。
③ 余捷琼:《民国五年中交两行的停兑风潮》,《社会科学杂志》第 7 卷第 1 期。
④ 《交通银行史料》第一卷,第 898 页。

交通银行亏空已达 8000 余万元，而中国银行则亏损 1300 余万元，再加上交行纸币已超过其基本金数倍的艰难处境，所谓合并即是转嫁压力给中国银行，为自己谋求脱身之计。正如《申报》所说："此时欲遽行归并，不过梁士诒卸身之计，并非有何把握，于财政上绝无复活之效力。"①

梁士诒此举弊大于利，有损人利己之嫌，故反对者蜂起，但梁士诒并未退缩，仍坚持己见，强势要求合并。在受大总统黎元洪传见时，梁士诒"对于两行合并一议言之极力"，黎元洪对此回答道："两行合并，必账目清结之后方可言及，现中国银行之内容，公固未深悉，至交通银行之内容如何，公早有成竹在胸，合并之后，是否有利而无弊，务必熟筹再行定夺。"此语切中要害，梁士诒一时哑口无言，只得唯唯而退。②

另外，中国银行旅沪商股联合会闻知合并之议后，亦于 6 月 9 日致电国务院、财政部和中国银行总处，表示坚决反对合并："近闻政府又主中交合并之议，交行自停止兑现，信用已全丧失，若强使合并，必致混淆视听，扰乱人心，中行信用随以俱亡。值此百废维新，中行设再动摇，财源挹注将何所赖？"12 日，财政部复电否认有合并之议："中交两银行并无合并之议，本部现已派华洋人员彻查两银行账目，俟确查清楚，方能妥筹一律办法。"③中国银行总处也复电否认，谓"中交合并，本行并无此说"。④

中国银行旅沪商股联合会得到中国银行总处和财政部复电后，感到其中语意含混，很不放心，遂于 6 月 15 日在沪召开商股联合会大会，各省股东代表共 200 余人与会。大会推举大股东林绛秋为临时主席，由其主持会议。林绛秋先陈明股东联合会已于 4 月 1 日成立，然后指出"今日吾商股股东有最须特别注意者二事"，其一即为有人主张中、交合并，要求股东特别注意自保问题。"后乃提议事宜四项"，其中第四项为："重电政府要求不再发生中、交两行合并问题。"同时，会议选举出正、副会长和干事。会长张謇，副会长叶揆初、林绛秋；另有干事 8 人，分别为李馥荪、刘厚生、孙景西、钱新之、马隽卿、李伯芝、陈锦涛、周湘舲等。⑤ 这次会议旨在反对中、交两行合并，并将两行合并之争通过报纸向社会予以公开，同时此次会议还将张謇等人推向前

---

① 《项城死后之中交兑现问题》，《申报》1916 年 6 月 11 日。
② 《周梁策划中交合并之说》，《申报》1916 年 6 月 14 日。
③ 《中国银行行史资料汇编》上编，第 266 页。
④ 《关于中交合并之电稿》，《申报》1916 年 6 月 14 日。
⑤ 《中国银行行史（1912—1949）》，第 83—84 页。

台,以期利用张謇等人的声望和实力来应对政治上的压力。

在交通银行方面,合并之议也遭到股东们的强烈反对。首先,旅津交行股东周叔英等人在得知中交合并的消息后立即致电中央各部院,表明反对态度。他们认为交通银行营业发达、余利充盈、基础巩固,总体实力在中国银行之上,只是因为政府借款过巨,加之院令停兑,蜚语中伤,才导致困窘局面,只要政府归还积欠款,即可"绰有余裕,原状可立时恢复",因而希望政府能够"竭力维持,撤销原议"。①

其次,交通银行商股股东于 1916 年 7 月 8 日在天津成立商股联合会,选举陆宗舆为会长,汪有龄、陈敬儒为副会长,并设立事务所,进行抗争。经过讨论,股东会作出三项决议:(一)交通银行商股占十分之六,政府应该尊重商股权益,有关交通银行一切处分须先征得商股同意。(二)政府应速筹款,归还交行垫款,以便恢复业务。(三)政府对于交行不应歧视,应极力予以维持,与中国银行一律对待。决议分电大总统及有关各部院。②

对于中交合并问题,政府内部意见也不一致,各派争执不下。交通系成员周自齐此时已辞去财政总长一职,由陈锦涛接任。陈锦涛试图利用美国的力量克服金融危机,而总统黎元洪亦为亲美一派,因此陈、黎两人意见一致,持反对态度。国务总理段祺瑞则与黎元洪不和,他在日本的支持下与黎对抗。交通系遂以段祺瑞为靠山,坚持己见。双方争论激烈,相持不下。财政总长陈锦涛权衡得失,决定将这一问题提交国务会议讨论,结果未能获得通过。于是,中、交合并问题,暂时作罢。③

中、交合并虽暂告一段落,但二元化中央银行制度所产生的矛盾并未解决,只因中、交两行背后的政治势力都一时难以压倒对方,才将问题搁置。一旦时机成熟,势必再起波澜。

二、中交合并之争的尖锐化

受 1921 年 11 月挤兑风潮的冲击,交通银行跌入前所未有的低谷,各项营业数额都骤然下降,可谓损失惨重。至 1922 年,虽挤兑风潮已渐趋平息,但风潮造成的影响远未结束。尤引起震动的是,尘封数年的中交合并问题再次浮出水面,并因直系军阀

① 《交行股东反对合并》,《申报》1916 年 6 月 16 日。
② 《地方通信·天津》,《申报》1916 年 7 月 13 日。
③ 交通银行总行:《交通银行简史》,第 15 页。

的压力而日趋尖锐化。

1922 年初,交通银行总理曹汝霖、协理任凤苞因在第二次停兑中遭到各方责难,遂借任期届满之机,辞去总理、协理之职。① 曹汝霖、任凤苞两人的同时下台,致使交通银行总管理处指挥不灵,几近瘫痪,给交通银行带来重大影响。

旧交通系乘新交通系首领曹汝霖辞职之机,试图将交行完全置于其控制之下。旧交通系原拟由叶恭绰出任交行总理,但恐南方股东反对,遂改请倾向于自己一派的浙江省盐运使蒋邦彦担任,而协理一职拟就交通银行职员中选出,以便于控制,"先商之交行老资格之科员谢霖甫、周作民二人,二人之不应,不得以乃以本系(旧交系)之京行经理陈福颐充之"。② 1922 年 2 月 5 日,交行在北京召开临时股东会,选举蒋邦彦为总理,陈福颐为协理。③ 交行于此时召开临时股东会,引起外界的猜测,众人皆疑是旧交通系操纵。《申报》直接表示,此次召开临时股东会议,准许曹汝霖、任凤苞辞职,推选蒋邦彦、陈福颐为正、副总裁,完全是交通系蓄谋已久的议案,临时股东会议只是徒有形式罢了。④

对于这次临时股东会的召开,交通银行南方股东也群起反对。1922 年 2 月,交行寓沪股东即向大总统、国务院及各部通电,历数梁士诒垄断交行以来的种种不轨行径,并揭露此次召开股东会议的真实意图,表示:"似此专制自私流毒伊于胡底,凡我股东誓不承认。除由本会径电蒋、陈拒绝,并推代表入都呈控外,伏乞钧座(部)俯鉴选举违法,(饬部)毋予备案;一面饬知该行即日遵照前清奏案,正式选举,以昭公允而顺商情。"⑤

此后,交行内部争论愈演愈烈。当时报纸报道,先是沪行首先发难,长江一带各分行群起附之,宣布脱离总管理处,然后此外分行又联合发电反对资历不够的陈福颐继续担任协理,这同时还引发了总行中各科长的大批辞职。⑥

面对连年内患,交行董事处先是将目光放在各类股东组织上,即就其合法性提出质疑。接着对选举总、协理一事进行澄清,认为此举符合民三则例,并无违法之处。⑦

---

① 《北京金融史料》银行篇(5),第 7 页。
②⑥ 《新旧交系之分裂》,《申报》1922 年 2 月 15 日。
③ 《交通银行史料》第一卷,第 40 页。
④ 《记交行股东临时会》,《申报》1922 年 2 月 8 日。
⑤ 《交银寓沪股东拒新总协理电》,《申报》1922 年 2 月 8 日。
⑦ 《交行董事会宣言书》,《申报》1922 年 2 月 23 日。另见《银行周报汇编》第 6 卷第 7 号。

最后,直指反对言论违背则例,背离事实,强调其意图在于传播谣言,破坏本行营业。①

这场争论不仅加剧了交通银行内部的分裂,也迟滞了其内部的整顿,使本已困难重重的交通银行,更显岌岌可危。

当时,蒋邦彦正在浙江任盐运使,见形势不利,一直未赴京就职。陈福颐虽有心支撑交行,但其既无政治声望,又交际狭隘,无力应对时局。故一时之间,总管理处陷于难以想象的困境,"不但薪水发不出,连饭也开不出,以出售前义善源押品首饰过日子"。②

直奉战争以奉系军阀败北而告终,凭借奉系支持而上台的梁士诒,倒阁之余,继被褫职。直系军阀认为,交行既是梁士诒的政治资本,则梁士诒所借之奉款,亦应视为战利品而予以没收。③

与此同时,北京政府偿还内外短债委员会会长董康又重提中、交两行合并之事。他指出,中、交两行作为国家银行,政府借款最多,已达四五千万,但至今无力偿还。这导致两行财力困顿,尤其是交行情况更糟,加之挤兑事件的影响,现今只能勉强维持行务。若有一日交行宣布停闭,势必影响中行发展。与其两行失败,不如早日实现两行合并。④

此时,中国银行也转变态度,依靠直系军阀的支持,力主中、交合并。中国银行上层对中、交两行并列为中央银行素来不满,只因交通系势力强大,才一直无可奈何。于是趁此良机,中国银行正副总裁王克敏、张嘉璈鼓动交通银行部分股东,提议召开股东联合会,讨论中交合并问题,并电邀交行上海分行经理钱新之北上洽商。此景之下,交行似已穷途末路,处于风雨飘摇之中。

三、中交合并的平息

随着中交合并问题的公开化和尖锐化,交通银行危在旦夕。此时,原交行总管理处会计课主任谢霖卸去戊通航业公司总经理职务,由哈尔滨到达上海,拟回北京任

---

① 《交行董事会续》,《申报》1922 年 2 月 24 日。

② 《潘仲麟访问记录》(1961 年 3 月 24 日),交通银行总行博物馆藏档案 Y58。

③ 《唐寿民私藏密件》,中国第二历史档案馆藏档案,档号 398(2)-407。

④ 《北京银行月刊》第二卷第六期。

职。他得知这一消息后，坚决反对合并，力劝钱新之暂缓北上，不与中行高层接触。①

上海交行自 1920 年迁移到汉口路外滩后，树立了良好信誉，营业蒸蒸日上，奠定了较好的发展基础。因此，钱新之与江浙一带的交行股东均不赞成合并。江浙股东建议钱暂缓赴京，并以江浙股东的名义，分电各地交行征询意见，各地皆表示反对。②然而事关重大，并非空发议论即可抵制。其时诸人见钱新之经营沪行卓有成效，而且"对外长于肆应，对内人缘亦好，故盛属意钱氏出为维持"。交行董事汪有龄、谢霖、钱新之等人经过秘密商议后，就抵制合并制订了一系列周密计划。③

首先，在上海组织交通银行股东联合会。先嘱宁行经理李耆卿赴南通面恳张謇出任股东联合会会长。获得张謇同意后，于当年（1922 年）5 月 18 日，假上海银行公会开成立会，一致通过决议，声明交通银行不与中国银行合并的宗旨，并以张謇的社会声望，出面致电北京政府总统徐世昌，申明交通银行不与中国银行合并的理由。

其次，再派人至南通，敦请张謇出任交通银行总理，希望借助张謇的声望，以应付军政各方。同时，计划增加新董事人选，如溥益纱厂经理徐国安，顺康钱庄经理李贤树，以及与交行素有渊源的施肇曾、谢霖等，以改组董事会，充实交行实力。

第三，由董事汪有龄、沪行经理钱新之二人赶赴京、津两地，分别拜访交通部以及与交通有关的要员，陈说利害，争取社会支持。

在计划制定周详之后，钱新之、汪有龄及谢霖等人按计划行事，一切进展顺利。1922 年 5 月 18 日，交通银行股东在沪成立交通银行股东联合会，推张謇为联合会会长。张謇曾于 1916 年 6 月中行商股联合会上被推为会长，此时又成为交行股东联合会的会长。虽时境相异，但目的都是借重张氏声望以抵制两行合并。

交通银行股东联合会成立后，张謇立即以会长的名义致电大总统及直系军阀曹锟、吴佩孚等人，指出："金融机关本应独立政治之外，交通银行况系组合官商而成，与中国为兄弟之机关。论机关为商市之泉府，自野心家用之，而国体一厄，自党派者用之，而民视一变，然人害机关，非机关害人也。该行之在江浙者，人民极力维护，一波未平，何堪复有此震动剁去大褆之后乎？"④电文情辞恳切，读之动容。其中所言"人

---

① 《黄筱彤回忆》（1962 年 9 月），交通银行博物馆藏资料 Y59。

② 韩宏泰：《上海交通银行史实片段》，《上海文史资料选辑》第 60 辑，第 86 页。

③ 《黄筱彤回忆》（1962 年 9 月），交通银行博物馆藏资料 Y59；另见韩宏泰：《上海交通银行史实片段》。

④ 《交通银行史料》第一卷，第 43—44 页。

害机关,非机关害人",意指梁士诒祸害交行,非交行本身应获其咎。①

张謇此番表态得到部分军阀和交通部的支持。保定巡阅使吴佩孚复电称:"贵会推张啬老为会长,必能刷新行务,无任赞同,特此电复。"浙江督军卢永祥发表声明:"公被推为交通银行股东联合会会长,允孚众望,可颂得人,诸赖酌筹,无任欢贺。"②交通部长高凌霨"对于张季直君主持行务,深表欢迎",认为"交通银行关系国家社会至重且大,深望张施诸君实事求是,有以慰人民之望也"。③

5月3日,董事汪有龄、沪行经理钱新之等北上京、津。经过二人的努力,交行南北股东达成一致意见,赞成汪、钱的主张,齐力反对合并。④

6月4日,汪有龄、钱新之等人在陇海铁路总公所召开会议,秘密商议未来交行的人事安排等事项。对于交行总理人选,南北方股东有过多次争论。早在汪有龄、钱新之赴津之前,就已通过电报与北方股东进行磋商。当时,钱新之、汪有龄等人曾提议推举黎元洪,虽董事朱启钤及前任协理任振采表示同意,但未获周作民的认可。周作民在给汪有龄、钱新之的密电中,谓:"桂振意,尊论甚是,惟黄陂(即黎元洪)允否,未可,即允,亦必以共作为条件,现渠辈出面,易启仍旧把行之嫌,于事无济,闻直方拟取自办,其方法,人物未定,疾风暴雨,或可幸免,京津钞可应付,存款尚形不敷,要之,根本解决及随时应付,均非有人与各方接洽,殊难着手,务望两兄即日来津,共商办法"。⑤ 周作民颇属意于徐世昌,在其致南方股东刘厚生和徐静仁的密电中,主张推举徐世昌为总理,谓"惟目前与路局及政局势难脱离关系,非暂推徐不足以图便利而防意外"。⑥

6月18日,经过汪有龄、钱新之等人的努力,交通银行在北京召开第十一届股东大会,改选施肇曾、陈福颐、谢霖、汪有龄、周作民、谈荔孙、李铭、徐国安、李贤树、陈泽、丁志兰等11人为董事;另选举张謇为总理,钱新之为协理。⑦ 事先征得股东同意,张謇出面只是为了应付政治环境,可以不到行办事,实际业务均由钱新之直接掌

---

① 交通银行总行:《交通银行简史》,第16页。
② 《交通银行股东联合会消息》,《申报》1922年5月22日。
③ 《交通银行之前途》,《申报》1922年6月16日。
④ 《黄筱彤回忆》(1962年9月),交通银行博物馆藏资料Y59。
⑤ 《周作民致钱新之、汪子健电》(1922年5月),交通银行博物馆藏资料Y59。
⑥ 《丁志兰、周作民致刘厚生、徐静仁电》(1922年5月),交通银行博物馆藏资料Y59。
⑦ 《交通银行史料》第一卷,第44页。

握。旋即召开董事会议,推举施肇曾为董事长。

施肇曾

经过钱新之及南方交行诸股东的努力,加上张謇个人的社会声望,来自直系方面的政治压力消解,局势趋于稳定。中国银行高层试图吞并交行的计划也因此不了了之。

虽然中交合并之争渐为平息,但是引发争议之根源,即二元化央行体制并仍然存在,中交两行之间的矛盾也未彻底消除。故钱新之执掌交通银行之后,仍时刻保持警惕,"深恐为人所卖,常赴中行周旋"。有意思的是,1925 年 5 月,梁士诒重掌交行,以致中国银行的高层如张嘉璈等,不仅遇事向梁士诒请益,还时常到交行走动,"殆又深恐为梁所卖矣"。其实,在此之后,中交两行的明争暗斗一直未曾停歇过,直至 1928 年 11 月南京政府另行成立中央银行作为国家最高金融机关为止。[1]

---

① 中国第二历史档案馆藏档案,档号 398(2)-407。

第七章
商股势力的扩张与经营方向的转变

交通银行在梁士诒、曹汝霖主持时期,采取依托政府发展的策略,虽然取得良好的业绩,但终因为政府垫付巨款而两次陷入停兑的困境。1922年5月,交通银行南方股东在上海成立商股股东联合会,推举张謇为会长。6月,交行第十一届股东总会公选张謇为总理、钱新之为协理。面对亏损严重、债务累累的窘境,张、钱本着务实的态度,采取积极稳健的经营方针,以"培植元气,巩固基础"为号召,全力进行整顿和改革,通过发行独立、准备公开、改进放款、整理旧欠、精简机构、节省开支等一系列措施,改变过去的经营策略,加强同民族资本主义工商业的业务联系,逐渐摆脱北京政府的财政拖累,由国家银行向商业银行方向转变,从而使交通银行步上现代银行合理的发展轨道。

第一节 交通银行商股势力的扩张

一、沪行的发展与江浙金融势力的扩张

交通银行上海分行(简称沪行),1908年5月2日成立,为交行早期五大分行之一。上海开埠以来所形成的优越金融环境,为沪行的发展提供了良好的条件。经过四五年的经营,沪行的业绩在五大分行中处于领先的地位,所以总管理处对它的发展格外看重。1912年5月,梁士诒出任交通银行总理,交通系的势力逐渐向交行全面

渗透。8月,交通系成员施肇曾担任沪行经理,以在电政局任职的张思仁(字绍莲)为副手。1913年8月,沪行以比利时人史拉克为副理,以方便沪行的对外交往。9月,施肇曾因另有事务而离任,张思仁继任经理,任职至1916年1月。[①] 在张思仁主持期间,沪行的各项业务发展稳健,一年一个台阶,存款额在全行中所占的比重逐步上升。

表1-7-1　1912—1916年京、津、沪、汉、宁五分行存款比较表　　单位:库平两

年　份		1912	1913	1914	1915	1916
京行	金　额			286563776	38132386	32740277
	百分比			77.05	71.39	81.09
津行	金　额	633107	1582317	3668904	6326421	2701528
	百分比			9.90	11.85	6.69
沪行	金　额	284220	2049957	2489277	4531705	2825654
	百分比			6.71	8.49	7.00
汉行	金　额	212170	148386	2006973	3314138	1700241
	百分比			5.41	6.20	4.21
宁行	金　额		148276	344706	1106915	406875
	百分比			0.93	2.07	1.01
合计	金　额			37073636	53411565	40374575
	百分比			100	100	100

资料来源:《交通银行各分支行历年业务概要》,参见《交通银行史料》第一卷,第312页。

说明:1. 京行自开办之日至民国三年上期所有账目毁失不全,故缺1912、1913两年数据。

　　　2. 此表合计数与资产负债表上所列存款数有出入,仅能作为参考;存款中"内部存款"已剔除。

1916年1月8日,张思仁遇刺身亡。总管理处接到消息后,先派倪思久,续派赵庆华接掌沪行。北京政府财政部和交通部函令中国银行沪行经理宋汉章予以协助。[②] 赵庆华也是交通系成员。由于对沪上行情不熟,加上停兑风潮来势凶猛,赵庆华应对失措,业务经营直线下降。1916年存款额为库平银283万两,只及1915年存款额的六成;1917年的存款额为库平银115万两,只是1915年存款额的四分之一。

---

① 《行史清稿》第8册,第160—161页,中国第二历史档案馆藏,档号398(2)-694。
② 《交通行长遇害续志》,《申报》1916年1月10日。

面对如此糟糕的业绩,总管理处十分不满,1917 年 9 月,将赵庆华调回京城,委任原中国银行天津分行顾问陶湘为沪行经理,[①]并接受张謇的介绍,以钱新之担任副理。这一人事调整,尤其是年轻有为的钱新之的到来,为沪行的发展带来了希望。

　　钱新之(1885—1958),名永铭,字新之,以字行,原籍浙江吴兴(今湖州)人,清光绪十一年生于上海。幼时入私塾,学习四书五经,1897 年入上海育才学堂。1901 年在一家外国银行任职,次年考入天津北洋大学学习财政经济学。1903 年官费去日本留学,就学于神户高等商业学校,专攻财政。1909 年学成归国。[②] 次年,任南京高等商业学校教师,与周作民、吴蕴斋为同事。[③] 辛亥革命后,陈其美为沪军都督,钱新之入都督府,在财政部长沈缦云的手下任职。1912 年唐绍仪组阁后,陈其美出任工商总长,钱新之随之北上,担任农工商部会计课长。1913 年"二次革命"时,钱新之辞职归沪。不久,与王正廷合办捷运公司,[④]并担任副理。

　　上海为多国租界所在地,为方便业务,长期以来沪行的人事安排有一个习惯,即经理、副理当中必须有一人通晓外文。赵庆华走后,陶湘担任经理。陶湘不通外文,[⑤]因此沪行急需一位既通晓外文又具有专业银行知识的人士出任副理一职。于是,在张謇的引荐之下,钱新之进入交行总理曹汝霖的视野。钱不仅拥有扎实的金融知识,还办过捷运公司,熟悉上海情况,又与帮会有些联系。更为重要的是,钱新之曾留学日本,在日本的政界和经济界有不少朋友,并为日本某些上层人物所赏识,在日本有一定的影响。[⑥] 这一点尤为同样有留日背景且相当亲日的曹汝霖所看重。1917 年 9 月,钱新之出任沪行副理,开启了他在交通银行长期任职的历史。

　　钱新之富有金融管理的才干,对内励精图治,对外应付有方。短短几个月的经营,沪行的业务大有起色,存汇款项不断增加。民国初年,沪行的存款额不过库平银28 万两,1915 年虽然增加到 453 万两,但是受到停兑的影响,至 1917 年时大幅跌落,

---

① 《新旧交通行长暂缓交接》,《申报》1917 年 9 月 16 日。

② 《交通银行史料》第一卷,第 68 页。

③⑤ 《访问谢霖甫记录》(1961 年 5 月 26 日),交通银行博物馆藏资料 Y48。

④ 王正廷(1882—1961),浙江奉化人,字儒堂。早年加入同盟会。1910 年毕业于美国耶鲁大学。辛亥革命后,历任鄂军都督府外交副主任、北京政府农工商部代理总长、广东护法军政府外交总长和财政总长、陇海铁路总办等职。1919 年为出席巴黎和会中国代表团团员之一。1922 年后任鲁案善后督办、北京政府外交总长、财政总长、中俄交涉督办等职。1928 年后曾任国民党政府外交总长兼中央政治会议外交委员会主任、驻美大使、全国体育协进会理事长。1949 年定居香港,任太平洋保险公司董事长。

⑥ 徐矛等编:《中国十银行家》,上海人民出版社,1997 年,第 90 页。

只及 1915 年的四分之一,在京、津、汉、哈、奉、宁等七行中排在第六。经过钱新之一年多的努力,1918 年底,沪行存款额快速回升,达到 540 余万国币元。1922 年的存款额更是超过了 1300 多万,在各分行中位居第一,几占全行存款总额数的三分之一。①

表 1-7-2　1917—1922 年交通银行京、津、沪、汉等七分行存款比较表　单位:国币元

年　　份		1917	1918	1919	1920	1921	1922
京行	金　额	43218269	40832818	48543127	35152276	22933018	4991064
	百分比	78.4	60.85	57.42	47.95	37.66	10.89
津行	金　额	6588729	13786681	12949707	9971130	9922057	7189621
	百分比	11.93	20.55	15.32	13.60	16.30	15.68
沪行	金　额	1154916	5469446	6637113	8462048	7973154	13764332
	百分比	2.09	8.15	7.85	11.54	13.10	30.30
汉行	金　额	1985528	4780165	3626650	3270241	3807411	2749337
	百分比	3.6	7.12	4.29	4.46	6.25	6.00
哈行	金　额	1222796	1210386	2611578	6169838	5554608	6195872
	百分比	2.21	1.80	3.09	8.42	9.12	13.52
奉行	金　额	554867	196489	8803418	8610676	8987848	8684111
	百分比	1.01	0.29	10.41	11.75	14.76	18.94
宁行	金　额	590842	832732	1369828	1672097	1710611	2262724
	百分比	0.92	1.24	1.62	2.28	2.81	4.94
合计	金　额	55234947	67108717	84541421	73308306	60888707	45837061
	百分比	100	100	100	100	100	100

资料来源:《交通银行史料》第一卷,第 312—313 页。

钱新之的精心经营赢得了金融界的交口称赞。1919 年初的《银行周报》刊文指出:"交通银行上海分行以去岁营业之发达且有蒸蒸日上之势,故不得不迁至较大之房屋,而本埠交通银行之所以能发达如此者,大率由新经理陶君及钱君所采之新式营业方法云。据交行管理部称,试检本年簿记,上海分行可获利二十万两云。"②除了采

---

① 《交通银行史料》第一卷,第 311 页。
② 《交通沪行将建新屋》,《银行周报》第 3 卷第 2 期。

取新式营业方法,沪行在经营种类、人才使用等方面,都收到了良好效果,对此,《申报》赞赏有加:"交通银行八年份总盈余三百数十万,上海一行估有四十万之多,较前数年逐渐增加,有蒸蒸日上之势。今年添设国外汇兑,欧美、日本汇兑灵通,而行员多东西洋留学及国内专门人才,故整理账目、扩张营业,均能井井有条。"[1]

由于业务兴盛,1919 年,沪行以 120 余万元购置营业用房,并于 1920 年 2 月底迁入位于黄埔外滩的新址。[2] 迁入新址后,"一切营业,均按照外国银行最新制度办理,故存款加增,信用日厚。闻本年上半期,除开销外,尚有纯益三十五万余元之多云"。[3]

随着沪行业绩的迅速提升,1920 年 11 月,因陶湘调回总管理处另候任用,钱新之兼代经理,自此独当一面,声望渐隆,在沪上金融界崭露头角。

1921 年 10 月,京、津再次爆发挤兑风潮,影响波及沪行。当时沪行头寸奇紧,岌岌不可终日。吸取第一次停兑风潮的教训,钱新之积极应对,始终未宣布停兑,并利用各方关系筹借钱款,避免了局势的进一步恶化。[4]

在经营沪行的过程中,钱新之积极与实力强大的江浙金融财团进行接触。[5] 江浙金融财团形成于北京政府统治时期,更确切地说,是形成于第一次世界大战期间及战后不久。[6] 作为中国民族资本主义发展的产物,江浙财团的异军突起及其在金融领域内的活跃表现,使之成为当时中国金融舞台上的一道亮丽色彩。1907 年,浙江兴业银行成立,开办时实收股本仅 25 万元,到 1920 年股本达到 250 万元,发展速度惊人,[7]且在两次停兑风潮中都帮助中国银行渡过难关,显示出强大的金融实力。1915 年,上海商业储蓄银行成立,资本仅 10 万元,但到 1921 年就猛增到 250 万元,分

[1] 《交通银行营业发达》,《申报》1920 年 2 月 23 日。
[2] 沪行的营业用房于 1920 年 2 月 25 号迁入黄浦滩 14 号(今汉口路 1 号)。在此之前,沪行有数次迁移:1908 年 5 月 2 日,因房屋修理尚未竣工,沪行于后马路乾记街先行交易;1910 年 5 月,迁移至福州路外滩;11 月 5 日又迁移入黄浦滩扬子路"A"字第 7 号洋房。《申报》1920 年 2 月 23 日称:交行沪行"近因旧屋不敷应用,出一百二十余万元购置三马路外滩德华银行旧址,大加刷新,定夏历正月初六日动迁,连日致送贺礼者络绎不绝"。
[3] 《交通银行营业胜利》,《申报》1920 年 7 月 2 日。
[4] 据《潘志吾回忆》(1961 年 4 月 12 日,交通银行博物馆藏资料 Y58),钱新之通过副理王子崧的私交关系,向同业四明、通商及交易所等方面借款 30 万元。
[5] 1928 年 6 月底,日本报纸首先提出"江浙财阀"概念并作界定,指出江浙财阀包括浙江籍李铭、钱新之等 4 人。详见钟其光:《江浙财阀之刍议》,《民国档案》1992 年第 1 期。
[6] 姚会元:《江浙金融财团研究》,中国财政经济出版社,1998 年,第 59 页。
[7] 汪敬虞主编:《中国近代经济史 1895—1927》,第 2246—2247 页。

行遍布各地,成为华资银行中的佼佼者。① 最能反映江浙金融财团力量壮大的是浙江实业银行的成立。该行前身是成立于 1909 年的浙江银行,为官商合办,因官府依仗特权强行控制董事会,激起商股股东们的不满。1921 年董事会决议增资 100 万元,照官六商四比例分认,如官股逾期不交,可改招商股。省政府既无财力加股,又不愿失去对该行的控制,最后导致官商决裂。杭州、海门、兰溪三分行归官股开设,改名浙江地方银行,完全官办。上海、汉口两行由商股开设,改名浙江实业银行,完全商办。② 事实上,早在中、交两行第一次停兑之时,江浙金融财团便已初显实力。在抗击停兑风潮的过程中,江浙金融势力深切感受到,只有联合起来才能摆脱政府的控制,获得独立自由的发展。各行因此加强了彼此之间的经济联系,逐渐形成以中国银行上海分行、交通银行上海分行、浙江兴业银行、浙江实业银行、上海商业储蓄银行(即所谓"南五行")为核心的江浙金融集团。

1918 年 7 月 8 日,在钱新之与张嘉璈、李铭、陈光甫等人的倡议下,包括沪行在内的 12 家上海华商银行成立了上海银行公会。这是近代中国第一家银行业同业组织。这一组织的成立,不仅有益于上海金融市场的稳定,而且有助于摆脱外国金融势力和政治势力的束缚和夹击,推动同业之间的联络、协作和共同发展。上海银行公会实行董事制,从 12 名会员代表中推选出 7 名董事,组成董事部。董事部产生会长和副会长。第一届会长、副会长分别是中国银行上海分行经理宋汉章和中国商业储蓄银行总经理陈光甫。1920 年 9 月,钱新之担任上海银行公会第二届副会长(盛竹书为会长)。同年,钱新之还积极参加全国银行联合会的筹建工作。钱新之卓越的金融管理才能和踏实谨严的处事作风,为上海金融业的发展做出了贡献,也为其入主交行奠定了坚实的基础。

二、交通银行官商股的冲突

官商股利益冲突在交行成立之初就已存在,如 1911 年交行第二次股东会议关于股东分红和官商股红利分配等问题,商股股东就与邮传部官员和交行主管产生了严重的分歧和争论。官商股相冲突的结果是商股受到官股的压制,一直处于劣势地位。

---

① 汪敬虞主编:《中国近代经济史 1895—1927》,第 2250 页。
② 同上,第 2248—2249 页。

其中原因一是由于官股毕竟是交行的大股东,掌握交行的领导权和行政权;二是商股本身力量还不够强大,难与官股抗衡。进入 20 世纪 20 年代之后,民族资本主义获得了迅速发展,从 1912 年至 1919 年的 8 年间,新增资本达一亿三四千万元,8 年的增长额超过以前的 50 年。[1]在民族经济极大发展的有利条件下,交行本可以乘势而上,壮大自己的实力,沿着现代银行的发展轨道阔步向前,可实际情况是却由于过分倚重政府,垫款过巨,遭遇两次停兑风波,业务和信用均跌入低谷,影响非常恶劣。商股股东对此极为不满,迫切要求交行管理高层谋划良策,改变这种状态,尽快走出这一困境。

1918 年交通银行发行的股票样票

交行股本构成的变化。在 1918 年之前,交行的股本一直稳定在 1000 万两的库平足银,官商的比例为四比六。是年 5 月,交通部为了偿还交通银行垫款,"会同财政

---

① 于素云、张俊华、周品成编著:《中国近代经济史》,辽宁人民出版社,1983 年,第 249 页。

部呈大总统议将清邮传部奏准认购之股份,提出一万股","奉大总统指令如拟办理",①交通银行的股本成分因此而变更。截至1921年底,交行股份共87162股,实收股银435.81万两。全额股本,尚有三四两期未缴足。董事会以刚刚经历挤兑风潮,垫款过多,营业又逐年发展,原有资本不敷周转为由,提议增加股本并催收欠款。1922年2月,交通银行召开临时股东大会,决议增收股款,议定收款办法:(1)改股本为2000万元,分作20万股,先招二分之一,即1000万元,每股收足100元,旧股每股除原缴75元外,应补收25元;(2)交行京钞分年定期存单,可以代替现金入股;(3)交通部退出的官股数额以及其他旧账收回的股份,全数改招商股补足。② 3月,这份议案送至交通部,由交通部会同财政部呈奉大总统指令,获得批准。如此,交通银行官商股的份额发生了较大的变化,如表1-7-3所示:

表1-7-3　交通银行官商股本构成及其变化表

年　份	预定资本	实收资本	官　　股		商　　股	
			实收资本	占%	实收资本	占%
1910年	1000万两	500万两	200万两	40%	300万两	60%
1918年	1000万两	450万两	150万两	33.33%	300万两	66.67%
1921年	1000万两	435.81万两	150万两	34.42%	285.81万两	65.58%
1922年	2000万元	771.51万元	225万元	29.16%	546.51万元	70.84%

资料来源:《交通银行史料》第一卷,第25—26页。

由表1-7-3可见,1917年因交通部退还1万股的缘故,交行实收资本与官股均减少了50万两。1920年,又因部分商股抵还旧欠,实收资本和商股亦有所减少。虽然官商股的总数额都在减少,但值得关注的是商股份额所占比例在增加。1922年改定股本后,商股实收资本扩大了一倍多,一改过去官四商六的股份结构,在总资本中所占的份额超过七成,商股自此在股本上占有绝对优势。

商股势力的壮大,使得商股股东开始从管理层面提出相关的人事要求。在1922年2月的临时股东会议上,各股东先是公决总理曹汝霖、协理任凤苞的辞职,后经投票选举产生总理和协理,最终蒋邦彦以2252权的最高得票数当选总理,陈福颐以

①　《交通银行史料》第一卷,第19页。
②　同上,第20页。

2217 权当选协理。

蒋邦彦,浙江金华人,曾在浙江创办盐务中学,"辛亥革命后,充南方股东代表,组织股东联合会,清理账目,极为出力"。[①] 陈福颐,江苏淮安人,曾在日本留学,回国后任职交通部,又在钱新之执教过的南京高等商业专门学校当过校长,后到交行总管理处任总文书。

蒋、陈虽多年来积极为南方股东利益奔走,但与交通系的关系更为密切。两人都是梁士诒的亲信。蒋邦彦时任浙江盐运使,这是一个肥缺,故虽被选为总理,却未到行任职。陈福颐虽长期供职于银行,却不精于银行业务,且处事冒失。出现这种局面,商股股东认为是官股操作的结果,陈福颐素来附从梁士诒、叶恭绰等人,其骤升协理实为梁士诒等人为日后再来主持交行而作的铺垫。此论一出,立刻引发轩然大波,长江一带各分行先后宣告与总管理处脱离关系。2 月 20 日,汉行经理关鹤舫辞职。受其影响,总行中重要职员先后提出辞职书,"诸科长中如周作民、谢灵甫诸人,资格皆较陈福颐为老,今者反居其下,自感不值,遂与京外各分行唱起同调,向总管理处施压"。[②]

1922 年 2 月 23 日,交行董事会发表宣言,承认蒋、陈的当选确系官股的作为。董事会解释,尽管如此,相对于政府的直接任命,官股推举总、协理的这一做法还是有利于银行的利益保护;上海股东联合会作为商股股东组织,以过激的方式反对临时股东会的选举结果,似有商股剥夺官股选举权的嫌疑,这也是不合适的。[③]

上海股东联合会的行动直接推动了股东会议的召开。1922 年 6 月,第十一届股东大会在北京召开,董事会成员的选举结果,尤其是张謇、钱新之执掌交通银行,已完全凸显了南方金融势力的主导地位。

交行自成立以来,商股份额一直高于官股,可官商股利益发生冲突之时,商股却备受压制。1922 年 2 月召开的交行临时股东会议,是交行官股与商股进行较量的一次重要会议。在这次会议上,商股全面出击,与官股在领导权、经营方略等问题上展开激烈的论战。会前会后的一系列有效行动,使得商股力量得到了较大的伸张。这一结果的取得,一方面来自民族资本主义的发展和民族资产阶级力量的壮大,另一方

① 《交通银行史料》第一卷,第 42 页。
② 《各地分行与总行宣布脱离》、《各课科长纷纷辞职》,《申报》1922 年 2 月 15 日。
③ 《交通银行董事会宣言书》,《申报》1922 年 2 月 23 日。

面则来自商股股东的联合抗争。这次联合抗争,建立在江浙金融势力壮大的基础上,故力量显得非常威猛。这表明,以江浙金融势力为核心的南方金融力量,正以前所未有的积极姿态,向交通银行的高层管理逐渐渗透。

三、临时股东总会对经营方针的检讨

1922 年 2 月 5 日,交行总管理处假座北京银行公会会议室,召开临时股东总会,到会股东共 52888 股,共计 2422 权,超过股本总额半数,会议有效。[①] 如前文所述,在这次临时股东会议上,商股股东的表现尤为活跃。他们不满意交行目前的经营状况,对经营方针提出了强烈批评。

梁士诒、曹汝霖主持交行时期,经营方式的出发点都是强调对政府的依托,通过发行兑换券、代理国库和经营公债,以获取丰厚的利润。这种经营方式存在着一个明显的弊端,就是当政府财政出现困难时,银行方面不得不为政府垫付巨额款项。在梁、曹的十年经营中,交行为政府垫款甚巨,并由此造成两次停兑风潮,反过来阻碍了交行的发展。

对于政府积欠与银行发展的关系,时人的认识还是较为清晰的。普遍的观点认为,银行界没有义务为政府提供"政费"。对于既无出息、又无信用的北京政府,银行与之频繁接触是很危险的,何况中国银行、交通银行这种"没有法定手续的借款",更有倾覆之虞。因此,"银行界万不宜再卷入漩涡,与之同尽,而对于军阀、官僚因投机而设之小银行,亦宜加以注意,否则与贷款于政府无异"。[②] 针对交行与政府的过多来往,商股股东表现出不满和激愤,并提出了一些改进意见。如股东义记、忠记致函股东会,要求总、分行不得随意垫借军政费用,以免资金滞搁。股东学艺堂就汉口分行于 1921 年底垫借军政费用 65 万给湖北省政府一事,要求以股东名义致电责问湖北省政府,并要求董事会立刻督促湖北省政府迅速还款。股东迺记提出无论是总管理处还是分行,在经营过程中支出过大,应精打细算,节省开支。股东方某针对梁士诒、曹汝霖等大包大揽行务的行为予以批评,提出办事必须公开,涉及全行发展大局的事务,应召开临时股东会议,或通函各股东一起研究决定,股东也可致函董事会,直

---

① 《交通银行史料》第一卷,第 41 页。
② 羲农:《兑现风潮中之舆论一般》,《银行周报》第 5 卷第 46 期。

接提出具体意见。① 如此积极参与,实际上反映了商股股东自主经营意识的觉醒。

在商股股东的影响下,董事会对交行目前存在的问题进行认真的反思,初步拟定四项办法以应对目前的困难:一是营业方针需要修正,应竭力避免政治借款,将经营重心向工商事业倾斜;二是发行要独立,初步拟定准备七成现金、三成证券,不得与营业金相混合,经得起官商的随时检查;三是整理行务,裁减富余人员,尤其是亏损的分支行应速减人员,以免损耗;四是核实账目,将辛亥年的旧账以及各行的呆账亏耗,由历年盈余滚存公积金项下提补,以资核实。② 由此可见,在历经两次停兑风潮后,交行上下终于痛定思痛,开始谋求新的经营方针,强调商业经营,重视对工商业的投资,逐渐走向独立发展的道路。

也许是交行面临的问题太多,也许是股东们的期望过于急迫,尽管此次临时股东会议取得了不错的成果,但社会舆论并没有多大的认同。如《申报》报道,不少股东认为此次会议依然充满着政治气味,有关人事安排的内幕不断,而会议进程"如流水行云,一霎而过",③重大事项没有经过认真的讨论。《申报》的报道和评论反映着一种对官府控制交行和总管理处高层偏颇的经营方略的不满情绪,正因为如此,南方股东非常关注这次会议,关注会议的过程,关注会议的结果。不满的情绪促成了南方股东的联合,他们集体抗议,要求重开股东大会,更加深入地讨论经营方针,推举真正能把交行带出泥沼、走向坦途的掌舵人。

四、张謇、钱新之接手交通银行

1922 年 5 月,在钱新之、汪有龄北上平息中交合并问题的时候,部分南方股东曾聚集在一起,秘密协商交行总理的人选问题,在排除黎元洪、徐世昌等人选之后,他们最终将目光锁定在张謇身上。

张謇(1853—1926),字季直,号啬庵,江苏通州人。清光绪状元。早年入淮军将领吴长庆幕府。1895 年在通州创办大生纱厂。后又举办通海垦牧公司、大达轮船公司、复新面粉公司、资生铁冶公司等,并投资江苏省铁路公司、大生轮船公司、镇江大照电灯厂等。又创办通州师范学校、通州博物苑、女红传习所等。视实业、教育为"富

① 《交通银行史料》第一卷,第 42 页。

② 同上,第 41 页。

③ 《记交行临时股东会》,《申报》1922 年 2 月 8 日。

强之大本"。参与发起立宪运动,1906 年成立预备立宪公会,任副会长。1909 年,任江苏教育总会会长、咨议局议长。1911 年,被推为江苏省临时议会议长,与程德全、章炳麟创建统一党。辛亥革命后任南京临时政府实业总长。后将统一党改组为共和党,支持袁世凯。1913 年,任北京政府农商总长。袁世凯即将称帝时,辞职南归,在南通继续办理实业和教育。在创办实业的过程中,张謇逐渐认识到金融业尤其是银行业,对实业发展的巨大作用。他多次撰文指出:银行优于钱庄,银行兴则钱庄必败。对于银行,储蓄尤为重要,"为银行计,必先营储蓄而兼普通商业,以储蓄资普通商业之本,以普通商业资储蓄之息,一行兼之,尤为灵通而稳固"。[1] 张謇在政商两界的丰富经历及其先进的金融思想,使其在金融界享有很高的声望。

张 謇

1922 年 6 月 18 日,经过汪有龄等人的努力,交通银行在北京召开第十一届股东大会,张謇被推举为总理,钱新之为协理。[2] 旋即召开的董事会议,推举施肇曾为董事长。

---

[1] 《劝通州商业合营储蓄兼普通商业银行说帖》,载张謇研究中心编:《张謇全集》第三卷"实业",江苏古籍出版社,1994 年,第 762 页。
[2] 《交通银行史料》第一卷,第 44 页。

施肇曾(1865—1945),字鹿珊,号省之,吴江震泽人。早年为国学生,后就读于上海圣约翰书院。自光绪十七年(1891)起,先后任知县、同知、道员等职,光绪二十年(1894)赴美,任驻美使(领)馆随员、领事等。回国后任汉阳铁厂提调,兼理京汉铁路工程。光绪三十二年(1906)五月,任沪宁铁路总办兼招商轮船局董事,三十四年(1908)又改任沪杭甬铁路总办。民国元年(1912)督办陇豫海铁路,次年11月,获二等嘉禾勋章,1914年任内国公债局董事、漕运局总办,同年5月在交行股东总会上当选为董事。1919年1月,任全国商会公举国际税法平等会赴欧总代表,同年在震泽创办江丰农工银行,任董事长,扶持当地发展蚕丝业。1920年创办北平医院,1921年在无锡学宫旧址创办国学专修馆。1922年,由交通银行董事会推举为董事长。

与第二届董事会相比,第三届董事会更凸显出江浙金融势力在交行高层中所占据的地位。

表1-7-4　交通银行第二、三届董事会成员表

届限	职别	姓名	选派年月	附注
第二届董事会	会长	梁士诒	1918年5月董事会公推	交通系
	董事	梁士诒	1918年5月股东总会选举当选	交通系
	董事	朱启钤	1918年5月股东总会选举当选	交通系
	董事	周自齐	1918年5月股东总会选举当选	交通系
	董事	陆宗舆	1918年5月股东总会选举当选	交通系
	董事	汪有龄	1918年5月股东总会选举当选	
	董事	蒋邦彦	1918年5月股东总会选举当选	
	董事	孟锡珏	1918年5月股东总会选举当选	
	董事	方仁元	1918年5月股东总会选举当选候补董事	
第三届董事会	会长	施肇曾	1922年8月董事会公推	交通系
	董事	施肇曾	1922年6月股东总会选举当选	交通系
	董事	陈福颐	1922年6月股东总会选举当选	
	董事	谢霖	1922年6月股东总会选举当选	
	董事	汪有龄	1922年6月股东总会选举当选	
	董事	周作民	1922年6月股东总会选举当选	
	董事	谈荔孙	1922年6月股东总会选举当选	江浙系

（续表）

届限	职别	姓　名	选　派　年　月	附　注
第三届董事会	董事	李　铭	1922 年 6 月股东总会选举当选	江浙系
	董事	徐国安	1922 年 6 月股东总会选举当选	江浙系
	董事	李贤树	1922 年 6 月股东总会选举当选	江浙系
	董事	陈　泽	1922 年 6 月股东总会选举当选	江浙系
	董事	丁志兰	1922 年 6 月股东总会选举当选	
	董事	孟锡绶	1922 年 6 月股东总会选举当选候补董事	
	董事	方仁元	1922 年 6 月股东总会选举当选候补董事	
	董事	于宝轩	1922 年 6 月股东总会选举当选候补董事	
	董事	邓文藻	1922 年 6 月股东总会选举当选候补董事	

资料来源：《交通银行史料》第一卷，第60—61页。

由表 1-7-4 可知，在第三届董事会 11 人董事中，江浙系及与之关系密切的金融家、实业家占据了主导地位。如李铭是浙江地方实业银行上海分行的经理，[1]谈荔孙为大陆银行的总经理，徐国安是溥益纱厂的经理，李贤树是顺康钱庄的经理，周作民是金城银行总经理，而陈泽则是上海商界实力派的人物。此次选举所带来的新气象令人振奋，当时报刊称："以上诸君均为京、沪银行界卓著声誉之干练人员，其于银行利弊，熟悉通晓，将来不难各就其经验心得，以谋行务全部之刷新云"；[2]"交通银行现改选新董事，另推总、协理，今所推选之重员，或曾在交行担任重要职掌，熟悉行务者，或现在他行从事银行实务，通晓商情，交行职员，经此更新，或为前途之新曙光欤？"[3]

由于钱新之出任交行协理，沪行经理一职便出现空缺。钱新之与副理王子崧私交甚好，且王曾在第二次停兑时，利用个人关系借来巨款，帮助沪行渡过难关。如此，沪行经理本应由王子崧来接替。可是南京分行经理李耆卿亦有意于这一职位。李与

---

[1] 浙江地方实业银行就是后来的浙江实业银行。这家银行的前身是创设于 1908 年的浙江官银号，1912 年改名为中华民国浙江银行，1915 年更名为浙江地方实业银行，1923 年浙江地方实业银行析分为浙江实业银行和浙江地方银行。

[2] 《交通银行史料》第一卷，第 44—45 页。

[3] 沧水：《交通银行前途之曙光》，《银行周报》第 6 卷第 24 期。

军方关系匪浅,钱新之也欲对李加以提拔,以借助其特殊的人际网络来发展交行。钱新之的骑墙之举,客观上造成王、李二人暗中相争的局面。后来由张謇出面,推举浙江兴业银行总经理盛竹书为沪行经理,王子崧调任为沪区发行部总发行,而将徐、蚌、芜、镇、扬、清各行改隶于李耆卿所管辖的南京分行,终于平息此事。① 盛竹书在上海金融界夙有佳誉,主持行务,公正不阿,劳瘁不辞,为同业排难解纷,深得信任,他认为自己能入主交通沪行,"实因交行内部完全改组",因此,他在上任后不偏不倚,力谋同事间的精诚团结,"其原来之党派色彩,不难祛除净矣"。②

江浙金融势力的渗入,为交行的发展注入了新鲜的血液,加之张謇声望卓著,无形中化解了直系军阀所带来的政治压力,稳定了交行的内外局势。张謇、钱新之的担纲,标志着交通银行进入一个新的阶段。

第二节　张謇、钱新之的清理整顿

一、总管理处的改组和管理章程的修订

1917 年,曹汝霖主持交行时,曾对总管理处的组织架构作过一番调整,设置文书、稽核、会计、钞券四课。同年 11 月增设国库课。1919 年 10 月,又增设调查课,后于 1921 年 6 月裁撤,改设国外业务课(驻沪办事)。截至 1921 年 9 月,总管理处共有六课分管各项事务。

1921 年底,京津地区再次发生停兑。为了应急,1922 年 1 月,总管理处作临时机构调整,改设三课分管各项事务:一为事务课,设正副主任,由文书课改名,所办事务与以前文书课相同;二为业务课,设正副主任,由会计课改名,所办事务与前相同,并将国库课事务并入;三为发行课,设正副主任,由钞券课改名,所办事务与以前钞券课相同。③

1922 年 6 月,张謇、钱新之接手交通银行后,立即对总管理处进行改组,颁布《交通银行总管理处章程》,章程规定总管理处仍设总、协理各一人,总理代表本行并主持

---

① 《潘志吾回忆》(1961 年 4 月 12 日),交通银行博物馆藏资料 Y58。
② 《交行行长盛竹书之谈话》,《申报》1922 年 10 月 20 日。
③ 《本行总行、总管理处之变迁》,交通银行博物馆藏资料 Y47。

行务,涉及本行之重要事项会商董事会议决办理。有关总管理处各机构之调整,主要有以下几点。

首先,将原先事务、业务、发行三课改为四股:(1)文书股,负责各项文件的起草、记录、保管以及其他事务;(2)稽核股:负责稽核账务,审查各行预决算,以及调查商业金融等事项;(3)发行股:负责兑换券的收发、保管、销毁以及准备金,保管兑换券的账表等;(4)公债股:负责国内公债的代理发行及其还本付息等。在各股的办事员中指定一人或二人领该股事务。

表1-7-5 1922年交通银行总处各股负责人表

职 务	姓 名	籍 贯	到行年月	任职年月
文书股兼领股	浦拯东	江苏无锡	1918 年 1 月	1922 年
稽核股领股	庄鹤年	江苏武进	1917 年 2 月	1922 年 2 月
稽核股兼领股	王官寿	江苏淮安	1916 年 1 月	1922 年 2 月
发行股领股	张翼燕	浙江绍兴	1917 年 2 月	1922 年 12 月
公债股领股	孙书贻	江苏吴县	1913 年 4 月	1922 年

资料来源:《历任各股领股姓名表》,《行史清稿》第 7 册,第 75—76 页,中国第二历史档案馆藏,档号 398(2)-693。

其次,在总、协、帮理之下,增设三个职务。一是增设总秘书一职,一人担任,遵照总、协、帮理的意见指挥各股事务。总秘书设置后,交行组织系统如表1-7-6所示:

表1-7-6 总秘书制下交通银行组织关系表

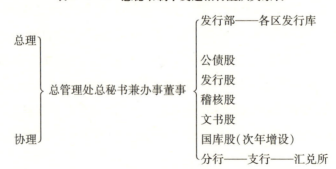

资料来源:《交通银行行务会议记》,《银行周报》第 6 卷第 47 期。

二是增设秘书一职,负责办理总理、协理、帮理及总秘书指定的事务。

表 1-7-7　交通银行 1922 年担任总秘书、秘书职务的人员表

职　务	姓　名	籍　贯	到行年月	任职年月
总秘书	谢　霖	江苏武进	1917 年 1 月	1922 年 8 月
秘　书	浦拯东	江苏无锡	1918 年 1 月	1922 年 8 月
秘　书	吴清铭	江苏镇江	1915 年 12 月	1922 年 8 月
秘　书	王恭宽	浙江鄞县	1918 年 8 月	1922 年 9 月
秘　书	王　微	吉林宁安	1922 年 10 月	1922 年 10 月
秘　书	顾立仁	浙江海盐	1912 年 12 月	1922 年 10 月
秘　书	吴　庠	江苏镇江	1916 年 7 月	1922 年 12 月

　　资料来源:《历任总秘书秘书姓名表》,《行史清稿》第 7 册,第 64—65 页,中国第二历史档案馆藏,档号 398(2)-693。

　　三是增设稽核一职,出则监察各行行务,入则归总秘书领导,办理总秘书指定的事务。需要说明的是,此稽核与稽核股中稽核有着根本的区别,稽核股中稽核为经营业务机构,而新增的稽核一职则类似于监察机构。

表 1-7-8　交通银行 1922 年 8 月出任稽核一职的人员表

职　务	姓　名	籍　贯	到行年月	任职年月
稽　核	程功弼	浙江绍兴		1921 年 8 月
兼稽核	张谷如	浙江嘉兴	1914 年 3 月	1921 年 8 月
稽　核	袁励衡	江苏武进	1917 年 11 月	1921 年 8 月
稽　核	李　錯	江苏江宁	1917 年 2 月	1921 年 8 月
稽　核	顾立仁	浙江海盐	1912 年 12 月	1921 年 8 月
稽　核	王官寿	江苏淮安	1916 年 11 月	1921 年 8 月
稽　核	张文煌			1921 年 8 月

　　资料来源:《历任总稽查总稽核赴外稽核稽查稽核稽察姓名表》,《行史清稿》第 7 册,第 57—58 页,中国第二历史档案馆藏,档号 398(2)-693。

　　1922 年 11 月,经董事会决议,再增设国库股,掌管代理金库事务,并将之前设立的清理政府欠款处归入国库股。1923 年 2 月,国库股正式成立,由秘书汪廷襄兼领

国库股的领股①。至此,总管理处的改组完成,共设五股,以分掌各项事务。

二、分支机构的改革及管理的加强

总管理处改组之后,分支行机构的改革迅速展开。

交通银行曾于1917年2月颁布《交通银行分行暂行章程》、《交通银行支行暂行章程》,1921年9月,总管理处对这两个章程进行了修订,主要是增添了这样一条:"分(支)行因国际营业上之必要,除前条规定四股外,得陈请总管理处添设国外业务股,其所掌业务如次:(一)买卖及存放外国货币;(二)国际电汇、票汇;(三)进出口押汇;(四)代理国际收解。以上所列业务,为总管理处认为无须兼营者,得指定数项令其专营。"②另外,支行由原来的分三等改为分四等。

1922年11月,第一届行务会议召开时,总管理处提出"各分行应实行管辖权"的议案,"分行对于所辖行所拟予管辖全权。支行所等有事,管辖行负责察核;各行所人员,管辖行并有随时考核陈请掉换之权"。③ 同时建议各分行管辖内,其营业及盈亏均须实行统账,"所有支行所之资金及其营业事项",管辖分行有"调拨、指挥之权"。④ 也就是说,总管理处在人事和营业方面,予以分(支)行一定的自主权。

一个月后,总管理处对分(支)行章程再行修订。新章程规定,分行仍分三等,直隶总管理处,分行不再设营业股。支行分为五等,隶属分行,四、五等支行可以隶属一、二、三等支行。分行经理由总管理处聘任,副理及襄理由总管理处选任,支行经理可以由管辖分行荐举。办事处主任由管辖行委派,呈由总管理处核准。依照第一次行务会议精神,总管理处制定并颁布《交通银行分行管理办法》,对分行管辖制作出具体规定:一是管辖行对所属支行营业事务有完全监督指挥之权;二是管辖行对所属支行设置、裁并事宜,得详具意见书呈报总处核夺;三是汇兑所名目一律取消,由管辖行核议分别改为四等或五等支行,四等支行准许放款,五等支行只做存款、汇兑及钞票兑现,不准放款;四是支行经、副理得由管辖行荐举,但所荐人员应由管辖行负责,

---

① 汪廷襄,字湛清,江苏无锡人,1923年2月入交行,即担任秘书兼国库股领股的职位。
② 《交通银行史料》第一卷,第253、257页。
③ 《各分行应实行管辖权案》,《议决案第七》,《交通银行第一届行务会议记事》,第76页。
④ 《各分行管辖内其营业及盈亏均须实行统账案》,《交通银行第一届行务会议记事》,第76—77页。

总处随时考察黜陟。① 以上办法的实行,既予以分支机构一定的管理权力,又加强了总管理处与各分支行的联系,一举两得。

在对分支机构放权的同时,总管理处又对其进行归并或裁撤,使原先的 60 余行、处缩减到 39 处,只留下七家分行(管辖处),即北京分行(北京分行是唯一的非管辖行)、天津分行、上海分行、汉口分行、奉天分行、哈尔滨分行、南京分行。这些分行下设一、二、三等支行及汇兑所。②

开业以来,交行一直以广设分支机构作为营业发达的标志,此次对枝叶进行大刀阔斧的裁撤合并,反映了经营理念的转变:节省成本,讲求实效,崇尚商业化经营。

三、清理政府欠款处的成立

民国初年以来,交通银行一直充当政府财政工具,业务重点以经理公债和对政府垫款为主。经历多次风波后,银行与政府财政结缘的危险性越来越为人所认识。张謇、钱新之主持交行后,着意于疏远政府,向资本主义工商业靠拢,首要的工作之一便是清理政府积欠,以摆脱交行资金短缺的困境。

十多年来,交通银行为政府垫款的数额和次数,难以说清。1921 年 12 月 1 日,交行董事会致函大总统、国务总理及财政、交通两部,指出交行历年来"借与政府及代政府担保之款,已至三千四百万元之多",而"款项之分歧,账目之错综,与夫经过之复杂,以及案牍之纷纭,初非随事随时所可按图而索"。③

1922 年 9 月 21 日,董事会商议拟在总管理处设立清理政府欠款处,以下列七项办法对政府旧欠进行清理:(1)政府欠款清理的次第分为两种;一为财政部及各部衙署机关;二为交通部及各路局;(2)总管理处设立清理政府欠款机构,专办其事,并另外立账;(3)各分支行以前对财政部及各部衙署机关的放款,一律转归总管理处汇总清理;(4)政府欠款因收受债票及其他原因所受的亏耗,均在政府欠款账内设立科目记载;(5)财政部及各部衙署机关的欠款清理后,一并作为总管理处直接对于政府的债权,而交通部及各路局的欠款,酌量情形另行商定;(6)对上述第一条两种欠款得酌量先后办理;(7)清理政府欠款部分应由总管理处指定数人主持其事,另派办事员

① 《交通银行分行管理办法》,《北京金融史料》银行篇(5),第 91 页。
② 《北洋政府时期交通银行概述》,《北京金融史料》银行篇(5),第 14 页。
③ 《清理政府欠款之经过》,《交通银行月刊》增刊第一号,第 1、3 页。

等以辅助之,但该机构仅为对内而设,对外不必宣布。①

在第一届行务会议上,总管理处就董事会所拟的七项办法,制订出了相对具体的操作方案:一是各分行的政府欠款除应自行清理者外,其余均应按照定章,于年内一律转归总管理处集中清理。二是九六公债按政府抵欠原价列入清理政府欠款账内。三是支付日本三银行借款 2000 万元的利息应在清理政府欠款账内转账。四是政府欠款的利息均收入清理欠款账内,除日金借款利息外,如有剩余即以弥补九六公债的亏耗,不得结作营业上的纯益。②

此外,总管理处还相继提出一系列方案,如清理联行往来旧账,全力催收以前的放款,积极清理辛亥旧账,由各行出账处理呆账,并在年底决算中酌量提抵,等等,以便帮助清理政府欠款处贯彻实施董事会与总管理处所拟定的清理任务。

1922 年 11 月 29 日,经董事会议决,在总管理处中成立国库股,清理政府欠款处隶属于该股。1923 年 2 月,国库股组织就绪,政府欠款至此始有专管机构。③

清理工作分为两类:对外清理和对内清理。对外清理的目的在于交涉还款和保障债权,而对内清理的目标则是明晰欠款账目的真实性和债权的内容,同时完成政府欠款专账的设置和账略的编制。由此可见,对内清理实为对外清理的依凭。

对内清理。开业以来,交行的放款不注重区分债务主体,以致政府欠款与普通商业欠款同属一个科目,相互混淆的事情经常发生,而且欠款的偿还很大程度上视债主的信用而定,交行本身对此缺乏灵活的应对机制,结果导致政府欠款过期许久仍无人查问的现象出现。针对这一情况,总管理处首次将 1922 年之前的政府各部门欠款进行专门稽核,将政府各部的账务分为三类:一是财政部账,二是交通部账,三是其他各机关欠款。并将前两类账目向社会公开,如《财政部积欠本行各款账略》《财政部积欠本行各款账略初续》《交通部积欠本行各款账》《辛亥年前部局存欠各款账略》《经收陇海比款拨充中交两行准备金账略》《交通部保证戊通公司借款及保证专款账略》等等。

对外清理。在两年多的时间里,清理政府欠款处对外清理工作的主要内容有:(1)收回交通部所欠京津两行透支各款。截至 1923 年 10 月 31 日,京行账上结欠本

---

① 《交通银行清理政府欠款办法》,交通银行博物馆藏资料 Y5。
② 《清理政府欠款》、《接洽事件第三》、《交通银行第一届行务会议记事》,第 98—99 页。
③ 《清理政府欠款之经过》,《交通银行月刊》增刊第一号,第 1 页。

息银元 141479.49 元,津行账上结欠本息银元 658384.10 元,两行共计 799863.59 元。交行通过扣除交通部投放在中东路款中的款项,将此款陆续收回;(2)收回财政部所欠公债垫款及金库垫款,其中收回公债垫款 200 余万元,收回金库垫款 150 多万元;(3)收回京汉路局所欠汉行银元洋例各款。(4)收回财政部所欠存单支令款一部分。财政部此项欠款甚巨,到期又不予还款,交行对此据理力争,多次致函国务会议,要求财政部尽快还款。最终,财政部通过道胜银行的担保,向交通银行还款 40 万元;(5)收回交通部电政司期票垫款。①

尽管清理政府欠款处辛勤工作,多方设法,但政府欠款的收回异常艰难,两年下来一共才收回积欠的 300 余万元。以政府积欠之巨,历经忙碌却效果不佳,不由让人感叹北京政府财政的蹩迫以及充当政府财政工具给交通银行所带来的损害之大。

四、京、星、港、渝诸行的清理

除了对分支机构进行大规模裁并,总管理处还对一些重要分行开展整顿,京行、星行、港行、渝行等均在清理之列。

（一）对京行的清理

十余年来,京行一直占有举足轻重的地位。然而,其盛也遽,其衰也速。由于经营不善,京行自 1916 年起就开始走下坡路,存款份额一路下滑。1916 年底,京行的存款额占全行存款总额的 81.09%。到了 1922 年底,仅占 10.89%,从位居首位一下子降至第五。② 更为糟糕的是,在交行向政府的垫款中,京行垫款占有极大的比例。由于借款给政府的款项到期大都得不到归还,京行的呆账比津、沪、汉、哈等行的总和还要多。京行还为政府开出担保性的空头存单,代政府担保向其他商业银行借款,迨存单到期,却大部分无力归还。以上种种致使京行资金无着,头寸日紧。经过第二次停兑风潮的冲击,京行损失惨重,就连活动资金都无法落实。适逢第二次直奉战争,奉军战败,奉其支持的政府内阁垮台,京行的营业更是大受影响。

1922 年 11 月,交行召开第一届行务会议,对行务进行清理整顿。京行因垫款太多,元气无存,不得不暂时停业,由清理政府欠款处负责将京行账内的政府欠款全部

---

① 《清理政府欠款之经过》,《交通银行月刊》增刊第一号,第 3—11 页。
② 《交通银行史料》第一卷,第 312 页。

转归至总管理处清理。同时,成立津行驻京办事处,办理兑钞、汇款等京行应行收解之事宜。11月29日,董事会会议再次议决"收缩"京行的四项措施。首先,交行实行发行独立,于天津设立第一区发行总库,北京为发行分库。所有北京地名钞券,自12月1日起,移交津行驻京办事处接办,嗣后北京钞券不再发行,专用天津钞券。天津钞连同流通在外的北京钞,京、津一律兑现。其次,总管理处设立国库股,京行原有的国库事务交由该股办理。第三,京行新账移交津行驻京办事处,所有内部往来款项统归其转账,京行不再与各行直接往来。第四,之前所有与京行的往来户,仍归京行清结;京行应从速清理旧账,以催收放款为主。也就是说,京行现时的功能只是整旧,营新的事务则归由津行驻京办事处处理。

经过欠款处近一年的工作,京行的账务得以基本清理。其所负债务与可以收回的债权相较,缺口是大洋226万余元,加上应付息金23万左右,总数在250万元上下。除总管理处略有接济外,其余债务均由京行自行筹措偿付,其窘迫状况较停业之前更甚。鉴于北京区位的重要,据1923年7月第二届行务会议议定,津行驻京办事处归并京行,京行即日复业。可是,复业后的京行总体实力已大不如前,1923年仅盈余8600余元,于是,总管理处将其由一等分行降为三等分行。根据总管理处制定的策略,京行一面以稳妥办法维持发行,一面兜揽存款,暂时不做放款,在消极中渐求积极,维持现状,徐图发展。

(二)对星加坡行的清理

自开办十余年以来,星加坡分行有过三次停业:第一次是在1913年秋,起因是主持星行的罗乃玑所拥有的一些商号倒闭,这些商号拖欠星行款项有29万余元(国币),加上其他放款,星行共有60余万元的欠款难以收回,于是被迫停业。第二次停业是在1921年9月,由于滥发政府公债而导致行务陷入困境,当时主持行务的陈国华又未能亡羊补牢,反而继续放款12万元,同年7月又受中法银行倒闭的波及,星行未能逃脱停业之劫。第二次停业后,不久星行即复业,可是不到一个月,因受国内挤兑风潮的影响,便第三次停业。三次停业,星行共计债务100万元,债权约200万,两相冲抵,应有富余。然而待彻查账目,却发现债权项下有望收回的款项不过三四十万元,短期内复业几无可能。

在第一届行务会议上,经过反复讨论,总管理处提出了星行清理的具体方法和步骤:首先,将全部债务100万元分作十成,先还五成计50万元,其余五成由第四个月起每月还一成计 5 万元,分十个月还清。其次,延聘律师尽量收回一切放款以抵偿债务。第三,延聘会计师将房地证券等抵押品估价,设法尽早拍卖以抵充债务。第四,请侦探局详细调查避匿债户,以资追控。第五,裁减行员,缩小开支,立即成立清理处以专办此事。①

为了更好地清理星行账务,总管理处聘请上海银行公会的姚仲拔主持此事。姚熟悉英国法律,对外交涉能力甚强,②到新加坡行后,根据第一次行务会议的决议,决定先从偿还存户款入手。当时星行经理陈国华依然在行,名为协助清理,却暗中使绊,四处散播谣言,说总管理处有钱带来,可以一次偿还存户欠款。③存户闻此消息,坚持一次还清,不容或缓,并致电总管理处严词诘责。姚仲拔延请领事及当地绅商设法疏通,④经过艰难协商,达成分期付款的意向。所有存户款约 100 万元分为四期清还,每期付还二成半,第一期为 1923 年 2 月 25 日,第二期为 1923 年 4 月 20 日,第三期为 1923 年 7 月 10 日,第四期为 1923 年 9 月 30 日。处理完存户款之后,姚仲拔迅速整理星行债权,共得债权数 190 万元,根据性质分为三类:确定无着者约 40 万元,可望收回者约 70 余万元,收回无把握者约 60 余万元。由于星埠市面凋零,诸多潮帮大商号相继倒闭,收欠工作的开展十分艰难。⑤ 到 1924 年 2 月底,先前商定存户款分期支付的第四期未能照付,只能请求总管理处令各分行分担。⑥

1925 年 2 月,星行的清理工作基本结束,各户催收之款达 66 万余元,较提案预算超收近一倍,而各分行分担的接济之款共计 41 万余元,不及预算的三分之二。⑦ 如此成绩说明星行的清理工作是很有实效的。

(三)对港行的清理

截至 1921 年 10 月,香港分行的对外资产超过负债 76.88 万元,本不该有意外发生。

---

① 《清理星行办法其所需款项应请分担案》,《议决案第三》,《交通银行第一届行务会议记事》,第 39 页。
②③ 《星加坡支行清理经过》,《姚仲拔回忆记录》(年份不详),交通银行博物馆藏资料 Y48。
④ 《清理星港渝三行之原因及其经过》,《交通银行月刊》增刊第一号,第 7 页。
⑤ 《星行清理情形案》,《报告案第四》,《交通银行第三届行务会议记事》(1924 年 2 月),第 130 页,上海市档案馆藏,档号 Q55 - 2 - 361。
⑥ 此款项记于《决议案第一十三年内总处应付各款拟请分担案》中,《交通银行第三届行务会议记事》(1924 年 2月),第 25 页。
⑦ 《清理星港渝三行之原因及其经过》,《交通银行月刊》增刊第一号,第 8 页。

表 1 - 7 - 9　交通银行港行对外资产负债之状况表　　　　单位:元

资　产　项		负　债　项	
金　额	科　　目		金　额
53591.25	定期放款	定期存款	396012.24
1218964.66	定期抵押放款	甲种活期存款	22250.55
136206.34	甲种活存透支	乙种活期存款	355783.61
176702.11	存放各同业欠款	杂项存款	27577.93
6006.65	外埠同业欠款	借入款	100000.00
3209.61	委托分支行代收款项	透支各同业	31825.72
2097.82	杂项欠款	外埠同业存款	856.20
1751.50	有价证券	汇出汇款	3238.00
107819.54	现金		
1706349.48	合　　　　计		937544.25

资料来源:《清理星港渝三行之原因及其经过》,《交通银行月刊》增刊第一号,第8—10页。

可是,港行因放款失误,致使一百多万元流入广东企业,受当地政局影响成为呆账,无法回笼,而对外债务则一经到期即须提取现款。本来港行凭借其信誉尚佳,多年以来依靠东挪西借并没有出现什么大危机,但是到了1921年冬,随着京津地区爆发挤兑风潮以及星行的停业,港行大受冲击,终被逼至停业边缘。总管理处速派稽核李铭前往接洽。据稽核报告,港行应付急债需款13万元,若维持营业必须立刻筹集现款50万元。[①]

总管理处根本无力承担这笔巨款,便在行务会议上提请各分行分担。然而,接济港行办法尚未商议妥当,港行经副理便已自行离职。1923年3月,香港分行被迫暂停营业。[②]

为了让港行尽快复业,总管理处决定首先清理债务,并于同年5月成立了清理处,征得中国银行的同意,聘请中行香港分行行长贝祖诒为清理代表。经过一年多的

---

① 《清理星港渝三行之原因及其经过》,《交通银行月刊》增刊第一号,第13—14页。
② 《交通银行史料》第一卷,第169页。

艰苦工作,1925 年 3 月,港行的对外债务基本上清结完毕。

在清理过程中,总管理处准备将港行改组为隶属沪行的支行,由沪行代为筹资帮助复业。沪行本已认可,但因时局不定,头寸不宽,沪行盛竹书经理最终还是将此事交回总管理处,港行的复业只得从缓再议。① 这一"从缓"便是近十年光景,直到 1934 年 11 月 27 日,港行方以二等分行的级别重新开业。②

（四）对渝行的清理

自从 1917 年靖国军总司令熊克武强提库存现金 42.9 万余元之后,渝行元气大伤,加上政局纷扰,军旅迭兴,几无营业可言,形同虚设。1922 年 10 月 26 日,总管理处以渝行停业许久,徒增开支为由,拟具裁撤渝行办法递交董事会。裁撤方案主要分为两个方面:一方面,对外债权由总管理处办理;另一方面,钞票回笼则由中国银行渝行行长周宜甫代为办理,并登报限期,准许持票者用以购买交行新股。③ 董事会表决同意。

周宜甫接到交行总处的函件后,立刻彻查渝行自 1919 年以来的账目。经过两年多的工作,至 1925 年 3 月底,渝行的清理工作基本结束。

五、债务的梳理与偿还

在清理政府积欠的同时,总管理处花费很大精力,对交行的对外债务进行梳理,并设法偿还。其中最大的一笔债务就是奉系借款。

奉系借款于 1921 年 12 月 27 日签定合同。根据合同规定,自借款之日起满六个月后,每一个月归还本金 40 万元,分十次还清全部本金;月息一分二厘,每三个月交息一次,息随本减。④ 由于还款期限短促,交行曾与交通部商量,请求交通部指定某一路局,从其缴付交通部后的余利里每月拨出 50 万元,连续十个月,合计 500 万元,作为交通部归还交行的积欠款。交行再从中抽出大部分归还给办理奉系借款的奉天官银号及兴业银行。交通部赞成这一做法,指定京奉路局每月拨出 30 万元,划给奉

---

① 《港行清理情形案》,《报告案第四》,《交通银行第二届行务会议记事》(1923 年 7 月),第 73 页,上海市档案馆藏,档号 Q55－2－360。
② 《交通银行史料》第一卷,第 169 页。
③ 《清理星港渝三行之原因及其经过》,《交通银行月刊》增刊第一号,第 19 页。
④ 《筹还奉天借款之情形》,《交通银行月刊》增刊第一号,第 1 页。

天官银号及兴业银行。

1922 年 7 月 26 日,六个月期满,按照合同规定,交行应偿还本金 40 万,月息 4.8 万元。可是,京奉路局以资金短缺为由,并没有遵照交通部的指令办理。[1] 交行刚刚熬过挤兑风潮,创巨痛深,又值改组,费用日绌,遂导致这笔债务爽约。对此,总管理处甚感棘手。张謇亲自出面,电商奉省当局和奉天官银号及兴业银行,请求缓期。在得到奉天方面允准之后,这笔借款的到期日延至 1922 年 12 月 27 日,总管理处方才函请奉天交行经理陈艺就近与奉系商洽,并负责组织偿还。[2]

面对如此巨款,奉行颇感困难。11 月,陈艺致函总管理处,称其与奉天方面多次协商,再次展缓已无可能,只能设法履行合同。虽说这笔借款是为了京、津两行救急之用,但起到维护全行根本的作用,现在让京、津两行独立筹还此款,事实上很难办到。于是,奉行方面提议由京、津、沪、汉、哈、宁、港、奉八行分担这笔款项,认为倘能如此,每家分行只需每月提出 5 万元,便能办到,而且"现既开始还本,待到归还三四期之后,届时由奉行转商官、兴两行号,请其将押品中愿意自行购存,或可以照市价代卖者,处分一部分,即将价款抵还欠项,借轻各行担负"。[3] 总管理处认为奉行的这一意见可取,便提交第一届行务会议进行讨论。各分行虽同意分担,但认为这一大笔款项在十个月之内还清,仍非易事。陈艺与奉天官银号及兴业银行再次磋商,商定还款办法为:一是此借款的一年利息 57.6 万元立即拨付,由总管理处设法处置;二是本金400 万元分四十个月摊还,自 1923 年 1 月 27 日起,每月还本 10 万元,利随本减,由京、津、沪、汉、哈、宁六个分行按期照数分担。[4] 至 1924 年 1 月为止,六大分行均按月交款,共计付还本息 183 万元。

在还款的过程中,各分行均感负担过重。第二次行务会议期间,经与各分行相商,总管理处决定修改还款方案,一是减少每月还款数目,由每月的 10 万元减少到 6 万元;二是抽出押品变价归偿部分款项。[5] 1924 年 5 月,押品变价归还 146 万元。为了纾缓各分行的负担,总管理处将剩余的 100 万元本金,与奉天官银号和兴业银行另

---

[1]《筹还奉天借款之情形》,《交通银行月刊》增刊第一号,第 3 页。
[2]《奉天官银号及兴业银行借款银元四百万转期情形》,《报告事件第二》,《交通银行第一届行务会议记事》,第109 页。
[3]《奉行来函》,《各行来函第三》,《交通银行第一届行务会议记事》,第 126 页。
[4]《筹还奉天借款之情形》,《交通银行月刊》增刊第一号,第 5 页。
[5] 同上,第 9 页。

外订立偿还合同。至 1925 年 3 月 27 日,交通银行共偿还奉系借款 449.988 万元。剩余的 85 万本金,于 1926 年 8 月底完全清结。

在偿还奉系借款的同时,交通银行还依次梳理偿还源昌公债、永存堂公债、担保财政部民国十年秋节借款,以及朝鲜银行透支和押款等数十项对外债务,计 362.8 万元。[①] 加上奉系借款的还款额,张、钱主持交行期间,一共偿还债务 812.7 万元。这实在是一个惊人的数字。

张謇、钱新之主持交行之后,率先清理了政府的积欠,同时又偿还了交行外债,这样大规模的整顿为梁士诒、曹汝霖主持时期所未有,可见张、钱二人锐意进取的积极态度和重振行务的决心。经过此番清理积欠和偿还债务,交通银行的对外信誉得到了很大的改善。

第三节　行务会议的召开与经营方针的修正

一、第一届行务会议的召开

在 1922 年年初的临时股东会上,不少股东批评总管理处高层处事作风专断独行,董事之间互不相谋,故在紧急事件发生时总是仓皇应对,失误频频,提出日后应当采用办事公开、集思广益的工作方针。11 月,交行召开首次行务会议。这一举措成为交行改革的一个新亮点。此类会议在张謇、钱新之任期内召开过 3 次,而在梁士诒重新执掌交行后,也继续召开过 3 次,说明这种工作模式得到行内高层的一致认可。

促成行务会议的召开,大致有两个原因:一是新上任的交行高层不满意以前的做法,希图有所改革,以凝聚人气;二是在经历一系列波折之后,交行急需确定新的营业方针,谋划业务标准和具体措施,正如行务会议召集函所说的那样:“改组两月以来,内荷诸董事之匡奕,外得各同人之赞助,整理进行已有端绪,惟外而时局阢陧,内而疮夷未复,此后行务之进行,宜持若何之计画,不得不审慎熟筹,以为实施之标准。”[②]

---

① 《民国十二三年来清理各项债务之经过》,《交通银行月刊》增刊第一号,第 1 页。
② 《总管理处召集行务会议函》,《交通银行第一届行务会议记事》,第 1 页。

1922 年第一届行务会议合影

10 月 7 日，总管理处致函各分行，尤其京、津、沪、汉、哈、奉、宁、港八行经理必须前来北京参加行务会议，若经理实在有事不能来京，可由副理代替。为了使会议进行得有序而高效，总管理处在召集函中拟定所要讨论的 5 项内容：行务整理、兑换券发行、营业方略、垫借款的处理、管辖内的统账办法。要求各位经理详加考虑，然后分条缮具，于当月内寄至北京。不仅如此，总管理处还广开言路，准许各支行、汇兑所主事直接发函总管理处，提出意见和发表建议，以收集思广益之效。

11 月 20 日，第一届行务会议正式召开。出席本次会议的人员分会员与委员两种身份。会员为总协理、总秘书、各分行经理和各区总发行，他们中除了各发行区会员只在有关发行议案时具备表决权外，其余都始终具备表决权；而委员则为总管理处秘书、稽核以及各股的领股，或从各分行的副理、襄理、管辖内支行经理、汇兑所主任、各发行区副发行及分库主任等中选出，他们只具有发言权而无表决权。

表1-7-10　交通银行第一届行务会议主要会员及委员名单

职　务	姓　名	备注	职　务	姓　名	备注
总　理	张　謇	会员	文书股领股	浦拯东	委员
协　理	钱新之	会员	稽核股领股	庄鹤年	委员
总秘书	谢　霖	会员	稽核股领股	王官寿	委员
京行副理①	罗以炘	会员	发行股领股	张翼燕	委员
津行经理	潘履园	会员	公债股领股	孙书贻	委员
沪行经理	盛竹书	会员	京属京行副理	钱乃嵘	委员
汉行经理	曾慎基	会员	京属京行副理	王　徵	委员
奉行经理	陈　艺	会员	京属京行襄理	陈扬祜	委员
哈行经理	袁励桢	会员	津属津行襄理	张书铭	委员
宁行经理	李锡纯	会员	津属张行经理	袁励衡	委员
第一区总发行	包光镛	会员	津属鲁行经理	汪世德	委员
总处秘书	王　徵	委员	沪属沪行副理	黄启壎	委员
总处秘书	浦拯东	委员	汉属浔行经理	张　衡	委员
总处秘书	顾立仁	委员	汉属汴行经理	王克勋	委员
总处秘书	王恭宽	委员	宁行芜行经理	胡兆连	委员
稽　核	劳　勉	委员	第一区发行库总发行	包光镛	委员
稽　核	王官寿	委员	第一区发行库副发行	张谷如	委员

资料来源:《本届行务会议会员及委员名单》,《交通银行第一届行务会议记事》,第7—10页。

说明:港行当时陷入困境,故未能派代表参加会议,哈、奉两行也未能在管辖内支行、汇兑所中选出合适人员参加会议。

钱新之在主旨发言中,介绍他在沪行经理任内,曾以行务会议这种形式讨论各种问题,收到了"上下和洽,共图策励"的良好效果。② 针对于以往高层的专断独行,办事隐秘,钱新之表示:"此次会议一反历来政策,而取完全公开态度,凡我各行,互相平等,不分畛域,甲行商诸乙行,乙行谋诸丙行,各有为难之处,共筹协济之方,何者应革,何者应兴,某项为急,某项暂缓,悉付公议,公同讨论,本诸互助之精神,不难得解

---

① 此时京行经理为钱新之,故由副理为代表。

② 钱新之:《演说》,《交通银行第一届行务会议记事》,第13页。

决于一堂,使我行前途蒸蒸日上,斯即本会之意旨也。"①

由于此次行务会议出席人员众多,为了保证会议紧张有序,避免混乱,总管理处事先制定了议事规则:(1)总管理处、分行和发行区提出的各项议案,必须指定相关委员作出说明,交审查团审查,审查团由出席会议的会员和委员中公推产生。审查团通过之后,方可以提交会议讨论议决。(2)交行的董事、帮理等,随时出席会议,以备会议查问和咨询。(3)所有的议决事项必须详细记载议事录,大会主席暨各会员签字后,递交董事会,或向各行公布,或由总管理处办理。② 根据这些规则,各项议事得以有条不紊地进行,总共完成议决案 13 件,接洽事件 12 件,报告事件 12 件,各行来函 6 件。会议效率之高是以往会议难以比拟的。

除了讨论交行日后的经营方略,本次行务会议的重要任务便是整旧,即如何偿还各项债务和清理长期亏损的分支行。经过多方磋商和论证,会议产生了各分行分担处理债务办法。此分担之法不仅在此次行务会议上提出,随后两届行务会议上亦均有对各分行分担的要求。1923 年 7 月第二届行务会议上,总管理处针对上一届行务会议未解决的分担之款,再次提出分担案:"查第一届行务会议各分行分担之款……均经各行分别照解……本行对外信用赖以保全。因是本年以来营业发行均臻进境,此皆各行经副理顾全大局,合力维持,方得有此成效。惟查上届会议分担之款尚有未经解决者……应请我六行详加讨论,勉予分担。"③经表决依然一致通过。在 1924 年 2 月第三次行务会议上,总管理处针对本年度应付各款,再次拟请分担案:"查上两届行务会议议决由津、沪、汉、奉、哈、宁六分行分担之款,均经各行分别照解,保全行信,成效昭然。兹查本处十三年内应付之款为数甚巨,或已为议决分担者,或未经议有办法者。本处统筹全局,既须顾念内部之实力,复须保持本行之信用,二者不容偏废。此等为难之处,各行谅已洞悉。故本届所提请分担之款类皆信用所关,势难缓付。"④

当然,各分行分担法案也非随意摊派,而是根据各分行的实际情况进行调整。如在第三届行务会议上,宁行与津行提出无力再承担总管理处所分摊的款项。宁行表

---

① 《交通银行史料》第一卷,第 278 页。

② 《本届行务会议议事规则》,《交通银行第一届行务会议记事》,第 4 页。

③ 《上届会议未经解决分担各款仍请分担案(原第十三案)》,《议决案第九》,《交通银行第二届行务会议记事》,第 44 页。

④ 《十三年内总处应付各款拟请分担案》,《议决案第一》,《交通银行第三届行务会议记事》,第 20 页。

示自改为三等分行后,管辖偏僻,元气未复,而总管理处的分担款项接踵而来,尽管勉强接下此前的分担款项,但是截至 1923 年底,头寸已是十分紧张。① 津行则表示因长期亏损,至 1924 年"历年亏累之资金已万分竭蹶",以致不能正常营业。② 经过审查后,确定宁、津两行所述为实情,总管理处免除了两行的分担款项。③

各分行分担法案连续三年在行务会议上提出,足见此项提案的重要性,同时也从侧面反映了总管理处与各分行之间联系的加强。总分行得以同舟共济,患难与共,紧密团结为一体,实可谓张謇、钱新之主持交通银行的一大功绩。

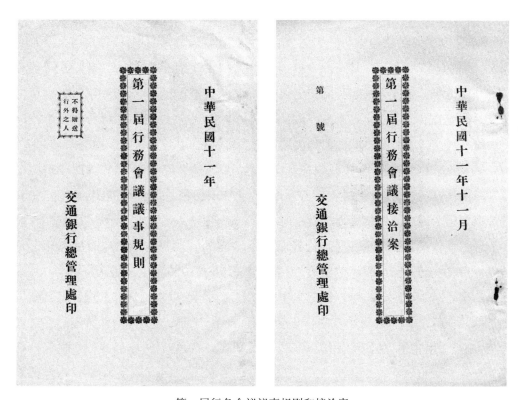

第一届行务会议议事规则和接洽案

总之,第一届行务会议以行务公开、合力进行为宗旨,本着互助精神,加强了总管

---

① 《宁行实力不充总处分担款项无法筹付应请免予分担案》,《议决案第五》,《交通银行第三届行务会议记事》,第 54—58 页。
② 《津行财力拮据声请自本年起停止各种分担借款案》,《议决案第五》,《交通银行第三届行务会议记事》,第 58—59 页。
③ 《审查报告》,《议决案第五》,《交通银行第三届行务会议记事》,第 71 页。

理处与各分支行、发行库区之间的联系,开行务公开风气之先,对交行经营理念的转变,影响深远。梁士诒重新进入交行,对张、钱倾心下力的行务会议大加赞赏,说:"视事以来,默查全行业务,深知前任维持之毅力暨诸君子赞襄之苦心,效力非浅,而推原绩效之所由来,则在三次行务会议,议决各案,矢必中的,若网在网,凡此集思广益之制度,允宜赓续进行,有举莫废。"①

二、经营方针的更张

张謇、钱新之接手交通银行,正值交行艰难之际,交通银行沪行经理盛竹书曾将1921 年到 1925 年的交通银行分为三个时期:恐慌时期、整理时期、由整理而入经营时期。他形象比喻道:"第一届行务会议,其状况似大病之后,犹辗转床褥间而不能起;迄第二届行务会议,始蹶然起矣,然仍须杖而行也;迨至上年第三届行务会议,则精力渐充,行动粗能自主,但元气未复,体尚不堪健全耳。"②连续三年的行务会议都在讨论如何补救维持,如何整理,如何积欠还存等内容,可知盛竹书所言非虚。

其实,这也是交通银行实践张謇专注理财的结果。张謇认为,富裕的时候理财自是理所当然,困顿的时候更需要精心理财,如此方有可能摆脱困境,转为富裕。张謇的理财之道为困难时期的交通银行指明了方向,即理清家底,培植元气,巩固基础。

培植元气的重要表现便是稳健经营。1922 年的营业报告指出:"自十一年七月改组之后,关于营业,纯采稳健主义,不敢急于图功,惟兢兢业业,日以培养实力,巩固行基为事;决定营业方针,纯以稳健为主,一方整饬旧业,以资治理,一方开发泉源,以图进取。"③1924 年 2 月在第三次行务会议上,张謇依旧认为交行的任务还是在善养元气,必须采取稳健、务实的工作态度,"以谋基础巩固,然后进可以战,退可以守,此长治久安之策也"。④

稳健经营表现为两个方面:一是想方设法招徕存款,二是稳当有效的放款。存款为银行发展的根本。交行有发钞权,钞票流通数额与存款有着密切的联系,存款进出愈多,则钞票流通愈广,因此招徕存款非常重要。况且当时正值交行遭到巨创之后,

① 梁士诒:《开会词》,《交通银行第四届行务会议记事》,上海市档案馆藏,档号 Q55－2－362,第 11 页。
② 盛竹书:《沪行盛经理演说》,《交通银行第四届行务会议记事》,第 1 页。
③ 《交通银行民国十二年营业报告》(一),《银行周报》第 8 卷第 21 期。
④ 《交通银行史料》第一卷,第 277 页。

若不能设法使银根宽裕,则不足以补救局面。所以,在第一届行务会议上,总管理处提出招徕存款的议案,"招徕存款更为急要之图务,盼各行切实招徕,如能商得办法,尤为妥善"。① 在第二届行务会议上,总管理处继续勉励各分行多多吸纳存款。②

较之存款,完善放款制度更加重要。自创立以来,交通银行历经数次危难,均与政治性放款过多有关,经过两次停兑之后,已经为交行高层深刻认识。慎重放款,完善放款制度势在必行。故在第一届行务会议上,总管理处提出两项颇为详细的议案,目的就是要改变先前随意放款的局面。一是《注意商业投资,政府及官厅放款须切实缩小范围案》,总管理处希望各分行营业要注重于商业,没有妥实的抵押品,一概不放款,经理人尤其需要担负本息收回的责任。二是《慎重放款案》,集中提出六条措施,力求建立良好的放款制度:(1)信用放款无论是定期还是活期,以一概不放款为原则;(2)抵押放款无论定期还是活期,准许分支行所按照匡定头寸内酌量照放,但所放之款必须要以纯取营业利益为宗旨,不可涉及人情。若总管理处认为所放之款与营业宗旨不符,或因时局关系不宜放款,则须分别取缔,分支行不得抗议;(3)定期放款期限最多以六个月为限,活期放款与契约所定的期限相同;(4)各项抵押品中,证券必须要有市价,货物必须是容易售出的,不动产除因特别情形呈报总管理处核准外不得受抵,股票、栈票、保险单等都需要先行过户,手续完备才可以放款;(5)无论何项放款,放款行所的经副理主任都负有到期收回的责任。如果有必须转期的,应将理由陈明总管理处才可以照转,但转期的利息必须收现且至多不得转两次;(6)无论何项放款,积欠日久不还者,都要依法告知,若有特别情形的应报总管理处核夺。③

总管理处的这两项提案引起与会者的高度关注,经过详细的讨论,会议对总管理处的两项提案作了一些补充:第一,军政款项一概不再垫付,有紧急特别情况的,应临时致函电给总管理处核准;第二,无论官厅还是在职人员,若没有相当实在的押品,则一概不放款;第三,倘若以代理金库关系要求放款的,应立即给予严厉拒绝,即便牺牲金库特权也无所谓;第四,倘若因强权逼迫实在难以拒绝,则裁撤该行所也在所不惜。至于商业放款,也应特别谨慎。凡是市面上认为有亏耗的、新开设的、做投机事业的

---

① 《招徕存款》,《接洽时间第十》,《交通银行第一届行务会议记事》,第104页。
② 《联行间联合放款以免虚耗存息并勉励多收存款案》,《议决案第二》,《交通银行第二届行务会议记事》,第23页。
③ 《慎重放款案》,《议决案第五》,《交通银行第一届行务会议记事》,第69页。

商号,皆不能放款或轻易放款。另外,凡是商号联号不得互相作保,在交行积欠款项不清结的商号也不得为他人作保。所有放款的商号都要填具调查报告书陈报备核,且无论何项放款都要订立正式的条约。如此等等,皆反映出交行高层和管理层在大难之后的戒惕心理。

除了注重商业放款,交行开始尝试投资实业。值得一提的是对通记油坊的投资。通记油坊的前身是哈尔滨成发合机器油坊。这家油坊与哈尔滨交行长期以来保持着业务往来。1921年,因26.5万元的债务积欠,哈行将其资产全部没收。原本估价变卖,因市场不景气,无人承买,哈行决定拨款8万元,于1923年自行开办,并将其改名为通记油坊。油坊设经理一人,由哈行内部人员担任,管理人员由经理与哈行协商按事雇用。月末时,油坊接受哈行核查。年末,哈行将全行的经营情况送总管理处复核,对于每年机器、厂屋等折旧后所得余利,按照商业习惯,以三成为花红。

对通记油坊的投资,标志着交行对实业投资认识的转变。一战爆发后,随着国内外形势的变化,中国的银行资本与产业资本的关系发生了转折,在两者的共同发展趋势中,不同步的因素不断弱化,同步因素正逐渐增强。工商企业的利润增加吸引着银行资本的快速流入,人们越来越认识到:"银行与工商业本有绝大关系,工商业发达,银行斯可发达,故银行对于工商业之投资,自系天职。"①在这种背景之下,交通银行所进行的清理整顿,改变经营方针,对于开拓营业范围,摆脱目前的种种困境,自然意义重大。但更为重要的是,张謇、钱新之主持期间倾力密切工商实业的关系,反映出交行已经充分意识到银行和财政结缘的巨大危险性,正想方设法摆脱政府的控制,努力朝着普通商业银行的业务方向发展。这一转变,符合当时的经济发展形势,也体现了现代银行发展的规律和要求。

三、发行制度的新变化

两次停兑风潮的直接原因是中、交两行为政府垫款过多。因此,欲求走出挤兑劫难,唯有尽快停止向政府垫款,与政府财政脱离。张謇进一步提出,停止向政府垫款尚属治标,发行独立公开才是治本之策。②他指出:"顾本行钞票之一再发生风潮。

---

① 中国人民银行上海市分行金融研究室编:《金城银行史料》,上海人民出版社,1983年,第126页。
② 张謇:《交通银行月刊增刊序》,《交通银行月刊》增刊第一号,第35页。

捩厥原因,不外发行、营业未全划分。"因此,必须接受两次挤兑的惨烈教训,改弦更辙,研求根绝风潮的方法,制定分区发行试办章程及管理准备规则。①

1922 年 1 月,交行开始筹备建立发行总分库,增订京、津二行及沪行发行股暂行办法,规定现金准备及保证准备成数。另设准备现金,京津两行,先行试办。

同年 11 月 16 日,交行董事会订立《交通银行分区发行试办章程》《第一区发行库管理准备规则》《第一区发行总分库办事规则》,宣布于当日起实行。

在首次行务会议上,总管理处提出《发行独立准备公开办法》,着重强调发行独立之重要性,并特意指出,所谓"发行独立"是指"专设机关办理发行,不隶属于各行而直接于总处,照章收纳准备,乃能发券,毋得通融"。②

《发行独立准备公开办法》后附 11 月 16 日订立《分区发行试办章程》,具体内容如下:

(1)划分发行区域。为集中准备、便利调拨起见,将现行发行地点划分为五区,每区设发行总库一所。第一区设总库于天津,设分库于津属支行,凡北京、天津、济南、烟台、张家口、归绥等地兑换券皆属之;第二区设总库于上海,凡上海、江苏、安徽等地兑换券皆属之;第三区设总库于汉口,凡汉口、河南等地兑换券属之;第四区设总库于奉天,奉天小洋券属之;第五区设总库于哈尔滨,哈尔滨、黑河等地兑换券属之。总库之下可以因事务上的便利,添设分库,具体地点由总库拟陈总管理处核定。

以第一区总库为例,总库之下设四分库,以北京为第一分库,济南为第二分库,张家口为第三分库,烟台为第四分库。凡区内各行所均有推行本区兑换券、共维信用之责。分支行交入领券准备,除银元外,亦得照市价以现银两交库,但市价有上落时,总分库均不负盈亏责任。分支行如有沪、汉等处现款交作领券准备者亦可,向总发行声明,在第二第三发行库未经成立以前,由总发行电请沪、汉等行收总库之账,一面发给兑换券,但款收总库账后,应由沪、汉等行负责保管,凭总发行函电往调,不得移作别用。北京、天津两种地名券的额外准备现金,总发行应平均分存京、津两行,为活动营业之用,遇流通数减少或市面紧急、兑现拥挤,应备现金时,亦由总发行平均向京、津两行提取。总发行有随时调拨分库准备金集中于总库之权,但以不碍各处兑现之数

---

① 《交通银行史料》第一卷,第 849 页。
② 《发行独立准备公开办法》,《接洽事件第二》,《交通银行第一届行务会议记事》,第 13—14 页。

为限。总发行应准许分支行因营业的关系,将库内所存准备银元买入现银两,或以银两买入银元,或将银两交就近造币厂改铸银元,此项铸币银两应以随铸随收回者为限,不得呆搁。各支行为便利起见,将准备现金证券交入总库,向就近分库领用兑换券,亦可照准。以后运送现金赴分库时,运费仍应由交入行承担。保证准备内有价证券债息,银两银元之兑换暨调款之盈亏、铸币之利益,均归各交入行担受。①

(2)发行总库的职掌。每区总库,设总发行一人,副发行一人,直接由总管理处任免。分库正、副经理均由总管理处选任。总库分股办事,各设主任,分库也设有主任,均由总管理处遴派。总、副发行的职掌:一为本区兑换券的发行整理及保管;二为本区现金准备及保证准备,有价证券的点验及保管;三为本区准备的调拨;四为他行领用本区兑换券合同的订立;五为本区发行账表的记载、检查及整理。

总分库陈准总管理处,酌设办事员、助理员、练习生,事务繁忙时并得向所在地之分支行所,暂借行员助理。总分库之开支,应由本区领用兑换券行分摊担负,其分摊办法另行制订。凡区内各分行需用兑换券,均向总库或就近分库具领,报告管辖行暨总库。②

1922年12月,交行又对章程中总分库有关组织部分进行了修订,主要有两点:一是总库直隶总管理处,设总发行及副发行各一人;分三股办事,文书股掌文书庶务,钞券股掌钞券的发行及准备,准备股掌准备现金及证券;股设主任一人。二是各库分掌事务人员,有办事员、助理员、练习生,名额视事务繁简而定。

(3)额定准备与额外准备之规定。凡区内各分支行领用兑换券,应以六成的现金、四成的有价证券面额,交入总库或分库以作为额定准备,再交入二成现金作为额外准备。有价证券的种类,应先陈请总管理处核准,并以时价满五折者为限。若价格不及五折,应以其他有价证券补足。如果没有有价证券,也可以按五折照交现金。对于额外准备现金,遇市面平稳时,总发行可以酌提半数或全数交领券行储存以作为往来存款,备营业周转之用,不计利息;而遇市面紧急或兑现拥挤时,仍应收回入库。额内准备无论何时均应存库。凡区内的流通额,每星期刊印报告一次,分送周知,准备并应公开。额定准备和额外准备及流通数目,应请各地银行公会、商会、钱业公会分

① 《第一区发行库管理准备规则》,《接洽事件第二》,《交通银行第一届行务会议记事》,第95页。
② 《交通银行史料》第一卷,第848页。

别派员检查。总管理处及各分行也应随时派人检查,以照核实。①

1923 年 7 月交通银行组织关系图

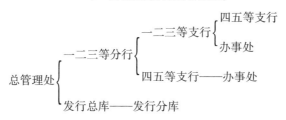

资料来源:《交通银行之内部新组织》,《银行周报》第 7 卷第 27 期。

试行分区发行取得明显成效。根据交行协理钱新之在 1922 年 11 月第一届行务会议上的演说可知,第一区在 1921 年挤兑风潮前发行总额计达 1300 余万元,1922 年 5、6 月间只有 160 万,减少 1140 余万元,经整顿后,短短几个月便回升至 290 万元;第二发行区 1921 年 4、5 月间为发行最高,达 1120 万,挤兑风潮后跌至 550 万,减少了 570 万,到此次行务会议召开时,已增至 850 万;第三发行区以 1921 年 8、9 月间为最高,计达 450 万,1922 年 4、5 月间低至 280 万,半年之间已增至 360 万。就全体而言,1922 年 4、5 月间为 2400 余万元,会议召开时已增至 2800 余万,增加了 420 余万。得此佳绩,故钱新之可以理直气壮地说:"数月之间,已有如此成绩,谓为行务进步,似非过言。"②1925 年 4 月份的《交通银行月刊增刊》亦指称说,交行自 1922 年改组以来,"风声所树,钞信日增","汉属、宁属亦莫不俱有增加,迄至今日,已得以恢复旧观","当去年秋季发生公债风潮以后,继至以东南、东北两次战争,金融恐慌达于极点,本行钞票屹然不动,得不蹈前此之覆辙者,赖有此耳"。③

1928 年的《银行周报》载文称赞分区发行办法,将其视为"吾国银行界今日适应时势比较妥善之办法,银行当局应努力贯彻其精神"。④

由此可见,发行制度的新变化不仅给交行带来了可观的经济效益,也为中国银行业的现代化发展提供了良好的借鉴作用。

---

① 《交通银行史料》第一卷,第 847 页。
② 钱新之:《演说》,《交通银行第一届行务会议记事》,第 13—14 页。
③ 《发行独立准备公开制度之创设及实行》,《交通银行月刊》增刊第一号,第 12 页。
④ 静如:《论分区发行制》,《银行周报》第 12 卷第 1 号。

四、行员管理的严格化

张謇、钱新之主持交行时期，国政混乱，战火蜂起，社会奢靡之风却很盛行。为避免行员沾染不良习气，总管理处采取了一系列加强行员管理的措施，来端正行风，倡导节俭，严防毁行败德的事情发生。

（一）注重行员的选用和培养

第一届行务会议除了强调营业发展和经营方针改变，也非常重视行员选用和人才培养问题。交行既往选用行员，沿用押柜银或以殷实商户作保的商界惯例。民国以后，此制渐废。"民六改组"后，交行实行行员担保书制度。但此制仅针对普通行员，至于各行管理层面的选拔和使用，却无章可循。为此，总管理处在会上提出要注意培养人才以发展行务的问题，沪行复议时作进一步补充，其中强调既要"注意人才……原有者应严加甄别，未来者应注意罗致，如其操守平常庸碌无能，当破除情面，一律屏斥"，同时还要有战略眼光，"视异日之需要，随时培养各项人才以资借重，例如国外营业尤非悉心研究，学有专门者不可也"。① 在第二、三届行务会议上，总管理处相继提出旨在加强行员选用和培养的议案。如第二届行务会议提出，现在各分行人员精娴内部事务者多，而熟悉市面经营者少，以致内外事务难以协调，为求尽快弥补这一缺陷，除就原有人员注意深造外，应在社会上加以发现和选拔。② 第三届行务会议指出，目前银行事业日益发达，关于银行的制度学说也日新月异，行员的学识若不顺应潮流，势必不进则退，于是"应由各行库就公余之暇，即不妨碍办公之时间内，为员生设补习或研究班，先研究一种外国文字，或某种有关银行科学，学有余力，再行逐渐推广，如奉、哈各属可以研究俄日语言文字，沪、汉各属可以研究英日语言文字，各就其地理之所宜，以及应用之必要，先行研究，以能在当地营业上应用为最少"。③

（二）加强行员考核，完善奖惩办法

虽然交行大多数行员恪守行章，办事公忠，可营私舞弊之事也时有发生，如亏短库存、捏造户名、随意用款等等，甚至还出现"私作营业而亏损归公"的怪现象。对于这些违规犯法之举，交行先前一向宽容，不予深究。行务会议指出，当前正在整饬之

---

① 《沪行意见书》，《各行来函第一》，《交通银行第一届行务会议记事》，第116页。
② 《熟悉营业人员应设法招致案》，《接洽案第二》，《交通银行第二届行务会议记事》，第77页。
③ 《注意行员智育案》，《议决案第十》，《交通银行第三届行务会议记事》，第83页。

际,对于行员犯错之举,"断不能如以前之一无赏罚,以致一误再误。今后如有犯者,除赔偿外应按法律办理,俾饬行规"。① 不过,严惩罪过必须辅之以论功奖励,如沪行提出"在无奖金之时,每年年终一律加给薪水三个月",就有其一定的合理性。② 奖励标准取决于行员的考核成绩。在第一届行务会议召开之际,汉行曾致函总管理处,提出要加强考绩。函中指出,行员若无论劳逸勤惰,年终奖金皆是一致,势必让贤能者寒心,总体素质下降,故提出"年功加俸盈余奖金,均应以请假多寡为定程,或以办事繁简为比例,明定限制,不稍虚靡,其有为行尽力特著勤劳尤应逾格奖励"。③ 交行高层在第三届行务会议上就此意见进行了详细讨论,决议要求各行注意行员各方面的记录,并以此作为考核资格、调派职务、核定薪级等的根据。

(三)提倡员工节俭

1923 年 4 月,全国银行联合分会开会之际,沪行经理盛竹书提出《尊重商德拟请银行界首先提倡案》,并准备组织公共俭德会。联合公会觉得这一做法非常合宜,遂请盛竹书拟定俭德会章程,并分致各会以转函各行,共相策励。④ 1924 年初,盛竹书拟就俭德会试行章程,函致汉口银行公会,并请分转各地公会。俭德会由银行界先行提倡,由各银行建立组织及会所,会员以各银行行员为限,节俭的范围包括情仪、宴会、服装、用品等等。⑤ 盛竹书之所以组织银行俭德会,是因为他敏锐地察觉到奢靡之风对银行业造成的两点隐患,即一方面"近来各地银行纷纷开办,地面既阔,人数尤多,若非先时防维,难免不为习俗所移,况银行营业关系社会经济至巨且大,设或偶沾习气,影响较他业为尤甚";另一方面银行行员"兢兢自守固不乏人,而或因交际广阔入不敷出亦实繁有,徒银行因预算限制,固属爱莫能助,然长此以往,直接虽只关系个人,而间接究有碍职务"。⑥ 于是,他希望通过设立银行俭德会这种团体的形式,以约束行员生活。2 月,交行第三届行务会议召开,盛竹书提请总管理处与联合公会一起来组织俭德会,得到了与会者的高度赞同,更是得到了张謇和钱新之的大力支。张謇

① 《行员有营私舞弊者应按法律办理》,《接洽事件第十二》,《交通银行第一届行务会议记事》,第 107 页。
② 《请明白规定在无奖金之时每届年终加给行员薪水三个月藉资激励案》,《议决案第八》,《交通银行第二届行务会议记事》,第 38 页。
③ 《汉行来函》,《各行来函第二》,《交通银行第一届行务会议记事》,第 121 页。
④ 《拟请总处及各联行一致组织俭德会案》,《议决案第十四》,《交通银行第三届行务会议记事》,第 101 页。
⑤ 《盛君竹书倡设银行俭德会之经过》,《银行周报》第 7 卷第 40 号。
⑥ 《交通银行第三届行务会议记事》,第 99、102 页。

向以勤俭知名,其创办大生纱厂时,不取薪俸,事事提倡节俭,故听到此项提议,不无感叹地说:"诸君若知本意,本余创办大生纱厂之精神,以从事银行业,将来自能发达。言勤则办事必依定时,言俭则一切开支,务从节省。"①钱新之亦是如此,如汽油费、邮票等皆自己付钱,②"在职三年,丝毫不苟。住房、宴客等之费用,悉由自支,汽车借自友人,油亦自给,不无赔累"。③经与会众人讨论,最终表决文为:"全体公决积极实行,由总处通函各行照简章,从内部及同业方面先行试办,非有关营业,未便过于节省者,不得变通之。"④交行大力提倡节俭,赢得了社会舆论的一致好评。

张謇、钱新之加强行员管理的举措,体现了交行以人为本的管理理念。经此整肃,行员素质大为提高,行风更趋稳健积极,这对经营效率的提高及业务的开拓,皆有深远的影响。

第四节 张謇、钱新之时期的成绩与问题

一、业务的恢复与发展

第二次停兑风潮之后,交通银行陷入前所未有的困境,各项业务跌至谷底。经过张、钱两年多的清理整顿和调整经营,交通银行的业务大为改观,信用也逐步得到恢复和提高。

存款业务。经历再次挤兑风潮后,1921年底,交通银行的存款总额大幅下降至5451万元,与1919年的7509万元相比,降低了27%。1922年和1923年,交行连续两年发生亏损,直到1924年,业务才渐有起色,存款开始上升,总额达到7000万元以上,开始转亏损为盈余。

---

① 《驻沪淮海实业银行开业词1920年》,载《张謇全集》第三卷"实业",第803—804页。
② 《钱新之任协理后的总处》,《访问石志侃记录》(1962年9月27日),交通银行馆藏档号Y48。
③ 《梁士诒再度任总理》,《浦心雅访问记录》(1963年3月20日),交通银行馆藏档号Y48。
④ 《表决文》,《议决案第十四》,《交通银行第三届行务会议记事》,第105页。

表1－7－11　1921—1925年交通银行活定期存款额表　　　单位:元

年别	活期存款		定期存款		活定期存款合计	
	金　额	百分比	金　额	百分比	金　额	百分比
1921	41393562	69.62	18064194	30.38	59457756	100
1922	35495082	65.99	18290205	34.01	53785287	100
1923	37437735	65.65	19591015	34.35	57028750	100
1924	53271576	73.44	19270754	26.56	72542330	100
1925	47029331	70.20	19960271	29.80	66989602	100

资料来源:《交通银行史料》第一卷,第309页。

说明:活期存款中包括了本票存款,杂项存款没有列入。

放款业务。张、钱主持交行后,加强对放款的整顿,致力放款制度的完善,在存款额逐步上升的同时,放款额却有一定比例的缩减。但自1924年起,由于政府欠款的增加,交行的放款量又开始逐年增加。

表1－7－12　1921－1925年交通银行定活期放款表　　　单位:千元

年　份	定期放款		活期放款		合　计
	金　额	占%	金　额	占%	金　额
1921	42318	41.82	48073	53.18	90391
1922	30710	37.45	51284	62.55	81994
1923	60231	68.57	27607	31.43	87838
1924	63557	64.91	34357	35.09	97914
1925	73795	75.54	23897	24.46	97692

资料来源:《交通银行史料》第一卷,第349页。

不过,此期的政府欠款占交行放款总数的50%左右,较之1915年94%的比例,显然是个重大进步。正是减少了对政府的放款比例,多余的资金才得以投向实业。

表 1－7－13　1923—1925 年政府欠款在交行放款中的比率　　　　单位：千元

年份	政府欠款	其他放款	合计	政府欠款占%
1923	43020	44818	87838	48.97
1924	46100	51814	97914	47.08
1925	52088	45504	97692	53.32

资料来源:《交通银行史料》第一卷,第 348 页。

汇兑业务。随着中国进出口贸易和国内贸易的发展,银行的汇兑业务显得越来越重要。交通银行介入商业活动的一个重要方面便是加强汇兑业务。民初以来,由于汇兑事业渐次发达,交行所得汇水收益是比较可观的。张、钱接手交行时,由于挤兑事件的冲击,汇兑业务与 1921 年之前相比,有了大幅度下降,尤其是 1923 年,汇水收入只及 1915 年的 7.1%、1921 年的 23.8%,但自 1924 年后,业务量逐渐提升。当然,交行汇水收益的大小,原本应随着汇兑业务增减为转移,但是随着时期的不同,汇率高低也会发生变化,所以汇水的多寡未必与汇款情况完全一致。

发行业务。交行发行的改革和发行制度的建立,是张、钱二人对交行的重大贡献。1921 年交行遭挤兑之后,钞票发行总数仅为 2437 万元,现金准备 357 万元,保证准备 66 万元。如此状况若非彻底改革,不但发行无可挽回,连营业也难望发展。发行制度建立之后,成效显著。计至 1925 年 3 月底,钞票发行总数为 4280 万余元,现金准备为 1286 万余元,保证准备为 840 万余元,较之 1922 年 7 月底,钞票发行数增加 1840 万余元,现金准备数增加 929 万元,保证准备数增加 770 万余元。[①]

表 1－7－14　交通银行发行钞票及准备金数目总表　　　　单位:元

年　　月	发行钞票额	准　备　金		
		现金准备	本票准备	保证准备
1922 年 7 月底	24370289.48	3571190.93	20137821.55	661277.00
8 月底	25368348.81	4041770.93	20655691.88	670886.00
9 月底	26110353.86	4333499.48	21123574.38	653280.00
10 月底	28167860.53	5692520.88	21839466.65	635873.00
11 月底	29856669.31	5916569.08	23458441.23	481659.00

---

① 《交通银行史料》第一卷,第 850 页。

（续表）

年　　月	发行钞票额	准　备　金		
		现金准备	本票准备	保证准备
12 月底	32475798.31	10372767.75	21601280.56	501750.00
1923 年 1 月底	33588991.04	8112433.89	24440357.15	1036200.00
2 月底	33453766.04	9735546.89	22354899.15	1363320.00
3 月底	32119263.04	9294645.89	21717577.15	1107040.00
4 月底	32500200.29	10616544.89	20615290.40	1268365.00
5 月底	32161287.32	8423305.39	22375854.31	1362127.62
6 月底	33563017.59	11161128.80	20885788.79	1516100.00
7 月底	33078771.79	9987642.80	21617768.99	1473360.00
8 月底	33997196.68	10363626.66	22065609.02	1567961.00
9 月底	36162677.17	10494129.66	23912277.51	1756270.00
10 月底	36575112.38	9513172.21	25486905.18	1575035.00
11 月底	36843853.13	9731359.21	25291503.92	1820990.00
12 月底	37756726.79	11529333.21	22268833.58	3958560.00
1924 年 1 月底	42975154.54	10784776.21	27158208.33	5032170.00
2 月底	41950350.60	12007579.21	24760311.39	5182460.00
3 月底	4154498460	11649150.21	25025514.39	4870320.00
4 月底	42175677.60	11660653.21	25399394.39	5115630.00
5 月底	41270192.49	9212631.21	26754230.20	5303331.08
6 月底	40693668.99	12792234.21	22536063.95	5365370.83
7 月底	39594569.99	10666215.21	23721571.31	5206783.47
8 月底	38936838.33	12612236.61	19275423.27	7049178.45
9 月底	35888402.77	10069327.61	19623047.96	6196027.20
10 月底	35819036.44	9311742.61	20561232.86	5946060.97
11 月底	37839590.44	10103750.61	21126892.68	6608947.15
12 月底	41364637.22	13439376.48	20109118.01	7816142.73
1925 年 1 月底	45280795.22	14186304.21	21910748.28	9183742.73
2 月底	42550055.56	12535460.21	21829092.62	8185502.73
3 月底	42815287.56	12864232.21	21524086.84	8426968.51

资料来源：《发行独立准备公开制度之创设及实行》，《交通银行月刊》增刊第一号，第 11 页。

从上述诸项业务成绩来看,张謇、钱新之时期的整顿、改革措施,确实取得了良好效果。1923年6月,在第二届行务会议上,总秘书谢霖颇为豪气地宣布,交行已经走出最困难的时候,目前正步向"乐观境地"。他在指出公家放款太多、行务衰败不振、人才不易延揽和官商股合组难脱政治攘扰的交行行务四大误区之后,又举例说明改革成效,如"对外而言,机关之涉及政党已消灭矣,营业之不上轨道已禁止矣,行务之腐败者渐新之矣,人才之缺者稍补之矣";对内来说,奉省借款、京券准备、星港两行债务和元记公司、九六公债本息等等"足以中伤行誉、摇撼行基者,均赖津、沪、汉、奉、哈、宁六分行合力分担,倒悬尽解。加以发行独立,准备公开,社会信用继长增高"。①

1923年第二届行务会议合影

确如谢霖所说,从1922年6月到1925年5月近三年的时间里,张、钱治行所取得的成绩有目共睹,其荦荦大者有三:

---

① 谢霖:《演说》,《交通银行第二届行务会议记事》,第15页。

首先使得中交合并问题得以解决。前已述及,中交合并问题因张謇接受了交行的职位而得以平息。

其次,摆脱了内外交困的局面。在 1925 年 5 月张、钱离职之时,交行业务已经复苏,渐趋佳境,"所有前任亏耗,以盈剂虚,亦已过半",[①]信誉日增,行基逐渐巩固。

第三,端正了交行的发展方向。张、钱大力整顿交行机构,广延人才,重订规章。其对经营方针的调整符合时代的潮流,为交行日后的发展奠定了基础,"标志着交行在处理金融与财政的关系上的变化,标志着交行业务由金融—财政,开始向金融—商业转移。这是符合当时民族经济发展的方向和要求的"。[②]

二、坚持中央银行地位

银行资本的产生本应导源于产业资本的进步。在中国,银行的发展却有着相反的轨道。从交通银行产生和发展所反映的事实来看,中国的现代银行,尤其是官办银行,或官商合办银行,其产生的条件不在于为产业资本提供服务,而在于适应政府财政需要,走上了与政府财政相联结的道路。[③] 然而,在 1922 年,交行内部由于江浙金融力量战胜了政府政治势力,[④]张謇、钱新之得以主持行务,经过一系列的清理整顿和调整经营方针,交通银行大有疏远政府、独立发展的意味,业务经营呈现出商业化操作的趋势。

在交行业务发展中,最具商业经营色彩的是汇兑。1922 年,盛竹书就银行业的发展表达了自己的意愿,提出交行应效仿日本正金银行。[⑤] 交行高层对此深表赞同之余,也深刻认识到只有预先找到新的发展方向,才有可能争取积极主动。而国内外汇兑是个可行的、不错的选择,是"脱离政治臭味,趋重商业",建设交行为国际性大银行的重大助力。[⑥] 1925 年 2 月,在总结两年来为商业服务的经验后,总管理处进一步强调发展汇兑业务的重要性,并决议三项措施:一是宽定往来汇额;二是注意逆汇;

---

① 《致交通银行股东会函》,载《张謇全集》第二卷"经济",第 633 页。
② 翁先定:《交通银行官场活动研究》,《中国社会科学院经济研究所集刊》第 11 集,第 417—419 页。
③ 同上,第 430 页。
④ 洪葭管:《百年交行:1908—1949 年间的变迁》,《新金融》2008 年第 5 期。
⑤ 《交行行长盛竹书之谈话》,《申报》1922 年 10 月 20 日。
⑥ 《上海交通银行整理行务意见书》(1922 年),中国第二历史档案馆藏,档号 398-3481(1)。

三是汇水的收进或贴出,应以行市为转移,并多做贴现及买入汇票,以搞活资金。① 由此可见,交行的业务开展愈发注意与市场变化同步,与以往一味地追随财政走向迥然不同。

由于长期以来交行与政府的关系太过密切,短时间内欲与财政脱离干系,确实难以做到。因此,在摆脱政府羁绊的路途上出现某些曲折也是在所难免的。

1923年下半年,正值交行业务大为改善,日趋走向独立经营之际,政府财政又一次濒临绝境。由于法国拒绝批准九国公约,关税会议无法召开,各国不仅不提供借款给北京政府,反而追讨到期外债。截至1923年10月,各国扣留的关余已达1000万元以上。与此同时,各省军阀又纷纷向北京政府索要欠饷。内外相逼,北京政府一筹莫展,只得再向银行伸手。1924年10月,第二次直奉战争爆发,直系军阀吴佩孚于10月9日突然电邀钱新之及中行总理张嘉璈至财政部,要求借款500万元,两人皆以库无现金加以拒绝。吴当即下令扣留钱、张二人,扬言:"两君有款可去,无款则留。"迫于无奈,交行只得借款120万元。② 次月,由道胜银行作保,北京政府财政部又向交行借去40万元。12月,财政部令交行代付湖广债票105万元本息。交行再一次陷入政府财政的纠缠之中。

交行与政府的关系,即便在张謇、钱新之时期,仍难真正疏远,固然有长期的历史因素,但更重要的原因,似与张、钱两人继续坚持交行的中央银行地位有关。

梁士诒、曹汝霖主持交行期间,一直坚持将交通银行打造成中央银行的角色,借以达到与中国银行并驾齐驱的目的。由于不忍割舍中央银行特权所带来的各项利益,张謇还是坚持交行的中央银行地位,并在不同场合里多次提到:"交通银行者,中央银行之一,政府之隶而人民之资,夫人民之资,亦政府之利也。"③然而有意思的是,基于交通银行的实际状况考虑,张謇又不愿意承担作为中央银行应有的义务。面对北京政府财政窘迫中的各种责难,交行多以婉言拒之。即使是代理金库特权,张謇也深刻认识到权益背后垫款无休的积弊,于是他坚持中央银行地位的同时,仍大力主张工商业的经营主旨。而正是在这种矛盾心态的驱使下,交通银行对自身的定位仍然存在种种犹疑彷徨,左右摇摆,这给日后梁士诒重掌大权留下了空间。

---

① 翁先定:《交通银行官场活动研究》,《中国社会科学院经济研究所集刊》第11集,第420页。
② 交通银行总行:《交通银行简史》,第15页。
③ 《交通银行史料》第一卷,第276页。

三、谢霖辞职与人事关系的复杂化

随着清理整顿的稳步推进,交通银行的业务经营呈现出良好发展的势头。就在交行走出停兑困境、慢慢恢复元气之际,诸多方面的人事关系反而复杂起来,其中最能暴露矛盾的一件事,便是谢霖辞职。

自从离开戊通航运公司之后,谢霖自觉不自觉地卷入交行改组、整顿等一系列风波之中。在成功说服钱新之等人暂缓北上之后,1922 年 1 月,受交通部委派,谢霖代理帮理一职,兼业务课主任;5 月,专任业务课。6 月,股东会议选举产生了交通银行第三届董事会,当选为董事;① 8 月,接受董事会的聘任,担任总秘书一职。

在张、钱时期的改组中,总秘书一职的设置颇为特别。交通银行各个时期颁布的组织章程,惟有 1922 年的《交通银行总管理处组织章程》,规定设立总秘书一职,位居总、协、帮理之下,秉承总、协、帮理的旨意,指挥各股事务。谢霖于 1917 年进入交行,短短五年就据此高位,实有赖于他在改组过程中所起的重大作用。

总理张謇常驻南通,交行方面的许多具体事务往往交付谢霖处理。毫无疑问,奔走于南通、北京之间,成为谢霖一项重要的工作。当时的交行沪董很多,其中不少董事不愿北上,或有事不能北上时,遇有临时会议的召开一般都委托谢霖代理。如 1923 年 6 月股东会议召开前,董事汪有龄、李贤树就以"远在沪埠,不能躬与其役",而"拟委托谢董事霖甫代表一切";② 董事李铭也"以此间事务繁剧,无暇分身,届时敬请谢霖甫先生代表出席"。③ 正因为谢霖出席会议时常常代表多位董事,他的言行就显得特别重要。

对于这种情况,北方股东自然不满。1923 年,股东爱仁堂致函董事会,措辞严厉,指出:"新选沪上诸董,几于全年阙席,非特各行所罕见,抑亦本行所未有","本行现有董事十一人,而半数都在沪上,终年不来京与会,谢君霖以董事兼总秘书,且时常代表多人,以致大权都落谢君一人之手。"为了改变这一状况,股东爱仁堂提出五项建议:一是取消总秘书制度;二是董事不能兼任职员;三是添设常务董事;四是董事必须按期到会,不能经常缺席,而且不能以一人代表数人;五是董事开会不能京、沪分开,

---

① 《交通银行史料》第一卷,第 95 页。
② 《汪有龄、李贤树致交通银行股东会函》(1923 年 7 月 16 日),中国第二历史档案馆藏,档号 398(2)-32。
③ 《李铭致交通银行董事会函》(1923 年 7 月 17 日),中国第二历史档案馆藏,档号 398(2)-32。

缺席董事应当由候补代表补上，或干脆令其辞职。① 还有股东进一步提出，如果股东大会时多数股东赞成撤销总秘书，应请立即撤销，行方高层不可以行章未定而推诿。

面对接连的质疑和抨击，谢霖深感委屈。1923 年 7 月，在第二届行务会议上，谢霖对此作辩解道："鄙人受总、协理之知遇，以董事兼领总秘书，就职以来，夙夜恐惧，未敢稍越范围。前日股东会有股东提议总秘书制度之不良，及董事兼领之不合，且对于鄙人，认为有所怀疑。"因为总秘书之职是经董事会议定之后由总、协理委任的，至于董事兼领职位，也是经过董事会同意的，那么现在有股东提出这些意见，便是对不信任之举。为此进一步表示说"是否鄙人就职后于凡百行务有损无益，以致不满于人，此亦有公论。"最后特别指出："此则损总、协理知人之明者犹小，而贻累大局者实大也。诸公爱我素深，亟望有以指教。"②言语间流露出一股强烈的委屈、愤懑之情。

好在谢霖与张謇的私交不错，因而在此逆境中，尤能获得张謇的倾心支持。据黄太冲回忆，张謇创办南通商校时，曾嘱咐图书馆购置多部谢霖所著《簿记学》，作为学生的教材。当时谢霖尚不满三十，而张謇年届六十，两人却以志趣相投而结为忘年之交。在答应接任交通银行后，张謇将私章交给谢霖，由他代拆信件，代行职事，自己则常居南通，细心办理实业和地方教育。谢霖卧病上海期间，张謇以七十一岁的高龄，亲去探视，并将此事写入自订年谱，可见张、谢二人的至深交谊。③

钱新之对谢霖更是赞赏有加。在第一届行务会议上，钱新之坦言，交行业务之所以在很短的时间内得以恢复，并有所发展，"非鄙人之力，实诸君之力也"，其中"热心行务如谢霖甫董事者，不辞劳苦，夙夜从公，匡助擘画，其功尤伟"。钱新之还特意提到，在其就任协理之初，与谢霖有共同进退之约，"谢董事慨然允诺，以其平日之经验，不惜一切之牺牲，于公于私，同深铭感"。④

除了张、钱二人对谢霖的信任和倚重外，沪行经理盛竹书也极力支持谢霖的工作。对于北方股东要求撤消总秘书的议论，盛竹书在行务会议上力挺谢霖："前日股东会有人提议总秘书制一节，鄙人认为无置辩之价值，大凡当局苦衷，断非外人所能深悉，况且道高谤至，德盛毁来，蜚语伤人，识者辄以一笑置之。总秘书思虑缜密，擘

---

① 《股东爱仁堂致董事会函》(1923 年 7 月 7 日)，中国第二历史档案馆藏，档号 398(2)-32。
② 谢霖：《演说》，《交通银行第二届行务会议记事》，第 16 页。
③ 黄太冲：《我所知道的谢霖先生(一)》，《上海会计》1983 年第 12 期。
④ 钱新之：《演说》，《交通银行第一届行务会议记事》，第 14 页。

画精详,数月之间,成效大著,此后积极进行,端惟总秘书是赖。深愿总秘书勿听浮言,遽易常态,本行幸甚。"①

　　由于得到盛竹书等南方实力派的支持,故总的说来,在张謇、钱新之主持交行期间,谢霖的才干仍能得到充分发挥。然而张謇长期不到京视事,总管理处的所有行务皆由钱新之与谢霖共同主持,时间一长,两人难免产生摩擦。钱新之在给梁士诒的一封信中提及:"对用人一端,亦有时为权宜之计"②,虽未明指谢霖,但可以见出钱新之的微词,对于交行的人事安排,他内心已渐生不满。新加坡行清理结束之后,不少人认为交行在南洋信誉良好,星行应该尽快复业。对此,谢霖持肯定的态度,而钱新之却与之意见相左,力主收缩,坚持等待一段时间再说。此外,谢霖处事豁达,行为果决,而钱新之小心谨慎,多谋深虑,二人的性格差异也难免在一些问题上造成罅隙。③

　　1924 年 12 月,谢霖辞去总秘书一职,董事会决议总秘书一职不再委人。④ 如果说交通银行与政府关系的不明晰是梁士诒重返交行的外部因素,那么总管理处高层人事关系的复杂化则成为其内部因素。谢霖辞职的背后,反映的是交行内部的南北矛盾,即以交通系为核心的北方官僚政治势力与以江浙财团为核心的资产阶级势力之间的矛盾和冲突。1925 年 5 月,交通银行召开第十四届股东总会,提前改选了总、协理和部分董、监事,梁士诒再次当选为总理,而任期未满的张謇、钱新之被迫辞职,与钱有"进退与共之约"的谢霖也于 5 月辞去董事之职。

---

①　盛竹书:《演说》,《交通银行第二届行务会议记事》,第 17 页。

②　《钱新之报告交行近况函》,载陈奋主编:《北洋政府国务总理梁士诒史料集》,中国文史出版社,1991 年,第 381 页。

③　《访问石志侃记录》(1962 年 9 月 27 日),交通银行博物馆藏资料 Y48。

④　《交通银行史料》第一卷,第 95 页。

第八章
北京政府末期的交通银行

第二次直奉战争后,梁士诒重返北京政坛。他利用自己在交通银行中的势力逼迫张謇、钱新之辞职,再次担任交通银行总理。此时,中国的局势发生了重大变化,北京政府日趋没落,南方的国民政府不断壮大。在此期间,交通银行与北京政府的关系逐渐疏远,并在1926、1927年之际尝试与武汉政府合作。受国民党内部分裂、宁汉双头政权等因素的影响,四个月之后,交通银行中止了这种合作。武汉国民政府集中现金事件,造成金融界的恐慌,也使交行业务遭受巨创。1927年9月,宁汉合流,南京政府成为统一的国民政府。梁士诒虽然积极尝试与南京政府沟通,却终未逃脱被通缉的命运,不得已辞去交行职务,由卢学溥暂代总理。在国民革命军的冲击下,奉系军阀张作霖退出北京,北京政府宣告结束,交通银行由此进入一个新的阶段。

第一节　梁士诒再次担任交行总理

一、第二次直奉战争与梁士诒重返北京政坛

1921年12月24日,为解决北京政府财政困难,并协助处理交通银行的停兑危机,在张作霖的支持下,梁士诒上台组阁,成为北京政府第18任国务总理。由于外交策略和财政措施受到直系军阀的抨击和阻挠,梁士诒仅任职一月便请假离京,赴天津观望形势。梁氏内阁的施政无方,促使直、奉两系的矛盾更加激化,1922年4月底第

一次直奉战争爆发。在军事上击败奉系之后,直系军阀控制了北京政府。5月5日,大总统徐世昌为了讨好吴佩孚,下令通缉梁士诒:"此次近畿发生战争,残害生灵,挫伤军士,皆由于叶恭绰、梁士诒、张弧等构煽酝酿而成,误国殃民,实属罪无可逭。"①7日,梁、叶等人被迫逃亡日本。

第一次直奉战争后,奉系军阀并不甘心失败,积极谋划发动新的战争。在此期间,张作霖致力整顿军制,提高兵工厂生产能力,特别是加强了空军建设,仅1923年就先后从日本购回飞机12架,从美国购买飞机26架。据统计,1923年奉系军费开支达到1570余万元,是其历史上军费开支数额最高的一年。②除此之外,张作霖还积极与浙江卢永祥、广州孙中山等人联系,形成"反直三角同盟",合力对直系施压。

梁士诒遭政府通缉之后,依然高度关注北京局势的变化。1923年初,他离开日本归居香港,虽然没有与孙中山直接会面,却允诺其亲信在大元帅府任职。这一做法,使其在"反直三角同盟"中处于十分微妙的地位。

1924年9月3日,苏浙战争爆发(江苏督军齐燮元与浙江督军卢永祥之间的战争),结果浙卢战败,直系孙传芳由闽入浙。苏浙战争,实为第二次直奉战争的前奏,张作霖谴责直系攻击浙江,以援助卢永祥为名派军入关,直奉战争再次爆发。10月23日,冯玉祥发动政变,占领北京,囚禁总统曹锟,通电主和。冯玉祥的倒戈,导致直系大败,北京政府遂为张作霖、段祺瑞、冯玉祥等共同控制。经过数日的筹划安排,张作霖等议定组织临时执政府,由段祺瑞担任临时执政。在新组建的内阁中,叶恭绰任交通总长。12月24日,段祺瑞公布《善后会议条例》,并于1925年元旦电邀梁士诒赴京出席善后会议。③

1925年2月25日,梁士诒启程进京。临行前,梁士诒向友人表达了此次赴京意欲在财政金融界大展宏图的愿望,尤其是在裁撤厘金与关税自主方面。当时曾有友人以政局动荡为由,劝他不要贸然北上。梁士诒也清楚当前形势复杂,前景难测,但他已抱定决心,"此行专心办理关税自主,使今后解除列强羁绊,活动国民经济,做得一分是一分,如曾文正所谓'但事耕耘,不问收获',是此次入京之目的也"。又说:"去年漫游欧美,遍访各国财政外交当局,所与谈裁厘加税事,已有眉目,及今不为,又

① 《三水梁燕孙先生年谱》(下册),第225页。
② 《民国日报》1924年7月23日。
③ 《三水梁燕孙先生年谱》(下册),第275页。

待何日？果能成之自我,固属欣然,留与后人,亦称嘉荫。"① 从这些言论看,梁士诒表示此次进京的目的在于解决关税交涉问题,但其内心更为迫切的是想依靠自己的理财能力来恢复政治威信,控制路政和交通银行。

重返北京后,梁士诒积极与段祺瑞等人合作。5 月 16 日,梁士诒被任命为财政善后委员会委员长。② 对于这一安排,梁士诒极感兴奋,旋即撰写并发表《民国以来财政变迁略述》一文,③论述民国以来的财政变迁,反思以往政府的财政举措,见解精深独到。

二、张謇、钱新之辞职与梁士诒的东山再起

一般而言,良好的理财施政除了措施得当之外,必须基础扎实,人脉旺盛。在当时的情况下,梁士诒可以倚仗的对象,自然是交通银行和旧交通系的一批老友。

自 1922 年 6 月开始,交通银行的实际当家人是协理钱新之。虽然钱新之为人精明,勤于行务,但在这场清理整顿中,机构调整和人事变动所造成的一批失意者多对其心存不满,故行内行外时有诋毁之言。1924 年 10 月,钱新之致函梁士诒,在报告交通银行业务经营近况的同时,也表达了自己很多做法不被外界理解所带来的苦闷:"今幸勉强支持,或可渐图恢复,乃不能为外方完全见谅,致有六月股东会之争执。"不过,尽管备受攻讦,钱新之还表示:"铭在事数年,本'真诚艰苦'四字,一往直前,苟利于行者,对用人一端,亦有时为权宜之计。知我罪我,不遑计及","尤愿他日以无缺之金瓯,还诸当局"。④

一方面是钱新之在各方攻击之下萌生去意,另一方面是返京后的梁士诒对交行当前的经营十分不满。在与一批老友亲密接触之后,梁士诒决定夺回交通银行的领导权。他认为"张、钱保守有余,开展不足",并表示"我是(交通银行)大股东,回来管自己的事业"。⑤ 但是 1914 年颁布的《交通银行则例》规定,总、协理任期为五年,而时任交行总理的张謇、协理钱新之任职尚不到三年。因此,梁士诒欲要重新执掌交

---

① 《三水梁燕孙先生年谱》(下册),第 384—385 页。1924 年 3 月 5 日,梁士诒与周寿臣、刘展超等,从香港启程,游历欧美,为期半年,在英、美诸国,屡屡拜会政治家及财界人士。

② 《三水梁燕孙先生年谱》(下册),第 406 页。

③ 见陈奋主编:《梁士诒史料集》,第 330—339 页。

④ 《钱新之报告交行近况函》,见《梁士诒史料集》,第 381 页。

⑤ 《访问浦心雅记录》(1961 年 2 月 24 日),交通银行博物馆藏资料 Y48。

行,就必须设法先让张、钱两人辞职。

张謇虽任交行总理,但并不处理行务,长期留在南通。由于当年是由李耆卿出面,力劝张謇出任交行总理的,故梁士诒决定再请他前往南通充当说客,劝说张謇让出总理之职。在给李耆卿的信中,梁士诒先是强调在张謇"不获北来",钱新之又"志在必去"的情况下,交行处境堪忧。然后进一步表示:"弟虽逃亡数载,各股东仍视为行内中坚,贻书盈箧,责备甚深,且弟本为交行最大股东,亦不能置财产于不顾,再四思维与其缄默贻爱,何如开诚以陈义。"并希望李耆卿在张謇面前"婉评陈达"这一切。① 在给张謇的信函中,除了重述前信内容,梁士诒又从董事会的角度给张謇施加压力:"据各董暨新之所谈,如转移日金借款,补购九六公债,清偿奉天借款,筹划奉票准备,清理星渝各行呆账,恢复京行营业,清理政府欠款等种种问题无法解决,以及各行营业之不易进行,瞻念前途至可忧惧。"从这两封信的内容不难看出,梁士诒夺回交通银行控制权的心情是何等急迫。

对待梁士诒的这种做法,交行董事汪有龄等人表达过不同意见,认为在交行形势逐渐好转的情况下令张、钱两人提前卸职,于理不通,也不符合交行的章程。

张謇、钱新之原为解救危局而接手交行,此时梁士诒欲重掌交行,张謇无意与之相争,②但梁士诒咄咄逼人之势,还是让他深感不满。5月7日,张謇向交通银行股东会递交辞呈。在这封辞呈中,张謇表达了两个意思,一是自己蒙董事会的信任和督促,勉力任职,任职之始就有"俟行基少固,便当引去"之约,现在的辞职,只是"践我初衷";二是任职三年并非一事无成,"所有前任亏耗,以盈剂虚亦以过半"。至于辞呈文尾"不愿再供诸君牛马"一句,可见张謇对自己受到如此对待的愤慨。③ 同日,张謇致函钱新之,又对梁士诒过河拆桥之举表示不屑:"行事决定卸去,另函致股东会,届时乞提出。走任事之始,本约暂救危局。今行基少固,已遂初愿,何必以察察之身随漩涡而沉浮耶!"④

梁士诒对交通银行总理之职志在必得,对协理人选也有一番慎重思考。他本想让钱新之继续担任协理,也曾与钱当面作过交流,但钱新之以当年曾与张謇有过"进

① 《交通银行史料》第一卷,第 120 页。
② 《访问浦心雅记录》(1963 年 3 月 20 日),交通银行博物馆藏资料 Y48。
③ 《致交通银行股东函》(1925 年 5 月 7 日),《张謇存稿》,上海人民出版社,1987 年,第 492 页。
④ 《致钱新之函》(1925 年 5 月 7 日),《张謇存稿》,第 493 页。

退与共"之约而婉言拒绝。虽然当时行内对协理之职跃跃欲试的人很多,但是梁士诒最终选定与交行素无关系的卢学溥出任协理。①

卢学溥(1877—1956),字涧泉,又作鉴泉,浙江桐乡乌镇人,祖籍东阳县。清康熙年间迁青镇(今乌镇)经商,家道殷富,为当地望族。幼承家学,勤学敏思。1900、1901 年庚子、辛丑并科举人,1907 年至南京跟从张曜在财政金融界工作,崭露头角,曾任两江督署外交科长。辛亥革命后,于 1912 年出任奉天教育厅和北洋政府财政部秘书、临时政府财政部公债司第一科长。后历任财政部制用局机要科长、公债司司长,参与制订公债条例,整理国内公债。1921 年至 1922 年,任北洋政府财政部次长,兼任北京新华银行常务董事;1917 年至 1937 年任中国银行监察人等职;1918 年参与成立永亨银行,任董事;1923 年参与成立浙江实业银行;1925 年为财政善后委员会委员。

梁士诒在 4 月 30 日给李耆卿的信中,对卢学溥赞赏有加,提到:"协理一席,新之志在必去,各方面都属意剑(鉴)泉。剑(鉴)泉在财部及公债局有年,于行事本极熟悉。交行与财部往来款项,纠葛甚多,得剑泉佐理,尤多裨益。且剑泉与银行界暨各外界情感均好,各行同事亦多旧识,更不虞其隔阂。"②卢学溥属于南方股东势力,又有良好的理财能力,梁士诒推举卢学溥,既达安抚南方股东之目的,又收协助行务之效,一举两得。

1925 年 5 月下旬,交通银行第十四届股东总会在北京召开,批准张謇、钱新之辞职,正式改选梁士诒任交通银行总理,卢学溥为协理。

第十四届股东总会除了改选总协理外,另一件值得关注的大事就是修改则例。交通银行在此之前用的是 1914 年 4 月 7 日颁布的则例,但是到 1925 年的时候,无论是行内行外,形势都发生了重大变化,故很有必要对则例进行一番修改。此次则例的修改,有几点颇值得注意:③

(一)改定股本及程序问题。早在 1922 年 2 月,交通银行临时股东会即决定将原来股本 1000 万两改为 2000 万元,先招二分之一,每股收足 100 元,计 10 万股,不久

---

① 《访问浦心雅记录》(1963 年 3 月 20 日),交通银行博物馆藏资料 Y48。
② 《交通银行史料》第一卷,第 120 页。
③ 《第十四届股东会纪事》,《交通银行月刊》第 5 卷第 5 号,第 3—7 页;《交通银行史料》第一卷,第 46—52 页。

获得交通部的批准。① 在这次股东会议上,再次确认了股本的增加,其中官股由 4 万股改为 3 万股,其余 7 万股由民间承担。这说明张、钱时期商业化改革取得明显的成效,商股的力量更加壮大。另外,在讨论提议的过程中,董事徐国安发表了对交通部修改章程条文的意见。因股份调整的关系,交通部对交通银行的主管地位是有待商榷的,所以在改定股本的程序上,应删去交通银行增减股本须经股东总会决议呈明财政部、交通部核准这一条款。这一议案的提出,反映了股东支持独立运营、摆脱政府干预的期望。

（二）增加监事一职,人数 3 到 5 人,由股东总会从持有 200 股以上的股东中选出,任期为 2 年。监事一职的职权主要是审查年终结算,调查营业进行及财产状况,监察业务,监察职员是否遵守本行则例及章程,封存总协理、董事交存的股票等等,所行使的是监察之权。更为关键的是,又另立一条"董事、监事不得兼任本行其他职务"的规定,这说明监察人员与行政人员是分开的,监察权与行政权是分开的,监事充分享有监察权。可见,交通银行在制度建设上已体现出民主监督的一面。

表 1-8-1　第一届监事姓名表

姓　名	选 派 年 月	附　　注
孟锡珏	1925 年 5 月股东总会选举	1926 年 5 月辞职,由候补监事徐宝森递补
林鸿集	1925 年 5 月股东总会选举	
朱炎午	1925 年 5 月股东总会选举	
何毓章	1925 年 5 月股东总会选举	1926 年(何月失考)因病出缺,由候补监事刘宗浚递补
郭世伦	1925 年 5 月股东总会选举	
徐宝森	1925 年 5 月股东总会选举为候补监事, 1926 年 5 月补缺	补孟锡珏缺
刘宗浚	1925 年 5 月股东总会选举为候补监事, 1926 年 5 月补缺	补何毓章缺

资料来源:《交通银行史料》第一卷,第 75—76 页。

（三）根据本修改则例另立章程,进一步明晰总协帮理、董事、监事的责任职权。

---

① 《交通银行月刊》增刊第一号;《交通银行史料》第一卷,第 21—22 页。

为照顾南方股东中的董事、监事,规定中未设"除非常故障外,如旷职三个月者,即应辞职"这一款。此外,还削弱董事会权力,使其不再干涉总、协理执行行务,而是将其变为另一个监察机构。针对张、钱辞职而导致新任总、协理的任期问题,又做出新的规定:"总、协理辞职或出缺时,须经股东会会议改选之,其任期以被选之日起算至五年为满",这实际上确定了梁士诒重新担任交通银行总理的任期,也巩固了他的总理地位。

第十四届股东总会任命梁士诒为交行总理,使梁的任职通过了法定的程序,至此,张、钱时代宣告结束。张、钱二人对交通银行的清理整顿,虽持续时间不长,却极富成效,最为关键的是,张謇、钱新之的商业化改革,使交行逐渐走上现代商业银行的发展轨道。以此次股东总会为例,设立监事一职,明晰董事会的职权,即在制度层面上完善了交通银行的监察机构,深刻体现了管理上的民主化、现代化;则例的修改一定程度上反映了交行独立性的增强。这一切都与张謇、钱新之的改革整顿紧密相关。

三、梁士诒对经营方针的调整

1925 年 5 月,梁士诒第二次担任交通银行总理。在职期间,其经营方针较民国初年有了较大的变化。梁士诒曾说过"张、钱保守有余,开展不足,而开支很省",[1]表明他对张、钱时期经营方针的看法具有两面性。因此,梁士诒一方面继承了张、钱商业化改革的部分理念,另一方面,则坚持自己的一贯主张。

张謇、钱新之时期,正值交通银行行务艰难之际,因此连续三年的行务会议都在讨论如何补救维持、如何整理等问题,梁士诒据此认为张、钱时期的交行"一切业务之进行,多从消极方面致力",[2]即便是创新之举的行务会议,各项决议案也是消极成分多而积极成分少,故难以取得显著的成效。有鉴于此,梁士诒主张交通银行今后应采取乐观积极的态度,凡事须从乐观方面着想,方能奋发有为,不应忧虑时局多艰而抱持悲观的态度。在 1925 年 6 月召开的第四届行务会议上,梁士诒劝勉交通银行同人:"行务前途颇多希望,各行经副理务宜本此营业方针,积极做去,勿萎缩,勿后退,若以时局之俶扰而抱悲观,虽云谨慎,必至因循,幸各振刷精神,力图进取,本行幸

---

① 《梁士诒再度任总理》,《访问浦心雅记录》(1961 年 2 月 24 日),交通银行博物馆藏资料 Y48。
② 梁士诒:《演说》,《交通银行第四届行务会议记事》,第 13 页。

甚。"①一年之后,在第五届行务会议上,协理卢学溥对梁士诒的乐观态度和积极的经营方针表示赞同和支持,认为梁总理上任以来主持的两次行务会议所讨论的议题,都是关于营业上积极进取的事情,"故其气象焕然一新,与从前迥不相侔,自兹以往,行务蒸蒸日上,而与议君子必更兴高采烈,谋定而动,前途发达正未有艾"。②

梁士诒重掌交通银行以后,其经营方针确与张、钱不同,但又不同于民初那样过分依托政府来推进发展,而是将张、钱稳健的经营思想吸收融合在内的、积极而又稳妥的发展策略:"有宜从积极一边着手者,有宜从消极一边留意者,此则因时以制宜,相机而后动,宗不外乎遵守章程,以济时变而已。"③

1925年第四届行务会议上,梁士诒提出交通银行今后的营业重点共有6项:(1)汇兑,(2)邮款,(3)买卖生金生银,(4)推广筹码,(5)贴现,(6)同业互相联络。其中推广筹码一项又分为6种,即贴现期票、支票、公债、国库券、钞票和硬币。④ 同时,梁士诒进一步指出:"我行既以交通命名,匪特援照前清奏案,代理轮船电邮国库已也,其必以经济之力辅助国民交通事业,尤以推广国外之交通为发达通商之根本,故辅助此六事,定为我行营业之方针。"其中所谓的"六事"是指通商的六类基本工具:"甲种:一轮船,二铁路;乙种:一码头,二仓库;丙种:一出入口行,二九八代理行,三报关行,四转运公司,五经济行;丁种:国外汇兑银行;戊种:水灾保险公司;己种:一货物交易所,二证券交易所。"⑤在随后公布的的交通银行1925年营业报告中,再一次对梁士诒的上述经营方针作了概括:对内承认发行独立,准备成分遵守章则,实行稽核分立,改订资金表报,多派专员赴外查账;对外则禁止信用放款,注重国外汇兑,厚储准备,巩固发行。⑥ 上述情况表明,梁士诒这一时期的经营特点,实际上是对张謇、钱新之经营理念选择性吸收的结果。

此外,梁士诒对张謇、钱新之时期的具体经营措施也予以不同程度的继承和发展:

(一)坚持行务会议制度。张、钱时期创设了行务会议制度,召集各分行经理乃

---

① 梁士诒:《演说》,《交通银行第四届行务会议记事》,第14页。
② 卢学溥:《演说》,《交通银行第五届行务会议记事》(1926年5月),上海市档案馆藏,档号Q55-2-363,第13页。
③ 交通银行总管理处印:《交通银行报告》(1925年),上海市档案馆藏,档号Q55-2-363,第5页。
④ 梁士诒:《演说》,《交通银行第四届行务会议记事》,第13—14页。
⑤ 《交通银行报告》(1925年),第6页。
⑥ 同上,第5页。

1925 年由梁士诒主持的第四届行务会议合影

至辖内的支行经理一同前来,集思广益,共同筹划行务。在张、钱执掌交通银行期间,总共开过三次行务会议,取得了很好的效果。梁士诒重掌交行后,极为认可这一举措,视之为"集思广益之制度",提倡要始终贯彻。① 因此,梁士诒继续推行这一会议模式,在其任内又先后召开过三次行务会议,后因政局变化而被迫中止。

（二）保持发行独立。在民初及曹汝霖时期,交行通过大量发行钞票为政府垫款,酿成两次停兑风潮,对自身造成极为严重的破坏影响。有鉴于此,张謇、钱新之遂以"发行独立,准备公开"为宗旨,对交行的发行业务作了较大规模的调整,使交行逐渐走上发行独立的道路。1925 年 5 月,交通银行第十四届股东会议上,梁士诒提议保持发行独立案,认为"发行独立制度,立法甚善。近年本行钞票推行渐广,信用日固,获益于此种制度不少"。② 在同年 6 月召开的第四届行务会议上,总管理处又提

---

① 梁士诒:《开会词》,《交通银行第四届行务会议记事》,第 11 页。
② 《交通银行史料》第一卷,第 47 页。

出推广发行案,认为以当时交行的情形而论,欲谋求营业大发展,则"推广发行实为唯一之要图,其主旨手腕应略为放宽"。①

（三）继续加强对行员的管理。梁士诒重掌交行后,一方面尽量维持行内的人事稳定,对张、钱时期的职员基本不做更易裁减。在第四次行务会议上,梁士诒提到其"到行迄今,除行员自行辞职及舞弊开除外,未尝妄易一人"。② 另一方面则继续加强行员入行的保证工作。1924 年 9 月,总管理处曾以旧的保证书内容不当而详加修改,并订办法九项,通函各行照办在案,可惜未得到认真贯彻实施,故 1926 年 5 月第五届行务会议上,总管理处要求将该条例"迅即严催填送,勿再延宕"。③ 此外,交行在这一时期还注重加强与行员之间的联系,增强行员的认同感。在第五届行务会议上,总管理处为此制定了一系列办法:1. 恢复行员甲乙储金及特别储金制度;2. 规定行员保障;3. 规定强制休假办法;4. 辅助行员子弟教育。④ 沪行于此次行务会议上也再次提出实行优待行员制度,主张从定年资加俸办法、修改现行薪级章程、制定行员存款优待办法和行员储金办法等方面,加强行员与行之间的关系。⑤

（四）对放款的限制。在放款方面,尽管梁士诒一贯反对,但民国初年因形势所迫,交行不得不借出巨额款项。梁士诒重返交行后,对张謇、钱新之反对信用放款的态度极力支持,指出"放款业务,非所注重,透支放款尤为银行所大忌"。⑥ 梁士诒深刻认识到政局动荡,军事借款必有纷至沓来之势,若想在营业上进步并超过中国银行,必须避免军事借款,力求减轻负担。1925 年 6 月第四届行务会议上,津行提出支行不宜任意与其他分行搭放款项案,指出:"近年国事蜩螗,商业凋敝,一切放款迭奉总处通函告诫,自应审慎办理。……应请总处从严告诫,以后支行不宜再与其他分行任意搭放巨款。如果认为必要,亦应将详细缘由报由管辖行转陈总处核准后再行办理,以免隔阂而符定章。"⑦

（五）节省开支。1926 年 5 月第五届行务会议上,总管理处提出各行库应核实开

---

① 《推广发行案》,《议决案第十二》,《交通银行第四届行务会议记事》,第 45 页。
② 梁士诒:《演说》,《交通银行第四届行务会议记事》,第 13 页。
③ 《各行库须注意行员保证案》,《接洽案第三》,《交通银行第五届行务会议记事》,第 54 页。
④ 《各行员应使与行业发生密切关系案》,《议决案第二十》,《交通银行第四届行务会议记事》,第 55—56 页。
⑤ 《实行优待行员使与行业发生密切关系案》,《议决案第十三》,《交通银行第五届行务会议记事》,第 46—48 页。
⑥ 梁士诒:《演说》,《交通银行第五届行务会议记事》,第 12 页。
⑦ 《支行不宜任意与其他分行搭放款项案》,《议决案第七》,《交通银行第四届行务会议记事》,第 34 页。

支不得超过预算案,指出近年来交行开支日益增加,现计全体预算年须 190 万元,而实际开支则尚不止此数,因此总管理处为节省费用起见,"本年份各项开支除有特别事故曾经本处核准外,无论如何情形,不得超过预算。此事不特关系本行实力且考成攸关,务请切实注意"。① 在行务开支方面,梁士诒虽赞同节省,但同时也指出,有部分开支不能节省并非弊事,如邮电费及旅费等,则望其与日俱增,此为"行务发达之现象也"。②

除部分继承张、钱时期的经营方针外,梁士诒还继续坚持自己的一贯主张,即注重汇兑业务。

梁士诒一向将汇兑视为"积极的业务",③而在 1925 年 6 月第四届行务会议上提出今后营业的六项重点中,汇兑又被排在了第一位。至于会上梁士诒提出的跟单汇票概念,则成为中国近代银行发展史上的创举。梁士诒认为国内汇兑及国外汇兑均为银行最有利而稳妥的业务,其中国外汇兑尤为重要,"以我行所处地位,尤宜竭力经营"。④ 此外,梁对跟单押汇亦比较重视,指出其"亦极稳妥",⑤无论轮船、铁路,均应特别注意,迅速研究举办。根据梁士诒的观点,在此届行务会议上,总管理处提出改良调拨推广汇兑和国外汇兑应如何进行两个议案。其中就改良调拨推广汇兑案提出四项办法:(1)宽定往来透支限度;(2)注意逆汇;(3)详报金融状况;(4)确定银元往来户名称。⑥ 国外汇兑应如何进行案则提出五项意见:(1)以上海为中心,沪行徐图发展,造成本行国外之中心;(2)其他与国外汇兑有关系的行也要进行,生疏处可向沪行接洽;(3)与国外汇兑无关系的行要注意汇款事项;(4)国外汇兑业务上应用的各种票据要加以改善;(5)国外汇兑主任人才及助理人员要多加培养,以应需要。⑦ 1926 年 1 月,梁士诒在对津行同人的演讲中继续强调汇兑的重要性:"鄙人数十年来,对于银行之业务,最注重者曰汇兑,曰贴现。……汇兑则无本而可获厚利,贴现则本轻而利重。"⑧同年 5 月,第五届行务会议上,津行提出宽筹汇兑头寸推广汇兑业务

① 《各行库应核实开支不得超过预算案》,《接洽案第一》,《交通银行第五届行务会议记事》,第 52 页。
② 梁士诒:《演说》,《交通银行第五届行务会议记事》,第 12 页。
③ 《民国元年二年报告》,《北京金融史料》银行篇(5),第 250 页。
④⑤ 梁士诒:《演说》,《交通银行第四届行务会议记事》,第 13 页。
⑥ 《改良调拨推广汇兑》,《议决案第二》,《交通银行第四届行务会议记事》,第 24—25 页。
⑦ 《国外汇兑应如何进行》,《议决案第四》,《交通银行第四届行务会议记事》,第 29—30 页。
⑧ 《三水梁燕孙先生年谱》(下册),第 463 页。

案,京行提出拟请各行酌予增加透支限度以便汇兑案,总管理处提出各联行应联合揽做汇款案,足见梁士诒重视汇兑所带来的推动作用。

另外,哈行汇票诈骗案对交通银行汇兑业务亦有刺激之效。早在1924年,沪行即以之前的订书类单据格式过于陈旧,提请第三届行务会议加以改革,即先由各行检送现用各种书类单据,并附上修正意见,然后再搜集参考同业现用单据,由总管理处重新制定。可是这一提议一直都未切实执行,直至一年后发生哈行假汇票诈骗案,始引起交行重视。1925年4月,哈行陆续发现自青岛、营口、烟台、济南、张家口等处交行寄回的假汇票根,总计前后被诈领汇款十笔,金额高达5.7万余元,全行震惊。此案是因汇票制度不完善,遂使不法分子有机可乘。于是,在随后召开的第四届行务会议上,沪行便以此案为鉴,再次提请总管理处即速规定营业所用各种书类单据样式,重编汇款密电码本,交付各行一体行用。① 在1926年5月第五届行务会议上,京行又提出拟请于汇款委托书上增加收款人地址一栏以期周密的提案。京行亦是以哈行伪票案为例,指出总管理处订定汇票虽加用密码,但密码只能查验汇款金额是否确凿,而不能考核收款人地址是否真实。例如:甲行寄乙行的汇款委托书写的是交给丙行张某,倘若被人换改为交予丁地张某而汇款金额未动,那么乙行接到甲行委托书后,查核暗码相符,就会以为解送成功,实际上已然误交。因此,基于"防患未然不厌精详"的态度,须在汇款委托书上增加收款人地址一栏,以期安全周密。② 经过这番改进,交通银行汇票制度渐趋完善,大大提高了汇兑业务的安全性。

除了汇兑业务,梁士诒依旧强调存款的重要性,尤其重视对轮路电邮四政存款的争取。在第四届行务会议上,梁士诒指出:张、钱以来,交通银行对交通四政的垫款请求未予完全通融,致使交通四政不得不向其他银行借款,于是四政收入亦逐渐分存他行,但是"我行决不能放弃此种权利,仍应极力揽做,一面并随时整理交部旧账,徐图结束"。③

再次担任交行总理的三年中,梁士诒维持并完善了张、钱时期的经营政策,使得

---

① 《请总处速即规定营业用各种书类单据样式及重编汇款密电本发交各行一体行用》,《议决案第二十二》,《交通银行第四届行务会议记事》,第58页。

② 《拟请于汇款委托书上增加收款人地址一栏以期周密》,《议决案第四》,《交通银行第五届行务会议记事》,第28页。

③ 梁士诒:《演说》,《交通银行第四届行务会议记事》,第14页。

交行在第二次停兑风潮后再未发生大的波动,即便其后北伐战争引发了一系列的政局混乱,交行业务依然保持着持续增长。同时,梁士诒对汇兑业务的重视,使得交通银行逐渐向国际汇兑银行的方向发展。

第二节　南北政权对立之际的交通银行

一、梁士诒与广州政府的联系

袁世凯窃取辛亥革命果实后,倒行逆施,遭到举国反对。在孙中山等革命党人领导下,国内相继爆发二次革命、护国运动、护法运动三次革命运动。1917 年护法运动时,孙中山在广州组建护法军政府,1921 年 4 月改组为中华民国政府,1923 年 3 月又改组为陆海军大元帅大本营,与北京政府对峙。

梁士诒与孙中山是广东同乡,1912 年孙中山访问北京时,梁士诒受袁世凯之托招待孙中山,两人在内政、经济、交通等方面交流意见,相互之间多有赞誉,为以后的合作奠定了基础。此后相当长的一段时间,梁士诒效力于北京政府,与孙中山的广州政府对立。1921 至 1922 年之际,梁士诒出任国务总理,孙中山曾以非常大总统的名义通缉梁士诒。直奉战争后,梁士诒遭到北京政府通缉,逃往海外,后从日本回到香港。在此期间,孙中山不仅取消了对梁士诒的通缉,还打算邀其"共襄国事"。[①]

可是,梁士诒虽汲汲于东山再起,却不愿与广州政府牵涉过多。于是便以"身在局外,尤易联络"为由,[②]没有直接加入广州政府,只是利用自己的影响力为广州政府提供一些外围帮助,以构成"反直三角同盟"。当时,梁士诒业已辞去交通银行董事会会长职务,交行大权转入张謇、钱新之等江浙金融势力的控制下;再加上交通银行粤行在辛亥革命期间已经停业,港行又于 1923 年 3 月受第二次停兑风潮影响而停业,梁士诒对广州政府的支持,无法通过交通银行来实现,只能利用自己在政界和金融界的影响力,为广州政府提供若干帮助。不过即使如此,对于草创阶段的广州政府而言,都无疑是雪中送炭。

---

① ②　《三水梁燕孙先生年谱》(下册),第 255 页。

1923 年 3 月初，梁士诒在香港与英中协会驻华代表梅厄斯进行会谈，建议财团向广州政府提供一笔贷款，以盐余作为抵押。由于广州政府截留的盐税，年收入达到五六百万，因此，梁士诒认为 1 亿元贷款是可以到手的。对于这笔贷款的用途，梁士诒又建议四分之三由西洋列国监督，用于建设，其余部分作为自由资金。梁氏此举，对广州政府颇有助益。故 3 月 18 日，孙中山发表演讲附和梁士诒的建议，并在演讲中向香港方面示好，论及铁路建设以及外国投资等问题。孙中山有意让人们知道，他正在和香港当局谈判一笔借款，而这笔借款北京方面并未介入。① 然而，此项借款终因英国方面不愿意过多卷入中国政争而化为泡影。

除了建议外国财团向广州政府提供贷款，梁士诒还推荐交通系的得力干将叶恭绰、郑洪年进入广州政府，辅佐孙中山处理财政问题。在孙中山的邀请与梁士诒的授意下，叶恭绰、郑洪年分别从日本、上海前往广州。叶恭绰刚到广州，即为广州政府筹款 20 万元，资助李烈钧入赣。② 5 月 7 日，孙中山正式任命叶恭绰为广州政府财政部长，郑洪年为财政次长。③ 叶、郑二人上任伊始，便受到直系控制下的北京政府的刻意抨击。5 月 6 日，山东临城发生土匪孙美瑶劫掠金瓯铁路火车之事，车中乘客 300 余人（含有部分外国人）被掳往犊崮山。曹锟当即借此栽赃，指责梁、叶、郑等人与孙中山勾结，连通土匪，称临城劫案实与梁士诒等人有关，并照会香港当局，要求将梁士诒等人驱逐出境，④试图通过外力破坏梁士诒与广州政府的合作。后经调查，证明临城劫案与梁士诒等人无关，而直系军阀的诬陷栽赃，反而增强了梁士诒与广州政府协力合作，推翻直系政府的决心。

叶、郑二人在广州政府任职期间，处理财政问题尽心尽力，两人在工商界积极奔走，与各地方势力、华侨、外国银行等频繁接触联络，并在香港筹设造币厂，参与交涉截留粤海关关税，为广州政府的财政建设做出了重要贡献。但终因广州政府军、政不能统一，且中外商人不愿与广州政府合作而难以取得显著成效。

1923 年 11 月，叶恭绰受孙中山之托北上联络，郑洪年继任财政部长。1924 年 3 月，梁士诒从香港启程，游历欧美。1924 年 9、10 月孙中山相继免去叶恭绰、郑洪年

---

① ［美］韦慕廷著，杨慎之译：《孙中山——壮志未酬的爱国者》，中山大学出版社，1986 年，第 157—158 页。
② 《一周间之金融调查》，《申报》1923 年 4 月 29 日。
③ 《三水梁燕孙先生年谱》（下册），第 257 页。
④ 同上，第 255 页。

职务,郑洪年也返回上海。1924 年 10 月 23 日,冯玉祥发动"北京政变",北京政府为奉、皖两系控制,梁士诒得以重返北京政坛,梁士诒暨交通系与广州政府的合作告一段落。

梁士诒重返北京政坛后,日渐没落的北京政府依然矛盾重重,而同一时期广州政府则发生了翻天覆地的变化。1924 年初国民党一大时,孙中山递交了《国民政府建国大纲》,提出了组建国民政府的设想,但由于条件限制,没有立即实施。北京政变后孙中山应邀北上,却于 1925 年 3 月在北京逝世,广州政局动荡,国民党加快了组建国民政府的步伐。6 月 14 日,国民党中央政治委员会举行会议,决定改大元帅大本营为中华民国国民政府。7 月 1 日,国民政府发表宣言,中华民国国民政府正式成立。国民政府宣布其职责是履行孙中山遗嘱,对外废除不平等条约,消灭帝国主义势力,对内开展国民革命运动,消灭军阀势力。为此,国民政府积极整顿内部,实现了军政、民政和财政的统一,为北伐战争创造了条件。

二、交通银行与北京政府的日渐疏远

1925 年 5 月梁士诒重掌交行后,看到张、钱时期交通银行的商业化取得明显成效,也认识到此前大量军政垫款带来的危害,于是改变了民初依托政府发展的理念,继承和发展了张、钱时期交行与北京政府保持一定距离的方略。此外,梁士诒还排除重重阻挠,力主将交通银行总管理处迁往天津,目的也在于保持经营管理的独立性,进一步疏远北京政府。

梁士诒重回北京政坛,本想借参加善后会议的机会,与临时政府执政段祺瑞等人合作,以便在财政与外交方面施展自己的才华,但事实上除重新夺回交通银行的控制权外,在官场上他并未收获多少。段祺瑞不是一个易于共事的人,他并不打算让梁士诒担任更加重要的职务。财政善后委员会只是个没有实权的机构,梁士诒担任该委员会委员长职务,其实是被拖入关税特别会议的漩涡之中。

关税特别会议虽经梁士诒等人的努力,迫使列强承认中国关税自主,但在进入讨论附加税用途及税率问题时,列强故意留难,加上中国政局时有变化,中国委员不常到会,会议陷于停顿状态,并未取得实质性进展。梁士诒由此对北京政府丧失信心。1926 年 4 月,北京政府再次由直、奉两系共同执掌,曹锟、吴佩孚进入北京政府,梁士诒与曹、吴素有怨仇,自然难以共事。见政治上已无法再展宏图,梁士诒开始将主要精力放到交通银行及争取关税自主权上,不再热衷于政务。

鉴于交行总管理处地处北京,经常受政局影响,被军阀迭勒垫款,且有 1922 年直系欲篡夺交行的前车之鉴,1926 年 5 月,梁士诒决定将总管理处迁往天津,①以躲避北京政府及军阀政客的烦扰。自交行成立以来,有关章程、则例明确规定总管理处设于北京,经历了 1921 年第二次停兑风潮后,已有一部分股东深感政府的拖累,主张将总管理处迁往天津或上海,但始终没有落实。② 究其原因,主要有两点。一是交行当时仍是国家银行之一,具有代理国库、经营国债等职能,必须经常与北京政府打交道;二是诸多董事、监事及职员尚有安土重迁的观念,认为迁移他处会有诸多不便。然而,此时梁士诒既然已无意于政治,遂为交通银行长远着想,力主将总管理处迁往天津。

梁士诒迁移总管理处的提议,一经提出即遭到不少股东的不理解和反对。于是,梁士诒决定先将基金转移,造成既成事实,然后再迫使众人同意。他先是怂恿股东,谓如今军权时代,兵锋所及之地难免意外发生,为保险起见,可先将 700 万两基金迁移至天津保管。等基金迁入天津,梁士诒立刻重提总管理处迁移之事。北京总商会闻讯劝阻,梁士诒反诘道:"基金既已迁移,京行业已空虚,万一京津交通断绝,奸人造谣挤兑,岂不是束手无策,坐以待毙?"持反对意见的股东无言以对,只好作罢。

对于总管理处的迁移,不少职员也有意见。他们认为职员赴津供职,而眷属留在北京,往返两地,生活费用势必倍增,故若非增加一倍薪金,实难一同前往。梁士诒由于无法预测日后的营业状况,不敢承诺全体加薪一倍,但同意给予职员优厚的搬家费,月薪 30 元,补给搬家费 300 元,月薪 40 元,则补给搬家费 400 元,以此类推。职员们在获得一笔丰厚的补偿费之后,也就对总管理处迁往天津的事实表示默认了。③

当时最大的反对力量,来自于交行的部分董事与监事。他们以则例规定"设总行于北京"为由表示异议,其中尤以董事长汪有龄态度反对最力。为与之对抗,梁士诒伪造了几封提议总管理处迁移的股东来信,④以股东们的"要求"向反对迁移的董、监事施压。同时,梁士诒又召开董事会表示自己破釜沉舟的决心,他在会上不再为搬迁

---

①《交行总管理处移津》,《申报》1926 年 5 月 27 日;《交通银行史料》第一卷,第 96 页。
②《交通银行史料》第一卷,第 96 页。
③《交行移津之经过情形》,《申报》1926 年 8 月 4 日。
④《季鹿峰回忆》(1963 年 2 月 25 日),交通银行博物馆藏资料 Y48。

的理由多费口舌,而是开门见山,斩钉截铁地声称:"吾一家二十七口,一起杀尽,吾亦搬定的了。"众人见梁士诒声色俱厉,态度如此坚决,皆不敢再出头阻拦。①

梁士诒见交行内部已无反对声音,认为迁移的时机已经成熟,遂于 7 月 17 日再次召集董事会商议总管理处迁津的具体问题。他在会上提到,近年来,因政局与战事的影响,处在北京的总管理处不免遭遇种种障碍,为谋求总管理处的安全和利益考虑,拟将文书、会计、稽核、发行四股随总、协理迁津办公,而国库股和文书股的一部分依旧驻京,董、监事会仍在京举行。对此,董事孟锡珏表示支持,并进一步指出总管理处移津后,交通方面更为便利,处理各种问题皆是有利无害,不必执拗于原先的规则条例。孟氏表态后,与会代表均无异议。于是,梁士诒又进一步说:"总管理处迁津一事,为避免造成各方误会,拟不对外通告,亦不修改章程。"②上述提议作为董事会决议获得了通过,总管理处迁津一事,也终于尘埃落定。《申报》曾评论到:"梁氏近一月间,为此事奔走京津,筹划一切,不避溽暑,可谓煞费苦心矣。"③点明了梁士诒在此事中的重大推动作用。

在获知交行董事会决议总管处迁移天津的消息后,当时北京政府代理国务总理杜锡珪再提异议。7 月下旬,杜锡珪访问梁士诒,以交行有代理国库之责为由,劝阻梁取消移津之举。梁士诒则抬出股东作为挡箭牌,声称移津是全体股东的意思,他本人不便擅专。同时梁士诒也表示,交行总管理处虽然迁移,但京行仍在京办事,将来如遇有国库款项问题,可以与京行接洽,再电天津办理。杜锡珪对此也是无可奈何。

9 月 13 日,除国库股外,总管理处 60 余人及重要档案正式搬迁到天津法租界四号路,④16 日正式对外办公。至 1928 年 10 月再迁上海,总管理处在天津一共驻留了25 个月。

在天津期间,总管理处决议行务,有以下三件颇为重要。

一是 1927 年 2 月,董事会议决交通银行行旗式样。行旗大小、所用布料与国旗相同。总管理处通函公支行、办事处在交行纪念日及股东总会开会日,与国旗交叉悬挂。

---

① 《访问浦心雅记录》(1963 年 3 月 20 日),交通银行博物馆藏资料 Y48;《交通银行史料》第一卷,第 96 页。
② 中国第二历史档案馆藏档案,档号 398-1209;《交通银行史料》第一卷,第 96 页,记述了此次董事会的会议发言内容。《本馆专电二》,《申报》1926 年 7 月 18 日,指出会议时间是在 1926 年 7 月 17 日。
③ 《交行移津之经过情形》,《申报》1926 年 8 月 4 日。
④ 《专电》,《申报》1926 年 9 月 15 日。

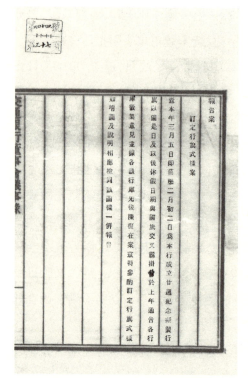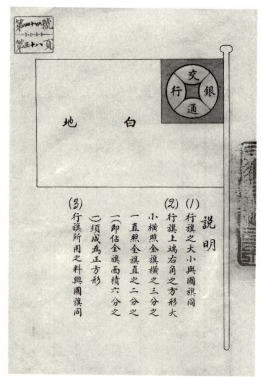

1927 年交通银行董事会议决行旗式样的文档

二是 3 月 4 日下午,梁士诒主持召开了交通银行创建二十周年纪念会。交通银行于清光绪三十三年筹建,次年二月初二日正式开业。经第四届董事会议决,以每年的农历二月初二为交通银行纪念日,举行行庆活动,尤其是逢十的周年庆典,须由总管理处制定相关活动节目,通函各分支行遵照施行。

三是 5 月 1 日,交通银行召开第十六届股东大会,这是民国期间在天津召开的唯一一次股东常会。梁士诒除向股东报告 1926 年的经营情况外,重点说明总管理处何以迁到天津。梁士诒解释:近两年来交行的营业方针偏向工商事业,已经脱离政治上的羁绊。北京并非工商之地,加上战争的影响,总管理处对于各分支行头寸调拨与资金支配均感不便,严重影响了业务发展。无论是为摆脱北京政治牵掣考虑,还是注重工商事业的进步,总管理处迁往天津实是交行获得大发展的必要举措。[1]

---

[1] 《1927 年 5 月 1 日股东常会纪》,《北京金融史料》银行篇(5),第 161 页

交通银行经营方略的改变与总管理处的迁移,表明交通银行与北京政府的关系日渐疏远。而这一时期南北形势也发生了重大变化,交通银行即将面临新的挑战。

三、交通银行与国民政府的合作尝试

1926 年夏,广州政府出兵北伐,以图统一全国。在社会各界的支持下,国民革命军接连攻占长沙、岳阳、武昌、九江、南昌等地,占据了湖南、湖北、江西、福建等省,歼灭了吴佩孚的主力,沉重打击了孙传芳,取得了辉煌胜利。为适应新形势,1926 年 12 月,国民政府迁都武汉。

北伐虽然捷报频传,但武汉政府在财政上却面临诸多困难,亟需金融界的大力支持。故武汉政府财政部长宋子文有意与梁士诒合作,以缓解武汉财政压力。于是,1926 年底宋子文电邀梁士诒到汉口共商大计。①

对于宋子文的邀请,梁士诒颇感为难。就梁本人而言,这一时期他虽然游离于北京政府之外,但毕竟在政治上与奉系张作霖有密切联系,再加上南北战争激战正酣,若贸然离开北京,南下汉口与宋子文会谈,容易引起北京政府的猜忌与攻击。然而,国民政府已赢得社会各界的普遍支持,军事上不断报捷,大有取代北京政府之势,从交行的继续发展考虑,亦不能拒绝宋子文的邀请。思量再三,梁士诒最终决定不亲赴武汉,而是派遣得力助手赵庆华前往,与宋子文会谈,这样对他本人与交行都留有转圜的余地,较为稳妥。

赵庆华(1879—?),字燧山,浙江金华人,监生出身。历任京奉铁路管理、广九路总办、津浦铁路局局长、全国铁路协会评议员、交通银行沪行经理、沪杭甬铁路局局长、东三省外交顾问、交通次长等职,是交通系的得力干将。

赵庆华受梁士诒之托到达汉口后,连日与宋子文讨论财政金融计划。赵庆华根据梁士诒的授意,再附以自己的看法,见解颇为独到,会谈极为惬洽。② 这次会谈主要涉及以下两个方面:

第一,交通银行提供军需借款。武汉政府当时的军费开支极为庞大,宋子文希望交通银行能够提供一定数额的军需借款,以缓解武汉政府的财政压力。赵庆华则表

---

① 《三水梁燕孙先生年谱》(下册),第 509 页。
② 同上,第 510 页。

示,由于市面不景气,而且交行在战争中也颇受影响,恐怕难以提供数额巨大的军需借款。故在与梁士诒往返电商之后,赵庆华最终向宋子文允诺,武汉政府可在中国银行同行往来的交行项下透支,以50万元为限,并订明所取交行汉钞,须运往湘、豫、赣、皖四省前线使用,以免有人持此种钞票来汉行兑现,使汉行难以应对。50万元对于当时的交通银行与武汉政府而言都不是一笔小数目,而指定此款的用途也是为了防止汉行因挤兑而受到影响,汉行的正常运转毕竟对武汉政府也是非常重要的,因此这一建议得到宋子文的认可。

第二,交通银行与中央银行合作。早在1924年8月,广州政府就在广州创办了中央银行(汉口中央银行成立后,改组为广东省银行),以资助解决财政问题。国民政府迁都武汉后,又于1926年12月在汉口成立新的中央银行,设在交通银行汉行所拥有的华俄道胜银行大楼内,宋子文兼任行长,陈行任经理。汉口中央银行的建立及其分支行的开设,钞票的发行与推广等,都须求助于实力雄厚的交通银行与中国银行。对于这一问题,梁士诒授意赵庆华向宋子文建议三行合作,即将来凡是重要城市有交通银行、中国银行分行的,均设立中央银行分行,三行互相扶助。关于中央银行钞票的发行、推广问题,梁又授意赵向宋子文提议,让中央银行钞票就地发行,并由交通银行代兑。如此不至于牵动市面,中国银行及其他银行若能照此办理,则中央银行至少有三四百万元往来活动,对军事、财政都有裨益,国民革命军的财政也可从此充裕。

赵庆华的这些提议,宋子文和陈行都表示赞同。梁士诒也认为赵庆华此行对诸事的处理恰到好处,遂电令赵北返。赵庆华北返前,还与宋子文约定,俟国民革命军到达上海,即可按照会谈的计划逐步施行。① 赵、宋汉口会谈,议定交行从多个方面对武汉政府提供经济援助,支持国民革命军北伐,可谓交行与国民政府合作的一次尝试。

宋子文对这次汉口会谈的结果也颇为满意,不久就公开表示,不打算用行政手段干涉交通银行、中国银行等银行的业务活动。1927年1月22日,宋子文接受日本记者采访,论及财政方针,在谈到交通银行与中国银行发行兑换券时,明确提到:"此等

---

① 《三水梁燕孙先生年谱》(下册),第510页。

银行既有相当准备金,且基巩固,故国民政府不加以何等之干涉,希望其照前自有营业。"①

交行出于自保考虑,积极尝试与武汉政府合作,但政局的急剧变动,使梁士诒深感自己对交行的领导权恐难持续。1927 年 3 月,梁士诒致函陈光甫(上海银行经理、蒋介石委任的江苏兼上海财政委员会主任),表示愿意将交行领导权转让给他。② 果然不久,梁士诒的这一预感即得到了证实。

四、国民政府的分立及其对交通银行的影响

梁士诒通过汉口会谈尝试与国民政府合作,但不久国民政府内部就出现急剧分化,不仅原先议定的合作计划被迫中止,而且国民政府的分立对交行造成了重大影响。

早在 1925 年 11 月,国民政府内部就因与中国共产党和苏联合作的问题分化出"西山会议派",并在上海成立国民党中央党部,国民党内部由此出现派别之争。北伐战争开始后,国民革命军势如破竹,占领南京、杭州、上海等地后,江浙金融势力和外国列强纷纷向蒋介石示好,蒋势力大增。蒋介石对武汉政府"容共"政策极为不满,抨击武汉政府为中共和苏联所控制,背离了国民革命。1927 年 4 月 12 日,蒋介石发动了"四一二政变",开始"清党",镇压中共及工农运动,并在军事上向武汉政府施加压力,加紧对武汉的经济封锁,公开宣称要在两周内达到"屈服武汉"的目标。4 月 18 日,蒋介石又在南京另行组建国民政府,与武汉政府相对立,即历史上所谓的"宁汉分立"。

当时武汉政府内部也困难重重,特别是财政上捉襟见肘。武汉政府财政收入每月仅有 600 余万元,而财政支出则高达每月 1700 万元之巨。③ 为了解决财政困难,武汉政府曾先后采取多种办法,如整理旧税,添加新税,组建中央银行,发行纸币,发行公债,统一财政等,但都没有取得预期效果。而此时外国银行却落井下石,不仅不再向武汉各界贷款,反而不断派人催收先前贷给武汉的上千万元款项。"一·三"④、

---

① 《宋子文与日记者谈话》,《申报》1927 年 1 月 28 日。
② 王正华:《1927 年蒋介石与上海金融界的关系》,《近代史研究》2002 年第 4 期。
③ 徐凯希:《武汉国民政府集中现金风潮述略》,《历史档案》1992 年第 2 期。
④ 1927 年 1 月 3 日,为庆祝北伐胜利和国民政府在汉口办公,中央军事政治学校政治课宣传队在汉口江汉关前与英租界毗邻的广场上演说,大批群众聚集静听演说。英国水兵却以武力驱散听政治演讲中国民众,致使数十人受伤,其中三人重伤。事件爆发后武汉各界强力抗议,武汉政府在群众的支持下收回汉口英租界。

"四·三"①事件后,外商银行、企业等大量停业,市面不稳。一般工商业因资金枯竭无法维持,而普通民众也鉴于时局动荡,相率储存现洋,以备不时之需。财政枯竭与现洋不足,已经直接威胁到武汉政府的生存。

为了收回江浙财权,缓解财政压力,1927 年 3 月下旬,武汉政府派遣宋子文前往上海执行江苏、浙江两省财政统一使命。② 宋子文离汉赴沪,武汉政府少了一位理财专家,以致在其后纷繁复杂的政治经济角逐中应对无措,损失尤重。

4 月 15 日,武汉政府证实"四一二政变"属实,随即成立战时经济委员会,负责把经济纳入战时轨道,以挽救严峻的政治经济危机。4 月 17 日,战时经济委员会召开第一次扩大会议,国民政府主席汪精卫发表演说,指出国民革命已经到了极严重时期,为打破经济封锁,须号召武汉民众将现款存放银行,作为准备金,以维持纸币信用,保证市面流通,使帝国主义及南京方面无计可施。③ 会后,武汉政府公布了《集中现金条例》,其要如下:其一,凡完纳国税、流通市面,均以中央银行所发汉口通用纸币,及中国银行、交通银行所发行的汉口通用钞票为限;其二,凡持有现币或其他商业银行纸币者,可向中央、中国、交通三银行及各邮局,随时兑换中央、中国、交通三银行纸币;其三,凡收付银两,均用纸币,每元法定七钱一分,不得自由增减;非经财政部特许,绝对禁止现洋现银出口;其四,凡拒收中央、中国、交通三银行纸币或收买现币,或抑勒纸币价格,或抬高物品市价,及其他违反本条例规定之行为,经人民告发,查明确实者,按律严办。④

条例颁布后,4 月 17 日晚,武汉政府再次召集汉口各银行举行会议,宣布集中现金办法,规定凡兑付款项均只能用中央银行钞票,各家银行领取一定数额中央银行钞票,并以库存现洋作抵。⑤ 18 日晨,武汉政府派员持布告到各行点验库存现金,一律封存,并派有军警保护,当时武汉政府查封各银行现金库存总计 400 多万元,其中交

---

① 1927 年 4 月 3 日,两个日本水兵乘坐人力车时因付费太少而与车夫发生冲突,将车夫打伤,路过群众上前援助车夫,附近酒店的日本人及附近群众纷纷出动,酿成群殴。最后群众将肇事日本人擒获,并送往省总工会。日本领事馆闻讯后,调大批水兵登岸,枪击群众,打死中国群众九人、重伤八人、轻伤数十人。事件爆发后武汉各界强力抗议,但日本却关闭在汉口的工厂、商店、银行等,加入英美对武汉的经济封锁,并增兵汉口,向武汉政府施加压力。

② 见《汉口民国日报》1927 年 3 月 28 日报道。

③ 《武汉禁止现金出口》,《申报》1927 年 4 月 24 日。

④ 《国民政府集中现金条例》,《银行杂志》第 4 卷第 13 号,第 1 页。

⑤ 冯筱才:《自杀抑他杀:1927 年武汉国民政府集中现金条例的颁布与实施》,《近代史研究》2003 年第 4 期。

行 150 万元,在各银行中数额最多。与此同时,武汉政府将中央、中国、交通三行库存钞票提出并投入市场。

武汉政府仓促出台的《集中现金条例》,不仅没有挽救武汉政府的财政危机,反而激化了财政矛盾,酿成更为严峻的金融险情。集中现金命令颁布后,武汉市面立即发生重大变动,铜元缺乏,价格飞涨,多数商店紧闭店门,停止营业,市面呆滞。而针对武汉政府集中现金的规定,江苏省财政厅训令所属各县、局,声称汉口中央银行既经停止兑现,其发行之纸币,应即一概停用。上海及其他各埠金融界对此也是一片哗然。上海银行公会在 4 月 18 日发表《上海银行公会全体会员银行紧要通知》,认为武汉政府的行为显系有意破坏市面,决定自即日起,与汉口各行暂行停止往来。[①] 同时,上海银行公会致电北京、天津、济南、杭州、奉天等地银行公会,通告该会与武汉停止往来的决议,请各公会注意。北京、南京、广东等地也一致断绝对汉经济往来。武汉在经济上陷入孤立状态。

4 月 19 日,武汉政府召集汉口各界会商维持办法,确定银元、铜元行市,银元 1 元合铜元 3200 文,限制商人高抬物价,结果暗盘买卖较前更盛。4 月 23 日,武汉政府财政部成立金融讨论会,作为专门机构,研究解决金融市场问题。除财政部长、湖北财政厅长以及汉口中央、中国、交通三银行的经理参加外,汉口商会、商民协会、银行公会、钱业公会均有代表参加。6 月,三行汉钞仍不够用,武汉政府责令财政部搭发前已决定而未发行的国库券,[②]充作官款军饷,先后两次共发行国库券 1339 万元。6 月中下旬,军队陆续自前线开回,以前所发三行汉钞的一部分也被带回武汉流通,武汉市面纸币充斥。6 月底,三行汉钞及国库券的发行总额已达 8455 万多元。集中现金之初,流通货币统一为三行汉钞,后来出现银元、铜元的暗盘交易,还有以前流入的上海申钞,再加上发行国库券,市场情况十分紊乱。在实际流通中,申钞为第一等,银元为第二等,三行汉钞为第三等,国库券信用最低,在 7 月中旬竟跌至二折左右。武汉政府与商会虽谋维持,也无济于事,武汉金融几近崩溃。

---

① 《上海银行公会全体会员银行紧要通告》,《银行周报》第 11 卷第 4 号。

② 1927 年 4 月 5 日,国民党中央政治委员会第九次会议上,代理宋子文处理财政部事务的张肇元认为现在财政困难已极,目前预算要 1200 万,湖北的收入还不到 300 万,遂提出发行 900 万国库券的计划,让赴赴前线的军人带着新发的 900 万国库券到河南、山东、直隶、陕西去使用,期限为 6 个月,4 月 15 日发行,10 月 15 日兑现,利息定为 6 厘,到期后到这四省的中央银行兑现。

武汉政府集中现金政策,使交通银行汉行遭受重创。当时,汉行发行账内,汉钞流通数原为 600 余万元,后于 1927 年 4 月因需款续发,据汉行陈报湖北财政整理会数目,数额为 720 余万元。① 武汉政府颁布《集中现金条例》,实质上宣告交通银行、中国银行等银行汉钞为不兑现纸币,因此交通银行汉口地名券随即宣告停兑。② 当时不仅汉钞停兑,汉行库存现金也被武汉政府强行提出 150 万元,再加上集中现金所造成的严重金融危机,汉行业务无从开展,各种损失累计达 1178 万元。汉行在此风潮中元气大伤,不得不宣告停业清理。

由于交通银行、中国银行的汉钞在武汉不能换得现洋,诸多民众便持票涌向邻近的省份要求兑现。交通、中国两行历来规定,各地分行所发行的钞票皆印有地名,只能在所在地银行凭票兑换,异地不能通兑。因此,涌向苏、浙、皖三地以求兑现汉钞的民众因不能如愿而群情激愤。交、中两行担心事态恶化而影响金融稳定,遂向南京国民政府求援。4 月 27 日,蒋介石以国民革命军总司令的名义颁布公告:"此后行使中、交两行钞票,如票面上印有汉口字样者,勿得向他省各埠中、交两行任意迫令兑现,以维金融,如有故违,定于严究,切切。此布。"③经此事件,武汉民众迁怒于中、交两行,一定程度上影响了交行在人们心目中的地位。

1927 年 7 月 15 日,汪精卫在武汉发动政变。8 月 19 日,武汉政府宣布迁都南京。9 月初,国民党宁、汉、沪三派在上海商议改组南京国民政府,宁汉正式合流。在这一背景下,武汉政府颁行的《集中现金条例》实际上已经失效。9 月 29 日晚,武汉政治分会财政委员会决定,中央、交通、中国三行钞票,按照每元兑洋二角的兑换率,自 10 月 12 日起,可以进行兑现。

10 月 12 日开兑后仅数小时,中央银行已兑出 3.8 万元,中国银行兑出 4 万元,交通银行兑出 8 千余元。13 日,中央、中国银行各兑出 4 万余元,交通银行兑出三四千元。14 日,中央银行兑出千余元,中国、交通两行兑出不过数十元。④ 与中央银行相较,交行汉钞的兑现很少,后来因无人兑现而将兑换处撤销。个中的原因是,武汉持

---

① 《交通银行史料》第一卷,第 902 页。
② 《交通银行史料》第一卷,第 902 页。当时开封支行(汴行)隶属汉行,在武汉政府集中现金时,汴行所发行的第五版河南地名券,亦随之停兑,当时河南地名券流通额约 7.6 万元。
③ 《中交钞票系认地域兑现之布告》,《申报》1927 年 4 月 28 日。
④ 《汉口三行钞票兑现情形》,《申报》1927 年 10 月 19 日。

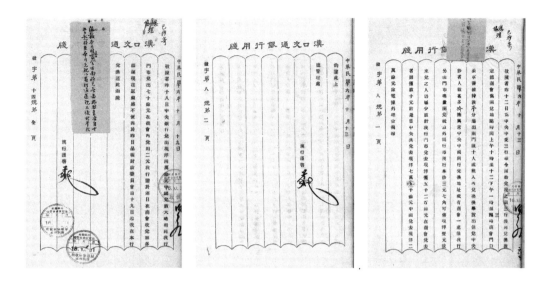

1927年10月交通银行汉钞恢复兑现的电文

券的民众认为中央银行与交通、中国两行有所不同,应分别对待,中央银行的钞票可以每元二角兑现,而交通、中国两行的钞票应以十足兑现。所以持有汉钞的民众纷纷采取观望态度,“以待觅有机会,再向交行交涉”。① 至12月,观望的持券民众始终未能等来期盼的结果,对汉钞兑现的预期颇感悲观,于是在上海组织了“交通银行汉口地名券执券人联合会”,②与上海交行打起了官司,最终上海临时法院判定上海交通银行不负兑现责任,民众大失所望。③

据估计,武汉地区自1926年11月至1927年10月,先有官钱局的倒闭,继有集中现金事件,经济损失不下一亿元,交行因纸币贬值而遭受的经济损失合计为1178.9万元,其中本行发行的钞券跌价损失为928.9万元。④

---

① 《汉口三行钞票兑现之近况》,《申报》1927年10月31日。
② 《交通银行汉口地名券执券人联合会》,《申报》1927年12月26日。
③ 《上海临时法院谕饬上海中交两行对汉口中交停兑钞票不负责任》,1927年12月30日。
④ 余捷琼:《民国十六年武汉的集中现金风潮》,《社会科学杂志》第7卷第4期。

第三节　北京政府的结束与交通银行的调整

一、1927 年交通银行的南北两派

1927 年，随着北伐的不断胜利，国民政府取代北京政府的态势渐趋明朗，各种势力顺应新形势，逐渐转附国民政府。其中江浙金融势力与国民政府接触较早，对国民政府的支持也较为积极。早在 1924 年 8 月，中国银行副总裁张嘉璈就指示香港中行经理贝祖诒借款 50 万元给当时的中央银行，北伐开始后又陆续向蒋介石势力提供了几笔借款。上海商会会长虞洽卿也曾派人前往广州与蒋介石接洽，1926 年又亲赴南昌与蒋会晤。1926 年底，武汉政府发行整理湖北财政公债 1500 万元，张嘉璈与李铭（浙江实业银行经理）、蒋抑卮（浙江兴业银行董事）、王子鸿（中行汉行经理）、沈季宣（大陆银行汉行经理）等密商，决定予以支持。陈光甫、钱新之（时任四行储蓄会副主任）也于 1927 年初与蒋介石进行接触，并提供军政借款。

沪行是交通银行最重要的分行，自 1917 年 10 月赵庆华调离沪行经理后，沪行开始为江浙金融势力所控制。在此期间，由交通银行沪行、中国银行沪行等发起组织的上海银行公会于 1918 年 8 月正式成立，交通银行沪行在上海银行公会内占有重要地位。1927 年，南北形势日渐明朗，江浙金融势力进一步倾向于国民政府，与之相应，沪行及上海银行公会也积极支持国民政府。

（一）拒绝孙传芳、张宗昌军事借款。1927 年 3 月 2 日，孙传芳、张宗昌以筹集军饷讨伐共产党为名，训令上海银行公会，拟将海关进口二五附税做抵，发行库券 1000 万元，分十个月还清，[1]其中交通银行沪行和中国银行沪行共摊得 500 万元。[2] 消息披露后，国民党中央政治会议上海分会立即致函上海银行公会，指出列国会议曾议决

---

[1] 《孙传芳张宗昌致上海银行公会训令》（1927 年 3 月 2 日），上海市档案馆编：《一九二七年的上海商业联合会》，上海人民出版社，1983 年，第 43 页。

[2] 《上海总工会警告全市银行界拒绝张宗昌暴敛强索发行库券函》（1927 年 3 月 12 日）、《国民党江苏省党部致上海银行公会函》，《一九二七年的上海商业联合会》，第 42、44 页。

二五附税不得作为军用,告诫上海银行公会不要自坏附税保障,立即停止此项借款交涉。① 同时,国民党江苏省党部也致函上海银行公会,要求交通银行与中国银行拒绝借款,否则将采取行动予以制裁,反之则加以支持。② 3 月 12 日,上海总工会也发布《上海总工会警告全市银行界拒绝张宗昌暴敛强索发行库券函》,要求上海银行公会邀约各行,联合抗拒张宗昌,以谋自救。③ 武汉政府对上海金融局势甚为关注,得知这一消息后,于 3 月中旬召开的国民党二届三中全会上,决定以国民政府的名义发表通电,称:"上海银行公会、钱业公会、总商会对张逆借款应严行拒绝,否则甘心助逆,通缉严办。"④当时上海虽然仍在孙、张军队控制下,但张孙联军颓势已现,而国民政府方面态度强硬,上海银行公会不愿再冒风险接济北洋军阀。即便上海总商会会长傅筱庵出面,要求银行界摊任库券,为张孙联军筹款,上海银行公会亦不予理会。⑤ 3 月 22 日,上海银行公会和钱业公会发表声明:"报载苏省最近在上海以二五附税库券作抵,向银行界借款一千万元,由傅筱庵从中张罗,银行界已交一百万元等语,查敝会等虽曾接到是项公文,迄今并未置复,报载各节全属子虚,特此声明。"⑥与拒绝孙张联军借款形成鲜明对照的是,3 月 26 日,国民革命军第十四军军长赖世璜、参谋长刘振向交通银行、中国银行磋商垫款事宜,两行答应设法筹措。⑦ 4 月 5 日,上海银行公会又向国民党中央执行委员会及蒋介石、汪精卫等人发出内容相似的电文,并分别致函国民党中央政治委员会、江苏省党部等,澄清借款给张、孙的不实传闻。

(二)参与建立"上海商业联合会",与蒋介石合作。当时上海总商会会长傅筱庵不明政治形势,一味支持孙传芳,不仅帮助孙传芳镇压工人罢工,还以总商会的名义要求国民革命军撤回广东,又要求银行界摊任张、孙所发行的库券,引起上海工商界的强烈不满。3 月 22 日,上海银行公会与上海闸北商会、南市商会、钱业公会、交易

---

① 《国民党中央政治会议致上海银行公会函》,《一九二七年的上海商业联合会》,第 44 页。

② 《国民党江苏省党部致上海银行公会函》,《一九二七年的上海商业联合会》,第 43 页。

③ 《上海总工会警告全市银行界拒绝张宗昌暴敛强索发行库券函 1927 年 3 月 12 日》,《一九二七年的上海商业联合会》,第 42 页。

④ 中国第二历史档案馆编:《中国国民党第一、二次全国代表大会回忆史料》(下),江苏古籍出版社,1986 年,第 827 页。

⑤ 徐鼎新:《上海总商会史》,上海社会科学出版社,1991 年,第 365 页。

⑥ 见《申报》1927 年 3 月 23 日广告。

⑦ 《常锡军政杂报》,《申报》1927 年 3 月 27 日。

所联合会等 19 个商业团体联合发起组织"上海市商业联合会",①以虞洽卿、王一亭、吴蕴斋三人为主席,交通银行沪行经理胡祖同为会章起草委员、经济科委员。② 上海商业联合会在成立宣言中,对蒋介石高度褒奖:"今革命军蒋总司令秉承总理遗志,自粤出师,为民请命,军旅所过,莫不箪食劳迎,而我上民之仰望来苏,亦最深切。"同时又对共产党加以抨击,号召"一致拥护蒋总司令,肃清共产分子,奠定国家"。③ 随后,又公议慰劳抵沪国民革命军,④并积极利用其影响力为蒋介石筹款,支持其"清党"及与武汉政府相对峙。

（三）宁汉分裂时对南京方面的支持。宁汉分裂前夕,武汉政府财政部长宋子文到上海执行江浙财政统一使命,上海银行公会、钱业公会对宋子文的到来表示欢迎。交通银行沪行经理胡祖同担任欢迎会主席,⑤在致辞中表达了上海金融界对国民政府的支持及期望,称:"今愿为国民政府之后盾与中央银行诚意合作,辅助国内实业以图战后金融之恢复。倘国民政府因需用款须募集担保确实之公债,金融界自当竭诚承受转售于民众,以供各项建设之用。"⑥并与宋子文积极商洽借款事宜。与此同时,蒋介石也与上海金融界达成了合作共识。3 月 26 日,蒋介石抵沪后,即成立江苏兼上海财政委员会,充当临时财政部,并于 4 月初与上海银行公会和钱业公会达成借款 300 万元的协议(上海银行公会各成员垫款 200 万元,钱业公会各成员垫款 100 万元,以江海关二五附税作抵)。由此可见,在宁汉分裂前,上海金融界对宁汉双方都持谨慎的态度,但"四一二政变"后,形势发生了巨大变化。4 月 17 日上海银行公会即致电蒋介石,表示对"清党"的支持。⑦ 同日,武汉政府发布《集中现金条例》,上海银行公会对武汉政府颇感失望,当即表示反对,并下令与汉口方面暂停往来。

（四）继续向南京国民政府借款和认募江海关二五附税国库券。4 月 18 日,南京国民政府建立,为解决财政问题,不得不向上海金融界借款,经过江苏兼上海财政委

---

① 《上海商业联合会成立公告》(1927 年 3 月 22 日),《一九二七年的上海商业联合会》,第 3 页。
② 《上海商业联合会推举主席及征收会费等情议事录》(1927 年 3 月 24 日)、《上海商业联合会委员名单》(1927 年 3 月),《一九二七年的上海商业联合会》,第 6—8 页。
③ 《上海商业联合会宣言》,《一九二七年的上海商业联合会》,第 14 页。
④ 《上海商业联合会推举主席及征收会费等情议事录》(1927 年 3 月 24 日),《一九二七年的上海商业联合会》,第 6 页。
⑤ 《银钱二业前日欢迎宋子文》,《申报》1927 年 4 月 14 日。
⑥ 《欢迎宋部长辞》,上海市档案馆藏上海银行公会档案,档号:S173-1-56。
⑦ 《银行公会电》(1927 年 4 月 17 日),《一九二七年的上海商业联合会》,第 62 页。

员会与上海银钱业的多次磋商,4月25日签署了续垫借款300万元合同(上海银行公会各成员垫款200万,钱业公会各成员垫款100万),仍以江海关二五附税作抵。这样,上海银钱业已经向南京方面垫款达600万元,但这一数额远远不能解决南京国民政府的财政问题。4月下旬,南京国民政府经过商议,决定发行江海关二五附税国库券3000万元,这是南京国民政府成立后首次向国内公开举债。4月30日,江苏兼上海财政委员会向上海银行公会、钱业公会等团体函送《江海关二五国库券条例》,自5月1日起正式发行。委员会要求银钱业界认募500万元,但银钱业界起初仅应允认募250万元,后在委员会的坚持下,经过多次交涉,认募数额不断上升,最终还是被迫同意认购500万元。① 5月19日江苏兼上海财政委员会致函上海银钱业时,列出了认募清单,其中交通银行摊得50.4万元,仅次于中国银行的98.28万元。②

(五)沪行不仅照数认募江海关二五附税国库券,还向上海商业联合会垫付认募的款项。5月4日、5月9日、5月20日、5月25日分别垫借22.5万元、12万元、10万元、35万元,6月14日又与上海商业银行、中南银行一起垫借10万元,③总数超过80万元。

沪行及江浙金融势力之所以对南京方面大力支持,与上海为国民革命军所控制颇有关联。而交通银行总管理处及部分北方分支行此时还在北京政府控制下,既要保持与北京政府的关系,维持自身的稳定,又不能得罪国民政府,以免将来纠葛不清,这使得总管理处在处理与南北政权的关系时,不得不谨慎小心。

1926年底宋子文电邀梁士诒南下汉口会谈时,梁士诒即留有回旋余地,派赵庆华前往商议,尝试与武汉政府合作,应允待国民革命军到达上海后便按协议实施。其后发生宁汉分裂,交通银行与武汉政府的合作计划流产,而梁士诒从谨慎起见,并未及时与南京方面接洽。

南京国民政府决定发行江海关二五附税国库券的消息传出后,张作霖通过北京政府的财政部长夏仁虎向交通银行、中国银行以及“北四行”的相关负责人传达意

---

① 《银钱两业联席会议讨论承销二五库券伍佰万元议事录》(1927年5月),《一九二七年的上海商业联合会》,第91—94页。上海市档案馆藏上海钱业公会档案,档号S174-1-44。
② 《江苏兼上海财政委员会致上海银行公会函》(1927年5月19日),《一九二七年的上海商业联合会》,第89页。
③ 《上海交通银行关于商业联合会库券借款借据注销函》(1927年6—7月),《一九二七年的上海商业联合会》,第119—121页。

见:"闻南军将发行二五库券数千万元,此事重大,如果实行,将来北方难以承认,或需援例办理,最好打消此事。"①并请银行公会及商联会以文字发表意见,卢学溥等人只能虚与委蛇,对上述消息予以否认。

5月1日,卢学溥致电沪行经理胡祖同,代表吴鼎昌、周作民、谈荔孙等北方金融巨子告诫胡祖同、张嘉璈、陈光甫、钱新之、李铭、叶扶霄、吴蕴斋等沪上银行家谨慎行事:"明知南北相持,我辈同感应付之苦。惟政变难测,损失固应防御,而金融界之在北方有事业者,此类尤不宜露面,否则影响所致,祸变难测。尤应注意者,整理旧债及各种内债,此时万不可要求有所表示,否则南方多一种保障,北方必生一种变化。利未见而害先至,总宜镇静处之。"②

与此同时,曾向沪上金融界借款不成的孙传芳、张宗昌在得知南京国民政府即将发行国库券的消息后,于5月3日发电警告上海银行公会,言辞甚为严厉:"附税为国家收入,赤逆(指国民政府及国民革命军)侵占已属不法,再滥发库券,将未来之收入提前接济赤逆军费,以为杀我讨赤军健儿之用,其罪厥惟商界、金融界尸之。一旦义军规复上海,兵力所及,轻则加倍议罚,重则军法从事。即在未经规复上海以前,各商号、银行在大江以北分店甚多,我讨赤军亦将采取极严厉对待之手段。"③

二、南京政府通缉梁士诒与继续北伐

1927年政治形势的变化,使得梁士诒不得不慎重考虑今后的政治出路。为此,他开始积极谋求南北融合。

1月12日,北京政府顾维钧内阁面临危局,张作霖有意让梁士诒组阁,叶恭绰也多次劝梁出山,但梁士诒考虑到政局复杂,婉言谢绝,张作霖只得作罢。此后不久,因梁士诒派赵庆华赴汉口与宋子文商洽合作,取得积极效果,北京谣传梁即将出面,组织联南内阁。当时梁士诒确实主张南北融合,一致对外,但并无出山组阁的意愿。④

5月15日,梁士诒拜会即将南下的英使蓝浦生,谈及南北协调问题,认为张作霖与蒋介石两方都愿意协调,希望蓝浦生能从中斡旋。6月18日,张作霖就任陆海军大元帅,以图维持北京政府。梁士诒对此并不赞同,因此交通系诸人皆未进入张作霖

①② 《卢学溥致胡孟嘉密电》(1927年5月1日),《一九二七年的上海商业联合会》,第79页。
③ 《孙传芳张宗昌致上海银行公会会电》(1927年5月3日),《一九二七年的上海商业联合会》,第45页。
④ 《三水梁燕孙先生年谱》(下册),第500—510页。

政府。梁士诒与叶恭绰其实已看出北京政府难以持久,唯有迅速与国民党相联结,才足以安内攘外,故游说奉军诸将,倾向和平,早谋统一。但这一努力为张宗昌所破坏,张引孙传芳北上,说服张作霖,抗拒南方,致使局面全无回旋余地。梁士诒见南北局势日益紧张,又接电报得知父亲病重,随即南下香港,直至 12 月 27 日才返回北京。①

1927 年 9 月国民政府重归统一后,立即着手处理关税问题。当年年底,南京政府派人与梁士诒商洽分配关税办法,梁士诒将自己长期参与关税谈判所搜集的资料悉数提交。南京国民政府统一全国后,即根据梁士诒提供的资料发行各项公债,是为后话。1928 年 3 月 1 日,代理总税务司易纨士北返,拜会梁士诒,并就南北税收统一问题进行交谈。在谈到关税问题时,梁士诒充分注意到南方的利益,力主南北双方共同协调解决关税问题。②

可以说,自赵庆华与宋子文汉口会谈以来,梁士诒始终在积极协调与南京政府的关系,双方并未交恶,但事态的最终发展结果,却大大出乎梁士诒的意料。

宁汉合流后,蒋介石逐渐掌握了南京国民政府的大权,暂时平息了内部的派系斗争,决定继续北伐,统一全国。1928 年 2 月 2 日,国民党召开二届四中全会,改组国民政府,决议集中力量限期完成北伐。4 月 7 日,南京政府发表第二次北伐声明书,国民革命军总司令蒋介石致电各集团军誓师。4 月 9 日,蒋介石下达总攻击令,国民革命军从津浦、京汉、京绥三路同时进攻。

在南京政府准备北伐的时候,与梁士诒有隙的冯玉祥电告南京政府,指责梁士诒与王克敏积极为北京政府借款,帮助北京政府对抗南京政府。此时在南京政府中任职的钱新之,也认为梁士诒是北洋军阀的金融代表,是南京政府北伐的对象之一。受冯玉祥与钱新之的影响,原本无意为难梁士诒的蒋介石与宋子文决定查办梁士诒。③ 1928 年 4 月 4 日,南京政府发布命令,通缉梁士诒。④

梁士诒虽然有意与南京政府合作,此时却因个人原因而遭到南京政府的通缉,实

① 《三水梁燕孙先生年谱》(下册),第 520—539 页。
② 同上,第 540—553 页。
③ 关于此事,赵庆华称:"时张雨亭就大元帅之职,越数月,燕老任税务督办,国民政府通缉梁、王(王叔鲁)之命下矣。闻此令与蒋宋无关,因某军阀之投诉者,衔宿怨所要求,并闻银行界亦有推波助澜者。三水与奉派联络,强半为交通银行关系,奉派中人,不明大势,如常荫槐、阎泽溥之徒,且时相媒孽,受辱不少,此中苦心,未知将来交通银行中人尚有知之者否也?"《三水梁燕孙先生年谱》(下册),第 510 页。
④ 《张公权日记》(手抄本),第 46 页;《交通银行史料》第一卷,第 123 页。

可谓世局无常,始料未及。南京政府的通缉令,不仅对梁士诒本人造成巨大影响,也使交行面临新的变化。

三、梁士诒辞职与交通银行的人事调整

南京政府的通缉令,令梁士诒处境十分尴尬。此时的梁士诒已年近花甲,值此多事之秋,更显得心力交瘁,遂萌生隐退之心。

1928 年 5 月 5 日,梁士诒向交行递交辞呈,其中说道:"弟事务纷繁,不克常驻行办事,深恐有误行务,为此辞职,敬乞允准,不胜感祷。"①5 月 13 日(农历三月二十四日),梁士诒与夫人迎来了六十岁生日。尽管局势已极为紧张,梁士诒的亲朋好友门弟子等依然在北京甘石桥京邸举行隆重庆典,祝贺梁士诒夫妇六十双庆,千余人撰文称颂,热闹异常,与当时的政治氛围颇不协调。这是梁士诒最后一次在北京的公开活动。寿宴完毕后,梁士诒于 6 月 1 日离开北京,赴天津交代交行的相关事宜,从此淡出政治舞台。

就在这时,国民革命军已逼近北京,南京国民政府即将统一全国。6 月 1 日,南京政府发布命令,令交通银行与中国银行同时改选,梁士诒"自是不问交通银行事",②于 6 月 7 日离开天津,经大连前往香港。

在梁士诒辞职前不久,交通银行已有数位董事、监事辞职。1928 年 1 月,董事邓文藻辞职,由候补董事关冕钧递补;同月,监事刘展超辞职,由候补监事朱沛递补;2 月,董事杨德森辞职,由候补董事张肇达递补。③ 交行内部频繁的人事变动,已预示着交行不久后将面临新一轮的改组机遇。

梁士诒辞职后,交通银行董事会按照章程规定议决,先由现任协理卢学溥暂代总理,④待各地董事商议后再选出一位正式的新总理。由于形势十分复杂,新总理人选的确定,经历了一个颇为曲折的过程。

交通银行总理职位空缺的消息传到上海后,"政府与交行内外"⑤起先都属意钱

---

① 《梁士诒辞职函》(1928 年 5 月 5 日),中国第二历史档案馆藏,档号 398(2)–189。
② 《三水梁燕孙先生年谱》(下册),第 560—564 页。
③ 《交通银行史料》第一卷,第 62 页。
④ 《交通银行史料》第一卷,第 106 页。《张公权日记》(手抄本),第 46 页;《交通银行史料》第一卷,第 123 页。
⑤ 《访问浦心雅记录》(1963 年 9 月 8 日),交通银行博物馆藏资料 Y48。

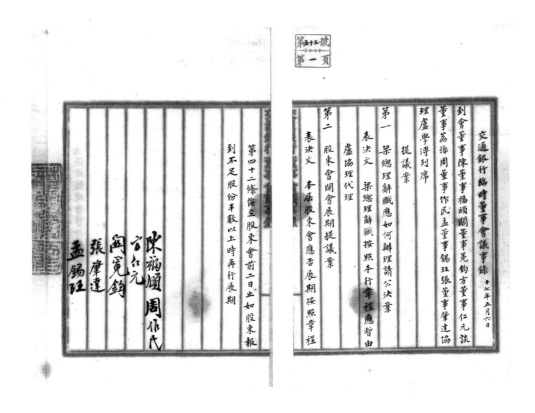

1928 年 5 月 6 日交通银行临时董事会议事录

新之接任这一职位。交行在沪董事中,汪有龄、李铭等人都推荐钱新之[1],认为钱曾担任过交通银行协理,对行务非常熟悉。南京国民政府中,张静江、宋子文等人也极力主张由钱新之继任总理。[2]然而,不少董事认为由政府委派交行总理,不符合章程规定,力劝钱新之拒绝官方的委任,钱新之听从了这一劝告。[3]从当时的情形看,钱新之确实是接任交行总理的最合适人选。汪有龄、李铭在 6 月 4 日发给卢学溥的电报中称:"交行人选,政府前颇属意新之。新之以种种困难,未允担任,意极坚决,现且定月底出洋游历。时接尊电,弟等迭次细商,一时亦另无相当之人,拟再竭力敦劝新之。兄如能酌约新之熟人,来电劝驾,似较有力。"[4]可见,上海方面此时仍主张由钱接任总理。

---

[1][4]　《黄筱彤回忆》(1962 年 9 月),交通银行博物馆藏资料 Y48。

[2][3]　《张公权日记》(手抄本),第 46 页;《交通银行史料》第一卷,第 123 页。

梁士诒虽已离职,但依然牵挂交行的事务,并通过自己的影响力,筹划总理的人选。6月11日,他致函董事会会长汪有龄,明确提出总理的人选问题,认为最合适的是陈光甫、李铭、卢学溥三人,完全未提钱新之。① 梁士诒排斥钱新之,出于两方面的原因。一个方面是两人之间有私怨,另一方面是因为钱与南京政府关系密切,梁担心他接任总理后,有可能使交行完全为南京政府所控制。至于梁士诒提出的陈光甫和李铭,其实只是作为陪衬,陈、李二人各有自己全力经营的银行,在当时的条件下,"断难以此相烦也",②也就是说,他们绝无可能出任交行总理。显而易见,梁士诒属意的总理人选就是卢学溥。卢学溥为梁士诒一手提拔,平日里又对梁颇为恭顺,③故深得梁士诒的信重。

接到梁士诒的来函后,汪有龄立即召集在沪董事进行商议,众人最后还是尊重梁士诒的意见,决议由卢学溥接任交行总理。随后,汪有龄一面电函已到达香港的梁士诒,通告沪董的集议决定,一面电示卢学溥,恭请他履行交行总理的职责。④

由于梁士诒的强力推荐,卢学溥得以执掌交行大权,但持续时间并不长。1928年11月,南京政府对交通银行进行改组,将总管理处制改为董事长制。卢学溥虽被任命为第一任董事长,却有名无实,交行行务的决定权并没有真正掌握在他的手中。

四、交通银行进入国民政府时代

1928年4月,南京国民政府开始第二次北伐,国民革命军不断推进,奉系军阀张作霖节节败退。6月4日,张作霖在皇姑屯被炸身亡,这一事件标志着北京政府终告结束。

6月8日,国民革命军占领北京。数月之间,各省纷纷宣布遵行三民主义,服从南京政府的领导。12月底,张作霖之子张学良宣布东北易帜。南京国民政府在形式上完成了全国的统一。

随着国民革命军的北进,6月1日,国民政府下令交通银行与中国银行尽速改

---

① 《梁士诒致汪有龄函》(1962年9月),黄筱彤提供;《交通银行史料》第一卷,第124页。
② 汪有龄对梁士诒推荐人选的看法,见《黄筱彤回忆》(1962年9月),交通银行博物馆藏资料Y48。
③ 《访问浦心雅记录》(1963年9月8日),交通银行博物馆藏资料Y48。
④ 《黄筱彤回忆》(1962年9月),交通银行博物馆藏资料Y48。黄筱彤还提到"卢在津已先接到梁函,有电致汪,表示不就"。

组。6 月 20 日,国民政府财政部在上海召开工商界人士和经济学者参加的全国经济会议,接着又召开全国财政会议,决议整理币制,统一财政,建立健全的国家银行。10 月 5 日,国民政府颁布《中央银行条例》二十条,规定中央银行为国家银行。26 日,公布《中国银行条例》24 条,明确规定中国银行为国民政府特许的国际汇兑银行。11 月 26 日,公布《交通银行条例》23 条,规定交通银行为国民政府特许的发展实业银行,从此以后,交通银行的重要事务,均须秉承国民政府的意旨切实办理。[①]

表 1 - 8 - 2　北京政府末期交通银行营业状况表　　　　　　单位:万元

年份	存款	放款	发行	收入汇款	买入有价证券	政府欠款	纯益	营业总额
1926	7118	11043	5714	9728	1194	5642	97	17898
1927	7277	12340	6510	10051	1161	6286	55	18601
1928	9260	12206	6803	14444	8562	6597	58	23668

资料来源:《行史清稿》第 9 册,第 25、38、44、90、107—109 页,中国第二历史档案馆藏,档号 398(2)-696。

北京政府末期,南北政权尖锐对立,在战乱频仍,社会动荡的险恶环境中,虽历经多次事件,遭遇种种困难,但众多交行同仁兢兢业业,勉力经营,于维持中求开拓,业务量仍有明显的增加,推动着交行在发展的道路上继续前行。

---

① 　《访问浦心雅记录》(1963 年 9 月 8 日),交通银行博物馆藏资料 Y48。

第九章
北京政府时期交通银行的经营特点

从 1908 年 3 月在北京创立,至 1928 年 11 月总管理处迁至上海,短短的二十一年间,交通银行经历了晚清和北京政府两个阶段,业已成长为华资银行中举足轻重的一家大银行,并在业务开拓和经营管理等方面形成了自己的特色,积累了一套在夹缝中求生图存、谋取发展的经验,对中国银行业近代化进程起了很大的促进作用,是当时中国银行业发展的一个缩影。

第一节　业务发展和经营管理特色

一、业务发展的两个阶段

1895 年后的清末时期,中国社会半殖民地化加深,民族危机加重。清政府为了维持其统治相继进行了一些革新,较大程度上改变了对待实业金融发展的态度,制定了一系列旨在"劝兴商务"的工商政策。这一变化,为中国近代的金融创新和发展准备了社会经济条件。在清朝灭亡前的十多年里,中国金融业出现的重大创新之一就是近代新式银行的产生。从中国通商银行产生到中华民国成立的 14 年间,国内陆续创办了二三十家近代新式银行,[①]初步形成了一个包括国家银行、地方省银行、商业

① 关于清末有多少家近代新式银行,学术界目前尚存争议。杜恂诚、陈争平认为有 30 家,张国辉认为有 17 家,黄鉴晖认为是 20 家,参见孙建华《近代中国金融发展与制度变迁》,第 239 页。

银业、专业银行、合资银行在内的新式银行体系。至辛亥革命发生的那一年,尚在营业的新式银行只有 15 家,若以 30 家新式银行计算,市场退出率高达 50%;若以 20 家新式银行计算,市场退出率则为 25%。退出率如此之高说明近代新式银行业从一开始就具有明显的脆弱性。这种脆弱性首先表现在各家银行的资本金非常低,一般在百万银两左右,几十万资本的也有好几家。资本微小,则信用难于稳固;信用不固,便不能广泛吸纳社会资金,难以经受金融风潮和社会动荡的冲击。更重要的是,当时的银行资本缺乏与产业资本和商业资本的有机联系。虽然说清廷统治政策在 20 世纪初期已改弦更张,鼓励发展私人经济,资本主义工商业获得了较快的发展,但是当时各类工商企业的融资渠道还是通过钱庄,"钱庄因得到外国金融势力的大力扶持,已在本国资本主义经济活动中捷足先登,银行插足不易,大多数工业企业进行间接融资时,主要依赖于钱庄,从而造成了刚刚出现不久的银行资本与产业资本之间的隔膜",①故其发展呈现出先天不足的特性。

相比较而言,交通银行在这两方面是表现得较好的。由于背后的支撑力量是实力强大的邮传部,交通银行的资本金是很高的。独家经理交通四政的营业收入,存款量有了一定的保证,且在初期经营中,交行的对私放款较多,1911 年占了 74.5%,放给政府机关的只占 25.5%,其中大部分还是铁路放款。尽管迭遭义善源倒闭、万顺安号破产以及辛亥年间社会动荡的巨大冲击,但交通银行不仅存活了下来,而且获利尚佳。1909 年除去各项开销及股本官利外,净盈 37.5 万两。1910 年除去各项开销和官利,净盈 69.6 万两,②几增一倍,盈利率为 13.8%。

北京政府时期,交行的业务活动可分为两个阶段:新旧交通系控制时期和张謇、钱新之主政时期。掌管特别会计国库金、分理金库,尤其是经营政府公债和对政府放款,成为前一阶段业务的主要内容。在经过停兑等事件之后,交行开始了疏远政府、向资本主义工商业靠拢的改革,并取得了较好的成效。同外国银行和洋行保持较好的业务联系以及调剂金融业务的开展,一直得到很好的坚持。总体而言,交通银行在北京政府的 16 年中,业务、规模以及社会影响等方面都呈现出向上递进的趋势。

---

① 李一翔:《近代中国金融业的转型与成长》,中国社会科学出版社,2008 年,第 106 页。
② 《交通银行史料》第一卷,第 734—735 页。

表 1 - 9 - 1　交通银行历年经营概况(1912—1927)　　　　单位:千元

年份	实收股本	公积金及盈余滚存	存款	放款	汇款	有价证券	发行兑换券	政府欠款	纯益
1912	7500	457	21640	13133	285		1190		483
1913	7500	1179	53149	41654	465		6748		1439
1914	7500	2588	65539	43334	390		8936		2515
1915	7500	4151	48628	54441	1515		37295		3003
1916	7500	4657	38688	53039		2250	31947		1481
1917	7500	4226	38537	67160		2894	28604		1902
1918	7500	3295	52365	58084		10894	35145		4450
1919	7500	3543	75098	80303		9255	29273		2108
1920	7500	3912	63758	63562		10554	39170		3008
1921	7500		115964	96699		11650	30143		-587
1922	7579		111511	92737		9505	32534		-898
1923	7691	67	117555	96594		11163	38518	43020	529
1924	7711	1924	134019	108492		13148	41613	46100	559
1925	7713	2058	135270	111589	770	11633	48337	52090	597
1926	7714	2213	149798	124240	2873	11940	57136	56420	617
1927	7715	2299	158312	135745	1229	11606	65097	62860	549

资料来源:汪敬虞主编:《中国近代经济史 1895—1927》下册,第 2245—2246 页。

从表 1 - 9 - 1 可以看出,民初以来,交通银行在股本基本稳定的情况下,在存款、放款、有价证券和兑换券发行的总量方面保持着较大幅度的增长,1927 年时的数目分别较 1912 年增加了 6.32 倍、9.34 倍、4.16 倍和 53.70 倍,但是具体到各个年度,其起落兴衰多有不同,反应在公积金及盈余滚存、纯益等方面,峰谷的数额差异非常大,说明交通银行的业务经营在北京政府时期存在着明显的阶段性。

二、业务经营的四大特点

北京政府时期,交通银行业务经营的特点有以下四个方面。

第一,重视存款揽取。存款是银行的生命线,有了数额巨大的存款,才能进行放款与投资,才能获取较大的利益利润。在北京政府的十多年时间里,交通银行遭受两次停兑风潮的冲击,信用低落,但存款数额还是有了六七倍的增长,这与交行高层重视存款的揽取是密切相关的,尤其是梁士诒,对存款业务情有独钟。在股东会议和业务会议上,梁士诒屡屡提及"银行经营之道,在于吸收存款,以补资本之不逮"。对于当时大家认为中国官商交困的情形,梁士诒不以为然,认为中国地大物博,"并非无钱,特金钱虚置,不在市面上流通耳"。因此他激励交行职员"坚韧奋勇","吸收窖藏之金,并设法使我国人存于外国银行之款,逐渐存于我行"。① 正因为如此,交通银行在他主持期间,存款总额提升得很快。1912 年,交通银行的存款仅为 2160 万元,到1914 年猛增到 6553 万元,三年间,增长 2 倍以上,进展速度实是惊人。可是到了1915 年,存款上升的势头受到抑制,1916 年和 1917 年由于第一次停兑风潮所招致的信用受损,交通银行的存款总额大幅降至 3800 余万元,与 1914 年相比下降 40%。在此期间,由于第一次世界大战的爆发,中国民族工商业得到了难得的发展机会,一大批工矿企业如雨后春笋般涌现出来。据不完全统计,1913 年,中国的民族产业资本为 76548 万元,经过一战期间短短几年的迅猛发展,到 1920 年,民族产业资本达到124929 万元。② 随着产业资本积累的增加,各大银行的存款数额都在成倍地增长,而交通银行存款数额不升反降,可见停兑风潮造成的信用低落给业务发展带来了极大的影响。1918 年之后,随着为政府垫款的减少和京钞的兑付,交行的存款量有所回升,1919 年为 7509 万元,为历史最高值。1921 年交通银行再次遭遇挤兑冲击,存款大幅下降至 5451 万元,与 1919 年相比降低 27%。存款额度的减少造成交行在 1922年、1923 年连续两年发生亏损,直到 1924 年以后,业务才渐有起色,存款额慢慢抬升,年底达到 7000 万元,开始转亏损为盈余。③

第二,放款总额超过存款总额,定期放款比例高于活期放款,放款中政府欠款所占比重极大,这是北京政府时期交通银行放款业务的三个基本特点。自 1912 年至1926 年,交通银行的放款总额增长了 3.42 倍,同期存款增长 2.27 倍。放款的增长幅度大于存款 35.17 个百分点。1912 年至 1927 年前后的 15 年中,除了 1913 年、1914年和 1920 年三年放款总额低于存款总额外,其余各年均大大超过存款总额,其中最

---

① 《交通银行史料》第一卷,第 267—273 页。
② 许涤新、吴承明主编:《中国资本主义发展史》第二卷,人民出版社,1990 年,第 1046 页。
③ 交通银行总行:《交通银行简史》,第 19 页。

多一年高达 3700 万余元,15 年中有三分之一的年份,超过额均在 3000 万元左右。详见表 1-9-2:

表 1-9-2 交通银行历年存放款总额比较(1912—1926) 单位:千元

年别	放款总额		存款总额		放款超过存款	
	金 额	增长率	金 额	增长率	金 额	百分比
1912	24344	100	21600	100	2744	112.70
1913	42187	173	53140	246	-10953	79.38
1914	42790	176	65530	303	-22740	65.30
1915	52492	215	48620	225	3872	107.96
1916	53038	218	38680	179	14358	137.12
1917	67160	276	38530	178	28630	174.30
1918	78084	321	52360	242	25724	149.13
1919	79008	324	75090	348	3918	105.22
1920	61938	254	63750	295	-1812	97.16
1921	90391	371	54510	252	35881	165.82
1922	81994	337	51970	237	30024	157.77
1923	87838	361	57110	264	30728	153.80
1924	97914	402	72480	335	25434	135.09
1925	97692	401	65640	304	32052	148.83
1926	107589	442	70580	327	37009	152.43

资料来源:《交通银行史料》第一卷,第 348 页。

表 1-9-2 显示,交通银行这十几年的放款增长速度是较快的,这一情况与当时全国其他重要银行稍有差异。时有学者认为:"中国的银行业务,在存款方面,虽已有长足之进展,但在放款方面,则因为国内工商业衰败、投资困难的缘故,其绝对的数字,虽年有增加,其相对的比例,实日形低落,于银行存放业务应有之均衡联系,实未能保持。于是银行资金之运用,遂不得不因而趋向于投机事业之经营。"[1]从 1912 年到 1926 年,交通银行的放款总额增长 3.42 倍,其中定期放款增长高达 44 倍,活期放

---

[1] 吴承禧:《中国的银行》,商务印书馆,1934 年,第 41 页。

款仅增长 22%。因此这个时期放款的增加主要是定期放款。在这 15 年中,定期放款在放款总额中的比例逐渐提高,1925 年、1926 年两年定期放款占放款总额的比例,均在 75% 左右。定期放款比重过大,自然会影响银行资金的正常运转。

交通银行的放款之所以能有三四倍的增长,关键在于与政府的紧密联系。不论是梁士诒、曹汝霖等新旧交通系之把持,还是张謇、钱新之等新派力量之主政,交通银行这十多年的放款对象,皆以对政府借款为主。1915 年交通银行的政府垫款达到 3115 万元。从 1923 年到 1928 年,对政府放款每年都在 4000 万元以上,均占各年放款总额的 50% 左右。对政府机关的巨量放款以及大量购置公债,是交行历年获得高额利润、优厚股息的源泉之一。

第三,与其他华资银行相比较,交通银行十分注重外向型发展。首先,交通银行甫一成立,便积极谋划建立海外分支机构,1909 年在香港设置分号,接着又在新加坡、仰光等地建立分行,是中国银行业中最早在国外设立分支机构的一家银行。虽因各种因素影响,这些海外分支机构的经营不是很好,且在国内停兑风潮的影响下还曾一度停业,但毕竟比中国银行 1929 年在伦敦设立办事处足足早了 20 年。其次,交通银行经理交通四政,而轮、路、电、邮面向四面八方,面向国内国外,客观上促使其注意外向型经济与金融业的关系,也由于交通事业的兴办需要巨款,这又造成交通银行率先通过证券手段进行筹资和集资。如交通银行为赎回京汉铁路的那次筹款,在实际操作中具有华资银行最早向国外筹款的意义。再次,支持对外经济。最典型的事例是扶翼戊通航业公司。1917 年,该公司拟议筹设时,因购买船只,建立修船厂、货栈和码头等,股款不敷甚巨,交通银行给予巨额贷款,最高时本息达到 400 万元。这个公司虽然发展得不顺畅,亏损年份多于盈余年份,后来以增加官股资本归还交通银行一部分贷款,但其船只行驶曾上至漠河以达额尔古纳河,下至苏联所属伯力,并两次行驶至庙街海口,这对于收回航权,推进边境贸易起到了一定的作用。[①] 第四,交通银行的管理高层,尤其是梁士诒,非常重视外汇业务。中国的银行外汇业务长期为外国银行所操纵,与进出口中贸易有关的汇兑交易、华侨汇款等等,都经外国银行结算,以致国内的外汇行市也取决于外国银行。华资银行在上海第一家经营外汇业务的是中孚银行,而外汇业务发展快、办得好的是上海储蓄银行。该行于 1917 年开办外汇

---

① 洪葭管:《20 世纪的上海金融》,上海人民出版社,2004 年,第 148—149 页。

业务。据交通银行老职员回忆,交通银行经营外汇业务也是较早的,"交行早期代理
国外款项,以英、德、比、法铁路借款居多,如津浦路借款还息时,津浦路局早将应付款
项存储交行,应解的前几天,由津、沪两地交行向汇丰、德华两银行按行市结购金镑,
托两行汇往伦敦发付。交行代理这笔汇款,还有些微兑换损益收入。所以交行代理
国外款项,既可收到一笔存款,又有兑换损益收入"。① 正因为如此,交通银行高层领
导极为关心这项业务。1919 年,交通沪行设立外汇科,专门办理外汇。1921 年 9 月,
总管理处设立国外业务课,办理国外业务。同时规定分支行若有营业之必要,可以设
立国外业务股,从事买卖及存放外国货币、国际电汇票汇、进出口押汇以及代理国际
收解除等业务。在 1922 年召开的第一届行务会议上,董事会提案指出:"我行近年经
营外汇,进展不已。各分支行宜利用总行经营外汇之灵活,竭力兜揽出口商押汇。"
1925 年召开的第四次行务会议,重返交通银行的梁士诒依然强调国外汇兑和跟单押
汇的作用,认为"国内汇兑及国外汇兑均为银行最有利而又稳妥之业务,而国外汇兑,
以我行所处地位,尤宜竭力经营"。② 高层领导对此业务的高度重视,反映出交通银
行业务外向性的一面。

第四,业务渐趋综合化。清朝末年,邮传部以经办募债赎路、办理国外汇兑等理
由奏设交通银行,交行成立后便以"利便交通,振兴轮、路、电、邮四政"为宗旨,实际
上承担着国库代理的各项业务,随着四政陆续归部管辖,交行经理国库的范围也逐渐
拓展。北京政府时期,由于中央与地方矛盾尖锐,国库统一难以实行。交行在政府的
授权下,继续分理国库并代理发行债券,并开始有了明确的经理份额规定。同时,随
着国家银行地位的确立,交行逐渐涉及了政府公债的经理事宜,并从 1916 年开始,直
接买入证券以充发行准备金。

交通银行于宣统元年(1909)开始发行兑换券,取得了实际上的流通货币发行
权。民国时期,交通银行除了继续发行银两券、银元券外,也开始发行国币券,另外还
有铜元券和辅币券。特别在钱新之主持交行后,为规避发行风险,将发行业务独立出
来,每区设一个发行总库,专门办理钞票业务。

除了稳步推进一般银行存放贷业务外,交行也办理储蓄业务,还积极参与调剂金

① 交通银行原高级职员林熙生回忆,见《交通银行史料》第一卷,第 984 页。
② 梁士诒:《梁总理演说》,《交通银行第四届行务会议记事》,第 13 页。

融和投资实业,业务的广泛性在华资银行中是非常突出的。在自由金融市场制度下,政府非但不能保护和扶植金融,军阀战争还对金融发展造成很大的困难。民国以来,交通银行秉以政令、兼顾市情,参与调剂金融事务。如发起组织上海银行公会、积极参与中法钞票的代兑事务;在东北哈大洋券市价毛荒时,参与同业协调,以平准关内外汇款。同时,交通银行积极投资与创办附属企业,如改组哈属通记四号、经营通记油坊、扶翼戊通航业公司以及投资新华储蓄银行等等。尤其是在北京政府后期,交行学习国外银行的先进操作方法,开展抵押贷款、押汇和票据兑贴现,重视证券交易,综合经营银行业务。

三、组织管理的三种风格

在复杂多变的社会环境和日趋激烈的同业竞争中,交通银行重视组织机构的改革和经营管理上的推陈出新,以稳健求实的经营作风和严格规范的内部管理,在外资银行和旧式钱庄的夹缝中争得了一片生存的空间,并为将来的发展积累了一些管理经验。

首先,重视高层管理人员的推选,讲究组织机构的效率,改良总分行制度,加强对分支行的有效管理。依照交通银行奏定章程,交通银行是股份制的商业银行,其外部组织形式是总管理处类型的总分行制。在 1928 年 11 月南京国民政府改组交行之前,交行虽设有董事会,但实行的却是总协理制,一切重要权力掌握在总协理手中。正因为如此,交行的股东非常重视总协理的推选。即便是清末邮传部掌控交行期间,总协理等高管人员的遴选要求是非常严格的。"总理、协理、总办、副办各员,必须有专门财政学,出洋考察财政学,或曾在银行充当职事,及曾办银行著有成效者。"①从李经楚、周克昌、陆宗舆等人的个人经历来看,邮传部对交行领导人的选派大体遵守了奏定章程的有关规定。民初之后,随着交行国家银行地位的确立,官商股东在推选总协理时,除强调候选者的相关金融经历,尤其关注他们的声望和社会资源。事实证明,总协理的人格、能力、声誉和各种各样的关系与交行的业务开展确实存在着重大的关联。

在总协理制时期,交行的内部组织结构有过两次重大的改革:"民六"改组和"民

---

① 《交通银行史料》第一卷,第 174 页。

十一"改组。在 1917 年的这场改革中,总管理处一下子出台了多项组织章程,如《交通银行组织大纲》《交通银行总管理处办事暂行章程》《交通银行分行暂行章程》等等。针对清末交行相关制度的欠缺不周和具体事务的安排模糊随意,这一次改革的重点是理顺总管理处、总行、分支行、汇兑所、办事处的关系,对各方的责权利进行规定,明确总管理处对全行的统一领导,改变自建立以来各分支机构松散分治的局面。随着业务的开展,分支机构越来越多,总管理处集中事权的弊端愈来愈大,1922 年 12 月,在经历第二次停兑风潮之后,交行再次对总管理处和分支行的机构组织进行改革。这次改革的重要之处有三:一是总管理处下辖机关改课为股,增设总秘书协助总协理办理行务,并新设公债股,这是交行因缘而变的一个突出表现;二是设立发行总分库,并设定其统辖和职掌;三是对分支行实行分行管辖制,"以补总处统率指挥所不及",总管理处除对管辖行要求应呈各种报告、随时派员检查各项业务、监督贴现和放款外,在人事和管理方面予以管辖行一定的自主权。

其次,坚持稳健求实的经营作风,注重调查,规避风险。银行最显著的特征是负债经营,即利用客户的各种存款及其他借入款作为主要的营运资金,自有资本占资产总额比率远低于其他行业,这一经营特点决定了银行抵御损失的能力不强,具有内在的脆弱性。在交行诸多的行务会议上,不论是梁士诒、曹汝霖,还是钱新之、谢霖,规避风险、力求安全是他们一直强调的观点,尤其是梁士诒,将信用放款及不动产押款视为银行"最不可做者","我行经营之事尚多,万不能以有力之钱,置于此危险及不急之事。此本行之所以立一决心,无论有无抵押,期限长短,总不愿意放款"。[1] 银行资本短少、对实业放款已为银号和钱庄专擅、抵押品变现的种种局限,这是梁士诒排斥放款业务的重要理由,虽然态度消极,但这三点确实是当时的实际情况,从风险管理的角度而言还是值得重视的。曹汝霖主持交行期间,对放款的态度仍是谨慎的。1919 年,总管理处"为周知国内外经济实况"特设调查课,[2]聘用专务调查员、常务调查员和嘱托调查员对经济形势、市场状况以及放款对象进行细致调查,为业务经营和决策制度提供参考。这一做法在国内银行界属于首创。1922 年 11 月,第一届行务会议为了完善放款业务,提出六条措施:一是信用放款无论定期还是活期,以一概不

---

① 《交通银行史料》第一卷,第 268 页。
② 同上,第 1506、1510 页。

放款为原则;二是抵押放款无论定期还是活期,准许分支行所按照匡定头寸内酌量照放,但所放之款必须要以纯取营业利益为宗旨,稍微涉及人情的也不允许;三是定期放款期限最多以六个月为限;四是在各项抵押品中,证券必须要有市价,货物必须是要容易售出的,不动产除因特别情形呈报总管理处核准外不得受抵,股票、栈票、保险单等都需要先行过户,手续完备才可以准许放款;五是无论何项放款,放款行所的经副理主任都要负有到期收回的责任;六是无论何项放款积欠日久不还的,都要依法告知,不得隐瞒,有特殊情况的报总管理处核夺。1926 年,时任总处总稽核的曹汝霖亲自写信给张謇之子张孝若,催请速还放款。张孝若卸任南通分行经理时,未及收回所放之款。虽然其离职已久,却仍有责任追回行款。①

银行风险有很多类型,从产生根源而言,有自然风险、社会风险、经济风险、政治风险和技术风险五种。清末和北京政府前期,交行高层较多地注意到了银行经营的经济风险和技术风险,而在经历两次停兑之后,政府因素给交行发展所带来的伤害引起了交行上下对政治风险的重视。随着政治风险防范措施的推出,交行经营的独立性大为加强。从单一风险的处理到全体风险的规避,体现出交行风险管理能力的提高。

再次,注重同顾客的情感交流,严格管理行员,提高服务质量。加强服务,便利顾客,是银行在市场竞争中取得优势的主要手段。交行在这一方面的表现最突出的有两点:一是强调顾客的重要性,以真挚的情感赢得业务,对此梁士诒有独到的体会,他说:"外国人重礼法,中国人重感情,事事能以感情相联络者,在中国每易成功。我行今日既以吸收存款为宗旨,而吸收存款之方法,虽大半在于信用问题,然感情之作用亦居其半。外国人重广告,中国人讲声势,广告有形,声势无形,然无论其为有形无形,苟可以增加本行之声势名誉者,皆于社会心理发生极大之效果。以上两事,皆与本行营业有极切之关系,深望诸君极善运用之,使不来者来,而来者常来。来一次则于我行总有多少利益。虽以一次论,获利甚微,然以多次论,则为数甚巨也。"②二是对行员严格要求,加强管理。交行建立之初,在用人章程中就提到行员管理之于行务关系尤大,要从各方面对行员进行培养。1922 年末,为整顿行风,交行出台了一系列

---

① 《发张孝若催欠款并告张前总理在南行欠款三笔已成呆账》,交通银行博物馆藏资料 P-216。
② 《交通银行史料》第一卷,第 267—273 页。

的规章制度,对行员日常行为进行规范,凡不适宜者实行淘汰制,办事勤谨成绩卓著者给予优厚的奖励,杜绝宴请馈赠之风,提倡节俭。长期的严格管理使交行的员工素质大为提高,进而带来业务的稳定推进,交通银行这二十多年的迅猛发展,与高素质员工的勤苦工作是分不开的。

第二节 与政府财政的难解之缘

一、银行资本与政府财政相互依存

有学者认为,包括交通银行在内的近代中国银行资本与国家财政之间长期存在一种共生共栖的依存关系。[①] 之所以如此,是因为中国银行业产生与发展的一个重要基础条件就是国家财政的需求,最早建立的中国通商银行是这样,随后出现的户部银行和交通银行也是这样,其创立动机大多是为了支持政府财政的正常运转。就另一角度而言,作为经营货币的机构,银行本是产业资本发展和资本信用扩大的产物,但在中国,这样的背景不存在。近代中国银行业产生之初,外资银行和传统金融机构已经分割了金融天地,留下的空间十分有限,于是,各家银行自然会关注到与政府有关的各项业务。最大限度获得这些业务经营权的上佳办法,便是与国家财政相结合。因此,在几十年的发展进程中,各大银行自觉或不自觉地与国家财政结下难解之缘。当然,这两者之间的关系往往受制于国家政治和社会经济的交互影响,其发展过程曲折而复杂。

从交通银行的成长历史来看,其与国家政权的联结主要是通过交通部(清末是邮传部)和财政部(清末为度支部)来实现的。前文已经说过,在北京政府时期,交通系的兴衰一定程度上决定着交通银行势力的升降。交通系、交通银行、交通部三者之中,交通银行与交通部,一个是经济实体,一个是政治实体,而交通系则是一个政治派别。离开交通银行与交通部,交通系无可依附,可是交通系的实际地位是凌驾在交通

---

① 李一翔:《近代中国金融业的转型与成长》,第290页。

银行和交通部之上的,因而是这两个实体的灵魂。[①] 在这三位一体的关系当中,交通银行受制于交通系,并成为交通系政治斗争的工具。当然,交通银行在交通系的护佑之下,也获得了不少特权和利益。

二、从依赖到疏远

如果说交通银行与交通部及交通系的关系是一种政治关系的话,那么其与财政部的联系则体现着经济关系。在交通银行前二十年的发展中,其与政府财政的关系可以分为四个阶段:

第一阶段是清末的四年,通过仿照各省官钱银号和大清银行的成例,交通银行在国库经理和货币发行方面完成了与国家财政的初步联结,表现在 1910 年邮传部设立特别会计,交通银行获得全部交通款项的经理权,并得到度支部的确认。同时,邮传部以发行兑换券的名义,将流通全国的货币发行权授予交通银行,利用交通的便利,交通银行的钞券发行一日千里。

第二阶段是民初梁士诒主持交通银行时期。在历史因缘和现实利益的双重作用下,民初以来,交通银行偏好与政府的交往,而在获得巨大利益的同时,也成为袁世凯政府缓解财政困局的有效工具。1913 年 1 月,政府以大总统令的形式,首次承认交钞具有临时国币的性质。不久,在由财政部为统一国家金库而制定的金库条例草案中,交行经理国家金库的特权得以确认。交行依照此项规定,通过财政部和交通部通令各省:凡完粮、纳税、发饷及一切官商交易,交行兑换券一律通用,由此发行业务迅速扩大。1914 年 2 月,交通系要员周自齐继任财政总长后,交通银行与政府财政的关系更为密切。在以大总统令形式颁布的交通银行新则例中,第七、八、九、十三条分别规定:交通银行"掌管特别会计之国库金","得受政府之委托分理金库","受政府之委托专理国外款项及承办其他事件","受政府之特许发行兑换券"。另外,在财政部颁布的国币条例和金库条例中,交行各种事实上的财政业务皆得到全面的肯定。从此,交通银行与财政部的关系得以法律的形式固定下来。在获取这些特权和利益的背后,便是交通银行为政府垫借巨额军政费用。交通银行对财政部的临时垫借款项,确数已无法统计,时人遂将交通银行称为袁世凯政府的"内库"。袁世凯政府财

---

① 翁先定:《交通银行官场活动研究》,《中国社会科学院经济研究所集刊》第 11 集,第 390 页。

政之所以窘迫万分,一是由于清朝政府遗留的战争赔款;二是政府财政收入的诸多部分,如关盐两税的大部分为列强银行团所控制;三是军阀割据,应解税款常被截留,军费开支日益浩繁;四是政府腐败,官员贪污成风。一方面是财政收入相对减少,另一方面是财政支出不断增加,弥补亏空、解决财政短绌的唯一出路便是借债。当时,政府借债一般有三种方法:一是对外借债,二是发行国内公债,三是要求银行垫借差额。从前面的叙述中可以看到,交通银行及梁士诒对于国内公债的筹集和垫借差额,可谓不遗余力。经营公债,对于政府和银行是一件两利的事。北京政府的财政是破落户的财政,离开了借债,就无法生存下去。而交通银行承销的公债,折扣最低为八五折,加上利息,平均获利在三分左右。政府借款的利息也比较高。这样好的收益对于银行当然有很强的吸引力。毋庸讳言,交通银行在经营政府财政业务中迅速扩大了实力。不过,经营公债和对政府垫款也存在很大的风险:一是北京政府权力更迭频繁,后任政府往往不承认前任政府的债务,导致借款无法收回;二是银行的资金毕竟有限,为了应付财政的过度索取,交通银行只能借助于发钞,而发钞的过度膨胀,必然引起准备金不足的钞券币值下跌,最终引起信任危机而发生挤兑风潮。

第三个阶段是曹汝霖主持交通银行期间。挤兑风潮最终导致停兑事件的发生。这种结果致使交通银行的信誉大损,业务遭到很大影响。相比而言,同样遭遇挤兑和停兑,中国银行所受到的冲击要比交通银行轻得多,其中的缘由,一是在袁世凯政府期间,交通银行为了获取国家银行的待遇,银行上下费尽力气,如1914年政府募集三年公债2543.4万元,其中通过交行募集的达633.8万余元,超过中国银行而居第一位,次年交行又为政府募集公债360余万元;二是中国银行的规模和业务要好于交通银行;三是在政府停兑令发出后,中国银行上海银行以各种借口拒绝执行,为自身的信用树立了良好的招牌;四是在整理京钞过程中,财政部的处理偏向于中国银行,令交钞市价低落,信用猛跌。1917年,交通银行为了自救,曹汝霖利用与日本的特殊关系,分两批借得日金2500万元。第一批借款500万元解决了沪、苏、浙的交钞复兑问题,第二批借款2000万元,却被财政部挪用1000万元,使得交钞价格刚有好转复趋下跌。京钞问题引起社会的普遍不满,政府一方面通过发行长短期公债以收回京钞,另一方面财政部于1918年9月作出保证不再向交通银行要求垫款,[①]京钞整理方有

---

① 《财政部致中交两行公函》,《财政月刊》1918年9月。

好转。

1919 年前后,各大银行普遍对其自身的发展作了深刻的反思。面对军阀混战、政治滋扰、经济凋敝、纸币失信等的残酷现实,以及由于金融与财政联结所带来的种种问题,银行业感到必须脱离政府财政控制,走自我完善之路。1919 年全国银行公会联合会宣布:"政府对于财政计划设无根本上之改革,则银行界对于中央或各省借款凡流用于不生产事业者概不再行投资",而只承担"确为生产事业之借款。"[1] 1920年 1 月,由交通银行、中国银行领衔,有 27 家银行组成的国内银行团在北京银行公会同交通部签字立约,承募政府 600 万元购车借款,并发布声明要求政府此后借款一定用于扶助国家事业上,以利于促进实业。同政府财政掊离而转向对生产事业的关注和投资,这是当时中国银行界的共同认识,包括之前与政府关系特别紧密的交通银行在内。

然而好景不长。1920 年 2 月,随着外债渠道的收窄,北京政府的财政立刻陷入困境,财政部筹款重心再次转向中、交两行。在 1920 年的下半年里,交通银行为财政部垫款有案可稽的就有六笔,数额达到 800 多万元;1921 年的下半年,交行又先后为财政部垫款十余笔,总额在 2000 万元以上。[2] 如此数额巨大而又频繁的垫借款项,再次将交通银行逼到了绝境,第二次停兑风潮在 1921 年年底发生,交通银行的业务和信用再次遭受打击。

第四个阶段是 1922 年以后到总管理处南迁。1916 年和 1921 年的两次停兑风潮,都是交通银行依托政府发展的经营方略所带来的恶果。在遭遇第一次停兑风潮后,交行管理层对银行经营与政府财政联结的利弊多少有些觉悟,但在实际运作中又抵御不了政府的胁迫和高额利润的诱惑,以致重回垫款旧途。第二次停兑风潮的发生促使交行高层领导再次觉醒:金融与财政的联姻虽有利可图,但总的形势是弊大于利,甚至有倾覆之虞。在 1922 年 2 月的临时股东会上,董事会和股东痛定思痛,提出了避免政治借款、趋重于工商事业、发行独立等建议,力图走独立发展的道路。与此同时,江浙金融势力发展壮大,并在交通银行中逐渐占据重要地位,1922 年 6 月张謇、钱新之当选为总理、协理,对交通银行进行了大刀阔斧的改革,宣称"政府停止垫

---

① 《中国银行家通信录》,1920 年第 66 期。
② 翁先定:《交通银行官场活动研究》,《中国社会科学院经济研究所集刊》第 11 集,第 414 页。

款只其标,继以发行独立、准备公开治其本"。[1] 1922—1925 年期间,交通银行虽坚持中央银行地位,力图保有特权,但在履行相关责任时则不太热心,而是积极清理政府积欠,避免政府强迫借款。尽管与政府关系逐渐疏远而导致特别会计金经理权等经营特权的丧失,但此一时期交通银行营业从商业入手,积极向现代商业银行转变,取得明显的效果。特别是在发行方面执行了严格的准备金制度,银行的信用日益上升,发行数额显著增加。

表 1-9-3　交通银行发行准备数目统计表(1922.7—1925.3)　　　　单位:元

年　　　月	发行钞票额	准　备　金		
		现金准备	本票准备	保证准备
1922 年 7 月底	24370289.48	3571190.93	20137821.55	661277.00
1922 年 12 月底	32475798.31	10372767.75	21601280.56	501750.00
1923 年 12 月底	37756726.79	11529333.21	22268833.58	3958560.00
1924 年 12 月底	41364637.22	13439376.48	20109118.01	7816142.73
1925 年 3 月底	42815287.56	12864232.21	21524086.84	8426968.51

资料来源:《交通银行月刊》增刊第一号,"发行独立准备公开制度创设及实行"。

1925 年 5 月,梁士诒再次担任交通银行总理,对张、钱疏远政府、脱离财政的方针未加变更。交通银行依托政府发展的经营方针,梁士诒是倡导者,改变最力者,恰恰也是梁士诒。张、钱时期经营方针转变带来的成效,使梁士诒不得不继承这一改变;而重返北京政坛后,北京政府的日渐没落与其在政治上的失意,促使梁士诒不再热衷于政治,而将主要精力集中到交通银行本身的发展上来。针对双中央银行体制下交通银行实力远不及中国银行的尴尬地位,梁士诒明确了交通银行以国际汇兑为主要发展方向的思路,并力排众议将总管理处迁往天津,进一步疏远与北京政府的关系。

总而言之,面对盈利性行业极其有限的情况,中国近代新式银行的盈利目标实现就自然而然地偏好于收益较高的政府财政业务,政府债信的低下、资金投放的集中,又使得银行充满倒闭、清算的风险。为此,银行曾做出奋争以图保持自身的独立而不要过多地依赖政府,但环境的变化又使得银行无法独立于政府。这是一种无奈,也是

---

[1]　张謇:《交通银行月刊增刊序》,《交通银行月刊》增刊第一号,第 1 页。

中国银行业曲折发展的一种表现。回顾交通银行与政府及政府财政的关系,便曾经历了"依赖政府发展—依托政府发展—逐渐疏远政府"的这一历程,独立化和商业化的趋势逐渐显现,这样的转变促使交通银行一步步艰难地向前推进。在这些改革中,领导人的因素固然重要,但交通银行自身的发展需求以及当时整个中国金融界的发展趋势,更是推动这一转变的主要力量。

第三节　股本结构的变化与角色的演变

一、股本结构变化的内在因素

交通银行创建时期,按照《邮传部奏设交通银行折》和《交通银行奏定章程》,股本设定为 500 万两库平银,分为五万股,由邮传部认购两万股,其余三万股由民众出资购买,形成一种部四商六的股本结构。邮传部的股份虽然仅占四成,但股权集中;商股占有六成之多,股权却分散于各个官绅商民之中。因此,邮传部凭借其股权优势,对交行的业务经营和人事管理进行全面控制。待总行及几大分行成立后,交通银行开始招募商股,各地商民认购踊跃,总理李经楚奏请扩充资本以满足民间之需,并提议将股本构成改为部三商七,可邮传部只是允诺资本可以扩充为 1000 万两,但部四商六的股本结构不能变。

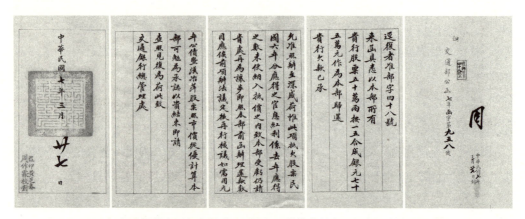

1918 年交通部给交通银行的公函,提出以其持有的交通银行股份抵还欠款

交行商股大都来自官僚和金融企业界人士,官僚中又以交通系为主,多者持股一两千,少的也有五六百股。金融企业界的股份没有那么整齐,多在百股左右。当然,也有几股或十几股的民众。尽管股权分散,但商股在交行股本中占据着多数份额,因此自交行成立那天起就出现了官股与商股的对立。在交行与政府的关系中,出现商股股东与邮传部以及其后北京政府的矛盾,从而形成抵制政府干扰行务的力量。如1911 年 5 月的交通银行第二次股东会议,50 多位股东联合起来反对总行和邮传部因义善源积欠而停发股东红利,此举为外界认为,交行股东比大清银行股东更懂得维护自身的利益。再如辛亥革命期间受政局动荡,交通银行陷入全面危机,邮传部也是一片混乱,在行务艰难之际,商股股东自觉组织了南北股东联合会,推举陆宗舆代理总理,并共同处理行务,为维护交通银行的生存做出了重要贡献。在交行历史上,股东联合会的成立是一件大事,表明交行商股股东已经意识到凝聚成一个整体的重要性,并开始利用商股在股份总额中的优势维护自身的利益,甚至开始向政府部门争取经营管理自主权。如邮传部本已对陆宗舆别有任命,但股东联合会推举他为交通银行的代理总理后,邮传部不得不尊重股东联合会的意见而重新任命,这一改变显示了商股股东联合起来的抗争实力。1914 年 4 月,《交通银行则例》以大总统令的形式颁布。这个则例明确了交通银行的性质是股份有限公司,重大事情由股东总会决议,除帮理由交通部简派之外,总理、协理以及董事皆由股东推举。当月,交通银行股东联合会宣布解散。由此可以想见,股东联合会与则例拟订之间存在着某种联系和协定。这个则例的制订,从理论上说,成为交通银行摆脱官府严格控制、走向自主管理的关键步骤,交通银行本可以从官掌大权的名义上的股份有限公司向具有实际意义的股份有限公司转化。可是因交通系的力量强大,交通银行的业务经营和人事管理并没有实现股东联合会的意愿,故而在以后的岁月里,商股股东仍然依靠民间性的股东联合会、临时股东会的形式来表达自身的诉求。

1918 年,在北京政府财政部声明不再要求中、交两行垫款之后,交通部由于无力偿还交通银行的大量垫款,以退回官股一万股偿还欠款。1921 年,交通银行又以商股项下辛亥旧账抵欠,收回 2838 股。针对这样的股本结构变化,1922 年 2 月的临时股东会上,除因币制改革而将股本改为 2000 万元外,股东议定办法中又做出相关规定:交通部所退官股一部分及旧账上收回的旧股,应全数该招商股。交通部的部分官股转变为商股后,股本结构发生更加明显的变化,官股比例不到三成,商股比例则占到七成以上。1925 年 5 月北京政府鉴于交通银行形势的变化,颁布了《交通银行修正则例条文》,其中将第三条规定的交通银行的股本改为 2000 万元,股本结构改为部三商七。①

表 1 - 9 - 4　交通银行官商股本构成及其变化表(1909—1928)

年　份	额定股本	实收股本	官　　股		商　　股	
			实收股本	占%	实收股本	占%
1909	1000 万两	500 万两	200 万两	40	300 万两	60
1918	1000 万两	450 万两	150 万两	33.3	300 万两	66.6
1921	1000 万两	435.81 万两	150 万两	34.42	285.81 万两	65.58
1922	2000 万两	771.51 万元	225 万元	29.16	546.51 万元	70.84
1928	1000 万元	871.51 万元	178 万元	20.42	693.51 万元	79.84

资料来源:《交通银行史料》第一卷,第 25—26 页。

说明:1. 1918 年,交通部将一万股股份抵还一部分欠款,故实收资本与官股均减少 50 万两。

2. 1921 年,因部分商股抵还旧欠,实收资本又有所减少。

3. 1922 年,股本记账单位由银两改为银元,银一两折合银元一元五角。

4. 1928 年,财政部加入官股 100 万元,但交通部官股大部分转让给金融界。

股本结构的变化,在一定程度上体现了交通银行与政府关系的疏远以及趋于商业化倾向,而这一时期江浙金融势力的壮大,则进一步加深了这一变化。1922 年 5 月,因中交合并问题的尖锐化,以江浙金融势力为核心的上海商股股东成立了股东联合会,推举张謇为会长,向北京政府致电反对中交合并,不仅使中交合并问题暂时平息下来,并在随后召开的股东会上推举江浙金融势力的代表人物张謇、钱新之为交通银行总理、协理。这次改组在交行历史上具有重大意义,这是"具有江浙资产阶级势力取代北方官僚政治势力的意义,也是交行成立以来一直存在的商股与官股之间的利益矛盾冲突,双方力量互有消长,这一次则是由商股取得优势的体现"②。张、钱接手交通银行后,对交通银行进行大刀阔斧的改革,改变了此前依托政府发展的经营方针,积极向现代商业银行转变。

① 《交通银行史料》第一卷,第 192 页。

② 洪葭管:《中国金融史十六讲》,上海人民出版社,2009 年,第 56 页。

交通银行经营方针转变后,交通部官股又一步步萎缩。1924 年 4 月,交通部以交通银行股票 6000 股向金城银行押借 20 万元,11 月即依据相关规定将此 6000 股计入金城银行账户。1927 年 3 月,交通部又以交通银行股票 8700 股向大陆银行、金城银行、盐业银行及中国实业银行押借 40 万元。截至 1928 年 11 月南京政府改组交通银行前夕,北京政府交通部股份余额仅为 7800 股,计 78 万元,商股股本则达到 693 万余元,加上财政部加入的 100 万元,官股比例仅仅占到总额的五分之一。官股的日益减少,为交通银行走向相对独立发展提供了经济基础,也为交行与北京政府的疏离提供了条件。

二、角色的演变与影响

长期以来与政府存在着相互依赖又相互冲突的错综复杂的关系,交通银行的角色担当一直处于不太明晰的状态。交通银行本以"振兴民族经济"的商业银行面目出现,但在实际发展过程中,却长期游移于商业银行之外。交行筹建时,邮传部规定其性质为官商合办的商业银行,要求一切经营"俱遵商务规矩",力除官场习气。度支部《银行通行则例》将交通银行定位为"殖业银行",也就是发展实业的商业银行。建立初期,交通银行以经理交通四政款项为主要业务,虽然存放款、汇兑等商业银行业务也发展迅速,但始终摆脱不了对邮传部的依赖。无论是管理制度还是业务经营,都与真正的商业银行相距甚远。与此同时,在邮传部庇护下,交通银行享有部分代理国库权、货币发行权、公债经理权等中央银行特权,但却并没有履行相关的整理财政金融责任。因此,清末时期的交通银行,很大程度上是作为邮传部的银库而存在的,并没有明确自身作为银行的发展方向。

前已述及,交行商股在辛亥革命时期和民初的联合活动颇有成效,一系列经营管理自主权的提出和获得,表明交通银行欲在制度建设上向商业银行转变。颇为矛盾的是,在制度建设上向商业银行转变的同时,在业务经营上,交通银行却偏离了商业银行的方向,"凡维持金融,经理国库,发行股票,代理公债,皆为其特别职务",都与国家财政、社会金融有着莫大的关系。[①] 这种局面的形成,一方面是由于在民初的几年里中国银行难以独立承担起中央银行的责任,交通银行作为当时实力不凡的华资

---

① 《交通银行致上海总商会公函》,《申报》1915 年 11 月 18 日。

银行,大力为政府垫款,推进划一币制,整理公债等,为政府财政金融出力甚多;另一方面也是由于交通系在交通银行中的强势所带来的结果。从交行初期的发展历史看,交通系在交行的业务变迁中起到了决定性的作用。交通系首先从邮传部发迹,交行业务也就首先从经理邮传部款项的有关业务开始。当交通系势力由交通部门扩张到财政、外交等其他领域的时候,交行的业务范围也就从邮传部经营扩展到国库的分理、国币本位的货币发行、关税收解等其他属于国家银行经营的业务。就交通系的势力而言,交通部作为国家机关,不可能一直由交通系把持,但交通系长期控制交通银行则是可以做到的。梁士诒、施肇曾、叶恭绰等人在不同时期掌握着交通部的大权,却也是交通银行大股东,并在股东联合会中具有较大的影响力。特别是梁士诒,身为交通银行总理,其作为传统文人所具有的经时济世的政治理想,与作为银行家办好银行的高度责任感相结合,最终使交通银行走上了依托政府发展的道路。在派系林立、纷争不已的北京政府中,交通系为交通银行争得一定的经营管理自主权,却又牢牢控制了交通银行,使交通银行成为交通系在政治上可以倚靠的金融力量。

翁先定曾对北京政府时期交通银行的收益来源进行过分类统计分析,得出以交通系为代表的政治势力与交行的业务数据存在着紧密关联的结论。

表 1-9-5 交通银行各项收益分类统计表(1912—1928) 单位:元

年份	纯 益	利 息	汇 水	手续费	贴 现	兑换盈余	有价证券	其 他
1912	255844.93	150652.18	311852.70	199796.23				
1913	623111.11	898996.84	1260340.29	7604.61				
1914	780539.14	1485719.43	1947024.10	25054.38				
1915	811451.79	1739622.74	2347454.20	93017.29				
1916	1481289.82	3229604.65	1042072.57	53310.90				
1917	1901893.43	2680985.30	559868.39	87864.16	15487.10	106570.40	10113.33	31895.69
1918	4449996.18	3796892.90	940819.40	167736.59	42888.51	1162261.75	41439.15	62163.32
1919	2107937.41	2855727.27	842003.26	171343.07			479774.93	106921.04
1920	3007968.70	3932338.30	1277061.39	272683.81				
1921	-587268.55	4462181.60	702422.23	322810.68				
1922	-897657.79	3715281.51	278982.16					
1923	529446.46	3167011.62	167300.08	40384.84				

年份	纯　益	利　息	汇　水	手续费	贴　现	兑换盈余	有价证券	其　他
1924	559267.72	3842050.56	173203.25	77099.13			364714.50	500.44
1925	597548.39	3548196.96	298494.33	68778.54				13524.23
1926	617327.45	3739142.33	345971.75	71566.22				
1927	548839.34	3714828.54	270842.20	74997.57		287029.73		
1928	577694.26	3419141.71	233273.64	70474.11		224781.06		

资料来源：《交通银行史料》第一卷，第 736—752，772—790 页；翁先定：《交通银行官场活动研究》，《中国社会科学院经济研究所集刊》第 11 集，第 427—428 页。

说明：1917 年以前的数据系由库平两按 1.5 折合银元。

表 1－9－5 显示，以 1920 年为界，前后呈现出两种不同的现象。1920 年前，交通银行的各项收入指标基本上保持着上升的趋势，以 1918 年近 445 万元的纯益为最高值，但短期变动甚剧，相邻年份的收益起落明显。由于受到第二次停兑风潮的严重影响，1920 年、1921 年连续两年发生亏损。1923 年以后开始出现转机，一直到 1928 年，发展比较平稳，盈余额保持在 60 万元上下。

　　这两种现象的出现，实质上是政治因素和经济因素交合作用的结果。1921 年以前，交通银行一直处于新旧交通系的控制之下，业务重心放在财政业务和交通款项的经营上，其中对政府垫款又是重中之重，政局动荡和人事变动，都会影响交行的业务进行，故而造成业务数据的忽高忽下。在上述各项收入数据中，这种起伏不驻的特点在手续费上表现得尤为充分。在利息收入之外，手续费也是交行收益的一项重要来源。1918—1921 年是交行手续费收入的高峰时期，以 1921 年为最高值，达到 32.3 万元，是 1913 年 7604 元的四十余倍。所以如此，是因为这几年来自欧美的外债断绝，国内公债泛滥，日本乘机通过新交通系亲日派对中国大肆借款，以图控制中国财政。交行依靠其与新旧交通系及财政部的特殊关系，获取了大量公债经营权和外债经手权，使手续费收益猛涨。而一旦公债和经理借款数目减少，这项收入就会立刻大幅度下降。① 1922 年起，交通银行在张謇、钱新之的带领下，积极向现代商业银行转变，业务的变化开始和国内社会经济保持同步，经济的平稳度决定了交行这几年的业务也

---

① 翁先定：《交通银行官场活动研究》，《中国社会科学院经济研究所集刊》第 11 集，第 426 页。

在稳步增长,不会陡起陡落。问题是,具有特权性质的财政、交通业务毕竟为经营利薮,且与交通银行的地位相联系,所以不管交通系的情况如何,交通银行对这两项业务总是不愿意放弃,只要有机会,总是尽可能地争取。当然,不论交行对这些特权业务是多么的眷恋难舍,但商业服务在交行业务的开拓中,越来越成为主攻方向,这是交行发展必须遵循的趋势。

贴现业务反映一个国家工商业发展情况及票据、信用市场的发达程度,一般商业银行对此皆十分重视,其利润在银行收益中往往高于手续费甚至汇水。可是交行的贴现业务长期处在低水平徘徊。即使1922年以后,商业性服务增多,贴现收益也从未有大的增加,说明交行的业务重心并没有真正地放在工商业服务上面,同时也反映出交行在疏离官府之后,在发展的具体方向上产生了一些迷惑。有人提出中国银行正在学习英格兰银行,做政府的银行,交通银行则应该学习日本正金银行,注重国际汇兑。这样的提议是符合交通银行特点的:交通银行创建时,就承载了办理国内外汇兑,以收回利权的使命;民初梁士诒更是将汇兑视作交通银行仅次于存款的重要业务、"积极的业务"而大力倡导,成为交通银行的一大特色;曹汝霖时期,继续提倡"招徕汇兑"。因此,1922年沪行经理盛竹书公开提出了交通银行正金银行化的提议,主张交通银行逐渐脱离政治,大力发展国内外汇兑事业,以建成有影响力的国际银行。只是由于各种因素的影响,交通银行正金银行化的提议并没有得到有力地推行。

梁士诒再次担任总理后,针对张、钱时期对交通银行角色定位含糊的状况,以及双中央银行体制下交通银行的尴尬地位,将交通银行正金银行化的发展思路加以明确。在1925—1928年期间,梁士诒多次强调发展国内外汇兑业务,并在制度建设上不断完善,交通银行逐渐向"国内外汇兑银行"靠拢,但这一发展目标在1928年11月南京政府改组交通银行后被迫中止。

第四节　与产业和同业的关系

一、与民族工商业的关系

交通银行在其21年的发展过程中,与民族工商业的关系存在着两头紧密、中间疏离的现象。

在度支部所订的银行条例中，交通银行被定位为"殖业银行"，因此，除了经理交通四政款项外，交通银行还被赋予振兴实业的责任。在清政府最后存在的四年里，交通银行的存款总额中官存虽占据绝大多数，但在对外放款中，对私放款仍占有相当高的比例。以沪行为例，每年的对私放款达到总额的 75%，其中 10%—20% 的份额投放在工矿企业方面，如上海求新造船厂、大生纱厂、振华纱厂、振裕丝厂、龙章纸厂等都曾向交通行银申请过厂基押款，每笔在 5 万两至 10 万两左右，也有少数押款每笔达到 20 万两以上。[①]

民初，梁士诒主持交通银行后，一方面将交通银行转变为北京政府的中央银行，积极参与政府的财政金融活动；另一方面提出"限制贷款"的经营思路，对民族工商业的投资大为减少。曹汝霖时期，依然积极履行中央银行职责，尤其注重对政府机关的贷款。因此，在梁士诒时期和曹汝霖时期，交通银行以中央银行的身份而注重政府的财政金融活动，对民族工商业的投资不甚重视。而这一时期，正值西方列强忙于欧战而无暇东顾，是中国民族工商业发展的"黄金时期"，交通银行未能在此期间对民族工商业的发展做出应有的贡献，反而陷于两次停兑风潮，发展受阻。这既是交通银行的损失，也是中国民族工商业发展的损失。

第二次停兑风潮后，依托政府发展的经营弊端暴露无遗。张謇、钱新之接手交通银行后，一方面沿袭了江浙金融势力注重民族工商业投资的做法，另一方面将 1922 年 2 月临时股东会上转变经营方针的提议予以落实并进一步深化，提出"营业从商业入手"，将经营重点逐渐转移到民族工商业，投资也逐渐增加。清末民初，华资银行业有两个中心，一个是北京，一个是上海。前者为财政金融中心，后者为工商业金融中心。伴随着经营方针的改变，在交通银行内部，京行地位急剧下降，沪行的影响力迅速提升。自清末以来，京行一直是交通银行的重心所在，无论存放款额，还是盈余额，在全行中京行皆占据绝对老大的位置。可是京行的一枝独秀建立在充当政府财政工具的基础上，由于垫款巨大而遭遇两次停兑风潮之后，京行的处境如同进入了寒冬，从总行一下子变为一等分行，再跌为三等分行，甚至一度停业清理，其营业各项数额也呈直线下降的趋势。京行独大地位的改变，反映了交通银行经营方向的转移。

---

① 交通银行总行:《交通银行简史》,第 9 页;《交通银行史料》第一卷,第 344 页。

1927 年在股东常会上,梁士诒认为:"近两年来本行营业方针完全趋重于工商事业,渐已脱离政治上之羁绊,并认北京为非工商之地。"①决定将总管理处迁往天津。实际上,总管理处的一些要害部门已经在 1925 年便陆续撤离北京了。总管理处离开北京,表明交通银行对政府财政的决绝。即便是像梁士诒这样过去与北京政府关系至为密切并身为其中要员的人物,也顺应了交行经营方针的转变。由此可见,随着北京政府的日渐没落,银行摆脱政府控制,加强同民族工商业的联系与合作,依照现代银行的方向经营业务,这已是当时中国银行业的大势所趋,也是交通银行的目标所在。

二、与同业的关系

交通银行与同业的关系主要有两个内容:一是与华资同业的关系,包括与旧式金融业的关系,及其他华资银行的关系;二是与外资银行的关系。

(一)与华资同业的关系

在华资银行业兴起之前,中国原有的金融格局是外资银行和钱庄、票号、官银号这些旧式金融业的并立,而以外资银行占据强势。华资银行的出现及介入中国的金融体系,一方面不可避免地要同外资银行产生接触,另一方面则更多地与旧式金融业,特别是其中的钱庄发生密切的联系。20 世纪初期,全国各地钱庄的势力还是非常强大的。但是单有钱庄而没有银行,便不能顺利地进行国内外贸易的金融周转。钱庄必须依靠银行的拆款、汇兑等,两者配合,才相得益彰。外资银行大多设在几个主要的通商大埠,外资在华洋行之间的关系虽远胜于华资银行,但在区域的发展潜力方面还有一定的局限。华资银行及其分支机构的增设,并同钱庄配合,使更多的地域纳入或完善了商品流通的融资体系。②

交通银行创建初期,在金融人才的引进、业务经营方面与旧式金融业颇为密切。交通银行的首任总理李经楚,就多年经营义善源票号。总管理处的其他高层人员以及各分支行负责人,也多出自钱庄。在交通银行的招股过程中,旧式金融业占据了股份中相当大的比例,李经楚即因"股份关系"而被任命为首任总理。在清末民初,新式的银行和没落的钱庄谁也离不开谁,两者相互利用,取长补短。在资金方面,银行

---

① 《1927 年 5 月 1 日股东常会纪》,《北京金融史料》银行篇(5),第 161 页。
② 汪敬虞主编:《中国近代经济史 1895—1927》,第 2309 页。

放款条件较严,因而常年库存的现金数额较大,乐于对钱庄拆款生息,或以票据贴现的方式对钱庄放款。这既对钱庄有利,同时也对银行自身业务的开拓有利。交通银行初创时期,无论是总行,还是各地的分行分号,都与钱庄频繁拆款和押款,协力共同发展。

北京政府时期,交通银行不断发展壮大并成为北京政府的中央银行之一,而旧式金融业不断走向衰落,因此两者的关系开始出现明显变化。一方面,交通银行与旧式金融业相互提携共同发展。在北京政府时期,虽然交通银行是最具实力的华资银行之一,但由于旧式金融业在金融界仍然占有举足轻重的地位,交通银行的发展,乃至中国金融业的稳定都必须倚重旧式金融业。这一时期交通银行在钞票的推广、经理国内公债、军政垫款等方面与旧式金融业都有密切联系。如 1918 年钱庄开始向交通银行领券。在经历第一次停兑风潮之后,交通银行积极致力于本行钞票的推广,当时任交行董事的顺康钱庄经理李寿山联络福源、福康、安裕、顺康四家大钱庄向交行各领暗记券 50 万元,顺康后又续领 50 万元,并由顺康通过买办关系在汇丰柜台上使用交行钞票。这样,对交行钞票的推广起到了很好的作用。[①] 再如 1921 年冬交通银行遭遇第二次停兑风潮,即是通过向东三省官银钱号借款而恢复兑现;20 年代交通银行多次对营口义顺通、义源通、申通、庚通四炉号进行扶植;1927 年政局变幻中,上海银行公会和钱业公会在军政垫款、发行国内公债等问题上相互协作,等等。另一方面,交通银行作为新式银行,为争夺有限的市场资源,又与旧式金融业在业务上多方面竞争。辛亥革命后,票号旋即走向衰落,再也没有复兴,而随着交通银行等华资银行存款、放款、汇兑等业务的迅速发展,旧式金融业的生存空间一步步受到挤压,由原来旧式金融业与外资银行两强相争的局面,逐渐发展到旧式金融业、外资银行、华资银行三足鼎立的局面,到后来进一步演化成外资银行与华资银行两强并立,旧式金融业无力与之竞争的局面。1925 年,华资银行资力估计约为 14.5 亿元,外资在华银行资力估计约为 13 亿元,钱庄资力估计仅为约 8 亿元,三者所占的比例分别为 40.8%、36.7%、22.5%,[②]可见交通银行等华资银行逐渐取代了钱庄等旧式金融业在金融界的地位。

交通银行自创办以来,就是华资银行中实力数一数二的全国性大银行,并且是北京政府的中央银行之一,在华资银行中占有重要地位,与其他华资银行的关系,一直

① 《上海钱庄史料》,第 144 页。
② 唐传泗、黄汉民:《试论 1927 年以前的中国银行业》,《中国近代经济研究史资料》第 4 辑。

较为密切。清末,大清银行为政府的中央银行,交通银行乃"央行之助",两者之间既竞争又合作。交通银行力图在各方面向大清银行看齐,又保持着和衷共济的关系,相互借款、拆款,共同维持和救济市面,共同培养金融人才。当时交通银行的很多股东,同时也是大清银行的股东。辛亥革命以后,由于历史原因和当时特殊的政治经济形势,交通银行与中国银行都成为北京政府的中央银行,形成一种独特的二元中央银行体制。这种畸形的体制,不仅不利于中国金融业的健康发展,又造成了两行之间矛盾频生,如代理金库分成之争,两次停兑风潮前后的合并之议等等。尽管如此,两行在北京政府时期依然保持着较好的合作关系,共同承担起中央银行的责任。

据汪敬虞等人的研究,当时的华资银行内部大约存在着三个层次。

第一个层次是所有主要的华资银行都是以中、交两行为核心,聚集在两行的周围,有的与中国银行靠近一些,如所谓的南三行;有的则同交通银行保持着紧密的关系,如所谓的北四行。[①] 在诸多华资银行的创办与发展中,交通银行都给予了重要的帮助和提携。如金城银行的创办,便是交通银行的部分实权人物,如周作民、叶恭绰等,为另谋出路而设,同时又在融通资金、汇兑业务、外汇买卖等多方面皆予以特殊照顾,金城银行由此得以不断壮大。盐业银行总经理吴鼎昌在 1918 年说,盐业银行之所以能顺利发展,是与"中、交两行以国家银行之资格特别指导"分不开的。[②]

交通银行对金城、盐业等华资银行提供多方面的资助,这些银行也以交通银行为倚靠,加强与交通银行的业务联系。在当时的特殊形势下,这样的联系主要通过领用钞票和投资入股的方式来实现。北京政府时期,交通银行发行的钞券数额约占华资银行发行总额的三分之一。市面上流通的货币,以交通银行和中国银行钞票为主,因此大多数华资银行都领用交通银行钞票。随着交通银行与政府关系的逐渐疏远,股份构成不断发生变化,在官股转化为商股过程中,政府部门以官股作为抵押向华资银行借款成为股份转化的主要渠道。1924 年到 1928 年期间,就有超过两万股的官股由交通部转让给金城银行、盐业银行、大陆银行等华资银行。

第二个层次是所谓"南三行"、"北四行"等重要华资银行的协作关系。这种协作行的关系,主要是为了提升华资银行的对外竞争力,也起到间接推动交通银行的业务

---

① 汪敬虞主编:《中国近代经济史 1895—1927》,第 2314 页。
② 同上,第 2315 页。

发展的作用。

第三个层次是同业组织的联系和来往。自 1915 年春季开始,为了摆脱外资银行及本国钱庄业的束缚或夹击,维护华资银行的共同利益,并"矫正营业上之弊害",①交通银行与中国银行、浙江兴业等七家银行负责人相约以上海商业储蓄银行为会所,时常进行午餐会,讨论并协调各种事务。当时并无正式组织,也无会章,七家银行聚在一起纯属业务交流的需要。1916 年,财政部公布银行公会章程,公会组织有了法律根据。1917 年 5 月,以沟通银行声气、灌输金融知识为宗旨的《银行周报》创刊,由交行、中行等七行承担经费。1918 年 7 月 8 日,上海银行公会正式成立,入会银行增至 12 家,制定了《上海银行公会章程》,并照章选举董事。上海银行公会的会员虽然不到上海地区华资银行的半数,但主要银行均已加入,具有很强的凝聚力。在上海银行公会中,交通银行沪行一直占据重要地位,沪行经理一直兼任公会董事,钱新之曾担任公会副会长。1917 年至 1920 年间,天津、北京、南京、蚌埠、杭州、汉口各大都市先后成立银行公会,交通银行多为发起会员。1920 年 12 月,由上海银行公会发起的全国银行公会联合会议在沪召开。通过联合会议,银行界在财政、币制、公债等方面达成共识,维护了同业利益。

这一时期同业之间相互扶持的关系,还表现在各家银行的相互投资与高层管理人员的相互兼职方面。交通银行对金融业的股资有两个大手笔,一是 1915 年成立的新华信托储蓄银行,一是 1919 年建立的中华银公司。高管相互兼职的具体事实虽难以尽知,但这一现象是比较普遍的。《银行周报》曾在 1922 年进行过银行家兼职调查,②涉及交通银行的情况如下:

张謇:交通银行总理、中国银行董事、上海银行董事、淮海实业银行董事;

钱新之:交通银行协理、浙江地方实业银行董事;

谢霖:交通银行董事、常州商业银行查账;

施肇曾:交通银行董事、中国银行董事、永亨银行董事长、新亨银行董事长;

周作民:交通银行董事、中国银行董事、边业银行监察、金城银行总经理;

李铭:交通银行董事、中国银行董事、浙江地方实业银行董事兼经理、上海银行

---

① 《农商部公布修正工商同业公会规则令》(1918 年 4 月 27 日),《中华民国史档案资料汇编》第 3 辑,第 844 页。
② 《银行周报》第 7 卷 9 号。

董事；

谈荔孙：交通银行董事、大陆银行董事长兼总理；

梁士诒：交通银行董事长、新华储蓄银行董事、五族商业银行董事长；

曹汝霖：交通银行原总理、中国实业银行董事、新亨银行董事、中华储蓄银行监察。

这些银行家同时在几家银行任职和兼职，都是非常重要的岗位，无疑有助于银行业的团结和合作，也有利于巩固交通银行在华资银行中的地位。

（二）与外资银行的关系

在中国金融业的起步阶段，外资银行一直占据着主导地位。交通银行的创建，也肩负着收回金融业的主导权，挽回利权的使命。因此，交通银行发展早期，作为华资银行的代表之一，与外资银行在多方面进行竞争。

邮传部在奏设交通银行的奏折中，即认为此前交通四政款项及国际汇兑由外国银行经理，不仅大量利润由外国银行获取，而且带来诸多不便，这样转手带来的亏损更是尤为显著。因此，邮传部决定奏请创建交通银行，"以期利不外溢"。① 交通银行创建后，即着手从外资银行收回四政款项经理权，并开展国际汇兑，为挽回利权而努力。此后，交通四政款项的经理长期成为交通银行经营的主要业务之一，直到北京政府后期因与交通部关系的逐渐疏远而丧失这一特权。

在收回利权、发展民族金融业方面，交通银行与外资银行是属于竞争关系，但在同一个经济和市场环境中，由于外资银行的雄厚实力，交通银行与外资银行则展开多方面的合作，谋求共同发展。

早在清末，交通银行就经常与外资银行相互拆款。1909 年，上海外商资金短缺，交行将铁路总局的一笔存款暂时留在沪行使用，帮助外商渡过难关。1910 年橡皮股票风潮发生，"上海商会电请拨款补救市面"，交行在自己力所未逮的情况下，转向正金银行借款 120 万日元，接济上海市面。据 1911 年 11 月 2 日交行沪、汉分行经理致邮传部的电报看，交行从外国银行那里得到过多项借款。民国初建时期，由于政局变化的影响，交通银行对放款极为谨慎，将大量现金存于外资银行或对外资银行拆款，以为资金的重要出路之一。1916 年交通银行遭遇停兑风潮，以五国银行团为代表的

---

① 《交通银行史料》第一卷，第 7 页。

外资银行即诘难北京政府干预银行事务,同时为维持金融而对交通银行从多方面给予支持。由日本三银行出面的"西原借款"虽为一笔政治借款,但也在一定程度上体现了交通银行与外资银行的合作关系。

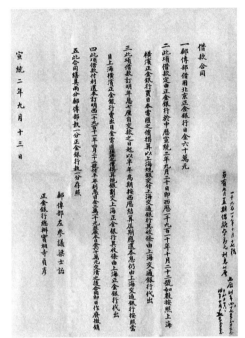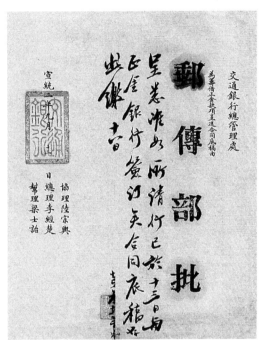

宣统二年(1910)邮传部与日本横滨正金银行签订的借款合同

除了相互存借款,在经营政府公债方面,交行时常与外资银行携手共进。如1915年北京政府发行四年公债,汇丰银行与交通、中国两行合募。当时盐业银行张镇芳致函财长周学熙,表示"盐业银行系仿照交通成规组织开办,事同一律,均为财政机关","叩请酌拨公债一二百万元数目,以便赶为劝募"。周学熙复函指出,中、交两行经营此次公债,分"包卖与合募"两种办法,包卖须先交纳十分之一的保证金,两家银行已订有合同,盐业银行若有意包卖,可与内国公债局直接商议;"至合募一层,现在中、交两行与汇丰联合一致进行,契约已定,此时碍难加入。"[1]此后北京政府发行的历年国内公债,交通银行都与外资银行协力经理,在为政府财政金融做出巨大贡献

---

① 盐业档:张镇芳致周学熙函,1915年5月2日;沪银档:周学熙复张镇芳函,1915年5月4日。

的同时,也加深了交通银行与外资银行的联系。

在这一时期,由交通银行等华资银行代兑中法实业银行钞票,充分显示华资银行与外资银行的合作关系。1921 年 7 月,中法实业银行上海分行突然接到巴黎总行来电,令停止营业。该行曾在上海大量发行钞票,停业后给金融界的稳定会带来严重冲击,因此经上海银行公会和北京银行公会等磋商,决定由各地华资银行公会代兑各地中法实业银行钞票,未设银行公会的地方,由交通银行与中国银行代兑。当时北京政府曾承诺,代兑之款由财政部担保,将来有限扣还此款,但并未切实履行。尽管如此,交通银行等华资银行依然积极努力代兑中法实业银行钞票。在一个共同的金融市场中,中外银行共同的生存利益是第一位的。对于华资银行的这次挺身而出,交行沪行副理胡祖同的说法可谓切中要害:"华商银行决定代兑中法实业银行钞票有两个主要理由。第一,他们是出于友谊。第二,虑及中法的倒闭可能引起整个金融业的恐慌。如果拒兑中法实业银行钞票,不仅将完全毁了这家银行自身,而且会对其他银行产生很不利的影响。如果华资银行不及时仗义扶持,中法钞票一旦因不能兑换而变成废纸,那么公众将会酿成一股挤兑风潮,而不论是外国的还是本国的银行,这意味着整个金融界将会产生混乱。这是所有关心大局的人应考虑和设法防止的。"[1]

在与外资银行的竞争、合作之中,交通银行也注重学习外资银行的经营理念、管理经验和技术手段。如在支票的使用上,外国交易喜用支票,而国内交易习惯使用现银,表面上看,这仅是交易方法的差别,可实质上它直接反映着一国银行业的发达与否。虽然当时我国的社会经济还没有发展到那个程度,但是交行高层已经注意到了支票使用的益处和意义。1914 年,梁士诒在股东总会上对各行经副理讲话中指出,支票使用能直接推广银行的营业,吸收外来的存款,间接促进社会经济的发达,要求交行同人对支票的使用高度重视起来。再如新式簿记的采用。[2] 1917 年之前,交行一直采用旧式簿记清理财务。随着银行业务的快速发展,这种记账方式的弊病日渐显现,手续繁复,效益低下。谢霖出任会计课主任后,以日本银行会计学为蓝本,结合国人的记账习惯,对会计方法进行改革,采用新式簿记,取得了较好的效果。

交通银行发展早期与外资银行既竞争又合作的关系,为挽回利权,以及中国民族

---

① *Daily News*,1923 年 8 月 10 日;转引自汪敬虞主编:《中国近代经济史 1895—1927》,第 2308 页。
② 《交通银行史料》第一卷,第 269 页。

金融业的发展,都做出了巨大贡献。交通银行在这一过程中,不仅发展壮大了自身的实力,还通过与外资银行的联系促进自身国际化和现代化的进程。

　　总之,在清末和北京政府时期,作为华资银行中最重要的两家银行之一,交通银行走过了一段不平常的历程。通过经理交通四政、经营政府公债,交通银行逐渐与政府财政结缘,在得到高额利润回报的同时,也领受了两次停兑的苦果。随着对内外经验的吸取,更由于商股力量的壮大,交通银行在北京政府后期进行清理改革,调整了经营方针,逐渐摆脱政府的控制,循着独立化和商业化的道路,在政局动荡的背景下,艰难地向前发展。